【文庫ワイド版】

新釈
法華三部経

庭野　日敬

1

はしがき

この書《しょ》をはじめて世《よ》に出《だ》したのは昭和《しょうわ》三十九年《ねん》のことですから、すでに二十五年《ねん》の歳月《さいげつ》が経過《けいか》したことになります。当然《とうぜん》、われわれをとりまく日本《にほん》の社会《しゃかい》も、世界全体《せかいぜんたい》も大《おお》きく変《か》わりました。

法華三部経《ほっけさんぶきょう》の教《おし》えを一人《ひとり》でもおおくの人《ひと》びとに知《し》っていただくことによって、個人《こじん》の救《すく》われと、社会《しゃかい》・国家《こっか》・世界《せかい》の平和境建設《へいわきょうけんせつ》をめざす立正佼成会《りっしょうこうせいかい》も、創立以来《そうりついらい》五十年《ねん》を数《かぞ》えます。その間《かん》に、世界宗教者平和会議《せかいしゅうきょうしゃへいわかいぎ》（ＷＣＲＰ）の誕生《たんじょう》、国際自由宗教連盟《こくさいじゆうしゅうきょうれんめい》（ＩＡＲＦ）への加盟《かめい》、明《あか》るい社会《しゃかい》づくり運動《うんどう》の推進《すいしん》、開発途上国《かいはつとじょうこく》への援助《えんじょ》など、おおくの活動《かつどう》が展開《てんかい》されました。それらの活動《かつどう》の広《ひろ》がりのなかで、日本国内《にほんこくない》はいうまでもなく世界《せかい》の宗教者《しゅうきょうしゃ》の方々《かたがた》や、さまざまな分野《ぶんや》の識者《しきしゃ》の方々《かたがた》と親《した》しく語《かた》りあって、いろいろと啓発《けいはつ》されるところが少《すく》なくありませんでした。

そうしたことも踏《ふ》まえて、本会《ほんかい》が創立《そうりつ》して半世紀《はんせいき》を迎《むか》えた時《とき》にあたり、あらためてこの書《しょ》を読《よ》み返《かえ》してみますと、教《おし》えそのものは永遠《えいえん》に不変《ふへん》・不動《ふどう》のものではありますが、読者《どくしゃ》のみなさんによりわかりやすい適切《てきせつ》な表現《ひょうげん》に改《あらた》めたほうがいいとおもわれる点《てん》もあり、このたび、いささか筆《ふで》を加《くわ》えることにいたしました。

法華三部経《ほっけさんぶきょう》は、すでに著名《ちょめい》な学者《がくしゃ》の方々《かたがた》によっておおくの解説書《かいせつしょ》が出《だ》されております。その教《おし》えを日常生活《にちじょうせいかつ》にいかに実践《じっせん》すべきかを主眼《しゅがん》に置《お》いたのが、本《ほん》書《しょ》を発刊《はっかん》するわたしの心《こころ》からの願《ねが》いでありました。いまもその気持《きもち》はまったく変《か》わらないどころか、ますますその必要性《ひつようせい》を痛感《つうかん》しております。

法華三部経《ほっけさんぶきょう》は、従来《じゅうらい》たいへん難解《なんかい》なものとされてきました。その第《だい》一の理由《りゆう》はひじょうに深遠《しんえん》な哲学《てつがく》を含《ふく》んでいるためです。たとえば〈諸法実相《しょほうじっそう》〉の教《おし》えなども、よほど高《たか》い境地《きょうち》に達《たっ》した人《ひと》でなければ、ほとんど理解《りかい》できないものとされていました。また〈縁起《えんぎ》〉の教《おし》えにしても、〈三法印《さんぽういん》〉にしても、その他《た》、さまざまな仏教《ぶっきょう》の基本的《きほんてき》な教《おし》えが、実生活《じっせいかつ》と遠《とお》くへだたったもののように誤解《ごかい》されてきました。しかし、諸学問《しょがくもん》の進歩《しんぽ》によって、今日《こんにち》では仏教《ぶっきょう》のさまざまな教《おし》えがより明確《めいかく》に理解《りかい》できるようになってきております。そこで本書《ほんしょ》においては、高度《こうど》に文明《ぶんめい》の発達《はったつ》した現代《げんだい》に生《い》きる一般《いっぱん》の人《ひと》びとにも納得《なっとく》できる法華三部《ほっけさんぶ》経《きょう》の解説《かいせつ》に意《い》を尽《つ》くしました。

かといって、中国《ちゅうごく》や日本《にほん》の大先達《だいせんだつ》の方々《かたがた》が今日《こんにち》までになされた研究《けんきゅう》をおろそかにするものではありません。それらの解説《かいせつ》の真意《しんい》を現代《げんだい》の目《め》で究明《きゅうめい》し、いろいろな術語《じゅつご》の意味《いみ》も、できるかぎり古来《こらい》の通説《つうせつ》に従《したが》って説明《せつめい》を加《くわ》えました。

しかし、あらかじめお願《ねが》いしておきたいのは、この本《ほん》は哲学書《てつがくしょ》や仏教《ぶっきょう》の研究《けんきゅう》書《しょ》ではなく、あくまでも法華三部経《ほっけさんぶきょう》の真精神《しんせいしん》を学《まな》ぶためのものですから、あまり細《こま》かいことにとらわれてその真精神《しんせいしん》を見失《みうしな》わないようにしていただきたい、ということです。つまり〈義《ぎ》に依《よっ》て語《ご》に依《よ》らざれ〉ということです。

法華三部経《ほっけさんぶきょう》の全文《ぜんぶん》にわたって解説《かいせつ》を加《くわ》えるためには、現代《げんだい》の人《ひと》びとに耳慣《みみな》れないことばは多少《たしょう》くわしく説明《せつめい》しなければなりません。たとえば〈八音《はっとん》〉とか〈十地《じゅうじ》〉〈二十五有《にじゅうごう》〉といった術語《じゅつご》についての解説《かいせつ》も加《くわ》えましたが、そのすべてを記憶《きおく》していただく必要《ひつよう》はないでしょう。そこに含《ふく》まれている教《おし》えをくみとってもらえばいいのです。しかし、〈三法印《さんぽういん》〉〈四諦《したい》〉〈八正道《はっしょうどう》〉〈十二因縁《じゅうにいんねん》〉〈六波羅蜜《ろくはらみつ》〉のような重要《じゅうよう》な法門《ほうもん》は、やはり確実《かくじつ》に理解《りかい》し記憶《きおく》していただきたいと思《おも》います。まず〈訓読《くんどく》〉の経文《きょうもん》とその〈現代語訳《げんだいごやく》〉を読《よ》み、そして、あとの解説《かいせつ》によって、そこに説《と》かれている精神《せいしん》を深《ふか》く学《まな》ぶという順序《じゅんじょ》で読《よ》んでいただければいいと思《おも》います。

この書《しょ》のもう一つの眼目《がんもく》は、あらゆる教《おし》えに通《つう》ずる〈宗教《しゅうきょう》の本義《ほんぎ》〉を明《あき》らかにしたいと願《ねが》ったことです。宗教《しゅうきょう》にとって、これからの世界《せかい》は一宗一派《いっしゅういっぱ》の枠《わく》のなかにこもっている時代《じだい》ではありません。あらゆる宗教《しゅうきょう》に含《ふく》まれているはずの共通《きょうつう》の真理《しんり》を見《み》いだし、それを究明《きゅうめい》し、人類《じんるい》すべてが同《おな》じ理想《りそう》に向《む》かって進《すす》めるような、融和《ゆうわ》と協調《きょうちょう》の場《ば》をつくらなければならないのです。

その万教《ばんきょう》に通《つう》じる〈宗教《しゅうきょう》の本義《ほんぎ》〉が法華三部経《ほっけさんぶきょう》のなかに完備《かんび》し、しかも、いきいきと脈打《みゃくう》っていると、わたしは確信《かくしん》しています。人類全体《じんるいぜんたい》を幸福《こうふく》にし、世界《せかい》に真《しん》の平和《へいわ》をもたらす教《おし》えとして法華三部経《ほっけさんぶきょう》を学《まな》び、その教《おし》えの実践《じっせん》に命《いのち》をかけています。

この書《しょ》は、その精神《せいしん》を背骨《せぼね》としつつ、法華三部経《ほっけさんぶきょう》とか仏教《ぶっきょう》という枠《わく》のなかだけでものごとを考《かんが》えず、広《ひろ》く世界《せかい》を見《み》、大《おお》きく〈宗教《しゅうきょう》の本義《ほんぎ》〉をきわめ、しかも、その実践《じっせん》を最大《さいだい》の目的《もくてき》としてまとめました。

法華《ほっけ》三部経《さんぶきょう》に説《と》かれている境地《きょうち》はあまりにも高《たか》くて凡夫《ぼんぷ》にはとうてい及《およ》びもつかない境地《きょうち》であり、その実践《じっせん》など夢《ゆめ》のようなことだと考《かんが》えてしまうことがあるかもしれません。そのときは、この経典《きょうでん》は入滅《にゅうめつ》を前《まえ》にされたお釈迦《しゃか》さまがひじょうに信仰《しんこう》の進《すす》んだ高弟《こうてい》たちを主《おも》な対象《たいしょう》として、人間《にんげん》の生《い》き方《かた》の究極《きゅうきょく》の境地《きょうち》をお示《しめ》しになったものであることを思《おも》い出《だ》してほしいのです。

ですから、ふつうの人《ひと》びとにとっては、その十分《ぶん》の一でも実践《じっせん》できれば、いや、その一つにでも徹《てっ》することができれば、りっぱな精進《しょうじん》といえるのではないでしょうか。けっして勇気《ゆうき》を失《うしな》うことなく、足《あし》もとの第一歩《だいいっぽ》から踏《ふ》み出《だ》して、いっていただきたいのです。どんな小《ちい》さなことでもいい、今日《こんにち》ただいまから実際《じっさい》の行《おこ》ないにあらわしていっていただきたいのです。法華《ほっけ》三部経《さんぶきょう》は、あくまでも実践《じっせん》と努力《どりょく》の教《おし》えなのですから。

みなさんがそうしてくださることによって、この書《しょ》が人類《じんるい》の理《り》想《そう》である常《じょう》寂光土《じゃっこうど》の建設《けんせつ》に少《すこ》しでも役立《やくだ》つことができれば、これに過《す》ぎる幸《しあわ》せはありません。

いま、わたしたちが喜《よろこ》びと悲《かな》しみをともにしてきた昭和《しょうわ》の時代《じだい》が終《お》わり、新《あら》たに平成《へいせい》の時代《じだい》を築《きず》いていこうとするこの時《とき》にあたって、この書《しょ》にいささかの筆《ふで》を加《くわ》えたこともなにかの因縁《いんねん》であろうと、感慨《かんがい》の深《ふか》いものがあります。

合掌《がっしょう》

平成元年《へいせいがんねん》三月吉日《がつきちじつ》

庭《にわ》野《の》日《にっ》敬《きょう》

新釈　法華三部経❶

目次

例《れい》 言《げん》

一、本文《ほんもん》の構成《こうせい》は、『新釈《しんしゃく》 法華《ほっけ》三部経《さんぶきょう》 全十巻《ぜんじゅっかん》』（原本《げんぽん》）にもとづきながらも経典《きょうでん》の真読《しんどく》を割愛《かつあい》し、はじめに訓読《くんどく》を、つぎに現代語訳《げんだいごやく》を記《しる》し、最後《さいご》にくわしい解説《かいせつ》をのべてあります。

二、訓読《くんどく》は、平楽寺書店版《へいらくじしょてんばん》にもとづく「訓譯《くんやく》 妙法蓮華経《みょうほうれんげきょう》并《ならびに》開結《かいけつ》」（佼成出版社《こうせいしゅっぱんしゃ》発行《はっこう》）によりました。ただし、品名《ほんめい》の読《よ》み方《かた》は原本《げんぽん》に従《したが》っています。また品名以外《ほんめいいがい》の漢数字《かんすうじ》の振仮名《ふりがな》は省《はぶ》きました。

三、現代語訳《げんだいごやく》は、著者《ちょしゃ》によるものです。できるだけ原文《げんぶん》の字句《じく》に従《したが》って訳《やく》しましたが、いわゆる直訳《ちょくやく》ではなく、原文《げんぶん》の本意《ほんい》を伝《つた》えることを旨《むね》としました。そのために、原文《げんぶん》にない文章《ぶんしょう》や語《ご》句《く》を補足《ほそく》することがしばしばあります。

四、漢字《かんじ》は、なるべく新字《しんじ》体《たい》を用《もち》いました。しかし、原典《げんてん》の語句《ごく》をそのまま移記《いき》する場合《ばあい》はもちろん、いまの表記法《ひょうきほう》では意味《いみ》が違《ちが》ってくるもの（例《れい》……慧《え》と恵《え》）は、原典《げんてん》のままの字《じ》を用《もち》いました。

五、振仮名《ふりがな》は、原則《げんそく》として現在《げんざい》の表記法《ひょうきほう》によりましたが、訓読《くんどく》においては、促音《そくおん》（詰《つ》まる音《おん》）の〈つ〉は片仮名《かたかな》の〈ツ〉で表《あら》わし、そのまま発音《はつおん》する〈つ〉は平仮名《ひらがな》の〈つ〉で表《あら》わしてあります（例《れい》……仏説《ぶッせつ》、諸仏《しょぶつ》）。

六、おなじ語句《ごく》の発音《はつおん》が、訓読《くんどく》と現代語訳《げんだいごやく》もしくは解説《かいせつ》とで違《ちが》ってくる場合《ばあい》があります（例《れい》……凡夫《ぼんぶ》〔訓《くん》〕、凡夫《ぼんぶ》〔現《げん》・解《かい》〕）。

七、重要語句《じゅうようごく》については、その原語《げんご》をも紹介《しょうかい》しましたが、サンスクリット語《ご》は〈梵語《ぼんご》〉、パーリ語《ご》はそのまま〈パーリ語《ご》〉としてあります。

八、ある節《せつ》や段《だん》の頭《あたま》にあるゴシック（肉太文字《にくぶともじ》）の語句《ごく》は、〈小見出《こみだ》し〉の役目《やくめ》を果《は》たしているものもおおいですが、かならずしもそうとは限《かぎ》らず、重要事項《じゅうようじこう》であることを示《しめ》すためにつけられているものもあります。

九、なるべくその場《ば》その場《ば》で理解《りかい》できるように、おなじ語句《ごく》でも、出てくるたびに、なんべんでもくりかえして説明《せつめい》しましたが、長《なが》いくわしい説明《せつめい》を要《よう》する場合《ばあい》は、やむなく（××ページ参《さん》照《しょう》）としました。なお、おなじ語句《ごく》の説明《せつめい》の文章《ぶんしょう》が場所《ばしょ》によってほんのすこしずつ違《ちが》うこともありますが、字句《じく》の末《すえ》にこだわらず、あくまでもその本意《ほんい》を読《よ》んでいただきたいとおもいます。

はじめに

この本《ほん》を読《よ》まれるほどの方《かた》は、《妙法蓮華経《みようほうれんげきよう》（法華経《ほけきよう》）》がどのようなお経《きよう》であり、どうして説《と》かれ、どのようなひろまりかたをしたか、ということについては、あらまし承知《しようち》しておられることと思《おも》います。しかし、やはりそこから話《はなし》を始《はじ》めるのが順序《じゆんじよ》だと思《おも》いますので、ごくかいつまんで申《もう》しあげることにいたします。

法華経《ほけきよう》はなぜ尊《とうと》いか

お釈迦《しやか》さまがご一代《いちだい》にお説《と》きになった教《おし》えは、〈八万四千《はちまんしせん》の法門《ほうもん》〉といわれるぐらい数多《かずおお》いもので、それらをまとめて編集《へんしゅう》された《経《きよう》》だけでも約《やく》一千七百種《しゅ》にものぼりますが、その中《なか》で《法華経《ほけきよう》》が最《もつと》もすぐれたお経《きよう》であることは、むかしから定説《ていせつ》となっています。

なぜ、そういわれるのでしょうか？

法華経《ほけきよう》は一切経《いっさいきよう》の精髄《せいずい》

理由《りゆう》は、いろいろあるでしょうが、一口《ひとくち》に言《い》うならば、あらゆるお経《きよう》の大切《たいせつ》なところ、すなわちお釈迦《しやか》さまの教《おし》えの精髄《せいずい》がこの中《なか》にまとめられているからです。われわれの住《す》んでいる宇宙《うちゆう》のほんとうの相《すがた》はどうであるか、人間《にんげん》とはどんなものか、だから、人間《にんげん》はどう生《い》きねばならないか、人間《にんげん》と人間《にんげん》との関係《かんけい》はどうあらねばならないか——ということについて、あますところなく教《おし》えられているからです。

仏《ほとけ》はいつもいる・すべての人《ひと》に仏性《ぶつしよう》あり

中《なか》でも、われわれにとって最《もつと》も有難《ありがた》いと思《おも》われることは、〈仏《ほとけ》さまはいつもそばにいて、われわれを導《みちび》いてくだされる〉ことを明らかにし、〈すべての人に仏性があり、だれでも努力次第《どりょくしだい》で仏《ほとけ》の境地《きょうち》に達《たつ》せられること〉を、諸法実相《しょほうじっそう》の真理《しんり》に即《そく》して教《おし》えられていることです。

この教《おし》えを深《ふか》くかみしめるとき、われわれは人間《にんげん》として生《い》きる喜《よろこ》びに全身《ぜんしん》の血《ち》が躍動《やくどう》するのを禁《きん》じ得《え》ません。たんに個人《こじん》としての生《せい》の喜《よろこ》びだけではなく、人類《じんるい》の一員《いちいん》として、この世《よ》に寂光土《じゃっこうど》を建設《けんせつ》しなければならぬという理想《りそう》と使命《しめい》感《かん》が心《こころ》の中《なか》に確立《かくりつ》し、ほんとうの生《い》きがいというものがフツフツとして湧《わ》き立《た》ってくるのを覚《おぼ》えるのです。

《法華経《ほけきょう》》が諸経《しょきょう》の王《おう》といわれるゆえんは、われわれを奮《ふる》い立《た》たさずにはおかないこの〈真理《しんり》〉と、それに与《あた》えられた〈エネルギー〉にあると、わたしは思《おも》うのです。

法華経《ほけきよう》の成立《せいりつ》

法華経《ほけきよう》の教《おし》えが説《と》かれた時期《じき》は、お釈迦《しやか》さまの晩年《ばんねん》、すなわちご入滅前《にゆうめつまえ》の八年間《ねんかん》であったことは、その本文《ほんもん》からうかがい知《し》ることができます。説《と》かれた場所《しよ》は、マガダ国《こく》の首都《しゆと》ラージャグリハ（王舎城《おうしやじよう》）郊外《こうがい》にあるグリドラクータ山《さん》（耆闍崛山《ぎしやくつせん》＝霊鷲山《りようじゆせん》）です。《法華経《ほけきよう》》は、ご入滅《にゆうめつ》の近《ちか》づいたのを予知《よち》されたお釈迦《しやか》さまが、最後《さいご》の大説法《だいせつぽう》というお心《こころ》がまえでお説《と》きになった教《おし》えなのです。

ところで、《法華経《ほけきよう》》が文字《もじ》で書《か》かれた経典《きようでん》として出現《しゆつげん》したのはいつごろのことかといいますと、仏滅後《ぶつめつご》四百年《ねん》から六百年《ねん》ぐらい、すなわち西暦《せいれき》の紀元前《きげんぜん》後《ご》ごろから二百年《ねん》までの間《あいだ》であったろうと推定《すいてい》されています。その間《あいだ》にお釈迦《しやか》さまの教《おし》えがどんなふうに伝《つた》えられていたか、そして、なぜその時期《じき》になって

《法華経《ほけきよう》》が書《か》きあらわされなければならなかったかということは、このお経《きよう》の価値《かち》をほんとうに知《し》るために大切《たいせつ》なことだと思《おも》いますので、すこしばかり説《せつ》明《めい》しておきましょう。

人間《にんげん》を救《すく》う生《い》きた教《おし》え

お釈迦《しやか》さまは徹底《てってい》した自由主義《じゆうしゆぎ》のお方《かた》でした。教団《きようだん》の運営《うんえい》も、みんなが自主的《じしゆてき》に行《おこ》なうのをたてまえとされ、ご自身《じしん》は権威《けんい》による統率者《とうそつしや》というより真理《しんり》にもとづく忠告者《ちゆうこくしや》という立場《たちば》に立《た》っておられました。ですからその教化《きようけ》を受《う》けた北《きた》インドから中《ちゆう》インドにかけての広《ひろ》い地域《ちいき》の各地区《かくちく》においては、それぞれのグループが自治的《じちてき》に教団《きようだん》を組織《そしき》していました。

教義《きようぎ》についても、やはり同様《どうよう》でした。強制的統一《きようせいてきとういつ》とか独善的《どくぜんてき》な統制《とうせい》とかいうことを、すこしもなさいませんでした。お釈迦《しやか》さまの教《おし》えというものは、もともと学問《がくもん》としてお説《と》きになったのではなく、ただひたすら現実《げんじつ》に苦《くる》しみ悩《なや》んでいる人間《にんげん》を救《すく》うためのものだったのです。ですから、相手《あいて》の立場《たちば》や機根《きこん》に応《おう》じ、時《とき》と場合《ばあい》に即《そく》して、じつにさまざまな説《と》きかたをされたのです。あるときは真理《しんり》をズバリとお示《しめ》しになり、あるときは人間《にんげん》のありかたの理想《りそう》の境地《きょうち》をお説《と》きになり、あるときはやさしいたとえ話《ばなし》を引《ひ》いて生活《せいかつ》の心《こころ》がまえをお教《おし》えになりました。

したがって、その教《おし》えは非常《ひじょう》に幅《はば》が広《ひろ》く、奥行《おくゆ》きも深《ふか》く、ご在世中《ざいせいちゅう》はとうていそれを教科書《きょうかしょ》のように系統立《けいとうだ》ててまとめることなど不可能《ふかのう》なことでしたし、おそらくだれひとりとして、そんなことを考《かんが》えたこともなかったでしょう。

こうして、教団《きょうだん》の運営《うんえい》についても、教義《きょうぎ》についても、統一《とういつ》とか統制《とうせい》とかいうことを一切《いっさい》なさらなかったにもかかわらず、すべての弟子《でし》や信者《しんじゃ》たちは、お釈《しゃ》迦《か》さまの比類《ひるい》なき大人格《だいじんかく》のもとに、ひとりでに美《うつく》しい結合《けつごう》を固《かた》めていたのでありました。ご入滅後《にゅうめつご》も、しばらくの間《あいだ》はそういう状態《じょうたい》がつづきました。ところが、日《ひ》が経《た》つにつれて、その結合《けつごう》が次第次第《しだいしだい》に弱《よわ》まってきたのは、まことにやむをえない成《な》りゆきでありました。そして、皮《ひ》肉《にく》にも、お釈迦《しやか》さまの教《おし》えを統《とう》一《いっ》しようという大会議《だいかいぎ》の直後《ちょくご》に、ハッキリした分裂《ぶんれつ》の徴候《ちょうこう》が現《あら》われたのは、ほんとうに残念《ざんねん》なことだったといわなければなりません。

王舎城結集《おうしやじようけつじゆう》

その大会議《だいかいぎ》というのは、ご入滅《にゅうめつ》の年《とし》（翌年《よくねん》ともいう）の雨期《うき》に、五百人《にん》の高弟《こうてい》たちが王舎城外《おうしやじようがい》の七葉窟《しちようくつ》という所《ところ》に集《あつ》まり、七カ月《げつ》にわたって仏陀《ぶつだ》の教《おし》えを編集《へんしゅう》した、いわゆる〈第《だい》一回《かい》の結集《けつじゆう》〉または〈王舎《おうしや》城結集《じようけつじゆう》〉といわれるものです。

編集《へんしゅう》といっても、文字《もじ》で書《か》きつづるのではなく、口《くち》で唱《とな》え、耳《みみ》で聞《き》き、正確《せいかく》であるかを確《たし》かめあい、それを合誦《がっしよう》し、頭《あたま》に記憶《きおく》したのです。〈結集《けつじゆう》〉のことを梵語《ぼんご》ではサンギーティといいますが、これは直訳《ちょくやく》すれば合誦《がっしよう》とか等誦《とうしよう》という意味《いみ》です。

具体的《ぐたいてき》にどんな方法《ほうほう》で行《おこ》なわれたかといいますと、仏陀《ぶつだ》の教《おし》えをいちばん多《おお》く、正確《せいかく》に記憶《きおく》していると思《おも》われるものが選《えら》ばれて、設《もう》けられた座《ざ》につき、議《ぎ》長《ちょう》の問《と》いに応《おう》じて「わたくしは仏《ほとけ》さまからこのように聞《き》きました（如是我聞《にょぜがもん》）」と前置《まえお》きし、いつ、どこで、どんな成《な》りゆきでその教《おし》えが説《と》かれたかを説明《せつめい》したうえで、教《おし》えられたとおりを誦出《しょうしゅつ》します。ほかの四百九十九人《にん》は、それを自《じ》分《ぶん》の記憶《きおく》とよくひきくらべてみます。そうして、誤《あやま》りがないということが満場《まんじょう》一致《いっち》で確《たし》かめられたら、一同《いちどう》が声《こえ》を揃《そろ》えて合誦《がっしょう》し、改《あらた》めてしっかりと記憶《きおく》に刻《きざ》みつけるのです。

第《だい》一回《かい》の結集《けつじゅう》では、議長《ぎちょう》が摩訶迦葉《まかかしょう》で、誦出者《しょうしゅつしゃ》は、〈律《りつ》〉については優婆離《うばり》、〈法《ほう》〉については阿難《あなん》でありました。

ところが、この結集《けつじゅう》の終《お》わったあとで、思《おも》わぬ事態《じたい》が生《しょう》じました。というのは、高弟《こうてい》の一人《ひとり》である富蘭那《ふらんな》は、ずっと前《まえ》から多《おお》くの弟子《でし》をつれて南山地方《なんざんちほう》という遠隔《えんかく》の地《ち》に教化《きょうけ》の旅《たび》に出《で》ており、お釈迦《しゃか》さまのご入滅《にゅうめつ》を聞《き》いてもすぐとってかえすことができなかったのですが、ようやく王舎城《おうしゃじょう》に帰《かえ》ってみますと、ちょうど上座《じょうざ》の高弟《こうてい》たちが結集《けつじゅう》を終《お》えたところだったのです。

富蘭那《ふらんな》は、結集《けつじゅう》の一部始終《いちぶしじゅう》を聞《き》いて、ほとんどその全部《ぜんぶ》に同意《どうい》しましたが、ただ一つだけ異論《いろん》があると言《い》い出《だ》しました。それは〈律《りつ》〉の中《なか》の食事《しょくじ》に関《かん》することで、食物《しょくもつ》を自分《じぶん》で獲《と》ってきたり、托鉢《たくはつ》した食物《しょくもつ》を精舎《しょうじゃ》の中《なか》に貯《たくわ》えておいたり、それを炊事《すいじ》したりすることは、お釈迦《しゃか》さまはすでにお許《ゆる》しになっていたのですが、それが、また旧《きゅう》に復《ふく》して禁《きん》じられることになったのです。それに対《たい》して、富蘭那《ふらんな》は、お釈迦《しゃか》さまの真意《しんい》に背《そむ》くものであるとして反対《はんたい》したわけです。

そこで、摩訶迦葉《まかかしょう》と富蘭那《ふらんな》の論争《ろんそう》になりました。しかし結局《けっきょく》は物別《ものわか》れとなってしまいました。そして、富蘭那《ふらんな》は、「わたしは世尊《せそん》からうかがったことを、自分《じぶん》の理解《りかい》したとおりに守《まも》ってゆくことにしましょう」といって立《た》ち去《さ》っていったのです。

二乗《にじょう》の分《ぶん》裂《れつ》と争《あらそ》い

これは、ほんの小さな事件《じけん》のようですが、じつはここに、後日仏《ごじつほとけ》の教《おし》えが大乗《だいじょう》と小乗《しょうじょう》に別《わか》れるようになった源《みなもと》があったのです。摩訶迦《まかか》葉《しょう》は上座《じょうざ》の比丘衆《びくしゅう》の中《なか》でも大長老《だいちょうろう》でありました。日頃《ひごろ》から、仏《ほとけ》の教《おし》えは一句一《いっくいっ》句《く》そのおことばどおり厳格《げんかく》に守《まも》っていかねばならぬという主義《しゅぎ》の人《ひと》で、いわば形式尊重派《けいしきそんちょうは》でした。保守派《ほしゅは》といってもいいでしょう。ところが、富蘭那《ふらんな》のほうは、布教《ふきょう》の実際運動《じっさいうんどう》に挺身《ていしん》していた人《ひと》だけに、おことばの表面《ひょうめん》に拘泥《こうでい》せず、その中《なか》に含《ふく》まれた精神《せいしん》をこそ大切《たいせつ》に考《かんが》えなければならない、その根本精神《こんぽんせいしん》にのっとっておりさえすれば、行動《こうどう》への現《あら》わしかたは自由《じゆう》でいいのではないか——という、いわば精神尊重派《せいしんそんちょうは》でありました。保守派《ほしゅは》に対《たい》して、進歩派《しんぽは》といってもいいでしょう。こういう考《かんが》えかたの違《ちが》いが、たまたま食事《しょくじ》に関《かん》する戒律《かいりつ》のことで表面化《ひょうめんか》したわけです。

このことがあってから、教団《きょうだん》の中《なか》には保守派《ほしゅは》と進歩派《しんぽは》の二つの底流《ていりゅう》が存在《そんざい》するようになりました。しかし、その後約百年《ごやくひゃくねん》ぐらいの間《あいだ》は、保守派《ほしゅは》の強大《きょうだい》な権威《けんい》が圧倒的《あっとうてき》でしたので、別《べつ》に争《あらそ》いがましいことは起《お》こりませんでした。

ところが、仏滅後約百年《ぶつめつごやくねん》たった頃《ころ》、保守派《ほしゅは》と進歩派《しんぽは》の間《あいだ》のちょっとした争《あらそ》いがきっかけで、それを解決《かいけつ》するために、ヴェーサーリー（梵語《ぼんご》ではヴァイシャーリー）という町《まち》で第《だい》二回目《かいめ》の結集《けつじゅう》が行《おこ》なわれました。その会議《かいぎ》でも、保守派《ほしゅは》は学識《がくしき》に富《と》んだ長老《ちょうろう》たちばかりであったのに対《たい》して、進歩派《しんぽは》はほとんど青年《せいねん》たちの集《あつ》まりでしたので、ついにはやはり保守派《ほしゅは》の意見《いけん》に圧倒《あっとう》されてしまったのです。しかし青年《せいねん》たちはこの決定《けってい》に心《こころ》から服従《ふくじゅう》することができず、別《べつ》に自分《じぶん》たちだけのグループをつくり、会合《かいごう》を持《も》つようになりました。ここで、仏教《ぶっきょう》の教団《きょうだん》がハッキリと二つに分《わか》れてしまったのです。保守派《ほしゅは》のほうは〈上座部《じょうざぶ》〉と呼《よ》ばれ、進歩派《しんぽは》のほうは〈大衆部《だいしゅぶ》〉と呼《よ》ばれました。

そうしているうちに、時代《じだい》はどんどん変《かわ》ってゆきました。時代《じだい》の移《うつ》り変《かわ》りと共《とも》に、学問《がくもん》も、その他《た》の文化《ぶんか》も、人《ひと》びとの生活《せいかつ》も移《うつ》り変《かわ》ってゆきます。そうなると、古《ふる》い形式《けいしき》をそのまま守《まも》っている〈上座部《じょうざぶ》〉の仏教《ぶっきょう》は、時勢《じせい》に合《あ》わなくならざるをえません。生《い》きた人間《にんげん》を救《すく》う力《ちから》も薄《うす》れてきます。いきおい、大衆《たいしゅう》から離《はな》れて、自分《じぶん》だけが行《おこ》ない澄《す》まして解脱《げだつ》すればそれでいいというような、出家《しゅっけ》だけの宗教《しゅうきょう》にかたよってきたのです。

それに対《たい》して、〈大衆部《だいしゅぶ》〉の流《なが》れをくむ人《ひと》たちは、お釈迦《しゃか》さまの教《おし》えの精神《せいしん》をその時代《じだい》の人《ひと》びとに強《つよ》く訴《うった》えるような角度《かくど》から解説《かいせつ》し、これこそほんとうに救《すく》いに到達《とうたつ》する教《おし》えだといってうち出《だ》したのです。《般若経《はんにゃきょう》》がその中心《ちゅうしん》をなすものでした。多《おお》くの民衆《みんしゅう》は、喜《よろこ》んでその新興教団《しんこうきょうだん》に加《くわ》わり、百年《ねん》ぐらいの間《あいだ》に教勢《きょうせい》はたいへん伸《の》びてゆきました。

この新興教団《しんこうきょうだん》の人《ひと》びとは、その教《おし》えをみずから〈大乗《だいじょう》（救《すく》いに達《たっ》するためのすぐれた乗《の》り物《もの》）〉と名《な》のり、古《ふる》い教団《きょうだん》のゆきかたを〈小乗《しょうじょう》（粗末《そまつ》な乗《の》り物《もの》）〉といってさげすみました。しかし、保守教団《ほしゆきょうだん》のほうでも負《ま》けてはいません。大衆《たいしゅう》教化《きょうけ》の力《ちから》は失《うしな》っても、長《なが》い伝統《でんとう》の力《ちから》はなんといっても強《つよ》いものです。おまえたちの説《と》くのは仏説《ぶっせつ》とちがう、ほんとうの仏教《ぶっきょう》ではない――といって一歩《いっぽ》も退《しりぞ》きません。そこで、両派《りょうは》の間《あいだ》には激《はげ》しい争《あらそ》いがつづけられました。

かつて摩訶迦葉《まかかしょう》と富蘭那《ふらんな》の論争《ろんそう》によって表面化《ひょうめんか》された二つの底流《ていりゅう》がヴェーサーリーの結集《けつじゅう》によってハッキリした二つの流《なが》れに分《わか》れたまでは、まだまだたいしたこともなかったのですが、仏滅後《ぶつめつご》五～六百年《ねん》にいたって、こうして同《おな》じお釈迦《しゃか》さまの教《おし》えを頂《いただ》く信者《しんじゃ》どうしが目《め》をつり上《あ》げていがみあう状態《じょうたい》に追《お》いこまれたということは、なんといっても大《おお》きな不祥事《ふしょうじ》といわなければなりません。

仏教《ぶっきょう》はただ一乗《いちじょう》！

このとき、両派《りょうは》がそれぞれ自説《じせつ》にこだわって狭《せま》くなっている視野《しや》を開《ひら》かせ、ただ一筋《ひとすじ》しかない仏《ほとけ》の教《おし》えの大道《だいどう》に目《め》を向《む》けさせようという、やむにやまれぬ熱意《ねつい》から書《か》かれたのが、ほかならぬ《サッダルマ・プンダリーカ・スートラ》すなわち《妙法蓮華経《みょうほうれんげきょう》（法華経《ほけきょう》）》だったのです。

「お釈迦《しゃか》さまの教《おし》えには、大乗《だいじょう》とか小乗《しょうじょう》とかの区別《くべつ》などありはしません。もともと、ただ一乗《いちじょう》しかないのです。お釈迦《しゃか》さまのお弟子《でし》でありながら、枝葉《えだは》の小《ち》さなことにこだわって争《あらそ》いあうことを止《や》めて、みんなお釈迦《しゃか》さまのご真意《しんい》に帰《かえ》ろうではありませんか。そのお釈迦《しゃか》さまのご真意《しんい》はどこにあるかといえば、ご入滅《にゅうめつ》を前《まえ》にしてなさったこのお説法《せっぽう》に尽《つ》くされているのですよ」
といって、文字《もじ》に書《か》き表《あら》わし、そのお説法《せっぽう》のありさまが眼前《がんぜん》にほうふつとするように編集《へんしゅう》されたのが、《法華経《ほけきょう》》にほかなりません。

ここに《法華経《ほけきょう》》の歴史的《れきしてき》な尊《とうと》さがあるのです。もちろん内容《ないよう》の尊《とうと》さがあってこそ歴史的《れきしてき》な尊《とうと》さが生《う》まれたのではありますが、ちょうどこれと似《に》たような歴史《れきし》が中国《ちゅうごく》において二度《ど》、日本《にほん》においても平安時代《へいあんじだい》と鎌倉時代《かまくらじだい》の二度《ど》と、またそれが現代《げんだい》において三度《みたび》くりかえされつつあることを、あだやおろそかに見過《みす》してはならないと思《おも》います。

中国《ちゅうごく》に〈理《り》〉の花開《はなひら》く

理論《りろん》や感情《かんじょう》の上《うえ》で二派《は》が対立《たいりつ》しているとき、その両方《りょうほう》を包容《ほうよう》して一つにまとめようとする理論《りろん》をうち出《だ》したり、そうした運動《うんどう》を起《お》こしたりすれば、たいていの場合《ばあい》、生《なま》ぬるい妥協精神《だきょうせいしん》だとか、ぬえ的《てき》だとかいって、かえって両方《りょうほう》から反撃《はんげき》を受《う》けるものです。

《法華経《ほけきょう》》の場合《ばあい》も、最初《さいしょ》はやはりそのような迫害《はくがい》を受《う》けたようです。しかし、その素晴《すば》らしい内容《ないよう》は次第《しだい》に多《おお》くの人《ひと》びとの帰依《きえ》をかち得《え》、しばらくのうちにほとんど全地域《ぜんちいき》にひろがりました。これは、ひとつには、当時《とうじ》の人《ひと》びとのだれにも解《わか》りやすい、そしてひとりでに胸《むね》に浸《し》み入《い》るような、その文学的表現《ぶんがくてきひょうげん》の功績《こうせき》であったと思《おも》われます。

しかし、この文学的《ぶんがくてき》な表現《ひょうげん》といいますか、芸術性《げいじゅつせい》といいますか、そういうものは、その当時《とうじ》こそ人《ひと》びとの胸《むね》にじかに響《ひび》くものだったのですけれども、時代《じだい》が移《うつ》るにつれて、だんだんと切実《せつじつ》な力《ちから》を失《うしな》い、ついに解説《かいせつ》なしでは解《わか》らなくなってゆく運命《うんめい》を持《も》っていました。それから百年《ねん》ばかり後《のち》に出《で》て、〈八宗《はっしゅう》の高祖《こうそ》〉と仰《あお》がれた大仏教学者《だいぶつきょうがくしゃ》ナーガールジュナ（竜樹《りゅうじゅ》）でさえ、その意味《いみ》の奥深《おくぶか》さに歎声《たんせい》をあげています。そういうことが禍《わざわ》いしてか、インドにおいては深《ふか》い根《ね》を下《お》ろさずじまいになったもののようです。

とはいえ、竜樹《りゅうじゅ》も自分《じぶん》が帰依《きえ》していた《般若経《はんにゃきょう》》よりもっとありがたいお経《きょう》であると賛歎《さんたん》していることや、その後《ご》、月氏国《げっしこく》から来《き》た高僧竺法護《こうそうじくほうご》が第《だい》一に漢《かん》訳《やく》したのが《薩芸芬陀利経《さつだふんだりきょう》（サッダルマ・プンダリーカ経《スートラ》を発音《はつおん》のまま表《あら》わした題《だい》号《ごう》）》であり、それから二十六年経《ねんた》ってふたたび訳《やく》し直《なお》したのが《正法華経《しょうほっけきょう》》

であったこと、またインドの北《きた》の亀茲《きじ》という国《くに》からインドに留学《りゅうがく》していた天才《てんさい》鳩摩羅什《くまらじゅう》が帰国《きこく》するとき、師《し》の須梨耶蘇摩《しゅりやそま》が特《とく》に授《さず》けたのがやはりサッダルマ・プンダリーカ・スートラであったことなどからおしはかると、法華経《ほけきょう》の尊《とうと》さは解《わか》る人《ひと》にはよく解《わか》っていたことがハッキリ知《し》られます。

鳩摩羅什《くまらじゅう》の翻訳《ほんやく》

ところで、法華経《ほけきょう》を中国《ちゅうごく》に伝《つた》え、翻訳《ほんやく》した人《ひと》は、前《まえ》にあげた二人《ふたり》のほかにもあり、現存《げんぞん》している漢訳《かんやく》に《添品妙法蓮華経《てんぽんみょうほうれんげきょう》》というのもありますが、なんといっても第一《だいいち》の名訳《めいやく》は鳩摩羅什《くまらじゅう》の《妙法蓮華経《みょうほうれんげきょう》》であるとされています。日本《にほん》に伝《つた》わって現在《げんざい》一般的《いっぱんてき》に使《つか》われているのもこの訳《やく》であります。

この人《ひと》のお父《とう》さんは、もとインドの名門《めいもん》の出《で》ですが、インドと中国《ちゅうごく》との間《あいだ》にある亀茲《きじ》という国《くに》に行《ゆ》き、そこの国王《こくおう》の妹《いもうと》と結婚《けっこん》しました。そして生《う》まれたのが鳩摩羅什《くまらじゅう》です。この国《くに》もたいへん仏教《ぶっきょう》の盛《さか》んな国《くに》で、鳩摩羅什《くまらじゅう》も七歳《さい》のときお母《かあ》さんと共《とも》に出家《しゆつけ》し、インドに留学《りゆうがく》して大乗仏教《だいじようぶつきよう》を学《まな》びました。その才能《さいのう》・人格《じんかく》が万人《ばんにん》にすぐれていることを見極《みきわ》めた師《し》の須梨耶蘇摩《しゆりやそま》は、羅什《らじゆう》が修行《しゆぎよう》を終《お》えて帰国《きこく》するとき、特《とく》に《法華経《ほけきよう》》を授《さず》け、その頭《あたま》をなでながら、

「仏日西《ぶつにちにし》に入《い》りて、遺耀《いよう》（残《のこ》った輝《かがや》き）まさに東《ひがし》に及《およ》ばんとす。この経典《きようでん》は東《とう》北《ほく》に縁《えん》あり。なんじ慎《つつし》んで伝弘《でんぐ》せよ」

といわれたとあります。〈東北《とうほく》に縁《えん》あり〉ということばは、いまからふりかえってみると、たいそう意味深《いみぶか》いものであって、後日《ごじつ》、中国《ちゆうごく》よりさらに東北《とうほく》にある日本《にほん》において、ほんとうのいのちが花《はな》ひらいた事実《じじつ》を思《おも》うとき、まことに無量《むりよう》の感《かん》を覚《おぼ》えざるをえません。

さて、羅什《らじゆう》は師《し》のことばに従《したが》って、東北《とうほく》のほうにある中国《ちゆうごく》へ行《い》ってこのお経《きよう》をひろめようと決心《けつしん》しましたが、そのころの中国《ちゆうごく》には戦乱《せんらん》があいつぎ、国《くに》が滅《ほろ》びたり興《おこ》ったりして、なかなか思《おも》うようにゆきませんでした。しかし、羅什《らじゆう》の

名声《めいせい》はあまねくひびきわたっていましたので、ついに西暦《せいれき》四〇一年《ねん》に、後秦《こうしん》という国《くに》の国王《こくおう》の姚興《ようこう》の招《まね》きを受《う》けて国都長安《こくとちようあん》に行《ゆ》きました。そのときすでに六十二歳《さい》に及《およ》んでおりましたが、それから八年間《ねんかん》、七十歳《さい》でなくなるまで、国師《こくし》の待遇《たいぐう》を受《う》けながら、いろいろな経典《きようでん》を翻訳《ほんやく》しました。中《なか》でも、《法華経《ほけきよう》》が最《もつと》も重要《じゆうよう》なものであったことは、いうまでもありません。それまでの中国語訳《ちゆうごくごやく》には誤《あやま》りがたくさんありましたので、羅什《らじゆう》は非常《ひじよう》に慎重《しんちよう》な、真剣《しんけん》な態度《たいど》で、翻《ほん》訳《やく》の仕事《しごと》にうちこみました。

その後《ご》、中国《ちゆうごく》の仏教《ぶつきよう》の中心《ちゆうしん》となったのはこの《法華経《ほけきよう》》であり、それも、小《しよう》釈迦《しやか》といわれた天台大師《てんだいだいし》が、あらゆる経典《きようでん》をきわめつくした結果《けつか》、〈仏陀《ぶつだ》の真《しん》意《い》はここにあり〉と断《だん》じてから、その地位《ちい》は決定的《けつていてき》なものとなりました。

天台大師《てんだいだいし》

天台大師《てんだいだいし》は名《な》を智顗《ちぎ》といい、梁《りよう》という国《くに》の貴族《きぞく》の家《いえ》に生《う》まれました。幼《おさな》いときからお寺《てら》にお詣《まい》りし、教《おし》えを聞《き》くことが好《す》きだったといいます。十五歳《さい》のとき志《こころざし》を立《た》てて修行《しゅぎょう》を始《はじ》め、十八歳《さい》で出家《しゅつけ》しましたが、わずか五年後《ねんご》には、もはやあたりに師《し》とする人《ひと》がいないほど教学《きょうがく》が進《すす》みました。そのとき、南岳大師《なんがくだいし》慧思《えし》というすぐれた高僧《こうそう》が大蘇山《だいそざん》という所《ところ》にいると聞《き》き、戦乱《せんらん》の中《なか》をついて決死《けっし》の覚悟《かくご》で旅《たび》に出《で》ました。そして、無事《ぶじ》に大蘇山《だいそざん》に着《つ》いて、慧思《えし》のもとに弟子《でし》入《い》りしました。そのとき慧思《えし》は、こういって喜《よろこ》んだと伝《つた》えられています。

「昔《むかし》は共《とも》に霊山《りょうぜん》にて同《おな》じく法華《ほっけ》を聴《き》けり。宿縁《しゅくえん》の逐《お》う所今復来《ところいままたきた》る」

その後《ご》の《法華経《ほけきょう》》のはなばなしい展開《てんかい》の歴史《れきし》をたどるとき、この一語《いちご》がたいへん重大《じゅうだい》なものであったことをしみじみ思《おも》わざるをえません。

慧思《えし》のもとで七年《ねん》の修行《しゅぎょう》を積《つ》んだ智顗《ちぎ》は、師《し》から「もうわたしの教《おし》えることはない。これからはもっぱら仏道《ぶつどう》をひろめることに努《つと》めるがよい」と勧《すす》められ、金陵《きんりょう》という大都会《だいとかい》に出《で》て、熱心《ねっしん》に大乗《だいじょう》の教《おし》えを説《と》きました。もとより大智《だいち》大徳《だいとく》の人《ひと》ですから、帰依《きえ》するものは引《ひ》きも切《き》らず、たちまち生《い》き仏《ぼとけ》のようにあがめられるようになりました。

そうして八年《ねん》の月日《つきひ》が過《す》ぎましたが、静《しず》かに思《おも》いをこらしてみると、自分《じぶん》の悟《さと》りはまだまだほんものではない、どこかもう一息仏陀《ひといきぶつだ》の真意《しんい》に達《たっ》していないところがあるような気《き》がしてならない。そこで智顗《ちぎ》は、ふたたび裸一貫《はだかいっかん》の修行《しゅぎょう》者《しゃ》に返《かえ》り、天台山《てんだいさん》という山《やま》の奥《おく》に小《ちい》さな庵《いおり》を結《むす》びました。そして、あるときは木《こ》の実《み》・草《くさ》の根《ね》でわずかに飢《う》えをしのぐというほどの必死《ひっし》な思索《しさく》の生活《せいかつ》にはいりました。そうした修行《しゅぎょう》の中《なか》から悟《さと》りえたのが、ほかならぬ法華経《ほけきょう》の真意《しんい》だったのです。

そして、その悟《さと》りにもとづいて書《か》き著《あらわ》されたのが、《法華玄義《ほっけげんぎ》》《法華文句《ほっけもんぐ》》《摩訶止観《まかしかん》》という素晴《すば》らしい大著述《だいちょじゅつ》で、これらによって、はじめて法華経《ほけきょう》の真価《しんか》が、いつの世《よ》の人《ひと》びとにも理解《りかい》できる不動《ふどう》のものとなったといっても、過《か》言《ごん》ではないでしょう。

《法華玄義《ほっけげんぎ》》は、法華経《ほけきょう》の教義《きょうぎ》を順序《じゅんじょ》を立《た》てて説《と》き明《あ》かしたものであり、《法華文句《ほっけもんぐ》》は、《法華経《ほけきょう》》の中《なか》の重要《じゅうよう》な語句《ごく》を抜《ぬ》き出《だ》して、それに含《ふく》まれた意義《いぎ》や精神《せいしん》をくわしく解説《かいせつ》したもの、《摩訶止観《まかしかん》》は、法華経《ほけきょう》を中心《ちゅうしん》として仏《ほとけ》の教《おし》えの全体《ぜんたい》を観察《かんさつ》し、分析《ぶんせき》し、そして整然《せいぜん》とした一つの体系《たいけい》にまとめあげたものであります。前《まえ》にも述《の》べましたように、《法華経《ほけきょう》》はその文学的《ぶんがくてき》な表現《ひょうげん》のために、後世《こうせい》の人《ひと》にとってはたいへん解《わか》り難《にく》いお経《きょう》となっていましたが、天台大師《てんだいだいし》はその文学的《ぶんがくてき》な表現《ひょうげん》の意味《いみ》するものをすっかり解《と》きほぐし、含《ふく》まれている真実《しんじつ》の教《おし》えをひとつひとつていねいに抜《ぬ》き出《だ》し、分析《ぶんせき》し、順序《じゅんじょ》よく並《なら》べて、だれにも理解《りかい》できるようにしてくださったわけです。

まことに天台大師《てんだいだいし》こそ、法華経《ほけきょう》の〈理《り》〉を明《あき》らかにし、万人《ばんにん》のものとした恩人《おんじん》であり、小釈迦《しょうしゃか》といわれるゆえんもそこにあると思《おも》います。

その後《ご》も、唐《とう》のころまでは仏教《ぶっきょう》が盛《さか》んに行《おこ》なわれていましたが、時代《じだい》が移《うつ》り、人《ひと》が変《か》わるにつれて、いろいろさまざまな宗派《しゅうは》が起《お》こり、それらが対立《たいりつ》して自宗《じしゅう》のすぐれていることを主張《しゅちょう》したため、一般《いっぱん》の民衆《みんしゅう》としてはかえってとまどいをおこすようになりました。これは、いつの世《よ》にも共通《きょうつう》の事柄《ことがら》で、日本《にほん》でもいまだにこの事態《じたい》が見受《みう》けられるのは残念《ざんねん》なことです。

仏教《ぶっきょう》の宗派《しゅうは》について

仏陀《ぶっだ》の教《おし》えは、前《まえ》にも申《もう》しましたとおり、非常《ひじょう》に幅広《はばひろ》く、数《かず》も多《おお》く、一般《いっぱん》の人《ひと》びとにはとうてい学《まな》び尽《つ》くせるものではありません。また、かりに学《まな》び尽《つ》くしたからといって、それで救《すく》われるものでもありません。

ですから、ほんとうに世《よ》の人《ひと》を救《すく》おうと念《ねん》ずる高僧《こうそう》・名僧《めいそう》たちは、自分《じぶん》が修《しゅ》行《ぎょう》して得《え》た経験《けいけん》や直観《ちょっかん》により、その時代《じだい》や、環境《かんきょう》や、民衆《みんしゅう》の機根《きこん》に応《おう》じて、この教《おし》えさえしっかり信《しん》じ行《おこ》なえば救《すく》われるという信念《しんねん》に達《たっ》した或《あ》る《経《きょう》》なり、《律《りつ》（戒律《かいりつ》をまとめたもの）》なり、《論《ろん》（経《きょう》や律《りつ》を解説《かいせつ》したもの）》なりを大本《おおもと》として、仏《ほとけ》の道《みち》を説《と》き、人《ひと》びとを導《みちび》いたのです。ですから、初《はじ》めは各宗《かくしゅう》それぞれに尊《とうと》い、生《い》きた教《おし》えだったのです。

〈宗《しゅう》〉というのは、〈大本《おおもと》〉という意味《いみ》です。全体《ぜんたい》という意味《いみ》ではありません。ですから、ある宗《しゅう》では、あるお経《きょう》ならお経《きょう》を〈教《おし》えの大本《おおもと》としている〉というに過《す》ぎません。仏《ほとけ》の教《おし》え全体《ぜんたい》は、つねに宗派《しゅうは》を超越《ちょうえつ》して、等《ひと》しくすべてをおおっているのです。それなのに、その宗祖《しゅうそ》がなくなって時代《じだい》が移《うつ》るにつれて、いつしか宗祖《しゅうそ》の真意《しんい》が見失《みうしな》われ、その宗派《しゅうは》を継《つ》いだ僧侶《そうりょ》や信者《しんじゃ》たちは、あたかもその宗《しゅう》の中《なか》に仏道《ぶつどう》の全体《ぜんたい》があるように思《おも》い込《こ》み、またそれがすでに時代《じだい》にそぐわなくなっていることにも気《き》づかず、――この教《おし》えこそ絶対《ぜったい》であり、ほかの教《おし》えでは救《すく》われない――などと言《い》い出《だ》すのです。まことに頭《あたま》の硬《かた》い、愚《おろ》かな所行《しょぎょう》というほかはないのですが、自分《じぶん》がその渦《うず》の中《なか》にいるときは、よほどの人《ひと》でなければ、なかなか自分《じぶん》のやっていることがわからないものなのです。

なお、中国《ちゅうごく》においていろいろな宗派《しゅうは》ができたのには、右《みぎ》に述《の》べたような純粋《じゅんすい》な信仰上《しんこうじょう》の理由《りゆう》からばかりではなく、形式《けいしき》を重《おも》んずる国民性《こくみんせい》も原因《げんいん》の一つであり、また僧侶《そうりょ》になるためには政府《せいふ》の認可《にんか》が必要《ひつよう》とされていたため、宗派《しゅうは》という組織《そしき》が便利《べんり》であったことも一つの原因《げんいん》であり、また政府《せいふ》の側《がわ》からいえば、国民《こくみん》の思想《しそう》を統制《とうせい》するのに、宗派《しゅうは》という枠《わく》をもうけるのが便利《べんり》であったという理由《りゆう》もあったのです。そして、その傾向《けいこう》はほとんどそのまま日本《にほん》にも持《も》ち込《こ》まれたのでありました。

こうして、唐《とう》の時代《じだい》の中国《ちゅうごく》にも、各宗各派《かくしゅうかくは》の対立《たいりつ》がありました。そのとき、天台大師《てんだいだいし》の流《なが》れをくむ妙楽大師《みょうらくだいし》という高僧《こうそう》が出《で》て、あらゆる仏典《ぶってん》を学《まな》びつくしたすえ、すべての宗派《しゅうは》にはそれぞれよいところがあるけれども、やはりお釈迦《しゃか》さまの真意《しんい》が最《もっと》も深《ふか》くこめられているのは《法華経《ほけきょう》》であることを見極《みきわ》め、その広宣流布《こうせんるふ》に努力《どりよく》しました。この人《ひと》のおかげで、法華経《ほけきよう》の教《おし》えは広《ひろ》く中国全体《ちゆうごくぜんたい》にひろまったのです。わが伝教大師《でんぎようだいし》も、中国《ちゆうごく》に留学《りゆうがく》した際《さい》、その弟子《でし》たちに会《あ》って天台《てんだい》の教《おし》えを確《たし》かめられたことが記録《きろく》に残《のこ》っております。そこで、この妙楽大師《みようらくだいし》も、法華経《ほけきよう》を頂《いただ》くものにとっては、恩人《おんじん》の一人《ひとり》といわなければなりません。

その後《ご》の中国《ちゆうごく》においては、老子《ろうし》の教《おし》えを源《みなもと》とする（あとでずいぶん歪《ゆが》んではきましたが）道教《どうきよう》が勢《いきお》いを得《え》、仏教《ぶつきよう》は宋《そう》の時代《じだい》に一時《いちじ》やや盛《も》りかえしただけで、次第《しだい》に生《い》きた力《ちから》を失《うしな》ってしまいました。そして、ついに日本《にほん》において新《あたら》しいいのちが花開《はなひら》くという順序《じゆんじよ》になります。

日本《にほん》で〈事《じ》〉が完成《かんせい》

仏教《ぶつきよう》がわが国《くに》に伝《つた》わった時期《じき》は、文献《ぶんけん》によって説《せつ》が異《こと》なるため明確《めいかく》ではありません。百済《くだら》の聖明王《せいめいおう》が欽明天皇《きんめいてんのう》に仏像《ぶつぞう》や経巻《きょうかん》を献《けん》じたのは五三八年《ねん》（日本書紀《にほんしょき》によると五五二年《ねん》）とされていますが、そのずっと以前《いぜん》に伝《つた》えられている形跡《けいせき》がたしかにあります。それはともかくとして、五三八年《ねん》の渡来《とらい》から三十九年後《ねんご》には、鳩摩羅什《くまらじゅう》訳《やく》の《法華経《ほけきょう》》が難波《なにわ》（今《いま》の大阪《おおさか》）にもたらされ、五十五年経《ねんた》った推古天皇《すいこてんのう》の元年《がんねん》には、聖徳太子《しょうとくたいし》が摂政《せっしょう》に立《た》たれていますが、この聖徳太子《しょうとくたいし》によってわが国《くに》の仏教《ぶっきょう》が始《はじ》まったといってもさしつかえないでしょう。

法華経《ほけきょう》は日本《にほん》文明《ぶんめい》の基礎《きそ》

聖徳太子《しょうとくたいし》は深《ふか》く仏教《ぶっきょう》に帰依《きえ》され、難波《なにわ》の四天王寺《してんのうじ》その他《た》の寺々《てらでら》を建《た》てられたり、朝廷《ちょうてい》の役人《やくにん》たちに自《みずか》ら経典《きょうでん》の講義《こうぎ》をなさったりされましたが、その講義《こうぎ》をもとにして《維摩経義疏《ゆいまきょうぎしょ》》《勝鬘経義疏《しょうまんぎょうぎしょ》》《法華義疏《ほっけぎしょ》》という三つの注釈書《ちゅうしゃくしょ》をお書《か》きになりました。

　この中《なか》で聖徳太子《しょうとくたいし》は、やはり法華経《ほけきょう》が最《もっと》もすぐれたお経《きょう》であることを、ご自分《じぶん》の意見《いけん》として述《の》べておられます。ちょうど中国《ちゅうごく》に天台大師《てんだいだいし》がおられた頃《ころ》ですが、まだその存在《そんざい》はわが国《くに》には知《し》られておらず、天台大師《てんだいだいし》の著述《ちょじゅつ》が渡来《とらい》したのは聖徳太子《しょうとくたいし》が三経義疏《さんぎょうぎしょ》を著《あら》わされてから百三十年《ねん》も後《のち》のことですから、法華経《ほけきょう》について両国《りょうこく》の両偉人《りょういじん》の意見《いけん》が期《き》せずして一致《いっち》したわけで、たいへん重大《じゅうだい》な事実《じつ》だと思《おも》います。

聖徳太子《しょうとくたいし》のご親筆《しんぴつ》に成《な》る《法華義疏《ほっけぎしょ》》の草本《そうほん》が、いまも皇室《こうしつ》の御物《ぎょぶつ》として保存《ほぞん》されており、現存《げんぞん》する日本《にほん》の書物《しょもつ》の中《なか》でいちばん古《ふる》いのがこの著述《ちょじゅつ》なのであります。また、聖徳太子《しょうとくたいし》は、法華経《ほけきょう》の精神《せいしん》を基《もと》にして、有名《ゆうめい》な《十七条憲法《じゅうしちじょうけんぽう》》をつくられ、はじめて日本《にほん》に〈国《くに》の法《ほう》〉と〈人間《にんげん》のふみ行《おこ》なうべき法《ほう》〉をうち立《た》てられました。それまでは、そういった明《あき》らかな法《ほう》というのがなかったのですから、このときはじめて日本《にほん》に〈文明《ぶんめい》〉が開《ひら》けた、といっても過言《かごん》ではありません。

わが日本《にほん》の文明《ぶんめい》の夜明《よあ》けが、ほかならぬ法華経《ほけきょう》の精神《せいしん》によってなしとげられたという大事実《だいじじつ》を、われわれは忘《わす》れてはならないのです。そして、そのとき以《い》来《らい》じつに千四百年《ねん》、われわれの胸《むね》に、血《ち》に、法華経《ほけきょう》の精神《せいしん》が脈々《みゃくみゃく》と流《なが》れつづけていることも、けっして忘《わす》れてはならないのです。

伝教大師《でんぎょうだいし》 最澄《さいちょう》

聖徳太子《しょうとくたいし》が摂政《せっしょう》として政治《せいじ》をとっておられた二十九年《ねん》の間《あいだ》に、仏教《ぶっきょう》はわが国《くに》の文化《ぶんか》の中《なか》に、人《ひと》びとの胸《むね》の底《そこ》に、しっかりと根《ね》を下《お》ろしました。その根《ね》は、聖徳太子《しょうとくたいし》がおなくなりになってからも、ますます深《ふか》く、そして広《ひろ》く、わが国土《こくど》全体《ぜんたい》に張《は》っていったのです。

そうして、奈良朝《ならちょう》の終《お》わりごろ、伝教大師最澄《でんぎょうだいしさいちょう》というすぐれた僧《そう》が出《で》られました。最澄《さいちょう》は近江《おうみ》の滋賀《しが》の生《う》まれですが、お父《とう》さんが深《ふか》く仏教《ぶっきょう》を信《しん》じていたところから、幼《おさな》いときからお経《きょう》を読《よ》んだり、仏《ほとけ》さまを拝《おが》んだりするのが好《す》きで、十二歳《さい》のとき早《はや》くも出家《しゅっけ》したのでした。そして、当時《とうじ》の仏教《ぶっきょう》の中心地《ちゅうしんち》であった奈良《なら》に行《ゆ》き、修行《しゅぎょう》を積《つ》みました。しかし、もともと非凡《ひぼん》な人《ひと》でしたので、人《ひと》なみの修行《しゅぎょう》では仏陀《ぶつだ》の真意《しんい》に触《ふ》れることができないと見極《みきわ》めをつけ、十九歳《さい》のとき、故郷《こきょう》の近《ちか》くにある比叡山《ひえいざん》の奥深《おくふか》く分《わ》け入《い》り、ただ一人《ひとり》で命《いのち》がけの修行《しゅぎょう》にはいったのでした。

そこでいろいろなお経《きょう》を読《よ》んでいるうちに、天台《てんだい》の教義《きょうぎ》のすぐれていることを知《し》りましたが、まだ日本《にほん》ではだれもそれを明《あき》らかにしたものがありませんでした。苦心《くしん》の末《すえ》、中国《ちゅうごく》から渡来《とらい》したまま埋《うず》もれていた天台大師《てんだいだいし》の著述《ちょじゅつ》（前述《ぜんじゅつ》の《法華玄義《ほっけげんぎ》》《法華文句《ほっけもんぐ》》《摩訶止観《まかしかん》》など）を見出《みいだ》し、それを借《か》りて読《よ》んでみて、大《おお》いに感動《かんどう》しました。そして、この天台《てんだい》の教義《きょうぎ》により法華経《ほけきょう》をひろめることが自分《じぶん》のゆくべき道《みち》であるという固《かた》い決定《けつじょう》に達《たっ》したのでありました。

そして、比叡山《ひえいざん》に一乗止観院《いちじょうしかんいん》（のちの延暦寺《えんりゃくじ》）という寺《てら》を建《た》て、正法宣布《しょうぼうせんぷ》の道場《どうじょう》としました。ところが、そのすぐれた学徳《がくとく》は、ちょうどその頃京都《ころきょうと》に新《あたら》しく都《みやこ》を開《ひら》かれた桓武天皇《かんむてんのう》のご信任《しんにん》を得《え》るようになり、世《よ》の帰依者《きえしゃ》も急激《きゅうげき》に多《おお》くなって、天台宗《てんだいしゅう》はたいへんな隆盛《りゅうせい》に向《む》かいました。

その勢《いきお》いを見《み》て、快《こころよ》く思《おも》わないのは奈良《なら》の各宗《かくしゅう》の長老《ちょうろう》たちです。わずか三十歳《さい》そこそこの最澄《さいちょう》が、しかも仏教《ぶっきょう》の大中心地《だいちゅうしんち》奈良《なら》よりほかの地《ち》で、新《あたら》しい勢力《せいりょく》を得《え》つつあるのが、なんとしてもおもしろくありません。そこで、いろいろ反《はん》発《ぱつ》を見《み》せるのですが、それがだんだん表面化《ひょうめんか》し、政治的《せいじてき》な動《うご》きにまで進《すす》んできました。そのままにうち捨《す》てておいてはならないと心配《しんぱい》した人《ひと》びとが、朝廷《ちょうてい》の許《ゆる》しを得《え》て、最澄《さいちょう》と奈良《なら》の各宗《かくしゅう》の代表者《だいひょうしゃ》たちと、その信《しん》ずるところを論《ろん》じあい、対決《たいけつ》させることにしました。そして、京都《きょうと》の高雄寺《たかおでら》で、一方《いっぽう》は奈良《なら》の一流《いちりゅう》学者《がくしゃ》十数名《すうめい》と、一方《いっぽう》は最澄《さいちょう》たった一人《ひとり》とが、相対《あいたい》して話《はな》しあったのですが、最《さい》澄《ちょう》の説《と》く法華経《ほけきょう》の妙理《みょうり》に奈良側《ならがわ》のすべての人《ひと》が感服《かんぷく》し、すっかり頭《あたま》を下《さ》げてしまいました。しかし、その人《ひと》たちもさすがにりっぱなもので、間《ま》もなく、奈良《なら》七大寺《しちだいじ》の代表者《だいひょうしゃ》が朝廷《ちょうてい》に上表《じょうひょう》をいたし、――法華経《ほけきょう》の尊《とうと》いことがよく解《わか》りました——と、態度《たいど》を明《あき》らかにしています。なかなかできにくいことで、その真理《しんり》を重《おも》んずるありかたは見上《みあ》げたものだと思《おも》います。

もっとも、天台宗《てんだいしゅう》においては、《法華経《ほけきょう》》だけを所依《しょえ》の経典《きょうでん》としていたのではなく、《金光明経《こんこうみょうきょう》》と《仁王経《にんのうきょう》》とを合《あ》わせて説《と》きました。この二つのお経《きょう》は、もともと国王《こくおう》たちのために説《と》かれたもので、帝王《ていおう》の徳《とく》を説《と》き、仏法《ぶっぽう》にもとづいて政治《せいじ》をすれば、国《くに》が栄《さか》え、民衆《みんしゅう》の暮《くら》しも安《やす》らかになることを教《おし》えられたものです。このことは、そのころの日本《にほん》の仏教《ぶっきょう》が、一般民衆《いっぱんみんしゅう》の線《せん》まで降《お》りきっていなかったことをしめすものですが、当時《とうじ》の事情《じじょう》としては、やむをえなかったものとおもわれます。

こうして最澄《さいちょう》は、朝廷《ちょうてい》のご信任《しんにん》と一般《いっぱん》の帰依《きえ》とを一身《いっしん》に集《あつ》める身《み》となりましたが、けっしてそれで満足《まんぞく》するような人《ひと》ではありませんでした。その後《ご》、危険《きけん》をおかして中国《ちゅうごく》に留学《りゅうがく》し、天台山《てんだいさん》にのぼって妙楽大師《みょうらくだいし》のお弟子《でし》に会《あ》い、自分《じぶん》の学《まな》び得《え》たところが完全《かんぜん》であるかどうかを確《たし》かめました。また、同時《どうじ》に留学《りゅうがく》した後《こう》輩《はい》の弘法大師《こうぼうだいし》空海《くうかい》に、真言《しんごん》の教《おし》えを学《まな》んだりしました。これも、それほどの地《ち》位《い》にいる人《ひと》としては、なかなかできないことです。

最澄《さいちょう》は、万人《ばんにん》に惜《お》しまれつつ五十六歳《さい》で入寂《にゅうじゃく》、朝廷《ちょうてい》からは特《とく》に〈伝教大師《でんぎょうだいし》〉という称号《しょうごう》を賜《たま》わりました。わが国《くに》における法華経流布《ほけきょうるふ》の第《だい》二番目《ばんめ》の恩人《おんじん》であります。

平安朝仏教《へいあんちょうぶっきょう》の堕落《だらく》

伝教大師《でんぎょうだいし》の教《おし》えは、その後《ご》も脈々《みゃくみゃく》として比叡山延暦寺《ひえいざんえんりゃくじ》を中心《ちゅうしん》に広《ひろ》く伝《つた》わりましたが、世上《せじょう》における勢力《せいりょく》という点《てん》から見《み》ますと、弘《こう》法大師《ぼうだいし》空海《くうかい》の真言宗《しんごんしゅう》がつぎの時代《じだい》を担《にな》うことになります。この空海《くうかい》という方《かた》がまた偉《えら》いお方《かた》で、たんに仏法《ぶっぽう》をひろめるばかりでなく、あらゆる学問《がくもん》・文化《ぶんか》・産業《さんぎょう》をすすめるために力《ちから》をつくし、へんぴな地方《ちほう》まで足《あし》をのばし、橋《はし》をかけたり、池《いけ》をつくったり、医薬《いやく》の知識《ちしき》を授《さず》けたり、庶民《しょみん》にたいへん親《した》しみ尊《とうと》ばれた人《ひと》です。もとよりこうした庶民《しよみん》だけでなく、空海《くうかい》の学徳《がくとく》は、やはりときの朝廷《ちようてい》・貴族《きぞく》の尊信《そんしん》を受《う》けずにはいませんでした。ひとつには、真言宗《しんごんしゆう》というのは儀《ぎ》式《しき》が非常《ひじよう》に荘厳《そうごん》でりっぱですので、当時《とうじ》の華《はな》やかな貴族《きぞく》たちの好《この》みに合《あ》っていたという理由《りゆう》もあり、上流階級《じようりゆうかいきゆう》の信仰《しんこう》は比叡山《ひえいざん》の天台宗《てんだいしゆう》から、高野山《こうやさん》の真言《しんごん》宗《しゆう》のほうへ多分《たぶん》に傾《かたむ》いてゆきました。それでも法灯《ほうとう》を守《まも》る人《ひと》さえしっかりしておればなんでもなかったのですが、代《だい》が移《うつ》るにつれて、ただ比叡山《ひえいざん》の繁栄《はんえい》をはかるという目先《めさき》の小《ち》さな我《が》にとらわれるようになりました。もともと天台宗《てんだいしゆう》は、法華経《ほけきよう》のような顕教《けんぎよう》だけでなく、密教《みつきよう》の教義《きようぎ》もとり入《い》れていたのですが、だんだんその色《いろ》を濃《こ》くして世《よ》におもねるようになりました。それはまだいいとしても、ついには同《おな》じ天台宗《てんだいしゆう》の別院《べついん》である三井寺《みいでら》の繁盛《はんじよう》をねたんで争《あらそ》いを起《お》こし、僧《そう》たちが武器《ぶき》を手《て》にして三井寺《みいでら》に乱入《らんにゆう》したり、火《ひ》をつけたりするような、情《なさ》けないありさまにおちいってしまいました。伝教大師《でんぎようだいし》の精神《せいしん》は、いつの間《ま》にかすっかり見失《みうしな》われてしまったのです。

真言宗《しんごんしゅう》のほうにしても、やはりだんだん年月《としつき》がたつにつれて、弘法大師《こうぼうだいし》の精神《せいしん》がどこかに置《お》き忘《わす》れられるようになり、平安朝《へいあんちょう》も半《なか》ば頃《ごろ》になると、日本《にほん》の仏教全体《ぶっきょうぜんたい》が、なんのための仏教《ぶっきょう》か、だれのための仏教《ぶっきょう》か、まったく根本《こんぽん》からゆがんでしまったような状態《じょうたい》になりました。それは、けっして教団《きょうだん》のほうだけが堕落《だらく》したのではなく、信者《しんじゃ》のほうの宗教《しゅうきょう》に対《たい》する態度《たいど》の堕落《だらく》も、それに拍車《はくしゃ》をかけたのでした。

当時《とうじ》はご承知《しょうち》のように、藤原氏《ふじわらし》一門《いちもん》が大《おお》いに栄《さか》えた貴族政治《きぞくせいじ》の時代《じだい》です。世《よ》もまずまず泰平《たいへい》がうちつづきましたので、貴族《きぞく》たちは歌《うた》をつくったり、管絃《かんげん》を楽《たの》しんだり、恋愛《れんあい》にうき身《み》をやつしたりして、ほとんど遊《あそ》び暮《くら》していました。《源氏物語《げんじものがたり》》とか《枕草子《まくらのそうし》》などという文学作品《ぶんがくさくひん》を読《よ》むと、そうした生活《せいかつ》が如実《にょじつ》にうかがえます。お寺詣《てらまい》りも、その遊《あそ》びの一種《いっしゅ》だったのです。華《はな》やかに着飾《きかざ》った婦人《ふじん》たちを連《つ》れ、牛車《ぎっしゃ》に乗《の》ってお寺《てら》に行《ゆ》く。今《いま》をときめく公家《くげ》さんたちですから、僧侶《そうりょ》たちは下《した》へもおかず、宴《うたげ》の席《せき》を設《もう》け、いっしょに歌《うた》をつくったりして遊《あそ》ぶ。教《おし》えを説《と》いたり、聞《き》いたりなどという空気《くうき》はどこかへ押《お》しやられ、僧侶《そうりょ》たちは、ただもう勢力《せいりょく》のある人《ひと》のご機嫌《きげん》をとって自分《じぶん》の僧位《そうい》が上《あ》がるように、いい生活《せいかつ》ができるようにと願《ねが》い、また寺院《じいん》やりっぱな衣《ころも》などを寄進《きしん》してもらうことを楽《たの》しみにしているというありさまでした。

法会《ほうえ》のような催《もよお》しにしても、公式《こうしき》のものは、火事《かじ》や地震《じしん》がないようにとか、疫病《えきびょう》がはやらないようにとか、そういうことを祈《いの》るためのものでした。私的《してき》なものにしても、家《いえ》に災厄《さいやく》がないように、一族《いちぞく》が栄《さか》えるようにと祈《いの》ってもらうのが、おおかたの目的《もくてき》でした。そこまではまだいいとしても、勢力争《せいりょくあらそ》いの相手方《あいてがた》の家《いえ》が不幸《ふこう》になるようにとか、恋敵《こいがたき》が死《し》んでしまうようになどと祈《いの》ってもらうことさえ流行《りゅうこう》しました。僧侶《そうりょ》たちも唯唯諾諾《いいだくだく》としてそんな呪《のろ》いの祈禱《きとう》を行《おこ》なっていたのですから、まったく仏法《ぶっぽう》は地《ち》に堕《お》ちてしまったというほかはありません。

大衆《たいしゅう》を置《お》き忘《わす》れた罪《つみ》

それと、もう一つ大事《だいじ》なことは、大衆《たいしゅう》というものがまったく置《お》き去《ざ》りにされていたことです。おおむね泰平《たいへい》がうちつづいたとはいえ、華《はな》やかな生活《せいかつ》を楽《たの》しんでいたのは上流階級《じょうりゅうかいきゅう》の人《ひと》たちだけで、一般庶民《いっぱんしょみん》の生活《せいかつ》はじつに苦《くる》しいものでありました。飢饉《ききん》があったり、疫病《えきびょう》がはやったりしても、民衆《みんしゅう》を保護《ほご》・救済《きゅうさい》するような施策《しさく》がうち出《だ》されるわけではなく、かえって容赦《ようしゃ》なく税《ぜい》を取《と》り立《た》てました。その上《うえ》、盗賊《とうぞく》は横行《おうこう》するという状態《じょうたい》で、芥《あくた》川龍之介《がわりゅうのすけ》の《羅生門《らしょうもん》》という小説《しょうせつ》などは、その頃《ころ》の世相《せそう》の象徴《しょうちょう》といってもいいでしょう。

まして、皇室《こうしつ》と藤原氏《ふじわらし》一族《いちぞく》との政治権力《せいじけんりょく》をめぐっての争《あらそ》いに源氏《げんじ》や平家《へいけ》がまきこまれて、保元《ほうげん》の乱《らん》とか平治《へいじ》の乱《らん》などの戦《たたか》いが起《お》こり、京都《きょうと》が戦場《せんじょう》になってからの民衆《みんしゅう》の苦《くる》しみは、この世《よ》の地獄《じごく》といってもいいほどでした。そういう人《じん》生《せい》を送《おく》っている庶民《しょみん》たちが、その苦《くる》しみから逃《のが》れるために宗教《しゅうきょう》にすがろうとしても、お寺《てら》も僧侶《そうりょ》も上流階級《じょうりゅうかいきゅう》の占有物《せんゆうぶつ》なのですから、貧《まず》しくて身分《みぶん》も低《ひく》い人《ひと》たちは、お寺《てら》に近寄《ちかよ》れもしません。

しかし、救《すく》いを欲《ほっ》する大衆《たいしゅう》の気持《きもち》というものは、言《い》わず語《かた》らずのうちに、目《め》に見《み》えぬ大《おお》きな潮《うしお》となって世《よ》の底辺《ていへん》にひろがってゆきました。どうしても新《あたら》しい教《おし》えが生《う》まれ出《で》なければならぬ機運《きうん》が、そこから次第次第《しだいしだい》に醸《かも》しだされてきたのです。

もっとも、上流階級《じょうりゅうかいきゅう》の人《ひと》たちにしても、すべてが得意《とくい》の生活《せいかつ》を送《おく》っていたとはかぎりません。一門《いちもん》の貴族《きぞく》の専横《せんおう》の時代《じだい》がつづくと、いきおい、実力《じつりょく》よりも派閥《はばつ》・閨閥《けいばつ》がものをいうようになり、汚職《おしょく》が公然《こうぜん》と行《おこ》なわれるようになります。そうして一人《ひとり》が出世《しゅっせ》すれば、その蔭《かげ》にはかならず失意《しつい》に沈《しず》む人《ひと》がおおぜい出《で》ます。その人びとの中《なか》には、実力《じつりょく》があり、正《ただ》しい道《みち》を歩《あゆ》みながらも、下積《したづ》みの生活《せいかつ》に泣《な》かねばならぬ人《ひと》もたくさんいるわけで、その人《ひと》たちは当然《とうぜん》世《よ》の中《なか》というものに疑問《ぎもん》を持《も》ち、あるいは生《い》きることに耐《た》えがたい寂《さび》しさを覚《おぼ》えるようになります。そして、何《なに》か心《こころ》の慰《なぐさ》めになるもの、心《こころ》のよりどころになるものを求《もと》める気持《きもち》になります。

念仏《ねんぶつ》の教《おし》え

上下《じょうげ》を通《つう》じてこういう気持《きもち》が強《つよ》まっていったとき、まるでそれに呼応《こおう》するかのように生《う》まれ出《で》たのが、〈念仏《ねんぶつ》〉の教《おし》えでありました。これはインドにも中国《ちゅうごく》にもあった信仰《しんこう》で、その根底《こんてい》に流《なが》れているものはやはり法華経《ほけきょう》の精神《せいしん》です。阿弥陀仏《あみだぶつ》と申《もう》しても、原名《げんめい》のアミターユスは〈無量寿《むりょうじゅ》〉、アミターバは〈無量光《むりょうこう》〉という意味《いみ》ですから、つまりは久遠仏《くおんぶつ》と一致《いっち》するわけで、その久遠仏《くおんぶつ》に帰命《きみょう》することを念《ねん》ずるのが〈念仏《ねんぶつ》〉というわけです。念仏《ねんぶつ》をひろめるのに大《おお》きな力《ちから》となった恵心僧都《えしんそうず》も、良忍上人《りょうにんしょうにん》も、そしてその信仰《しんこう》を大成《たいせい》した法然上人《ほうねんしょうにん》も、親鸞上人《しんらんしょうにん》も、すべて比叡山《ひえいざん》で天台《てんだい》の教《おし》えを学《まな》んだ人《ひと》であったことからしても、念仏《ねんぶつ》の奥《おく》の奥《おく》には法華経《ほけきょう》の精神《せいしん》が背骨《せぼね》を成《な》していることがわかると思《おも》います。

さて、最初《さいしょ》に念仏《ねんぶつ》をすすめたのは空也上人《くうやしょうにん》という諸国行脚《しょこくあんぎゃ》の僧《そう》ですが、この方《かた》が京都《きょうと》に来《き》て街頭《がいとう》に立《た》ち、やさしいことばで、——このはかない現世《げんぜ》の生活《せいかつ》にあくせくすることをやめて、ただひたすらに阿弥陀仏《あみだぶつ》を念《ねん》じなさい、そうすればかならず救《すく》われるのだ——と説《と》きました。心《こころ》のよりどころに飢《う》えていた民衆《みんしゅう》は、非常《ひじょう》に喜《よろこ》んでその教《おし》えに帰依《きえ》しました。その後《ご》空也上人《くうやしょうにん》は、比叡山《ひえいざん》にのぼって、改《あらた》めて大乗《だいじょう》を学《まな》んでいます。それから奥羽地方《おううちほう》をあまねく行脚《あんぎゃ》して布教《ふきょう》し、ふたたび京都《きょうと》に帰《かえ》って、七十歳《さい》で入寂《にゅうじゃく》するまで、庶民《しょみん》のために念仏《ねんぶつ》の教《おし》えを説《と》きました。

恵心僧都《えしんそうず》は、空也上人《くうやしょうにん》から五十年《ねん》ばかりあとに出《で》た人《ひと》で、朝廷《ちょうてい》や貴族《きぞく》たちの尊信《そんしん》も厚《あつ》かったのですが、けっしてそれに乗《じょう》ずるようなことがなく、都《みやこ》を離《はな》れた比叡山《ひえいざん》の横川《よかわ》に静《しず》かに住《す》みなし、そこで教《おし》えを説《と》き、著述《ちょじゅつ》にも励《はげ》んでいましたので、かえって人《ひと》びとは〈横川《よかわ》の僧都《そうず》〉といって尊敬《そんけい》を深《ふか》めました。その著《ちょ》述《じゅつ》には、天台宗《てんだいしゅう》の教義《きょうぎ》を説《と》いた《一乗要訣《いちじょうようけつ》》や、念仏《ねんぶつ》のすすめを説《と》いた《往生《おうじょう》要集《ようしゅう》》などがあり、この方《かた》のおかげで、上流《じょうりゅう》の人《ひと》びとの信仰《しんこう》もだんだん正《ただ》しい方向《ほうこう》へふり向《む》けられていったわけです。

そのつぎに良忍上人《りようにんしようにん》という人《ひと》が出《で》て、〈融通念仏《ゆうずうねんぶつ》〉ということを唱《とな》えました。〈融通念仏《ゆうずうねんぶつ》〉というのは、——自分《じぶん》が真心《まごころ》から仏《ほとけ》さまを念《ねん》ずれば、その信心《しんじん》の力《ちから》が他人《たにん》へも及《およ》び、その人《ひと》も救《すく》われる。同様《どうよう》に、他《た》の人《ひと》の信心《しんじん》が自分《じぶん》にも及《およ》ぶ。こうしてすべての人《ひと》の信仰《しんこう》の功徳《くどく》が流《なが》れあい、溶《と》けあって、一切衆生《いっさいしゅじょう》が救《すく》われる大《おお》きな力《ちから》となる——という教義《きょうぎ》で、じつにりっぱなものです。これによって、念仏《ねんぶつ》は、ますます世《よ》の中《なか》にひろまりました。

そうして、ついに法然上人《ほうねんしょうにん》の出現《しゅつげん》ということになります。法然上人《ほうねんしょうにん》は、名《な》を源空《げんくう》といい、十五歳《さい》のとき叡山《えいざん》に入《はい》って天台《てんだい》の教《おし》えを学《まな》び、それから黒谷《くろだに》に下《くだ》って真言《しんごん》の教《おし》えを研究《けんきゅう》し、二十四歳《さい》のとき奈良《なら》へ行《い》って各宗《かくしゅう》の教義《きょうぎ》を学《まな》んだ高《こう》徳《とく》の人《ひと》であります。

この方《かた》の信仰《しんこう》のゆきついたところが〈専修念仏《せんじゅねんぶつ》〉であり、それまでの念仏《ねんぶつ》およぴ阿弥陀《あみだ》信仰《しんこう》を純粋化《じゅんすいか》したものといっていいでしょう。従来念仏《じゅうらいねんぶつ》をすすめた人《ひと》びとは、阿弥陀如来《あみだにょらい》ばかりを拝《おが》めと説《と》いたわけでなく、相当《そうとう》に包容性《ほうようせい》のあるものだったのですが、法然上人《ほうねんしょうにん》はただ専《もっぱ》ら阿弥陀如来《あみだにょらい》に頼《たの》み、念仏《ねんぶつ》を唱《とな》えるのが、純粋《じゅんすい》の信仰《しんこう》であり、それでなくては救《すく》われないと説《と》いたのです。そのひたむきな信仰態度《しんこうたいど》は、非常《ひじょう》に強《つよ》い力《ちから》をもって多《おお》くの人《ひと》びとをひきつけ、後白河法《ごしらかわほう》皇《おう》や関白藤原兼実《かんぱくふじわらのかねざね》から庶民《しょみん》にいたるまで、あらゆる階層《かいそう》の人《ひと》がこの教《おし》えに帰依《きえ》しました。

しかし、阿弥陀如来《あみだにょらい》よりほかの仏《ほとけ》さまを拝《おが》むのでは救《すく》われないというその主《しゅ》張《ちょう》は、当然他宗派《とうぜんたしゅうは》の僧侶《そうりょ》たちの反発《はんぱつ》を買《か》うことになり、たまたま上人《しょうにん》のお弟子《でし》のなかに国《くに》の法《ほう》に背《そむ》く者《もの》があったのを口実《こうじつ》にして朝廷《ちょうてい》を動《うご》かし、そのため法然《ほうねん》上人《しょうにん》は土佐《とさ》へ流《なが》されました。その後許《ごゆる》されて京都《きょうと》に帰《かえ》り、八十歳《さい》で入寂《にゅうじゃく》されましたが、とにかく法然上人《ほうねんしょうにん》が、――人間《にんげん》というものは学問《がくもん》や地位《ちい》の有無《うむ》によらず、だれでも、心《こころ》をこめて念仏《ねんぶつ》を唱《とな》えさえすれば、ひとしく極楽《ごくらく》に往生《おうじょう》できる――と説《と》かれたことが、一般庶民《いっぱんしょみん》の心《こころ》の救《すく》いとなったことはたいへんなものであって、このときはじめて仏教《ぶっきょう》が広《ひろ》く大衆《たいしゅう》のものとなったといっても、言《い》い過《す》ぎではないでしょう。

その法然上人《ほうねんしょうにん》のお弟子《でし》に、親鸞上人《しんらんしょうにん》がおられます。その事績《じせき》については、すでに、伝記《でんき》や小説《しょうせつ》や映画《えいが》などによってくわしくご存《ぞん》じでしょうから省略《しょうりゃく》しますが、とにかく、自《みずか》らの煩悩《ぼんのう》と闘《たたか》いながら、その血《ち》の出《で》るような体験《たいけん》にもとづいて念仏《ねんぶつ》の教《おし》えを徹底《てってい》させ、万民《ばんみん》のものとした、非常《ひじょう》に人間味《にんげんみ》のある偉人《いじん》であります。

法然上人《ほうねんしょうにん》の教《おし》えと違《ちが》っているところは、法然上人《ほうねんしょうにん》の教《おし》えが——つねに念仏《ねんぶつ》を唱《とな》えて、仏《ほとけ》さまに極楽往生《ごくらくおうじょう》を頼《たの》みまいらせよ——というものだったのに対《たい》して、親鸞上人《しんらんしょうにん》の教《おし》えは——仏《ほとけ》さまの絶対《ぜったい》の力《ちから》によってわれわれはすでに救《すく》われているのだ。その有難《ありがた》さを思《おも》えば念仏《ねんぶつ》を唱《とな》えずにはおられない——という徹底《てってい》したものでした。

この思想《しそう》は、戦乱《せんらん》に悩《なや》み、生活苦《せいかつく》にうちひしがれた当時《とうじ》の民衆《みんしゅう》の心《こころ》にしみじみと深《ふか》く浸《し》みとおり、その弱《よわ》い存在《そんざい》を温《あたた》かく抱《いだ》きとり、未来《みらい》への希望《きぼう》を与《あた》えたのでありました。そして、その教《おし》えである浄土真宗《じょうどしんしゅう》は、のちに出《で》た蓮如上人《れんにょしょうにん》が日常生活《にちじょうせいかつ》の道徳《どうとく》と密着《みっちゃく》させたことによって円熟《えんじゅく》したものになり、長《なが》く在家仏教《ざいけぶつきょう》の一方《いっぽう》の雄《ゆう》となったのであります。

禅宗《ぜんしゅう》が興《おこ》る

平安朝《へいあんちょう》から源平《げんぺい》の時代《じだい》を経《へ》て、北条氏《ほうじょうし》が政治《せいじ》の実権《じっけん》を握《にぎ》るようになった頃《ころ》から、武士階級《ぶしかいきゅう》の間《あいだ》に禅宗《ぜんしゅう》が興《おこ》ってきます。武士《ぶし》はつねに生死《せいし》の間《あいだ》を往来《おうらい》しているもので、そのため念仏《ねんぶつ》の教《おし》えに帰依《きえ》する者《もの》が多《おお》かったのですが、念仏《ねんぶつ》の教《おし》えはなんといっても消極的《しょうきょくてき》なものです。安心《あんしん》して死《し》ねるということも大切《たいせつ》ですが、そのもうひとつ前《まえ》に、武士《ぶし》には敵《てき》にたち向《む》かう強《つよ》い心《こころ》が必要《ひつよう》でした。そして、平時《へいじ》においても、つねにそういう強《つよ》い気性《きしょう》を養《やしな》っておかねばなりません。ということになると、心《こころ》のよりどころとして、念仏《ねんぶつ》ではどうしても弱々《よわよわ》しい。もっとどっしりした、不動《ふどう》の精神《せいしん》をつくりあげるような教《おし》えが欲《ほ》しい。そういう自然《しぜん》の要求《ようきゅう》が、禅宗《ぜんしゅう》の勃興《ぼっこう》となったわけです。

もともと禅宗《ぜんしゅう》は中国《ちゅうごく》に興《おこ》ったもので、インドから来《き》たボーディダルマ（達磨《だるま》大師《だいし》）が、お釈迦《しゃか》さまの教《おし》えの中《なか》から、禅定《ぜんじょう》により解脱《げだつ》を得《え》るという一点《いってん》に眼《がん》目《もく》を置《お》いて始《はじ》めた一派《いっぱ》です。

平安朝《へいあんちょう》のころ中国《ちゅうごく》に留学《りゅうがく》した栄西禅師《えいさいぜんじ》が臨済《りんざい》の禅《ぜん》を伝《つた》え、それからしばらくたって、その高弟《こうてい》の道元禅師《どうげんぜんじ》が曹洞《そうとう》の禅《ぜん》を伝《つた》えました。お二人《ふたり》とも、もとはやはり比叡山《ひえいざん》で天台《てんだい》の教《おし》えを学《まな》んだ人《ひと》ですが、中《なか》でも道元禅師《どうげんぜんじ》の著述《ちょじゅつ》を読《よ》んでみますと、その思想《しそう》には法華経《ほけきょう》の精神《せいしん》が脈打《みゃくう》っていることがよくわかります。現在《げんざい》の日本《にほん》で禅《ぜん》があらゆる階層《かいそう》に生《い》き生《い》きとしているのは、主《しゅ》としてこの道元禅《どうげんぜん》師《じ》の遺風《いふう》の賜《たまもの》であって、わが国《くに》の仏教全体《ぶっきょうぜんたい》から見《み》ても大恩人《だいおんじん》であるといわなければなりません。道元禅師《どうげんぜんじ》は建長《けんちょう》五年《ねん》に五十四歳《さい》で入寂《にゅうじゃく》されましたが、ちょうどその年《とし》が、日蓮聖人《にちれんしょうにん》が法華経《ほけきょう》の精神《せいしん》に帰《かえ》れという叫《さけ》びをあげられた開教《かいきょう》の年《とし》に当《あ》たっているのも、不思議《ふしぎ》な思《おも》いがします。

さて、禅《ぜん》というのも非常《ひじょう》にすぐれたゆきかたではあったのですが、だいたいは出家《しゅっけ》もしくは知識階級《ちしきかいきゅう》の仏教《ぶっきょう》であって、庶民《しょみん》の生活《せいかつ》とはちょっとかけ離《はな》れたところにありました。一方《いっぽう》、念仏《ねんぶつ》は庶民《しょみん》の心《こころ》に浸《し》み入《い》るしんみりした教《おし》えではありましたけれども、惜《お》しいことには人生《じんせい》に対《たい》する態度《たいど》が消極的《しょうきょくてき》で、ほんとうにこの世《よ》に生《い》きる喜《よろこ》びとか生《い》き甲斐《がい》というものを人《ひと》びとの胸《むね》にかき立《た》てる力《ちから》がありませんでした。したがって、みんなが力《ちから》を合《あ》わせて社会《しゃかい》を向上《こうじょう》させ、住《す》みよい国土《こくど》をつくってゆこうというような積極的《せっきょくてき》な意欲《いよく》は、それらの教《おし》えからはなかなか湧《わ》き上《あ》がってきにくいのです。これでは、ほんとうの救《すく》いはありえません。ひとりひとりが個人的《こじんてき》に解脱《げだつ》や救《すく》いを得《え》たにしても、それが結集《けっしゅう》して一つのエネルギーとなり、社会全体《しゃかいぜんたい》・人類全体《じんるいぜんたい》を救《すく》う行動《こうどう》にまで発展《はってん》しなければ、究極《きゅうきょく》の救《すく》いは実現《じつげん》しないのです。

日蓮聖人《にちれんしょうにん》の出世《しゅっせ》

このことに深《ふか》く思《おも》いを到《いた》されたのが、ほかならぬ日蓮聖人《にちれんしょうにん》でありました。禅《ぜん》も、念仏《ねんぶつ》も、真言《しんごん》も、律《りつ》も、それぞれいい教《おし》えにはちがいないけれども、いずれも仏《ほとけ》の教《おし》えの一点《てん》だけを集中的《しゅうちゅうてき》に見《み》つめているだけで、円熟《えんじゅく》した完全《かんぜん》さとはいえない。あらゆる階層《かいそう》の人《ひと》びとを救《すく》い、しかも社会《しゃかい》や国《こっ》家《か》を理想《りそう》の境地《きようち》にまでもってゆく力《ちから》となりにくい。では、その問題《もんだい》を解決《かいけつ》するのは何《なん》であろうか。日蓮聖人《にちれんしようにん》は十六歳《さい》から三十二歳《さい》までの長《なが》い年月《としつき》、比叡山《ひえいざん》に、三井寺《みいでら》に、高野山《こうやさん》に、四天王寺《してんのうじ》に、必死《ひつし》の探究《たんきゆう》をつづけられました。そしてついに、法華経《ほけきよう》の教《おし》えをひろめるよりほかにその問題《もんだい》を解決《かいけつ》する道《みち》はないという大信念《だいしんねん》に達《たつ》せられたのです。

そして、建長《けんちよう》五年《ねん》四月《がつ》二十八日《にち》、思《おも》い出多《でおお》いふるさとの清澄山《きよすみさん》において、法華経流布《ほけきようるふ》の宣言《せんげん》を発《はつ》せられたのでした。その日《ひ》の明《あ》けがた、清澄山《きよすみさん》の頂上《ちようじよう》において、太平洋《たいへいよう》のかなたからさし昇《のぼ》る朝日《あさひ》にむかって合掌《がつしよう》し、〈南無妙法蓮華経《なむみようほうれんげきよう》〉と声高《こえたか》らかに唱《とな》えられました。これがお題目《だいもく》の第一声《だいいつせい》だったのです。

法華経《ほけきよう》は実践《じつせん》の教《おし》え

日蓮聖人《にちれんしようにん》のご事績《じせき》については、もはやここでくわしく述《の》べるまでもありますまいが、ただ、そのご精神《せいしん》だけはハッキリさせておかねばなりません。一言《いちごん》にして尽《つ》くせば、真《しん》の救《すく》いは法華経《ほけきよう》の教《おし》えの〈実践《じつせん》〉にあるということです。理解《りかい》から信仰《しんこう》へ、信仰《しんこう》から実践《じっせん》へ、ということです。すなわち、天台大師《てんだいだいし》の解《と》き明《あ》かされた〈理《り》（理論《りろん》）〉を徹底《てってい》して実践《じっせん》されたのです。そして、ご自身《じしん》が率先《そっせん》して人《ひと》を救《すく》い、世《よ》を建《た》て直《なお》される運動《うんどう》を起《お》こされたのです。そのおかげで法華経《ほけきょう》は、七百年後《ねんご》の今日《こんにち》まで連綿《れんめん》と伝《つた》えられ、現《げん》代《だい》のわれわれもこうして法華経《ほけきょう》に会《あ》いたてまつることができたわけです。これは、いくら感謝《かんしゃ》しても感謝《かんしゃ》し切《き》れないほど有難《ありがた》いことといわなければなりません。

ところが、七百年《ねん》の長《なが》い年月《としつき》が経《た》つうちに、この日蓮聖人《にちれんしょうにん》のご真意《しんい》は、やはり他《た》の場合《ばあい》と同《おな》じように、次第《しだい》に見失《みうしな》われ、あるいは歪《ゆが》められてきました。

第一《だい》に、法華経《ほけきょう》の教《おし》えの内容《ないよう》よりもお題目《だいもく》のほうが重《おも》んぜられるようになったことです。〈南無妙法蓮華経《なむみょうほうれんげきょう》〉と唱《とな》えさえすれば救《すく》われるという、安易《あんい》な思《し》想《そう》に変《か》わってきたことです。

〈南無《なむ》〉というのは梵語《ぼんご》のナマス（パーリ語《ご》でナモー）の音《おん》を当《あ》てはめたもので、〈帰命《きみょう》〉という意味《いみ》です。この字面《じづら》を見《み》ただけでは、なんとなく冷静《れいせい》なことばのように感《かん》じられますが、そんなものではなく、まっしぐらに仏《ほとけ》さまの懐《ふところ》の中《なか》へ飛《と》びこんでゆく、教《おし》えの中《なか》へ溶《と》け込《こ》んでゆく、その瞬間《しゅんかん》の身《み》も震《ふる》えるような法悦感《ほうえつかん》をこめた魂《たましい》の叫《さけ》びなのです。「ああ、ありがたい」「何《なに》もかもお任《まか》せします」と、いのちのすべてを〈仏《ほとけ》〉と〈法《ほう》〉の中《なか》へ投《な》げ出《だ》すとき、思《おも》わず知《し》らず発《はっ》する心《こころ》の声《こえ》なのです。

ですから、〈南無妙法蓮華経《なむみょうほうれんげきょう》〉というのは、「ああ、ありがたい妙法蓮華経《みょうほうれんげきょう》！　わたくしはこのお経《きょう》の真実《しんじつ》の教《おし》えに全生命《ぜんせいめい》をお任《まか》せします！」という意味《いみ》にほかなりません。日蓮聖人《にちれんしょうにん》が清澄山《きよすみさん》の頂《いただ》きで発《はっ》せられた第一声《だいいっせい》も、おそらくこういう感動《かんどう》の叫《さけ》びであったことでしょう。

南無妙法《なむみょうほう》
蓮華経《れんげきょう》

尊《とうと》いのは、あくまでも法華経《ほけきょう》の教《おし》えなのです。そして、その教《おし》えを実践《じっせん》することなのです。〈南無妙法蓮華経《なむみょうほうれんげきょう》〉と唱《とな》えるのは、その受持《じゅじ》と実践《じっせん》との信念《しんねん》をいよいよ心《こころ》に固《かた》く植《う》えつけるためにするのです。お題目《だいもく》を唱《とな》えさえすれば救《すく》われるというのだったら、なにもわざわざ日蓮聖人《にちれんしょうにん》がむずかしい法華経《ほけきょう》などをかつぎ出《だ》されるはずがありません。

現代人《げんだいじん》の常識《じょうしき》から考《かんが》えても、釈尊《しゃくそん》の説《と》かれた尊《とうと》い教《おし》えの内容《ないよう》を学《まな》び、それに従《したが》ってよりよい生活《せいかつ》に進《すす》もうとつとめることと、ただその経典《きょうてん》の題号《だいごう》だけを唱《とな》えることと、どちらが価値《かち》があるのか、これはもう議論《ぎろん》するのがおかしいぐらい明白《めいはく》なことだと思《おも》います。

法華経《ほけきょう》は救《すく》い第一《だいいち》の教《おし》え

第《だい》二の誤《あやま》りは、日蓮聖人《にちれんしょうにん》が、当時《とうじ》の世相《せそう》にかんがみて、信仰《しんこう》による社会《しゃかい》・国家《こっか》の安泰《あんたい》を緊急事《きんきゅうじ》として強調《きょうちょう》されたことに、後世《こうせい》の人《ひと》びとが無定見《むていけん》にひきずられてしまったことです。そのため、〈人間《にんげん》〉の救《すく》いをどこかへ置《お》き忘《わす》れて、一足飛《いっそくと》びに社会《しゃかい》・国家《こっか》の救《すく》いへと飛躍《ひやく》する考《かんが》えかたが一般的《いっぱんてき》となり、それが国家主義《こっかしゅぎ》や軍国主義《ぐんこくしゅぎ》と結《むす》びついて、お釈迦《しゃか》さまの真意《しんい》から遠《とお》く離《はな》れてしまいました。現在《げんざい》でも、〈人間《にんげん》〉より先《さき》に〈政治《せいじ》〉に対《たい》して目標《もくひょう》を置《お》いている教団《きょうだん》もありますが、やはり同《おな》じ誤《あやま》りにとらわれているのです。

法華経《ほけきょう》は〈人間尊重《にんげんそんちょう》〉の教《おし》えであり、〈人間完成《にんげんかんせい》〉の教《おし》えであり、その上《うえ》に立《た》つ〈人類平和《じんるいへいわ》〉の教《おし》えです。くりかえすようですが、《法華経《ほけきょう》》はその内容《ないよう》が尊《とうと》いのです。その精神《せいしん》が尊《とうと》いのです。そして、その教《おし》えを実践《じっせん》することが尊《とうと》いのです。

その教《おし》えを理解《りかい》し、信《しん》じ、実践《じっせん》することによって、普通《ふつう》の社会生活《しゃかいせいかつ》を営《いとな》みながら、煩悩《ぼんのう》にとらわれない心境《しんきょう》へ次第《しだい》に近《ちか》づいてゆく。その上《うえ》、お互《たが》いがひとのために尽《つ》くしあうことによって、それぞれ自分自身《じぶんじしん》を高《たか》めながら、同時《どうじ》に世《よ》の中《なか》を住《す》みよく美《うつく》しくしてゆく——それが法華経《ほけきょう》を行《ぎょう》ずるものの理想《りそう》にほかなりません。

《法華経《ほけきよう》》が説《と》かれてから二千五百年《ねん》、はじめてその教《おし》えの真精神《しんせいしん》が完全《かんぜん》に理《り》解《かい》される時代《じだい》がやってきました。そして、その実践《じつせん》の目標《もくひよう》が完全《かんぜん》にお釈迦《しやか》さまのご真意《しんい》と一致《いつち》する時代《じだい》となってきたのです。

皆《みな》さん、いまこそわたしたちは、この教《おし》えの真実《しんじつ》にたちかえって、自分自身《じぶんじしん》のため、家族《かぞく》のため、ひとのため、世《よ》の中《なか》のため、そして世界平和《せかいへいわ》のため、積《せつ》極的《きよくてき》によりよい明日《あす》を築《きず》いてゆこうではありませんか。

法華《ほっけ》三部経《さんぶきょう》の構成《こうせい》

法華《ほっけ》三部経《さんぶきょう》とは、《無量義経《むりょうぎきょう》》《妙法蓮華経《みょうほうれんげきょう》（法華経《ほけきょう》）》《仏説観普賢菩薩行法経《ぶっせつかんふげんぼさつぎょうぼうきょう》（観普賢経《かんふげんきょう》）》の三部《さんぶ》をいいます。

無量義経《むりょうぎきょう》

このうち《無量義経《むりょうぎきょう》》の内容《ないよう》は、釈尊《しゃくそん》が《妙法蓮華経《みょうほうれんげきょう》》の内容《ないよう》をお説《と》きになる直前《ちょくぜん》に説法《せっぽう》されたものです。そのあとですぐ三昧《さんまい》におはいりになり、それからひきつづき法華経《ほけきょう》の説法《せっぽう》が始《はじ》まるわけです。

この《無量義経《むりょうぎきょう》》の中《なか》では、釈尊《しゃくそん》は——いままでの四十余年間《よねんかん》、こういう目的《もくてき》で、こういう順序《じゅんじょ》により、このように法《ほう》を説《と》いてきた——と、その次第《しだい》を述《の》べられ、そして——じつはまだ真実《しんじつ》をすっかりうち明《あ》けきってはいないのだ、しかし、いままで説《と》いた教《おし》えもすべて真実《しんじつ》であり、すべて大切《たいせつ》なものである、なぜならば、すべての教《おし》えはただ一つの真理《しんり》から出《で》ているからである——とお説《と》きになりました。これが〈無量義《むりょうぎ》〉という教《おし》えです。

無量義《むりょうぎ》とは

〈無量義《むりょうぎ》〉というのは、〈数《かず》かぎりない意味《いみ》をもった教《おし》え〉という意味《いみ》ですが、この《無量義経《むりょうぎきょう》》の中《なか》で、その〈数《かず》かぎりない意《い》味《み》をもった教《おし》えはただひとつの真理《しんり》から出《で》てくるのだ〉ということが説《と》かれてあります。そのひとつの真理《しんり》というのは〈無相《むそう》〉すなわち〈実相《じっそう》〉ということですが、それについて詳《くわ》しくはおっしゃっておられません。それで、どうもはっきり解《わか》らないのです。では、どこでそれが解決《かいけつ》されるのか。もちろん、次《つぎ》に説《と》かれる《妙法蓮華経《みょうほうれんげきょう》》においてなのです。《妙法蓮華経《みょうほうれんげきょう》》で、それをあますところなくお説《と》きになられるわけです。そして、その数《かず》かぎりない教《おし》えは、せんじつめればこの《妙法蓮華経《みょうほうれんげきょう》》に説《と》く真理《しんり》に帰《き》するのだと、ご一代《いちだい》のご説法《せっぽう》の中《なか》でも最《もっと》も中心《ちゅうしん》になる教《おし》えを、ここで明《あき》らかにしていらっしゃるのです。

つまり、《無量義経《むりょうぎきょう》》の中心《ちゅうしん》である《説法品《せっぽうほん》》では、釈尊《しゃくそん》が大荘厳菩薩《だいしょうごんぼさつ》の質《しつ》問《もん》に対《たい》してお答《こた》えになったものですから、よほど修行《しゅぎょう》を積《つ》んだ菩薩《ぼさつ》たちでなければ、しんそこからは理解《りかい》できないものだったのです。さればこそ、釈尊《しゃくそん》のみ心《こころ》の中《なか》には、つぎの説法《せっぽう》の順序《じゅんじょ》がちゃんと立《た》てられてあったのです。すなわち、この《無量義経《むりょうぎきょう》》を説《と》かれてから、いよいよその教《おし》えの根本《こんぽん》である〈無《む》相《そう》〉すなわち〈実相《じっそう》〉ということについて、どんな人《ひと》にも解《わか》るように、あらゆる角度《かくど》からお説《と》きになったのが《妙法蓮華経《みょうほうれんげきょう》》にほかなりません。つまり、そこではじめて、〈究極《きゅうきょく》の真理《しんり》〉を一般《いっぱん》の人《ひと》びとのために説《と》き明《あ》かされたわけです。

開《かい》経《きょう》

そういうわけで、《無量義経《むりょうぎきょう》》は、それ以前《いぜん》の方便経《ほうべんきょう》からいよいよ真実経《しんじつきょう》の《妙法蓮華経《みょうほうれんげきょう》》を開《ひら》き出《だ》すものであり、《妙法蓮華経《みょうほうれんげきょう》》もこの《無量義経《むりょうぎきょう》》からはいってこそほんとうによく理解《りかい》できるという関係《かんけい》から、《妙法蓮華経《みょうほうれんげきょう》》の〈開経《かいきょう》〉といわれているのです。

このお経《きょう》は、インドから中国《ちゅうごく》に来《き》た曇摩伽陀耶舎《どんまかだやしゃ》（経歴《けいれき》の詳細《しょうさい》は不明《ふめい》）という人《ひと》によって中国語《ちゅうごくご》に訳《やく》されました。このお経《きょう》と《妙法蓮華経《みょうほうれんげきょう》》をいっしょに読《よ》むことがいつの頃《ころ》から始《はじ》まったのか、それもよくわかっていませんが、天台大《てんだいだい》師《し》も青年時代《せいねんじだい》からすでにそれを行《おこ》なっていたことが記録《きろく》に残《のこ》っていますので、よほど古《ふる》いことと思《おも》われます。

《無量義経《むりょうぎきょう》》は、《徳行品第一《とくぎょうほんだいいち》》《説法品第二《せっぽうほんだいに》》《十功徳品第三《じゅうくどくほんだいさん》》の三品《ぽん》から成《な》り立《た》っています。品《ほん》というのは、類《るい》とか、別《べつ》とか、部分《ぶぶん》とかいう意味《いみ》ですから、現代《げんだい》の書物《しょもつ》に使《つか》われている〈章《しょう》〉とおなじ意味《いみ》だと考《かんが》えていいでしょう。

この《徳行品《とくぎょうほん》》を《無量義経》の〈序分《じょぶん》〉といい、《説法品《せっぽうほん》》を〈正宗分《しょうしゅうぶん》〉、《十功徳品《じゅうくどくほん》》を〈流通分《るつうぶん》〉といいますが、こういう分《わ》けかたは、ほかのお経《きょう》にも共通《きょうつう》のことですから、ここで簡単《かんたん》に説明《せつめい》しておきましょう。

序分《じょぶん》・正宗《しょうしゅう》分《ぶん》・流通分《るつうぶん》

〈序分《じょぶん》〉とは、そのお経《きょう》は、いつ、どこで、どんな人《ひと》びとを相手《あいて》として、なぜお説《と》きになったのかという大要《たいよう》などが書《か》かれてある部分《ぶぶん》で、つぎの正宗分《しょうしゅうぶん》にはいるいとぐちです。

〈正宗分《しょうしゅうぶん》〉とは、そのお経《きょう》の本論《ほんろん》であり、中心《ちゅうしん》となる意味《いみ》をもった部分《ぶぶん》です。

〈流通分《るつうぶん》〉とは、正宗分《しょうしゅうぶん》に説《と》いてあることをよく理解《りかい》し、信《しん》じ、身《み》に行《おこ》なえば、どんな功徳《くどく》があるかということを説《と》き、だからこれを大切《たいせつ》にして、あまねく世《よ》にひろめよ、そういう努力《どりょく》をする者《もの》にはこんな加護《かご》があるのだよ、ということを説《と》かれた部分《ぶぶん》です。

妙法蓮華経《みようほうれんげきよう》

《妙法蓮華経《みようほうれんげきよう》》は、つぎの二十八品《ほん》から成《な》り立《た》っています。

序品第一《じよほんだいいち》
方便品第二《ほうべんぽんだいに》　譬諭品第三《ひゆほんだいさん》　信解品第四《しんげほんだいし》　薬草諭品第五《やくそうゆほんだいご》　授記品第六《じゆきほんだいろく》　化城諭品《けじようゆほん》
第七《だいしち》　五百弟子受記品第八《ごひやくでしじゆきほんだいはち》　授学無学人記品第九《じゆがくむがくにんきほんだいく》
法師品第十《ほつしほんだいじゆう》　見宝塔品第十一《けんほうとうほんだいじゆういち》　提婆達多品第十二《だいばだつたほんだいじゆうに》　勧持品第十三《かんじほんだいじゆうさん》　安楽行品第《あんらくぎようほんだい》
十四《じゆうし》
従地涌出品第十五《じゆうじゆじゆつほんだいじゆうご》
如来寿量品第十六《によらいじゆりようほんだいじゆうろく》　分別功徳品第十七《ふんべつくどくほんだいじゆうしち》

随喜《ずいき》功徳品第十八《くどくほんだいじゅうはち》　法師《ほっし》功徳品第十九《くどくほんだいじゅうく》　常不軽菩薩品第二十《じょうふきょうぼさつぼんだいにじゅう》　如来神力品第二十一《にょらいじんりきほんだいにじゅういち》　嘱累品第二十二《ぞくるいほんだいにじゅうに》　薬王菩薩本事品第二十三《やくおうぼさつほんじほんだいにじゅうさん》　妙音菩薩品第二十四《みょうおんぼさつぼんだいにじゅうし》　観世音菩薩普門品第二十五《かんぜおんぼさつふもんぼんだいにじゅうご》　陀羅尼品第二十六《だらにほんだいにじゅうろく》　妙荘厳王本事品第二十七《みょうしょうごんのうほんじほんだいにじゅうしち》　普賢菩薩勧発品第二十八《ふげんぼさつかんぼつぽんだいにじゅうはち》

これらの表題《ひょうだい》は、その章《しょう》の内容《ないよう》の一部《いちぶ》または全体《ぜんたい》を表《あら》わしたもので、その意《い》味《み》は、本文《ほんもん》を読《よ》めば自然《しぜん》にわかってくることですから、ここには説明《せつめい》を省《はぶ》きます。

なお、このお経《きょう》を理解《りかい》するために、むかしからさまざまな人《ひと》によっていろいろな分《わ》けかたがされていますが、いちばん適当《てきとう》だと思《おも》われるのは、まず全体《ぜんたい》を二つに分《わ》けて、《序品第一《じょほんだいいち》》から《安楽行品第十四《あんらくぎょうほんだいじゅうし》》までを〈迹門《しゃくもん》〉、そのあとを〈本門《ほんもん》〉とし、それぞれを〈序分《じょぶん》〉〈正宗分《しょうしゅうぶん》〉〈流《る》通分《つうぶん》〉に分《わ》けて考《かんが》える方《ほう》法《ほう》です。

すなわち〈迹門《しゃくもん》〉においては、《序品第一《じょほんだいいち》》を〈序分《じょぶん》〉、《方便品第二《ほうべんぼんだいに》》から《授学無学人記品第九《じゅがくむがくにんきほんだいく》》までを〈正宗分《しょうしゅうぶん》〉、《法師品第十《ほっしほんだいじゅう》》から《安楽行品第十四《あんらくぎょうほんだいじゅうし》》までを〈流通分《るつうぶん》〉とします。また、〈本門《ほんもん》〉においては、《従地涌出品第十五《じゅうじゆじゅつほんだいじゅうご》》の前半《ぜんぱん》を〈序分《じょぶん》〉、その後半《こうはん》と《如来寿量品第十六《にょらいじゅりょうほんだいじゅうろく》》と《分別功徳品第十七《ふんべつくどくほんだいじゅうしち》》の前半《ぜんぱん》を〈正宗分《しょうしゅうぶん》〉、そのあとを〈流通分《るつうぶん》〉とします。

迹門《しゃくもん》と本門《ほんもん》　ここでちょっと説明《せつめい》しておかねばならないのは、〈迹門《しゃくもん》〉と〈本門《ほんもん》〉の別《べつ》です。

迹仏《しゃくぶつ》と本仏《ほんぶつ》

〈迹門《しゃくもん》〉というのは、〈迹仏《しゃくぶつ》〉の教《おし》えということです。〈迹仏《しゃくぶつ》〉とは、実際《じっさい》にこの世《よ》にお生《う》まれになり、修行《しゅぎょう》の結果《けっか》仏《ほとけ》の境地《きょうち》に達《たっ》せられ、八十歳《さい》で入滅《にゅうめつ》された釈迦牟尼世尊《しゃかむにせそん》のことです。ですから、〈迹門《しゃくもん》〉の教《おし》えは、一口《ひとくち》にいって、人間《にんげん》の理想的境地《りそうてききょうち》に達《たっ》せられた釈尊《しゃくそん》が、ご自分《じぶん》の体験《たいけん》と悟《さと》りにもとづいて、――宇《う》宙《ちゅう》の万物万象《ばんぶつばんしょう》はこのようになっている、人間《にんげん》とはこのようなものだ、だから人《にん》間《げん》はこう生《い》きねばならぬ、人間《にんげん》どうしの関係《かんけい》はこうあらねばならぬ――、ということを教《おし》えられたものです。そして、人間《にんげん》の生《い》きる最終《さいしゅう》の目的《もくてき》は、仏《ほとけ》の境地《きょうち》に達《たっ》することであり、しかも、あらゆる人間《にんげん》は、努力次第《どりょくしだい》でかならずその理想《りそう》に到達《とうたつ》できるのだということを、力強《ちからづよ》く保証《ほしょう》されているのです。

いいかえれば、人間《にんげん》はほんとうの〈智慧《ちえ》〉にめざめ、その〈智慧《ちえ》〉にもとづく努力《どりょく》をしなければならないというのが、〈迹門《しゃくもん》〉の教《おし》えなのです。

ところが、〈本門《ほんもん》〉の《如来寿量品第十六《にょらいじゅりょうほんだいじゅうろく》》にはいりますと、釈尊《しゃくそん》は、――わたしはかぎりない過去《かこ》から、ずっとこの宇宙《うちゅう》のいたるところにいて、説法《せっぽう》し、衆生《しゅじょう》を教化《きょうけ》してきた――と、お説《と》きになります。すなわち、本来仏《ほんらいほとけ》というのは、宇宙《うちゅう》のありとあらゆるものを生《い》かしている宇宙《うちゅう》の大真理《だいしんり》（大生命《だいせいめい》）であるということを明《あき》らかにされるわけです。この意味《いみ》の〈仏《ほとけ》〉を〈本仏《ほんぶつ》〉というわけです。

したがって、――自分《じぶん》は宇宙《うちゅう》の大真理《だいしんり》である本仏《ほんぶつ》に生《い》かされているのだという大事実《だいじじつ》にめざめよ――というのが、〈本門《ほんもん》〉の教《おし》えです。生《い》かされている！という自覚《じかく》、これはもともと〈智慧《ちえ》〉に発《はっ》してはいるのですが、〈智慧《ちえ》〉を一歩《いっぽ》飛《と》び越《こ》えた素晴《すば》らしい魂《たましい》の感動《かんどう》です。そこに本仏《ほんぶつ》の〈大慈悲《だいじひ》〉を生《い》き生《い》きと感《かん》ぜずにはおれません。

また、この仏《ほとけ》の慈悲《じひ》を感《かん》じとったら、その慈悲《じひ》を、そのままほかの人《ひと》に対《たい》しても与《あた》えるのが、人間本来《にんげんほんらい》の姿《すがた》であり、世《よ》の中《なか》を住《す》みよく美《うつく》しくしてゆく素直《すなお》な道《みち》であり、すなわち人間《にんげん》と人間関係《にんげんかんけい》における最高《さいこう》の徳《とく》であります。そこで、〈本門《ほんもん》〉は慈悲《じひ》の教《おし》えということができましょう。

このことについては、本文《ほんもん》でさらにくわしく説明《せつめい》することにいたします。

仏説観普賢菩薩行法経《ぶっせつかんふげんぼさつぎょうぼうきょう》（観普賢経《かんふげんきょう》）

《観普賢経《かんふげんきょう》》は、釈尊《しゃくそん》が法華経《ほけきょう》の教《おし》えをお説《と》きになったのち、ヴェーサーリー（毗舎離《びしゃり》）国《こく》の大林精舎《だいりんしょうじゃ》で説法《せっぽう》された教《おし》えで、《法華経《ほけきょう》》の最後《さいご》の《普賢菩薩勧発品第二十八《ふげんぼさつかんぼっぽんだいにじゅうはち》》のあとを受《う》けて、さらに普賢菩薩《ふげんぼさつ》について説《と》かれたものですが、その真意《しんい》は、わたしどもが法華経《ほけきょう》の精神《せいしん》を身《み》に行《おこ》なうための具体的《ぐたいてき》な方法《ほうほう》として、懺悔《さんげ》することを教《おし》えられてあるのです。

わたしどもは法華経《ほけきょう》を学《まな》んで、釈尊《しゃくそん》ご一代《いちだい》のご説法《せっぽう》のほんとうの意味《いみ》を会得《えとく》し、また修行次第《しゅぎょうしだい》で自分《じぶん》もかならず仏《ほとけ》の境地《きょうち》に達《たっ》せられるのだということがわかると、なんともいえない勇気《ゆうき》が湧《わ》きあがってくるのを覚《おぼ》えます。ところが、日常生活《にちじょうせいかつ》の実情《じつじょう》はどうかといいますと、時時刻刻《じじこっこく》に悩《なや》みや苦《くる》しみがおそってきたり、いろいろな欲《よく》や悪念《あくねん》が次《つぎ》から次《つぎ》へと湧《わ》いてきます。それで、せっかくの新《あたら》しい勇気《ゆうき》もくじけがちになります。

自分《じぶん》も仏《ほとけ》になれるのだ――と頭《あたま》にはわかっていても、さてこういう心《こころ》の迷《まよ》いをどうしたらいいか、それがわからないために、つい迷《まよ》いの黒雲《くろくも》に押《お》し流《なが》されそうになるのです。

その黒雲《くろくも》を払《はら》いのけるのが懺悔《さんげ》であり、その懺悔《さんげ》の方法《ほうほう》を教《おし》えられたのが《観普賢経《かんふげんきょう》》なのであります。

ですから、この《観普賢経《かんふげんきょう》》も《妙法蓮華経《みょうほうれんげきょう》》とは切《き》り離《はな》すことのできないもので、《法華経《ほけきょう》》の結《むす》びとしてかならず学《まな》ぶべきお経《きょう》という意味《いみ》で、〈結経《けっきょう》〉といわれるわけです。また、その内容《ないよう》から、一般《いっぱん》に〈懺悔経《さんげきょう》〉とも呼《よ》ばれています。

では、まず開経《かいきょう》である《無量義経《むりょうぎきょう》》から順《じゅん》を追《お》って解説《かいせつ》していくことにしましょう。

無《む》量《りょう》義《ぎ》経《きょう》

徳《とく》行《ぎょう》品《ほん》第《だい》一《いち》
説《せっ》法《ぽう》品《ほん》第《だい》二《に》
十《じゅう》功《く》徳《どく》品《ほん》第《だい》三《さん》

徳《とく》行《ぎょう》品《ほん》第《だい》一《いち》

是《かく》の如《ごと》きを我《われ》聞《き》きき。一時《じ》、仏《ほとけ》、王舎城《おうしゃじょう》・耆闍崛山《ぎしゃくせん》の中《なか》に住《じゅう》したまい、大比《だいび》丘《く》衆《しゅ》万《まん》二千人《にん》と倶《とも》なりき。菩薩摩訶薩《ぼさつまかさつ》八万人《まんにん》あり。天《てん》・竜《りゅう》・夜叉《やしゃ》・乾闥婆《けんだつば》・阿修羅《あしゅら》・迦楼羅《かるら》・緊那羅《きんなら》・摩睺羅伽《まごらが》あり。諸《もろもろ》の比丘《びく》・比丘尼《びくに》及《およ》び優婆塞《うばそく》・優《う》婆夷《ばい》も倶《とも》なり。大転輪王《だいてんりんのう》・小転輪王《しょうてんりんのう》・金輪《こんりん》・銀輪《ごんりん》・諸輪《しょりん》の王《おう》・国王《こくおう》・王子《おうじ》・国臣《こくしん》・国民《こくみん》・国士《こくし》・国女《こくにょ》・国大長者《こくだいちょうじゃ》、各《おのおの》眷属《けんぞく》百千万数《まんしゅ》にして自《おのずか》ら囲遶《いにょう》せると、仏所《ぶつしょ》に来詣《らいけい》して頭面《ずめん》に足《みあし》を礼《らい》し、遶《めぐ》ること百千帀《そう》して、香《こう》を焼《た》き華《はな》を散《さん》じ、種種《しゅじゅ》に供養《くよう》すること已《おわ》って、退《しりぞ》いて一面《めん》に坐《ざ》す。

わたくしは、このように聞《き》いております。

お釈迦《しやか》さまが王舎城《おうしやじよう》の霊鷲山《りようじゆせん》にいらっしゃったときのことです。静《しず》かにおすわりになっておられるお釈迦《しやか》さまのおそばには、たくさんの大比丘《だいびく》や菩薩《ぼさつ》たちがいならび、一方《いつぽう》には、空《そら》の上《うえ》や海《うみ》の底《そこ》などに住《す》む、鬼神《きじん》たちも席《せき》につらなっていました。おおぜいの僧《そう》や尼僧《にそう》が別々《べつべつ》に整然《せいぜん》とひかえている隣《となり》には、在家《ざいけ》の修行者《しゆぎようしや》たちもつめかけています。また、大王《だいおう》や小王《しようおう》・諸国《しよこく》の国王《こくおう》・王《おう》子《じ》・その家来《けらい》たちをはじめとして、あらゆる人《ひと》びとが、聴聞《ちようもん》のためにぎっしりとまわりに集《あつ》まってまいりましたが、すべての人《ひと》が、まず世尊《せそん》のみ足《あし》に額《ひたい》をつけて礼拝《らいはい》し、つぎにそのまわりをぐるぐるとまわって帰依《きえ》の心《こころ》を表《あら》わし、香《こう》をたき、花《はな》をまいてご供養《くよう》申《もう》しあげてから、一方《いつぽう》に退《しりぞ》いてすわるのでありました。

ここには、いうまでもなく、その説法会《せつぽうえ》の始《はじ》まる前《まえ》の荘厳《そうごん》なありさまが描写《びようしや》されてあります。

霊鷲山《りようじゆせん》の頂《いただ》きに近《ちか》い広場《ひろば》、まわりには数《すう》十メートルもある樹木《じゆもく》が自然《しぜん》の傘《かさ》をさしかけ、朝《あさ》の風《かぜ》がさわやかに吹《ふ》きわたっています。褐色《かつしよく》の質素《しつそ》な衣《ころも》をつけ、静《しず》かに三昧《さんまい》にはいっていらっしゃる釈迦牟尼世尊《しやかむにせそん》のまわりに、同《おな》じく褐一色《かついつしよく》の衣《ころも》をつけたおおぜいの比丘《びく》たち、緑《みどり》や青《あお》や淡赤《うすあか》などの衣《ころも》に宝玉《ほうぎよく》の首飾《くびかざ》りなどをつけた華《はな》やかなよそおいの菩薩《ぼさつ》たち、その他《た》ありとあらゆる人《ひと》たちがつめかけているありさまが、美《うつく》しく目《め》の前《まえ》に浮《う》かんできます。

〈比丘《びく》〉というのは、梵語《ぼんご》のビクシュのことで、男性《だんせい》の出家修行者《しゆつけしゆぎようしや》をいいます。大比丘衆《だいびくしゆ》といえば、舎利弗《しやりほつ》・摩訶迦葉《まかかしよう》・目犍連《もつけんれん》のような直接《ちよくせつ》の大弟子《だいでし》たちのことです。

〈菩薩《ぼさつ》〉というのは、梵語《ぼんご》のボーディサットヴァ、パーリ語《ご》のボーディサッタの中国語訳《ちゆうごくごやく》〈菩提薩埵《ぼだいさつた》〉の略《りやく》です。菩提《ぼだい》とは、仏《ほとけ》の智慧《ちえ》もしくは仏《ほとけ》の悟《さと》りという意味《いみ》、薩埵《さつた》というのは人《ひと》ということですから、つまり〈仏《ほとけ》の智慧《ちえ》・仏《ほとけ》の悟《さと》りを得《え》ようとして修行《しゅぎょう》している人《ひと》〉を指《さ》すのですが、大切《たいせつ》なことは、自分《じぶん》が修行《しゅぎょう》しているばかりでなく、他《た》の人《ひと》びとを救《すく》うことにも努力《どりょく》している人《ひと》でなければ菩薩《ぼさつ》とはいいません。ここが比丘《びく》とちがうところです。菩薩《ぼさつ》の中《なか》には、すでに仏《ほとけ》の智慧《ちえ》を悟《さと》り、ほとんど仏《ほとけ》の境地《きょうち》の近《ちか》くまで達《たつ》し、人《ひと》を導《みちび》き、救《すく》うことに専《せん》念《ねん》している菩薩《ぼさつ》もあります。すなわち大菩薩《だいぼさつ》です。それに対《たい》して、初心《しょしん》の菩薩《ぼさつ》を〈新発意《しんぼっち》の菩薩《ぼさつ》〉といいます。

〈摩訶薩《まかさつ》〉というのはやはり菩薩《ぼさつ》を指《さ》します。摩訶《まか》というのは〈大《だい》〉ということ、薩《さつ》は〈人《ひと》〉ですから、摩訶薩《まかさつ》は〈大人《たいじん》〉または〈大士《だいし》〉すなわち大《おお》きい志《こころざし》をもった人《ひと》という意味《いみ》です。菩薩《ぼさつ》はみんな無上《むじょう》の悟《さと》りを求《もと》め、衆生《しゅじょう》を教化《きょうけ》し、ついには仏《ほとけ》の境地《きょうち》に達《たつ》しようという、大《おお》きな志《こころざし》をもっているのですから、こういってあるわけです。

なお、大比丘衆《だいびくしゅ》が一万二千人《まんにん》、菩薩《ぼさつ》が八万人《まんにん》などとあります。これからも同《おな》じような大《おお》きな数字《すうじ》がよく出《で》てきますが、それらは〈たくさん〉ということを表《あら》わしているもので、数字《すうじ》にこだわることはありません。

天《てん》・竜《りゅう》・夜叉《やしゃ》以下《いか》、聞《き》きなれない名前《なまえ》がいろいろ出《で》てきます。それらは当時《とうじ》のインドの人《ひと》たちがその存在《そんざい》を信《しん》じていた神々《かみがみ》です。

〈天《てん》〉というのは、天上界《てんじょうかい》に住《す》む神々《かみがみ》で、梵天《ぼんでん》とか、帝釈天《たいしゃくてん》などがそれです。〈竜《りゅう》〉というのは水《みず》に住《す》む動物《どうぶつ》の王《おう》ともいうべき存在《そんざい》で、神力《じんりき》をもっているとされていました。〈夜叉《やしゃ》〉というのは、空中《くうちゅう》を飛《と》びあるく鬼神《きじん》。〈乾闥婆《けんだつば》〉は、帝釈天《たいしゃくてん》に仕《つか》えて音楽《おんがく》を奏《そう》している神《かみ》で、香《におい》を食物《しょくもつ》にしているといわれていました。〈阿修羅《あしゅら》〉は、つねに帝釈天《たいしゃくてん》と戦《たたか》っているとされていた鬼神《きじん》です。〈迦楼《かる》羅《ら》〉というのは、竜《りゅう》を取《と》って食《た》べるという鳥《とり》の王《おう》の鬼神《きじん》。〈緊那羅《きんなら》〉は、天上《てんじょう》界《かい》に住《す》んで音楽《おんがく》を奏《そう》しているという神《かみ》。〈摩睺羅伽《まごらが》〉は、地竜《ちりゅう》といい、地《ち》をはって歩《ある》く大《おお》きなヘビのような鬼神《きじん》です。

他教《たきよう》を排《はい》斥《せき》せず

こういう異様《いよう》な神々《かみがみ》たちが説法《せつぽう》の席《せき》につらなっていたというのは、ちょっと不思議《ふしぎ》なようですが、これには大《おお》きな意義《いぎ》があるのです。というのは、お釈迦《しやか》さまおよびその教《おし》えの素晴《すば》らしい包容性《ほうようせい》が、ここに表《あら》わされているのです。もともと、これらはバラモン教《きよう》で信《しん》じられている神々《かみがみ》なのです。いわば、他教《たきよう》の神々《かみがみ》です。お釈迦《しやか》さまは、こうした他教《たきよう》の神々《かみがみ》をも排斥《はいせき》することなく、説法会《せつぽうえ》に列席《れつせき》させて、教化《きようけ》しようとされているのです。

もう一歩《いつぽ》突《つ》っ込《こ》んで解釈《かいしやく》しますと、これらは人間以外《にんげんいがい》のあらゆる生物《せいぶつ》を象《しよう》徴《ちよう》しているのです。したがって、天《てん》を飛《と》ぶものから地《ち》をはうものまで、ありとあらゆる生物《せいぶつ》を平等《びようどう》に済度《さいど》しようという仏陀《ぶつだ》の大《おお》きな慈悲《じひ》が、こういう形《かたち》で表《ひよう》現《げん》されているわけです。

いずれにしても、これは、ほかには見《み》られない、仏教《ぶつきよう》の大《おお》きな特質《とくしつ》です。ですから、経典《きょうてん》の文字《もじ》の上《うえ》に現《あら》われているものだけを浅《あさ》く見《み》て、ありうべからざることが書《か》いてあるなどと思《おも》わず、その底《そこ》にある深《ふか》い意味《いみ》を悟《さと》らなければなりません。これからもこれに似《に》たような事柄《ことがら》がいろいろ出《で》てきますが、つねにそういう心《こころ》がまえを根底《こんてい》にして、読《よ》んでいっていただきたいと思《おも》います。

〈比丘尼《びくに》〉というのは、梵語《ぼんご》のビクシュニー、パーリ語《ご》のビックニーのことで、女性《じょせい》の出家修行者《しゅっけしゅぎょうしゃ》のことです。

〈優婆塞《うばそく》〉というのは、梵語《ぼんご》・パーリ語《ご》のウパーサカで、男性《だんせい》の在家修行者《ざいけしゅぎょうしゃ》のことです。中国語《ちゅうごくご》に意訳《いやく》して近善男《きんぜんなん》とも清信士《せいしんじ》ともいいます。

〈優婆夷《うばい》〉というのは、梵語《ぼんご》・パーリ語《ご》のウパーシカーで、女性《じょせい》の在家修行者《ざいけしゅぎょうしゃ》のことです。中国語《ちゅうごくご》の意訳《いやく》では、近善女《きんぜんにょ》・清信女《せいしんにょ》となっています。

〈大転輪王《だいてんりんのう》・小転輪王《しょうてんりんのう》・金輪《こんりん》・銀輪《ごんりん》・諸輪《しょりん》の王《おう》〉というのは、大小《だいしょう》の国王《こくおう》という意味《いみ》です。むかしのインドでは、徳《とく》のすぐれた王《おう》には、天《てん》から輪宝《りんぽう》というものが授《さず》けられ、その輪宝《りんぽう》を転《ころ》がしてゆけば、向《む》かうところ敵《てき》なく、すべて征服《せいふく》される、といういいつたえがあります。その輪宝《りんぽう》には金《きん》・銀《ぎん》・銅《どう》・鉄《てつ》があり、最《もっと》も徳《とく》の高《たか》い王《おう》には金輪《こんりん》が授《さず》けられ、順次《じゅんじ》に銀《ぎん》・銅《どう》・鉄《てつ》に及《およ》ぶとされていたわけです。

〈国士《こくし》・国女《こくにょ》〉というのは、中堅階級《ちゅうけんかいきゅう》の男女《だんじょ》のことです。

〈国大長者《こくだいちょうじゃ》〉というのは、地主《じぬし》や大《おお》きな商人《しょうにん》のことです。

そういった人《ひと》びとが、眷属《けんぞく》すなわち家族《かぞく》や親類《しんるい》や家来《けらい》などを、おおぜい引《ひ》き連《つ》れて参列《さんれつ》しているというので、つまり、ありとあらゆる人《ひと》たちが説法《せっぽう》を聞《き》こうとして、集《あつ》まっているわけです。

それらの人《ひと》びとは、まず仏《ほとけ》さまのみ足《あし》に額《ひたい》をつけて礼拝《らいはい》します。これは、最《さい》大《だい》の尊敬《そんけい》と帰依《きえ》を表《あら》わす形式《けいしき》で、現在《げんざい》でもインドでは、たとえばクシナガラにあるお釈迦《しゃか》さまの涅槃像《ねはんぞう》などを拝《おが》むときは、そのみ足《あし》に額《ひたい》をつけて礼拝《らいはい》するのです。また、仏《ほとけ》さまのまわりをグルグルまわるのも、やはり尊敬《そんけい》と帰依《きえ》の心《こころ》を表《あら》わすもので、これも仏像《ぶつぞう》や仏塔《ぶっとう》を拝《おが》むときなど、現在《げんざい》も行《おこ》なわれています。〈供養《くよう》〉というのは、仏《ほとけ》さまに対《たい》する帰依《きえ》と感謝《かんしゃ》の心持《こころも》ちを表《あら》わす行《おこ》ないをいいます。

供《く》養《よう》

これには、〈利供養《りくよう》〉〈敬供養《きょうくよう》〉〈行供養《ぎょうくよう》〉の三種《しゅ》があり、〈利供養《りくよう》〉は香《こう》・華《げ》・飲食《おんじき》をたてまつる供養《くよう》、〈敬供養《きょうくよう》〉は仏《ほとけ》さまを敬《うやま》い、賛歎《さんたん》する供養《くよう》、〈行供養《ぎょうくよう》〉はその教《おし》えを受持《じゅじ》し、実践《じっせん》することで、これが最高《さいこう》の供養《くよう》とされています。

しかし、〈利供養《りくよう》〉〈敬供養《きょうくよう》〉も大切《たいせつ》なことであって、たんなる形式《けいしき》と思《おも》ってはなりません。ほんとうに帰依《きえ》と感謝《かんしゃ》の念《ねん》が起《お》これば、それは必《かなら》ず行《おこ》ないに現《あら》われるもので、行《おこ》ないに現《あら》われない感謝《かんしゃ》は、まだほんものとはいえないのです。われわれが、ご宝前《ほうぜん》に、お水《みず》やお茶《ちゃ》やお花《はな》などをあげるのは〈利供養《りくよう》〉で、読経《どきょう》するのは〈敬供養《きょうくよう》〉にほかなりません。

其《そ》の菩薩《ぼさつ》の名《な》を、文殊師利《もんじゅしり》法王子《ほうおうじ》・大威徳蔵《だいいとくぞう》法王子《ほうおうじ》・無憂蔵《むうぞう》法王子《ほうおうじ》・大弁蔵《だいべんぞう》法王子《ほうおうじ》・弥勒菩薩《みろくぼさつ》・導首菩薩《どうしゅぼさつ》・薬王菩薩《やくおうぼさつ》・薬上菩薩《やくじょうぼさつ》・華幢菩薩《けどうぼさつ》・華光幢菩薩《けこうどうぼさつ》・陀羅尼自在王菩薩《だらにじざいおうぼさつ》・観世音菩薩《かんぜおんぼさつ》・大勢至菩薩《だいせいしぼさつ》・常精進菩薩《じょうしょうじんぼさつ》・宝印首菩薩《ほういんしゅぼさつ》・宝積菩薩《ほうしゃくぼさつ》・宝杖菩薩《ほうじょうぼさつ》・越《おッ》三界菩薩《がいぼさつ》・毘摩颰羅菩薩《びまばつらぼさつ》・香象菩薩《こうぞうぼさつ》・大香象菩薩《だいこうぞうぼさつ》・師子吼王菩薩《ししくおうぼさつ》・師子遊戯世菩薩《ししゆけせぼさつ》・師子奮迅菩薩《ししふんじんぼさつ》・師子精進菩薩《ししょうじんぼさつ》・勇鋭力菩薩《ゆえいりきぼさつ》・師子威猛伏菩薩《ししいみょうぶくぼさつ》・荘厳菩薩《しょうごんぼさつ》・大荘厳菩薩《だいしょうごんぼさつ》という。是《かく》の如《ごと》き等《ら》の菩薩摩訶薩《ぼさつまかさつ》八万人倶《まんにんとも》なり。是《こ》の諸《もろもろ》の菩薩《ぼさつ》、皆是《みなこ》れ法身《ほッしん》の大士《だいじ》ならざることなし。戒《かい》・定《じょう》・慧《え》・解脱《げだつ》・解脱知見《げだつちけん》の成就《じょうじゅ》せる所《ところ》なり。

その菩薩《ぼさつ》たちの名《な》をあげますと、文殊師利《もんじゅしり》法王子《ほうおうじ》・大威徳蔵《だいいとくぞう》法王子《ほうおうじ》・無憂蔵《むうぞう》法王子《ほうおうじ》・大弁蔵《だいべんぞう》法王子《ほうおうじ》・弥勒菩薩《みろくぼさつ》・導首菩薩《どうしゅぼさつ》・薬王菩薩《やくおうぼさつ》・薬上菩薩《やくじょうぼさつ》・華幢菩薩《けどうぼさつ》・華光幢菩薩《けこうどうぼさつ》・陀羅尼自在王菩薩《だらにじざいおうぼさつ》・観世音菩薩《かんぜおんぼさつ》・大勢至菩薩《だいせいしぼさつ》・常精進菩薩《じょうしょうじんぼさつ》

・宝印首菩薩《ほういんしゅぼさつ》・宝積菩薩《ほうしゃくぼさつ》・宝杖菩薩《ほうじょうぼさつ》・越三界菩薩《おつさんがいぼさつ》・毗摩颰羅菩薩《びまばつらぼさつ》・香象菩薩《こうぞうぼさつ》・大香象菩薩《だいこうぞうぼさつ》・師子吼王菩薩《ししくおうぼさつ》・師子遊戯世菩薩《ししゆけせぼさつ》・師子奮迅菩薩《ししふんじんぼさつ》・師子精進菩《しししょうじんぼ》薩《さつ》・勇鋭力菩薩《ゆえいりきぼさつ》・師子威猛伏菩薩《ししいみょうぶくぼさつ》・荘厳菩薩《しょうごんぼさつ》・大荘厳菩薩《だいしょうごんぼさつ》などで、みなすでに真理《しんり》と一体《いったい》となりほとんど仏《ほとけ》に近《ちか》い菩薩《ぼさつ》ばかりです。

すべての人《ひと》が、仏《ほとけ》の戒《いまし》めを守《まも》ってはずれることがなく、心《こころ》がしっかりと定《さだ》まっていて、周囲《しゅうい》の変化《へんか》に動揺《どうよう》することもなく、智慧《ちえ》が深《ふか》く、世間《せけん》の迷《まよ》いや苦《くる》しみからすっかり離《はな》れきっており、またその境地《きょうち》に達《たつ》していることをはっきり自覚《じかく》しているという、すぐれた徳《とく》のそなわった人《ひと》たちばかりです。

ここに、おおぜいの菩薩《ぼさつ》の名《な》が列記《れっき》してありますが、一々《いちいち》の説明《せつめい》は省略《しょうりゃく》いたします。とにかく、おおぜいの徳《とく》のすぐれた菩薩《ぼさつ》が綺羅星《きらぼし》のように居《い》ならんでおられる様子《ようす》を思《おも》い浮《う》かべてくださればいいのです。

菩薩《ぼさつ》

菩薩《ぼさつ》には二種類《しゅるい》ありまして、第一《だい》は人間《にんげん》としての肉体《にくたい》をもっている菩薩《ぼさつ》、すなわち、普通《ふつう》の人間《にんげん》であって、つねに無上《むじょう》の悟《さと》りを求《もと》め、広《ひろ》く衆生《しゅじょう》を教化《きょうけ》・救済《きゅうさい》しようとつとめている人《ひと》です。われわれも、その修行《しゅぎょう》に徹《てっ》すれば、すでに菩薩《ぼさつ》です。第二《だい》は、ここにある〈法身《ほっしん》の菩薩《ぼさつ》〉で、仏《ほとけ》さまのさまざまな徳《とく》を象徴《しょうちょう》した菩薩《ぼさつ》たちです。いろいろに姿《すがた》を変《か》えて人間界《にんげんかい》に現《あら》われ、衆生《しゅじょう》の教化《きょうけ》・救済《きゅうさい》に努力《どりょく》される、いわばほとんど仏《ほとけ》に近《ちか》い菩薩《ぼさつ》です。

戒律《かいりつ》

〈戒《かい》〉というのは、〈戒律《かいりつ》〉の略《りゃく》で、〈仏道《ぶつどう》〉を行《おこ》なうものとして守《まも》るべき心構《こころがま》えと、生活《せいかつ》のありかたの教《おし》えです。もちろん、はじめは釈尊《しゃくそん》がお弟子《でし》たちにお示《しめ》しになった戒《いまし》めですが、そのため、これを極端《きょくたん》に束縛《そくばく》的《てき》に考《かんが》える傾向《けいこう》がありますので、ここでその本質《ほんしつ》を説明《せつめい》しておく必要《ひつよう》があると思《おも》います。

戒律《かいりつ》とは、〈戒《かい》〉と〈律《りつ》〉というものを合《あ》わせて表現《ひょうげん》したものです。〈戒《かい》〉とは、在家《ざいけ》のものであろうと、出家《しゆつけ》のものであろうと、仏教徒《ぶつきようと》として自主的《じしゆてき》に守《まも》ろうとする意志《いし》を尊重《そんちよう》するもので、この戒《かい》を破《やぶ》ったからといって、処罰《しよばつ》の対象《たいしよう》にされるものではありません。

それに対《たい》して〈律《りつ》〉とは、仏教教団《ぶつきようきようだん》に所属《しよぞく》する出家《しゆつけ》のものが、集団生活《しゆうだんせいかつ》を送《おく》るうえで守《まも》らねばならないことを定《さだ》めたものです。ですから、律《りつ》に反《はん》する行動《こうどう》をとったときには、教団《きようだん》からそれに対《たい》しての罰《ばつ》が課《か》せられたのです。最《もつと》も重《おも》いものは教団《きようだん》からの追放《ついほう》というものでした。

そして、この〈戒《かい》〉と〈律《りつ》〉のいずれにしても、人間《にんげん》が人間《にんげん》として理想《りそう》の境《きよう》地《ち》に達《たつ》するには、〈どのような生活《せいかつ》をするのがいちばんいいか〉という教《おし》えであって、ただ教団《きようだん》の統制《とうせい》や世間《せけん》に対《たい》するおもわくなどから、〈こんなことをしてはならぬ〉という束縛的《そくばくてき》なものではなかったのです。

それで、釈尊《しやくそん》の教団《きようだん》においても、最初《さいしよ》から詳細《しようさい》な戒律《かいりつ》があったわけでなく、弟子《でし》たちにまちがった行為《こうい》や考《かんが》えちがいがあるごとに、それはいけないよ、と注意《ちゅうい》されたのが、次第《しだい》に教団《きょうだん》のおきてになったものです。

とにかく、仏教《ぶっきょう》の戒律《かいりつ》というものは、これを破《やぶ》れば神《かみ》さまの罰《ばち》が当《あ》たるとか、刑務所《けいむしょ》に入《い》れられるというようなおきてではなく、それに背《そむ》けば自分自身《じぶんじしん》が損《そこ》なわれる、自分自身《じぶんじしん》の向上《こうじょう》が妨《さまた》げられる、だからこのように生活《せいかつ》したほうがよいのだ――という〈慈悲《じひ》のすすめ〉なのです。

これが仏教《ぶっきょう》の大《おお》きな特質《とくしつ》の一つであります。何《なに》も強制《きょうせい》はしないのです。何《なに》も束縛《そくばく》はしないのです。正《ただ》しい道《みち》が指《さ》し示《しめ》されているだけです。よくなろうと思《おも》う人《ひと》は、その道《みち》に従《したが》えば、まちがいなくよくなるのです。ここのところを、しっかり心《こころ》に刻《きざ》んでおいていただきたいと思《おも》います。

禅《ぜん》定《じょう》

〈定《じょう》〉というのは、心《こころ》がすっかり落《お》ち着《つ》いていることです。どう落《お》ち着《つ》いているのかといえば、つねに真理《しんり》に従《したが》うように心《こころ》が定《さだ》まり、落《お》ち着《つ》いているのです。ですから、周囲《しゅうい》の環境《かんきょう》がどう変化《へんか》しても、あわてふためくことがないわけです。

智《ち》慧《え》

〈慧《え》〉というのは、智慧《ちえ》のことです。釈尊《しゃくそん》はこの智慧《ちえ》を人生《じんせい》にとっていちばん大切《たいせつ》なものとして教《おし》えられています。もちろん普通《ふつう》に使《つか》われている分別《ふんべつ》・才覚《さいかく》という意味《いみ》の知恵《ちえ》ではなく、すべてのものごとの本質《ほんしつ》をよく見《み》とおす大《おお》きな智慧《ちえ》のことです。

〈無智《むち》は罪悪《ざいあく》なり〉ということばがありますが、まったくそのとおりで、悪《わる》い行《おこ》ないというものは、ほんとうの智慧《ちえ》がないから起《お》こるものです。ものごとの本質《ほんしつ》を見《み》きわめる智慧《ちえ》をもっていたら、とうてい悪《わる》いことなどできるものではありません。することなすことが、自然《しぜん》とりっぱに、正《ただ》しくならざるをえないのです。

また、ほんとうの智慧《ちえ》が具《そな》われば、慈悲《じひ》も自然《しぜん》に湧《わ》いてくるもので、また智《ち》慧《え》から湧《わ》き出《だ》した慈悲《じひ》でないと、ほんとうに〈価値《かち》ある慈悲《じひ》〉とはいえません。身近《みぢか》な例《れい》をとりますと、子《こ》どもが宿題《しゅくだい》がわからずに、苦《くる》しんでいる、それをただ――かわいそうだ――といって、親《おや》が代《か》わりにやっているのは、智慧《ちえ》にもとづかない、誤《あやま》った慈悲《じひ》です。眠《ねむ》いのや面倒《めんどう》くさいのを我慢《がまん》し、どんなに時間《じかん》をかけても、しっかり理解《りかい》するまで教《おし》えてあげるのが、ほんとうの慈悲《じひ》です。ある場合《ばあい》は、心《こころ》を鬼《おに》にして突《つ》っ放《ぱな》し、自力《じりき》で解決《かいけつ》させるのが、かえって慈悲《じひ》の場合《ばあい》もあります。

その子《こ》の年齢《ねんれい》・性格《せいかく》・理解《りかい》の程度《ていど》・学校《がっこう》の先生《せんせい》の指導方針等々《しどうほうしんとうとう》もろもろの条件《じょうけん》を総合《そうごう》して、どう処置《しょち》するのが、その子《こ》のためにいちばんいいかということを判断《はんだん》する……これが真《しん》の〈智慧《ちえ》〉であり、自《みずか》らを犠牲《ぎせい》にしてでもそれを実行《じっこう》するのが、真《しん》の〈慈悲《じひ》〉であります。

この例《れい》で、仏教《ぶっきょう》でいう〈智慧《ちえ》〉の意味《いみ》は、あらまし解《わか》っていただけることと思《おも》います。

なお、厳密《げんみつ》にいえば、〈智《ち》〉というのは、多《おお》くのものごとの間《あいだ》にある差異《さい》を見分《みわ》ける力《ちから》です。太郎《たろう》と次郎《じろう》は、同《おな》じ父母《ふぼ》から生《う》まれ、同《おな》じ学校《がっこう》で学《まな》んだのだが、いろいろ違《ちが》う点《てん》がある……どこがどう違《ちが》うのか、そういう〈差別相《さべつそう》〉を知《し》る力《ちから》です。〈慧《え》〉というのは、反対《はんたい》に、すべてのものごとに共通《きょうつう》のものを見《み》いだす力《ちから》です。太郎《たろう》と次郎《じろう》は顔《かお》かたちも、体格《たいかく》も、性質《せいしつ》もちがっているようだが、その本質《ほんしつ》を見《み》るとおなじ人間《にんげん》で、仏性《ぶっしょう》を具《そな》えている、平等《びょうどう》に仏《ほとけ》になれる……そういうふうに〈平等《びょうどう》〉を知《し》る力《ちから》です。いいかえれば〈差別相《さべつそう》〉と〈平等《びょうどう》相《そう》〉を共《とも》に知《し》り分《わ》ける力《ちから》、〈分析《ぶんせき》〉と〈総合《そうごう》〉という二つの力《ちから》を兼《か》ね備《そな》えてこそ、世《よ》の中《なか》のことがらを正《ただ》しく見《み》きわめることができるというのが、仏教《ぶっきょう》でいう〈智慧《ちえ》〉であります。

解《げ》脱《だつ》

〈解脱《げだつ》〉というのは、世《よ》の中《なか》の苦《くる》しみや悩《なや》みからすっかり抜《ぬ》け出《だ》していることです。この境地《きょうち》に達《たっ》することが仏法《ぶっぽう》を学《まな》ぶ一つの目的《もくてき》といってもいいでしょう。解脱《げだつ》したといっても、けっして山奥《やまおく》などにはいって世《よ》の煩《わずら》いから遠《とお》ざかっているという意味《いみ》でなく、普通《ふつう》の人《ひと》ならば苦《くる》しみ悩《なや》むようなことがらのまっただ中《なか》にいながら、心《こころ》はそれを超越《ちょうえつ》して、安《やす》らかである……というのでなければ、ほんとうの値《ね》うちはありません。釈尊《しゃくそん》のお弟子《でし》たちもまずこの境地《きょうち》を目標《もくひょう》として修行《しゅぎょう》したのですが、現代《げんだい》においても、やはり変《か》わりはありません。この菩薩《ぼさつ》たちはすっかりその境地《きょうち》を成就《じょうじゅ》しているわけです。

解脱知見《げだつちけん》

つぎの〈解脱知見《げだつちけん》〉というのは、自分《じぶん》が解脱《げだつ》していることを、自分《じぶん》でハッキリ認識《にんしき》していることです。自分《じぶん》で認識《にんしき》していようといまいと、とにかく、苦《くる》しみや悩《なや》みから解脱《げだつ》しておれば、その人個人《ひとこじん》としては十分《じゅうぶん》幸《しあわ》せといえましょう。ところが、人生《じんせい》の指導者《しどうしゃ》すなわち菩薩《ぼさつ》ともなれば、それではすまされません。自分《じぶん》の現状《げんじょう》を自分《じぶん》でハッキリ知《し》っており、どうしてこの境地《きょうち》までのぼって来《こ》られたかという経過《けいか》をも、手《て》に取《と》るように見《み》きわめていなければ、たくみに人《ひと》を導《みちび》くことはできません。また、そういう自覚《じかく》がなければ、その〈解脱《げだつ》〉もあやふやなもので、いつ逆《ぎゃく》もどりするかわかりません。ですから、自分《じぶん》が解脱《げだつ》していることをハッキリ知《し》っていることも、菩薩《ぼさつ》の資格《しかく》の一つなのです。

其《そ》の心《こころ》禅寂《ぜんじゃく》にして、常《つね》に三昧《まい》に在《あ》って、恬安憺怕《てんなんたんぱく》に無為無欲《むいむよく》なり。顛倒乱想《てんどうらんそう》、復入《またい》ることを得《え》ず。静寂清澄《じょうじゃくしょうちょう》に志《し》玄虚漠《げんこまく》なり。之《これ》を守《まも》って動《どう》ぜざることと億《おく》百千劫《こう》、無量《むりょう》の法門《ほうもん》悉《ことごと》く現在前《げんざいぜん》せり。大智慧《だいちえ》を得《え》て諸法《しょほう》を通達《つうだつ》し、性相《しょうそう》の真実《しんじつ》を暁了《ぎょうりょう》し分別《ふんべつ》するに、有無長短《うむちょうたん》、明現顕白《みょうげんけんびゃく》なり。又善《またよ》く諸《もろもろ》の根性欲《こんじょうよく》を知《し》り、陀羅尼《だらに》・無礙弁才《むげべんざい》を以《も》ツて、諸仏《しょぶつ》の転法輪《てんぼうりん》、随順《ずいじゅん》して能《よ》く転《てん》ず。

その菩薩《ぼさつ》たちの心《こころ》は静《しず》かに落《お》ち着《つ》いており、いつも一つの道《みち》に集中《しゅうちゅう》して思《おも》いを散《ち》らすことがなく、どんな境遇《きょうぐう》にも安《やす》んじ、ものごとにこだわらぬさっぱりした気持《きもち》をもっています。どんなことでも、自己中心《じこちゅうしん》の考《かんが》えかたをせず、いろいろな欲《よく》にとらわれることもありません。また、ものごとの実相《じっそう》を見誤《みあやま》ったり、つまらぬことにあれこれと心《こころ》をまどわされることもなく、静《しず》かな清《きよ》らかな心境《しんきょう》で、つねに大《おお》きく、広《ひろ》く、宇宙《うちゅう》や人生《じんせい》の奥深《おくふか》いところを見《み》つめています。長《なが》い間《あいだ》こういう心境《しんきょう》を保《たも》ちつづけて動揺《どうよう》することがありませんので、仏《ほとけ》の説《と》かれた数《かず》かぎりない教《おし》えを、すべて目《め》の前《まえ》に見《み》るように理解《りかい》し、記憶《きおく》しているのです。こうして大《おお》きな智慧《ちえ》を成就《じょうじゅ》していますので、この世《よ》のあらゆるものごとがよくわかり、すべてのものごとのほんとうの性質《せいしつ》と相《すがた》を、すっかりみとおし、見分《みわ》けることができ、あらゆる人間《にんげん》やものごとのさまざまな違《ちが》いを、手《て》にとるようにはっきりさせることができます。また、すべての人《ひと》びとの機根《きこん》や性質《せいしつ》や欲望《よくぼう》を察知《さっち》することができますので、善《ぜん》をすすめ悪《あく》をとどめる力《ちから》と、どんな人《ひと》をも動《うご》かさずにはおかぬ説得力《せっとくりょく》をもって、仏《ほとけ》が教《おし》えをお説《と》きになるその後《あと》につづき、そのご精神《せいしん》のとおりに、多《おお》くの人《ひと》びとを教化《きょうけ》することができます。

〈禅寂《ぜんじゃく》〉というのは、心《こころ》が静《しず》かに落《お》ち着《つ》いていて、周囲《しゅうい》の変化《へんか》によってぐらぐらしないことをいいます。

三《さん》　昧《まい》

〈三昧《まい》〉というのは、梵語《ぼんご》のサマーディのことで、心《こころ》が一つの境地《きょうち》に集中《しゅうちゅう》し、落《お》ち着《つ》いて動《うご》かない状態《じょうたい》をいいます。この場合《ばあい》は、もちろんつねに仏《ほとけ》の教《おし》えの実践《じっせん》という一つの道《みち》に心《こころ》が集中《しゅうちゅう》しているわけです。

〈恬安《てんなん》〉とは、どんな境遇《きょうぐう》にいても心《こころ》がそれにひっかからず、いつも安《やす》らかなことです。貧乏《びんぼう》していてもそれを苦《く》にせず、反対《はんたい》に、金《かね》をたくさん持《も》っていても、そのためにとやかく心配《しんぱい》したりまたはおごり高《たか》ぶったりせず、やはり平静《へいせい》な淡々《たんたん》たる気持《きも》を持《も》っている……そういった心境《しんきょう》です。

〈憺怕《たんぱく》〉というのは、ものごとにこだわらぬ気持《きもち》です。他人《たにん》に対《たい》して求《もと》めることをしない。したがって、不平不満《ふへいふまん》を感《かん》じない。好意《こうい》を示《しめ》されれば、ありがたく受《う》ける。好意《こうい》を示《しめ》されなくても、それをなんとも思《おも》わない。そういうさっぱりした心境《しんきょう》が憺怕《たんぱく》であって、われわれも、つねに、ぜひこうありたいものだと思《おも》います。

〈無為《むい》〉というのは、現代《げんだい》の普通《ふつう》の解釈《かいしゃく》では、〈ぼんやりしていてなんにもしない〉といった意味《いみ》ですが、経典《きょうでん》に出《で》てくる無為《むい》は、まるっきりちがいます。ものごとを〈自分《じぶん》の為《ため》〉ということにひっかけて考《かんが》えない、すなわち〈自己中《じこちゅう》心《しん》にものを考《かんが》えない〉という意味《いみ》です。

〈無欲《むよく》〉というのは、物欲《ぶつよく》とか、名誉欲《めいよよく》とか、そういった煩悩《ぼんのう》にもとづく欲《よく》から離《はな》れきっていることです。

顚倒《てんどう》　〈顚倒《てんどう》〉は、字《じ》のとおり、ものごとを逆《さか》さまに見《み》ること、すなわち真相《しんそう》を見誤《みあやま》ることです。仏教《ぶっきょう》では、〈四顚倒《してんどう》〉といって、凡夫《ぼんぷ》には四つのまちがった見《み》かたがあると教《おし》えられています。第《だい》一は〈無常《むじょう》〉であるものを〈常《じょう》〉と考《かんが》える、すなわち変化《へんか》するものをいつまでも変化《へんか》しないように考《かんが》える、これが〈常顚倒《じょうてんどう》〉。第《だい》二は、もともとは〈苦《く》〉であるものを、一時的《いちじてき》な現象《げんしょう》だけを見《み》て〈楽《らく》〉と考《かんが》える、これが〈楽顚倒《らくてんどう》〉。第《だい》三は、〈不浄《ふじょう》〉なものを表面《ひょうめん》の姿《すがた》だけ見《み》て〈浄《じょう》〉と考《かんが》える、これが〈浄顚倒《じょうてんどう》〉。第《だい》四は、世《よ》の中《なか》はすべて持《も》ちつ持《も》たれつで成《な》り立《た》っているのに、自分《じぶん》の力《ちから》だけで成《な》り立《た》っているように考《かんが》える、これが〈我顚倒《がてんどう》〉です。この四つが基本《きほん》の顚倒《てんどう》で、このほか、われわれ凡夫《ぼんぷ》にはいろいろな顚倒《てんどう》があるわけです。

〈乱想《らんそう》〉というのは、心《こころ》があれこれとつまらぬことに散《ち》り、乱《みだ》れることです。

この菩薩《ぼさつ》たちの心《こころ》には、こういう〈顛倒《てんどう》〉とか〈乱想《らんそう》〉というようなものが〈復入《またい》ることを得《え》ず〉で、はいりこむ隙《すき》がないわけです。静寂清澄《じょうじゃくせいちょう》と〈静寂清澄《じょうじゃくせいちょう》・志玄虚漠《しげんこまく》〉……じつに美《うつく》しい、いいことばです。静寂清澄というのは、静《しず》かに落《お》ち着《つ》いた、そして世《よ》の煩悩《ぼんのう》にまどわされない澄《す》みきった心《しん》境《きょう》です。志《こころざし》は、読《よ》みかたのとおり、心《こころ》の指《さ》す方向《ほうこう》、心《こころ》の向《む》かうところです。それが玄《げん》である、すなわち奥深《おくぶか》く微妙《みみょう》な境地《きょうち》であるというのです。そして、虚漠《こまく》すなわちひろびろとして限《かぎ》りなく大《おお》きいのです。

〈劫《こう》〉というのは、これからもたびたび出《で》てきますが、きわめて長《なが》い時間《じかん》をはかる単位《たんい》で、《大智度論《だいちどろん》》という本《ほん》に、お釈迦《しゃか》さまがその長《なが》さを説明《せつめい》なさるのに、「たとえば、広《ひろ》さ四十里《り》もある石《いし》の山《やま》があって、その頂《いただ》きを百年《ねん》に一度《ど》ずつ柔《やわら》かい衣《ころも》の袖《そで》で撫《な》でることによって、石《いし》の山《やま》がすこしずつ磨《す》れてゆき、すっかり磨《す》りきれてしまうまでの年数《ねんすう》よりも、劫《こう》というのはもっと長《なが》い時間《じかん》である」

とおっしゃったとあります。とにかく、考《かんが》えられぬぐらい長《なが》い年数《ねんすう》と思《おも》えばいいのです。

これらの菩薩《ぼさつ》が、前《まえ》にいろいろ述《の》べたような心《こころ》をそんなに長《なが》い間持《あいだも》ちつづけたというのは、もとより形容《けいよう》の大《おお》きさもありますが、またこれには、ただの一生《いっしょう》だけでなく、生《い》きかわり、死《し》にかわり、無上《むじょう》の悟《さと》り・仏《ほとけ》の境地《きょうち》という理想《りそう》を求《もと》めてどこまでも修行《しゅぎょう》をつづける人間《にんげん》のありかたが示《しめ》されているわけですから、たんなる誇大《こだい》な形容《けいよう》と考《かんが》えてはならないのです。

〈大智慧《だいちえ》を得《え》て諸法《しょほう》を通達《つうだつ》し〉……とある、この〈法《ほう》〉というのは、〈ものごと〉という意味《いみ》です。〈法《ほう》〉には〈真理《しんり》〉という意味《いみ》も、〈教《おし》え〉という意味《いみ》もありますが、それはあとでくわしく説明《せつめい》する機会《きかい》がありましょう。ここでは、大《おお》きな智慧《ちえ》を得《え》て、あらゆるものごとが徹底的《てっていてき》によくわかるようになるという意味《いみ》です。

〈性相《しようそう》の真実《しんじつ》を暁了《ぎようりよう》し分別《ふんべつ》するに〉とあります。その〈性《しよう》〉というのは、ものごとや人《ひと》びとの本性《ほんしよう》・性質《せいしつ》、〈相《そう》〉というのは、その本性《ほんしよう》・性質《せいしつ》が表《おもて》に現《あら》われた相《すがた》です。〈暁了《ぎようりよう》〉というのはすっかり理解《りかい》しつくすという意味《いみ》、〈分別《ふんべつ》〉というのは個々《ここ》のちがいを明《あき》らかに見分《みわ》けるという意味《いみ》です。それで、それぞれの有無長短《うむちようたん》、すなわち、ある性質《せいしつ》がその人《ひと》にそなわっているかいないか（有《う》無《む》）、またはその程度《ていど》の大小《だいしよう》（長短《ちようたん》）などがハッキリわかるわけです。

また〈善《よ》く諸《もろもろ》の根性欲《こんじようよく》を知《し》り〉とありますが、その〈根《こん》〉というのは、機根《きこん》のことです。機根《きこん》とは、われわれの心《こころ》の中《なか》にそなわっていて、教化《きようけ》によって発《はつ》動《どう》する能力《のうりよく》のことをいいます。この機根《きこん》の高《たか》い人《ひと》は、同《おな》じ教《おし》えを受《う》けても悟《さと》りが早《はや》く、また高《たか》い悟《さと》りに達《たつ》することができるわけです。〈性《しよう》〉というのは性質《せいしつ》、〈欲《よく》〉というのは欲望《よくぼう》、すなわち心《こころ》に望《のぞ》んでいることです。つまり、徳《とく》の高《たか》い菩薩《ぼさつ》は、衆生《しゆじよう》の一人《ひとり》ひとりの機根《きこん》の程度《ていど》や、性質《せいしつ》や、欲望《よくぼう》を、よく察知《さつち》することとができるというわけです。

陀羅尼《だらに》　〈陀羅尼《だらに》〉というのはあとでもたびたび出《で》てきますが、梵語《ぼんご》のダーラニーのことで、総持《そうじ》（総《すべ》ての善《ぜん》を持《たも》つ力《ちから》）または能遮《のうしゃ》（能《よ》く悪《あく》を遮《さえぎ》って生《しょう》ぜしめない力《ちから》）と中国語訳《ちゅうごくごやく》されています。つまり、〈善《ぜん》〉は身《み》に保《たも》ってますますそれを成長《せいちょう》させ、〈悪《あく》〉はおしとどめて発《はっ》しないようにする力《ちから》をいうのです。

〈無礙弁才《むげべんざい》〉の無礙《むげ》というのは、妨《さまた》げるものがない、すなわち自由自在《じゆうじざい》という意味《いみ》。弁才《べんざい》というのは、ひとを説得《せっとく》する力《ちから》。したがって、どんな人《ひと》に対《たい》しても、なるほど……と納得《なっとく》させずにはおかない自由自在《じゆうじざい》な説法《せっぽう》ができることを、無礙弁才《むげべんざい》といいます。

法輪《ほうりん》　〈転法輪《てんぽうりん》〉というのも、たびたび出《で》てくる大切《たいせつ》なことばです。〈輪《りん》〉は、まえに転輪聖王《てんりんじょうおう》のときに説明《せつめい》したものですが、仏《ほとけ》の教《おし》えはあまねく衆生界《しゅじょうかい》をめぐりめぐって一切《いっさい》の煩悩《ぼんのう》をうち砕《くだ》くというので、〈法輪《ほうりん》〉といわれます。その法輪《ほうりん》を転《てん》ずるというのですから、つまり〈法《ほう》を説《と》く〉という意《い》味《み》です。

では、この菩薩《ぼさつ》たちは、どういうふうに法《ほう》を説《と》くのか……その順序《じゅんじょ》がつぎにくわしく述《の》べられるわけです。

微渧《みたい》先《ま》ず堕《お》ちて以《もッ》て欲塵《よくじん》を淹《ひた》し、涅槃《ねはん》の門《もん》を開《ひら》き解脱《げだつ》の風《かぜ》を扇《あお》いで、世《よ》の悩《のう》熱《ねつ》を除《のぞ》き法《ほう》の清涼《しょうりょう》を致《いた》す。

露《つゆ》のしずくが乾《かわ》いた土《つち》の上《うえ》に落《お》ちると、そこのところだけ塵《ちり》が立《た》たなくなるように、まずほんのささいな教《おし》えからはいって、その人《ひと》のたくさんの欲《よく》のうちの塵《ちり》ほどのものを静《しず》めてあげます。これがたいへん値《ね》うちのあることで、すべての悩《なや》みを滅《めっ》した理想的《りそうてき》な境地《きょうち》に達《たっ》する道《みち》の門《もん》を開《ひら》いてあげることになるのです。それからだんだん解脱《げだつ》の道《みち》を説《と》いて、目前《もくぜん》の悩《なや》みや苦《くる》しみを一つずつ除《のぞ》いてあげ、また、法《ほう》を聞《き》くことによって、心《こころ》が洗《あら》われたように涼《すず》しくなる喜《よろこ》びをも味《あじ》わわせてあげるのです。

じつにいい文句《もんく》です。〈微渧《みたい》〉というのは、小《ち》さなしずくという意味《いみ》。夏《なつ》の炎天下《えんてんか》に乾《かわ》き切《き》った土《つち》の上《うえ》に、一滴《てき》の水《みず》が落《お》ちたぐらいではなんの足《た》しにもならぬように見《み》えますが、ひとを仏法《ぶっぽう》に導《みちび》くときは、それほどの教化《きょうけ》が、第一歩《だいいっぽ》として非常《ひじょう》に大切《たいせつ》だというのです。味《あじ》わうべき教《おし》えです。

涅《ね》槃《はん》

〈涅槃《ねはん》〉というのは、大切《たいせつ》なことばです。梵語《ぼんご》のニルヴァーナのことですが、これは打《う》ち消《け》しの意味《いみ》をもったことばで、〈滅《めつ》〉という訳語《やくご》がよく使《つか》われます。すなわち、迷《まよ》いや悩《なや》みをすっかり消滅《しょうめつ》して、これからさき永遠《えいえん》に煩悩《ぼんのう》にまどわされることのなくなった安《やす》らかな境地《きょうち》を涅槃《ねはん》というのです。世《よ》の中全体《なかぜんたい》についていえば、すべてのものごとが大《おお》きな調和《ちょうわ》を保《たも》って、争《あらそ》いや悩《なや》みがすっかりなくなった状態《じょうたい》です。また、肉体《にくたい》が滅《めつ》するのを、涅槃《ねはん》に入《い》るということもあります。

さて、つぎに、菩薩《ぼさつ》たちはどのような教化《きょうけ》のしかたをするかということが述《の》べられます。

次《つぎ》に甚深《じんじん》の十二因縁《いんねん》を降《ふ》らして、用《もツ》て無明《むみよう》・老《ろう》・病《びよう》・死《し》等《とう》の猛盛熾然《みようじようしねん》なる苦《く》聚《じゆ》の日光《にツこう》に灑《そそ》ぎ、爾《しこう》して乃《すなわ》ち洪《おおい》に無上《むじよう》の大乗《だいじよう》を注《そそ》いで、衆生《しゆじよう》の諸有《しよう》の善根《ぜんごん》を潤漬《にんし》し、善《ぜん》の種子《しゆじ》を布《し》いて功徳《くどく》の田《でん》に遍《へん》じ、普《あまね》く一切《さい》をして菩提《ぼだい》の萌《め》を発《おこ》さしむ。

つぎに、深遠《しんえん》な十二因縁《じゅうにいんねん》の教《おし》えをしっかり説《と》くことによって、根本《こんぽん》の迷《まよ》いのためにさまざまな悩《なや》みをひき起《お》こし、真夏《まなつ》の太陽《たいよう》に照《て》りつけられるような人《じん》生苦《せいく》にあえいでいる人《ひと》びとに、まるで夕立《ゆうだち》に会《あ》ったような蘇生《そせい》の喜《よろこ》びを与《あた》えてあげます。そのうえで、いよいよ無上《むじょう》の教《おし》えである大乗《だいじょう》を説《と》いて、人間《にんげん》として本来必《ほんらいかなら》ずもっている善《ぜん》の根《ね》にしっとりした潤《うるお》いを与《あた》え、芽《め》を出《だ》す条件《じょうけん》をつくってあげます。また、世《よ》のため人《ひと》のためにつくす行為《こうい》の本《もと》になる善《ぜん》の種《た》子《ね》をいっぱいにまいてあげます。そうすることによって、あらゆる人《ひと》びとに無上《むじょう》の悟《さと》りの芽生《めば》えを起《お》こさせるのです。

十二因縁《じゅうにいんねん》

〈十二因縁《いんねん》〉というのは、ここにも甚深《じんじん》（大切《たいせつ》で奥深《おくぶか》い）とありますように、根本仏教《こんぽんぶっきょう》の中心《ちゅうしん》をなす大事《だいじ》な教《おし》えです。《長阿含経《じょうあごんきょう》》というお経《きょう》の中《なか》で、阿難《あなん》にむかってくわしくお説《と》きになっておられますが、人間《にんげん》の肉体《にくたい》の生成《せいせい》にも、十二段階《だんかい》の原因《げんいん》・結果《けっか》の法則《ほうそく》（外縁起《がいえんぎ》）があり、心《こころ》の成長《せいちょう》にも十二段階《だんかい》の原因《げんいん》・結果《けっか》の法則《ほうそく》（内縁起《ないえんぎ》）があるという教《おし》えです。すなわち、われわれ凡夫《ぼんぷ》の肉体《にくたい》がどうして生《う》まれ、成長《せいちょう》し、老死《ろうし》にいたるかという因縁《いんねん》を、過去《かこ》・現在《げんざい》・未来《みらい》の三世《さんぜ》にわたって説《と》かれ、われわれの心《こころ》の変化《へんか》にもそれと同様《どうよう》な原因《げんいん》・結果《けっか》の法則《ほうそく》があることをお説《と》きになって、心《こころ》を清《きよ》め、迷《まよ》いを除《のぞ》く根本的《こんぽんてき》な方法《ほうほう》を教《おし》えられたものです。

十二の段階《だんかい》とは、1〈無明《むみょう》〉、2〈行《ぎょう》〉、3〈識《しき》〉、4〈名色《みょうしき》〉、5〈六入《ろくにゅう》（六《ろく》処《しょ》または六根《ろっこん》ともいう）〉、6〈触《そく》〉、7〈受《じゅ》〉、8〈愛《あい》〉、9〈取《しゅ》〉、10〈有《う》〉、11〈生《しょう》〉、12〈老死《ろうし》〉ですが、まず肉体《にくたい》の生成《せいせい》と流転《るてん》のほうから説明《せつめい》しましょう。

〈無明《むみょう》〉というのは、文字《もじ》どおり〈明《あか》るくない〉ことで、つまり〈無智《むち》〉ということです。人間《にんげん》が過去世《かこせ》において輪廻《りんね》し、繰《く》り返《かえ》して来《き》たさまざまな業《ごう》、それが〈無明《むみょう》（無智《むち》）〉を根本原因《こんぽんげんいん》としてさらに〈行《ぎょう》（行為《こうい》）〉を繰《く》り返《かえ》します。

ここまでは過去世《かこせ》に属《ぞく》します。この無明《むみよう》によるところの業《ごう》が、両親《りようしん》の夫婦生活《ふうふせいかつ》という行為《こうい》を縁《えん》として母《はは》の胎内《たいない》に宿《やど》ります。

この業《ごう》が母胎《ぼたい》に宿《やど》るとき、つまり、受精《じゆせい》した瞬間《しゆんかん》に〈識《しき》〉が生《う》まれます。この識《しき》はまだ不完全《ふかんぜん》なものですが、人間《にんげん》としての誕生《たんじよう》はまさしくこの時《とき》にあるのです。ここから現世《げんぜ》に入《はい》るわけです。その不完全《ふかんぜん》なものがだんだん形《かたち》をととのえてくると〈名色《みようしき》〉になります。〈名《みよう》〉というのは無形《むけい》のもの（精神的存在《せいしんてきそんざい》）という意味《いみ》で〈心《こころ》〉をさします。〈色《しき》〉というのは有形《ゆうけい》のもの（物質的存在《ぶつしつてきそんざい》）という意味《いみ》で〈肉体《にくたい》〉をさします。

〈名色《みようしき》〉すなわち心身《しんしん》がもっと発達《はつたつ》してくると、それは〈六入《ろくにゆう》〉すなわち眼《げん》・耳《に》・鼻《び》・舌《ぜつ》・身《しん》（触覚《しよつかく》）の五つの感覚器官《かんかくきかん》と、その五官《ごかん》で感《かん》じたものの存在《そんざい》を知《し》り分《わ》ける意《い》（心《こころ》）のはたらきが出来《でき》かかってきます。しかし、ここまではまだ母《はは》の胎内《たいない》でのことで、まだしっかりした感覚《かんかく》ではありません。〈入《にゆう》〉というのは心身《しんしん》のはたらきが六つのちがったはたらきの分業《ぶんぎょう》に入《はい》ろうという段階《だんかい》だからこういうのだという説《せつ》もあり、外《そと》からの刺激《しげき》が入《はい》ってくる場《ば》だからという説《せつ》もあります。いずれにしても、六根《ろっこん》がそなわって、はたらく態勢《たいせい》がととのったことを意味《いみ》します。

その段階《だんかい》でこの世《よ》に出生《しゅっせい》し、その後《ご》、その〈六入《ろくにゅう》〉が完成《かんせい》して、はっきりした感覚《かんかく》が生《しょう》じます。ものの形《かたち》・色《いろ》・音《おと》・匂《にお》い・味《あじ》・触覚《しょっかく》（さわった感《かん》じ）などをはっきり感《かん》じ分《わ》けるようになります。その段階《だんかい》を〈触《そく》〉といいます。

ところが、そうしてものをよく感《かん》じ分《わ》けるようになると、自然《しぜん》に、これは好《す》きだとかきらいだとかいう感情《かんじょう》が起《お》こってきます。これを〈受《じゅ》〉といいます。

それがだんだん発達《はったつ》してくると〈愛《あい》〉が生《しょう》じます。〈愛《あい》〉には別《べつ》の意味《いみ》もあるのですが、ここでは肉体《にくたい》のことに限《かぎ》るとして、異性《いせい》を求《もと》める心《こころ》です。そこで、ある異性《いせい》を自分《じぶん》のものにしようという所有欲《しょゆうよく》が起《お》こります。これを〈取《しゅ》〉

といいます。この取《しゅ》がはたらいて、自分《じぶん》のものにする、すなわち結婚《けっこん》の状態《じょうたい》となる。それを〈有《う》〉といいます。それから、結婚《けっこん》の本然《ほんぜん》のなりゆきとして子《こ》どもが生《う》まれます。この新《あら》たな生命《せいめい》（子《こ》）の誕生《たんじょう》を〈生《しょう》〉といいます。また、自分《じぶん》（親《おや》）に中心《ちゅうしん》をおいてみますと、この生《しょう》は来世《らいせ》における自分《じぶん》の再生《さいせい》になるわけで、この〈生《しょう》〉からが未来世《みらいせ》に属《ぞく》するのです。こうして、この世《よ》に生《う》まれた者《もの》は、憂悲《うひ》・苦悩《くのう》を繰《く》り返《かえ》し、ついに〈老死《ろうし》〉に至《いた》って人間《にんげん》の一代《いちだい》における生活《せいかつ》を終《おわ》るわけです。

このように〈無明《むみょう》〉と〈行《ぎょう》〉を過去世《かこせ》、〈識《しき》〉から〈有《う》〉までを現世《げんぜ》、〈生《しょう》〉と〈老死《ろうし》〉を未来世《みらいせ》として、この三世《さんぜ》が両方《りょうほう》に重《かさ》なっているので、十二因縁《じゅうにいんねん》の法則《ほうそく》は〈三世両重《さんぜりょうじゅう》の因果《いんが》〉ともいわれています。

それでは、つぎに、心《こころ》の成長《せいちょう》に関《かん》する十二因縁《じゅうにいんねん》の法《ほう》（内縁起《ないえんぎ》）を説明《せつめい》いたしましょう。

まず〈無明《むみょう》〉は、前《まえ》にもいったとおり〈無智《むち》〉ということで、正《ただ》しい世界観《せかいかん》や人生観《じんせいかん》を知《し》らないことです。あるいは知《し》っていてもそれを無視《むし》することです。

この無智《むち》のために、過去《かこ》において、真理《しんり》（宇宙《うちゅう》の法則《ほうそく》）にはずれた行《おこ》ないをしてきた……それが〈行《ぎょう》〉です。しかし、この〈行《ぎょう》〉は自分自身《じぶんじしん》の行《おこ》ないだけでなく、人類《じんるい》が長《なが》い長《なが》い過去《かこ》において経験《けいけん》し、行《おこ》なってきたことの積《つ》み重《かさ》なりを意味《いみ》するものです。

つぎの〈識《しき》〉とは、人間《にんげん》がものごとを知《し》り分《わ》けるいちばん大本《おおもと》の力《ちから》やはたらきのことをいいます。この力《ちから》やはたらきぐあいのすべては、過去《かこ》の経験《けいけん》や行《おこ》ないすなわち〈業《ごう》〉によってきまるというのです。母親《ははおや》の胎内《たいない》で受精《じゅせい》すると同時《どうじ》に、きわめてぼんやりとしたものながら、この〈識《しき》〉というものも生《う》まれるわけです。

その〈識《しき》〉がだんだん発達《はったつ》して〈名色《みょうしき》〉となります。前《まえ》にも述《の》べたとおり、〈名《みょう》〉は無形《むけい》のものという意味《いみ》で心《こころ》のこと、〈色《しき》〉は有形《ゆうけい》のものという意味《いみ》で身体《しんたい》のことですから、つまり心身《しんしん》の作用《さよう》がそろそろ発達《はったつ》して、自分《じぶん》の存在《そんざい》を自《じ》分《ぶん》で意識《いしき》するようになる状態《じょうたい》を〈名色《みょうしき》〉というのです。

その〈名色《みょうしき》〉がもっと発達《はったつ》すると、その六つの働《はたら》きすなわち、眼《げん》（視覚《しかく》）・耳《に》（聴覚《ちょうかく》）・鼻《び》（嗅覚《きゅうかく》）・舌《ぜつ》（味覚《みかく》）・身《しん》（触覚《しょっかく》）という五官《ごかん》の感覚《かんかく》と、その五《ご》官《かん》で感《かん》じたものの存在《そんざい》を知《し》り分《わ》ける意《い》（心《こころ》）が、ハッキリしてきます。これが〈六入《ろくにゅう》〉です。

そうなると、自然《しぜん》にものごとを見分《みわ》ける力《ちから》が出来《でき》てきます。これは食《た》べるもの、これはお茶《ちゃ》わん、この人《ひと》はおとうさん、この人《ひと》はおかあさんと、見分《みわ》けられるようになります。その状態《じょうたい》を〈触《そく》〉というのです。

心《こころ》がそこまで発達《はったつ》すると、好《す》き・きらいに始《はじ》まって、嬉《うれ》しい・悲《かな》しい・楽《たの》しい・苦《くる》しいといったような感情《かんじょう》が起《お》こるようになります。これを〈受《じゅ》〉といいます。感受性《かんじゅせい》などという、その受《じゅ》と考《かんが》えればいいでしょう。

そういう感情《かんじょう》が起《お》こるようになれば、自然《しぜん》と、ものごとに対《たい》する〈愛《あい》〉が起《お》こります。これは現代語《げんだいご》の愛《あい》とはすこし意味《いみ》が違《ちが》っていて、〈愛著《あいじゃく》〉ということです。すなわち、あるものが好《す》きになってそれに執着《しゅうちゃく》を覚《おぼ》えることで、いいかえれば、好《す》きなものに心《こころ》をとらわれることです。

ですから〈愛《あい》〉を感《かん》じたものに対《たい》しては、それをしっかりとつかまえて放《はな》すまいとします。反対《はんたい》に、きらいなものに対《たい》しては、それから逃《に》げだしたいという気持《きもち》になります。そういう心《こころ》を〈取《しゅ》〉というのです。

〈取《しゅ》〉があると、人《ひと》によってそれぞれちがった感情《かんじょう》、ちがった考《かんが》え、ちがった主張《しゅちょう》が生《しょう》じます。それを〈有《う》〉といいます。〈有《う》〉というのは、〈差別《さべつ》〉という意味《いみ》です。

こういう差別心《さべつしん》（有《う》）があるために、人《ひと》と人《ひと》とのあいだに対立《たいりつ》が起《お》こり、争《あらそ》いが生《しょう》じ、あさましい、苦《くる》しい人生《じんせい》が展開《てんかい》します。そういう人生《じんせい》を〈生《しょう》〉というのです。

こうして、思《おも》うに任《まか》せぬ苦《くる》しい人生《じんせい》を送《おく》っているうちに、老《お》いがしのびより、ついには死《し》がやってくるのです。すなわち〈老死《ろうし》〉です。

われわれの人生《じんせい》の苦《くる》しみはこういうふうにして生《しょう》ずるわけですが、その〈思《おも》うに任《まか》せぬ苦《くる》しさ〉の原因《げんいん》はどこにあるかといえば、いちばん根本《こんぽん》の〈無明《むみょう》〉にあるのです。すなわち、すべてのものごとに通《つう》ずる法則《ほうそく》（宇宙《うちゅう》の真理《しんり》）を知《し》らず、正《ただ》しい世界観《せかいかん》を知《し》らず、人生観《じんせいかん》を知《し》らず、あるいはそれを無視《むし》することにあるのです。

この〈無明《むみょう》〉を取《と》り除《のぞ》いて、われわれの心《こころ》を真理《しんり》のレールに乗《の》せさえすれば、われわれの行《おこ》ない（行《ぎょう》）もレールに乗《の》る。すると、つぎつぎに起《お》こってくる心《こころ》の動《うご》きもすべて正《ただ》しいレールの上《うえ》を走《はし》るわけで、したがって摩擦《まさつ》や妨害《ぼうがい》がなくなる。すなわち、心《こころ》の中《なか》から苦《くる》しみが消《き》え失《う》せて、安《やす》らかな心境《しんきょう》に達《たつ》することができる……というのが、この教《おし》えの結論《けつろん》です。

つまり十二因縁《じゅうにいんねん》の教《おし》えは、心《こころ》も肉体《にくたい》もひっくるめた自分《じぶん》の全生命《ぜんせいめい》のうえから考《かんが》えた場合《ばあい》、われわれが、現在凡夫《げんざいぼんぷ》として生《う》まれているのは、前世《ぜんせ》の〈無明《むみょう》〉が原因《げんいん》であるから、もしここで〈無明《むみょう》〉でなく仏《ほとけ》の智慧《ちえ》でもってすべてのものごとを正《ただ》しく見極《みきわ》め、正《ただ》しい行《おこ》ない（業《ごう》）を積《つ》み重《かさ》ねていけば、いつかは輪廻《りんね》を解脱《げだつ》して、仏《ほとけ》になれるということなのです。

また、心《こころ》だけの問題《もんだい》として考《かんが》えれば、つぎの世《よ》というのは、かならずしも死《し》んで生《う》まれかわったときに限《かぎ》らず、〈これから先《さき》の人生《じんせい》〉と考《かんが》えればいいのです。つまり、根本《こんぽん》の〈無智《むち》〉を捨《す》てて、心《こころ》を真理《しんり》のレールに乗《の》せれば、これから先《さき》の人生《じんせい》はじつに明《あか》るく、安《やす》らかになるというのです。反対《はんたい》に、それをしないかぎり、どんなに金持《かねもち》になろうが、名誉《めいよ》を得《え》ようが、苦《くる》しみはつきまとうものであって、心《こころ》はつねに六界《ろっかい》という迷《まよ》いの世界《せかい》（二四〇ページ参照《さんしょう》）をグルグル回《まわ》っているばかりだというのです。

ところで、無明《むみょう》（無智《むち》）がまちがった行為《こうい》を生《う》み、そのために、苦《くる》しみや悩《なや》みがつぎつぎに起《お》こり、そしてついに老《ろう》・病《びょう》・死《し》にいたるこの世《よ》は、たとえば夏《なつ》の盛《さか》りに太陽《たいよう》が猛烈《もうれつ》に照《て》りつけるような苦《くる》しさです。それが〈無明《むみょう》・老《ろう》・病《びょう》・死《しとう》等の猛盛熾然《みょうじょうしねん》なる苦聚《くじゅ》の日光《にッこう》〉の意味《いみ》です。

それに対《たい》して、すぐれた菩薩《ぼさつ》たちが、この〈十二因縁《じゅうにいんねん》〉の教《おし》えをしっかり説《と》き聞《き》かせますと、堪《た》えがたい暑《あつ》さの日盛《ひざか》りに夕立《ゆうだち》が降《ふ》ってきたような救《すく》いを覚《おぼ》えるのです。それで、甚深《じんじん》の十二因縁《じゅうにいんねん》を〈降《ふ》らせて〉、苦聚《くじゅ》（苦《く》の集《あつ》まり）の日《にっ》光《こう》に〈灑《そそ》ぎ〉と形容《けいよう》してあるわけです。

こうして人《ひと》びとの無明《むみょう》を静《しず》めたところで、いよいよ無上《むじょう》の法《ほう》である大乗《だいじょう》の教《おし》えを説《と》いて（注《そそ》いで）人《ひと》びとが本来《ほんらい》もっているいろいろな善根《ぜんごん》（善《よ》い心《こころ》・善《よ》い行《おこ》ないの本《もと》になる性質《せいしつ》）にしっとりした潤《うるお》いを与《あた》える（潤漬《にんし》）というのです。

こういう善根《ぜんごん》は、どんな人《ひと》でも必《かなら》ず持《も》っているのですが、それがカサカサに乾《かわ》いていることが多《おお》いのです。乾《かわ》いている根《ね》からは芽《め》が出《で》ません。それを大乗《だいじょう》の教《おし》えの雨《あめ》で潤《うるお》し、ふくらませてあげると、やがて芽《め》を出《だ》すようになるわけです。人間《にんげん》の心理《しんり》の動《うご》きを細《こま》かに分析《ぶんせき》して、教化《きょうけ》の順序《じゅんじょ》を合理的《ごうりてき》に説《と》かれた、素《す》晴《ば》らしい教《おし》えといわなければなりません。

また〈善《ぜん》の種子《しゅじ》を布《し》いて功徳《くどく》の田《でん》に遍《へん》じ〉とあります。すなわち、人《ひと》のため世《よ》のためにつくすという功徳《くどく》のもとになる〈善《ぜん》〉の種子《たね》をいっぱいにまくというのです。これが大乗《だいじょう》の教《おし》えの尊《とうと》いところであって、ただ自分《じぶん》のみが迷《まよ》いを去《さ》り、人生《じんせい》の苦《くる》しみから解脱《げだつ》しただけでは、真《しん》の救《すく》いはありえない、人《ひと》のため世《よ》のために功徳《くどく》をほどこし、人《ひと》とわれと共《とも》に救《すく》われ、世《よ》の中全体《なかぜんたい》と共《とも》によくならなければ、ほんとうの心《こころ》の安《やす》らぎは得《え》られないのだ、ということを教《おし》えているのです。

そう教《おし》えられると、だれしも「なるほど……」と思《おも》う。すると、もうそこに菩提《ぼだい》（無上《むじょう》の悟《さと》り）の芽生《めば》えが現《あら》われているわけです。すなわち、〈普《あまね》く一切《いっさい》をして菩提《ぼだい》の萌《め》を発《おこ》さしむ〉であります。

智慧《ちえ》の日月《にちがつ》・方便《ほうべん》の時節《じせつ》・大乗《だいじょう》の事業《じぎょう》を扶蔬《ふそ》増長《ぞうちょう》して、衆《しゅ》をして疾《と》く阿耨多《あのくた》羅《ら》三藐《みゃく》三菩提《ぼだい》を成《じょう》じ、常住《じょうじゅう》の快楽《けらく》、微妙《みみょう》真実《しんじつ》に、無量《むりょう》の大悲《だいひ》、苦《く》の衆生《しゅじょう》を救《すく》わしむ。

この菩薩《ぼさつ》たちの智慧《ちえ》は、太陽《たいよう》や月《つき》の光《ひかり》のように明《あき》らかで、しかもすべての人《ひと》びとを等《ひと》しくその光《ひかり》で照《て》らし出《だ》してあげるのです。また、人《ひと》びとを導《みちび》く適当《てきとう》

な手段《しゅだん》と時節《じせつ》をよく知《し》り、それをたくみに使《つか》い分《わ》けることによって、大乗《だいじょう》の事業《じぎょう》がますます大《おお》きな成果《せいか》をあげるように力《ちから》を添《そ》え、すべての人《ひと》びとがまわり道《みち》をせずに仏《ほとけ》の悟《さと》りに達《たっ》するよう手引《てび》きすることに努《つと》めます。このようにすぐれた智慧《ちえ》と、喜《よろこ》んで仏道《ぶつどう》のためにつくす精神《せいしん》をもっていますので、この菩薩《ぼさつ》たちは、いつも心《こころ》が楽《たの》しく、しかもその楽《たの》しさというものは、五官《ごかん》に感《かん》ずる楽《たの》しさとちがってたいへん奥深《おくぶか》い、真実《しんじつ》の喜《よろこ》びなのです。また、かぎりない大悲《だいひ》の心《こころ》をもっていますので、苦《くる》しんでいる多《おお》くの人《ひと》びとに救《すく》いの手《て》をさし伸《の》べずにはいられないのです。

〈智慧《ちえ》の日月《にちがつ》〉……このことばで大切《たいせつ》なことは、太陽《たいよう》や、月《つき》の光《ひかり》はただ明《あか》るいばかりでなく、万物《ばんぶつ》に対《たい》して一視同仁《いっしどうじん》であるということです。太陽《たいよう》は、大《おお》きな田《た》んぼも小《ちい》さな田《た》んぼも同《おな》じように照《て》らしてくれます。月《つき》の光《ひかり》は、大《おお》きな家《いえ》へも小《ちい》さな家《いえ》へも、同《おな》じように射《さ》しこんできます。これがありがたいところです。ひとを導《みちび》くにも、この気持《きもち》がなくてはなりません。あの人《ひと》は素直《すなお》だから法《ほう》の話《はなし》をしてあげよう、あの人《ひと》はひねくれものだから放《ほう》っておこう——というようなことでは、ほんとうの菩薩行《ぼさつぎょう》とはいえません。そして、それでは世《よ》の中《なか》はいつまでたってもよくならないのです。

方《ほう》　便《べん》　〈方便《ほうべん》の時節《じせつ》〉……これも大事《だいじ》なことです。方《ほう》は〈正《ただ》しい〉という意味《いみ》で、便《べん》は〈手段《しゅだん》〉という意味《いみ》ですから、〈方便《ほうべん》〉というのは、もともと〈正《ただ》しい手段《しゅだん》〉という意味《いみ》です。これが、〈嘘《うそ》も方便《ほうべん》〉などのように、だんだん軽《かる》い意味《いみ》やよくない意味《いみ》に使《つか》われるようになりました。しかし、仏法《ぶっぽう》における方便《ほうべん》とはけっしてそんなものではないことを、ここでしっかり承知《しょうち》しておいていただきたいと思《おも》います。

人間《にんげん》はさまざまです。年齢《ねんれい》・性別《せいべつ》・性格《せいかく》・境遇《きょうぐう》・職業《しょくぎょう》・教育《きょういく》その他《た》いろいろな条件《じょうけん》によって、教《おし》えの受《う》け取《と》りかたが千差万別《せんさばんべつ》です。いや、すこしでも受《う》け取《と》ればいいのですが、はじめから全然《ぜんぜん》受けつけようとしない人《ひと》さえいます。そこで、どうしても〈この人《ひと》には、このゆきかたで〉という個別的《こべつてき》な方法《ほうほう》が考《かんが》えられねばなりません。

医者《いしゃ》が病気《びょうき》の症状《しょうじょう》や患者《かんじゃ》の体質《たいしつ》によって薬《くすり》の調合《ちょうごう》を変《か》えるようなものです。大人《おとな》には苦《にが》い薬《くすり》をそのまま飲《の》ませ、小《ちい》さな子《こ》にはオブラートに包《つつ》んで呑《の》みこませる。もっと小《ちい》さい子《こ》には、効《き》きめはおそいが甘《あま》い薬《くすり》にしてあげる。Aの人《ひと》にはペニシリンを注射《ちゅうしゃ》するが、Bの人《ひと》には他《た》の抗生物質《こうせいぶっしつ》を内服《ないふく》させる。こうするのは医者《いしゃ》として当然《とうぜん》のことだし、それぞれが〈正《ただ》しい手段《しゅだん》〉なのです。〈方便《ほうべん》〉というのも、それとおなじで、人《ひと》びとを導《みちび》き、教化《きょうけ》してゆくために絶対《ぜったい》に必要《ひつよう》な方策《ほうさく》であり、手段《しゅだん》なのであります。

またその方便《ほうべん》というものは、人《ひと》によって千変万化《せんぺんばんか》でなければならないと同時《どうじ》に、時期《じき》をよくわきまえて、適当《てきとう》なときに適当《てきとう》な方法《ほうほう》をとらなければなりません。それが〈時節《じせつ》〉です。その〈方便《ほうべん》〉の種類《しゅるい》と、それを用《もち》いる〈時節《じせつ》〉を選《えら》び分《わ》けて、いつもピシッと的《まと》を射《い》とめるのが、ひとを導《みちび》くもの、すなわち菩薩《ぼさつ》の智慧《ちえ》のはたらきなのです。

こうして、菩薩《ぼさつ》たちは大乗《だいじょう》の事業《じぎょう》を広《ひろ》く展開《てんかい》させ（扶疏《ふそ》）、大《おお》きく伸《の》ばしてゆき（増長《ぞうちょう》）、人《ひと》びとをまっすぐに仏《ほとけ》の悟《さと》りへ導《みちび》いてゆくのです。〈扶疏《ふそ》〉というのは、木《き》の幹《みき》から枝《えだ》がたくさん分《わか》れてゆくこと、〈増長《ぞうちょう》〉というのはどんどん伸《の》びてゆくことをいいます。

阿《あ》耨《のく》多《た》羅《ら》三藐三菩提《さんみゃくさんぼだい》　〈阿耨多羅三藐三菩提《あのくたらさんみゃくさんぼだい》〉というのは、梵語《ぼんご》のアヌッタラ・サミヤク・サンボーディのことで、〈無上正遍知《むじょうしょうへんち》〉と訳《やく》されていることもありますが、それではこのことばの奥深《おくぶか》い真意《しんい》を尽《つく》しきれないので、原語《げんご》の音《おん》のまま用《もち》いられているわけです。宇宙《うちゅう》のあらゆるものごとの実相《じっそう》を明《あき》らかに知《し》りつくした、無上《むじよう》の智慧《ちえ》・仏《ほとけ》の悟《さと》りのことです。〈疾《と》く阿耨多羅《あのくたら》三藐三菩提《みやくぼだい》を成《じよう》ずる〉という字句《じく》は、《法華経《ほけきよう》》にも、たびたび出《で》てきますが、この〈疾《と》く〉というのは、時間《じかん》のことをいうのではなく、経路《けいろ》のことをいうのです。すなわち、〈まわり道《みち》をしないで、まっすぐに〉という意味《いみ》です。ほかの教《おし》えでも、正《ただ》しい教《おし》えであるかぎり、コツコツとそれをたどってゆけば、かならずいつかは最高《さいこう》の悟《さと》りに到達《とうたつ》できるでしょうが、遠《とお》まわりになっていたり、クネクネ曲《まが》りくねったりしている、それよりも、最短通路《さいたんつうろ》であるこのハイウエーをまっすぐに行《い》ったほうがいいではないか……というのが〈疾《と》く〉の意味《いみ》です。その最短通路《さいたんつうろ》である大道《だいどう》が、すなわちただ一乗《いちじよう》の法華《ほけ》経《きよう》の教《おし》えであることはいうまでもありません。

〈常住《じようじゆう》の快楽《けらく》、微妙真実《みみようしんじつ》に〉の快楽《けらく》は、現代語《げんだいご》の快楽《かいらく》とはたいへん違《ちが》ったものです。高《たか》い精神《せいしん》の楽《たの》しみです。魂《たましい》に感《かん》ずる喜《よろこ》びです。これがほんとうの快楽《かいらく》であって、肉体《にくたい》の感覚《かんかく》の上《うえ》に感《かん》ずる快楽《かいらく》は、すぐに消《き》え去《さ》り崩《くず》れ去《さ》ってゆく、一時的《いちじてき》な、幻《まぼろし》のようなものにすぎないのです。

われわれは凡夫《ぼんぷ》の身《み》ですから、五官《ごかん》の快楽《かいらく》からすっかり超越《ちょうえつ》することはむずかしいでしょうが、できるだけ高《たか》い精神《せいしん》の喜《よろこ》びを人生《じんせい》の快楽《かいらく》と感《かん》ずるように心《こころ》を切《き》りかえてゆきたいものです。すなわち、いい教《おし》えを聞《き》く喜《よろこ》び、いい本《ほん》を読《よ》む楽《たの》しさなどが、それにほかなりません。それこそが、たとえようもなく高貴《こうき》（微妙《みみょう》）な、ほんとう（真実《しんじつ》）の、快楽《かいらく》なのです。

慈《じ》悲《ひ》　〈大悲《だいひ》〉の〈悲《ひ》〉というのは、ひとの苦《くる》しみを取《と》り除《のぞ》いてあげたいという〈心《こころ》〉です。ついでですが、〈慈《じ》〉というのは〈ひとをしあわせにしてあげたいという心《こころ》〉です。いわば、〈悲《ひ》〉はマイナスを取《と》り除《のぞ》いてあげようという気持《きもち》、〈慈《じ》〉はプラスを与《あた》えてあげようという気持《きもち》、この二つがいっしょにはたらくときに〈慈悲《じひ》〉となるわけです。

是《こ》れ諸《もろもろ》の衆生《しゅじょう》の真善知識《しんぜんちしき》、是《こ》れ諸《もろもろ》の衆生《しゅじょう》の大良福田《だいろうふくでん》、是《こ》れ諸《もろもろ》の衆生《しゅじょう》の請《しょう》せざるの師《し》、是《こ》れ諸《もろもろ》の衆生《しゅじょう》の安穏《あんのん》の楽処《らくしょ》・救処《くしょ》・護処《ごしょ》・大依止処《だいえししょ》なり。

この菩薩《ぼさつ》こそ、一般《いっぱん》の人《ひと》びとにとって、ほんとうの善《よ》い友《とも》であり、しあわせを育《そだ》てる耕地《こうち》であり、招《まね》かなくてもわざわざきてくれる、親切《しんせつ》な人生《じんせい》の教師《きょうし》でもあります。そして、まず人《ひと》びとの気持《きもち》を安《やす》らかにして心《こころ》の喜《よろこ》びを起《お》こさせ、だんだんに誤《あやま》った道《みち》から救《すく》い出《だ》し、そこに芽生《めば》えた正《ただ》しい心《こころ》を護《まも》り育《そだ》て、そして人生《じんせい》のよりどころとなる不動《ふどう》のものを与《あた》えてくれるのです。

〈知識《ちしき》〉というのは、現代語《げんだいご》の意味《いみ》とちがって、お互《たが》いに知《し》（識《し》）りあっているもの、すなわち〈友達《ともだち》〉ということです。したがって、〈善知識《ぜんちしき》〉は善《よ》い友《とも》、〈真善知識《しんぜんちしき》〉はほんとうの意味《いみ》の善《よ》い友《とも》というわけです。

〈大良福田《だいろうふくでん》〉……お釈迦《しゃか》さまの故郷《こきょう》カピラバスト附近《ふきん》は米《こめ》の名産地《めいさんち》です。また、伝道《でんどう》にお歩《ある》きになった北《きた》インド・中《ちゅう》インド一帯《いったい》も、ガンジス河《がわ》・インダス河《がわ》・ブラマプトラ河《がわ》などの流域《りゅういき》の、農作地《のうさくち》帯《たい》でした。そのせいでもありましょうか、よい心《こころ》やよい行《おこ》ないやよい教《おし》えなどを育《そだ》てる基盤《きばん》を、しばしば〈田《た》〉にたとえられています。まえにあった〈功徳《くどく》の田《でん》〉もそうです。一般《いっぱん》の人《ひと》びとにとって、菩薩《ぼさつ》は、しあわせを育《そだ》てるための、地味《ちみ》のよい耕地《こうち》みたいなものだというのです。

〈請《しょう》せざるの師《し》〉……いいことばです。頼《たの》まれて、月謝《げっしゃ》をとって教《おし》えにくる教《きょう》師《し》ではありません。苦《くる》しんでいる人《ひと》たちを見《み》れば、やむにやまれぬ〈慈悲《じひ》〉の気《き》持《もち》から、頼《たの》まれもしないのにわざわざ手《て》をとりに行《い》ってあげる……これがほんとうの菩薩《ぼさつ》というものです。尊《とうと》いことばではありませんか。

〈諸《もろもろ》の衆生《しゅじょう》の安穏《あんのん》の楽処《らくしょ》・救処《くしょ》・護処《ごしょ》・大依止《だいえし》処《しょ》なり〉……ここに、菩薩《ぼさつ》の指《し》導《どう》が人《ひと》びとにおよんでゆく、そのはたらきの順序《じゆんじよ》がよく現《あら》われています。まず、「あなたは、この教《おし》えによってきっと救《すく》われますよ」と、確信《かくしん》をもって説《と》き、気持《きもち》を安《やす》らかにしてあげると同時《どうじ》に、仏《ほとけ》の教《おし》えを聞《き》くことを、心《こころ》の喜《よろこ》びとするように導《みちび》くのです。このはたらきが〈安穏《あんのん》の楽処《らくしよ》〉です。つぎに、いよいよ教《おし》えの本筋《ほんすじ》にはいって、その人《ひと》の苦《くる》しみや悩《なや》みのもとである誤《あやま》った人生《じんせい》観《かん》や誤《あやま》った行為《こうい》から、正《ただ》しい道《みち》へ救《すく》い出《だ》してあげる、これが〈救処《くしよ》〉です。そこに芽生《めば》えてきた正《ただ》しい心《こころ》・正《ただ》しい行為《こうい》を、あくまでも失《うしな》わないように、あともどりしないように、護《まも》り育《そだ》ててゆく、これが〈護処《ごしよ》〉。そしてついに、仏法《ぶつぽう》が確固《かつこ》とした心《こころ》の依《よ》りどころとなる、これが〈大依止処《だいえししよ》〉です。

処処《しよしよ》に衆生《しゆじよう》の為《ため》に大良導師《だいろうどうし》・大導師《だいどうし》と作《な》る。能《よ》く衆生《しゆじよう》の盲《めし》いたるが為《ため》には而《しか》も眼目《げんもく》を作《な》し、聾《りよう》・劓《ぎ》・瘂《あ》の者《もの》には耳《に》・鼻《び》・舌《ぜつ》を作《な》し、諸根《しよこんき》毀欠《けつ》せるをば能《よ》く具足《ぐそく》せしめ、顚狂荒乱《てんのうこうらん》なるには大正念《だいしょうねん》を作《な》さしむ。船師《せんし》・大船師《だいせんし》なり、群《ぐん》生《じょう》を運載《うんさい》し、生死《しょうじ》の河《かわ》を渡《わた》して涅槃《ねはん》の岸《きし》に置《お》く。医王《いおう》・大医王《だいいおう》なり、病相《びょうそう》を分別《ふんべつ》し薬性《やくしょう》を暁了《ぎょうりょう》して、病《やまい》に随《したが》って薬《くすり》を授《さず》け、衆《しゅ》をして薬《くすり》を服《ふく》せしむ。調御《じょうご》・大調御《だいじょうご》なり、諸《もろもろ》の放逸《ほういつ》の行《ぎょう》なし。猶《なお》、象馬師《ぞうめし》の能《よ》く調《ととの》うるに調《ととの》わざることなく、師子《しし》の勇猛《ゆうみょう》なる、威《い》、衆獣《しゅじゅう》を伏《ふく》して沮壊《そえ》すべきこと難《かた》きがごとし。

これらの菩薩《ぼさつ》は、どのような場合《ばあい》においても、多《おお》くの人《ひと》びとの人生《じんせい》の教師《きょうし》となります。ものごとの見《み》かた・受《う》け取《と》りかた・味《あじ》わいかたのわからないものにはそれをわからせてあげ、それらにいくらか欠陥《けっかん》のあるものはそれを補《おぎな》って満足《まんぞく》な状態《じょうたい》に導《みちび》いてあげます。また、心《こころ》が統一《とういつ》を失《うしな》って、荒《すさ》み乱《みだ》れているものは、精神《せいしん》をしっかりとまとめて正気《しょうき》にかえらせます。この菩薩《ぼさつ》たちは、たとえていえば、すぐれた船長《せんちょう》のようなもので、多《おお》くの人《ひと》びとを教《おし》えの船《ふね》に乗《の》せ、ものごとの変化《へんか》に心《こころ》を引《ひ》きまわされて悩《なや》み苦《くる》しむ迷《まよ》いの世界《せかい》から、変《へん》化《か》を超越《ちょうえつ》して苦悩《くのう》を離《はな》れきった理想《りそう》の境地《きょうち》（涅槃《ねはん》の岸《きし》）へ渡《わた》してくれるのです。また、すぐれた医師《いし》のようなもので、人《ひと》びとの心《こころ》の病《やま》いの症状《しょうじょう》をよく見《み》極《きわ》め、同時《どうじ》にさまざまな薬《くすり》（教《おし》え）の性質《せいしつ》をもよく知《し》りつくしており、症《しょう》状《じょう》に応《おう》じて最《もっと》も適合《てきごう》した薬《くすり》をのませて、その病《やま》いから救《すく》ってあげるのです。

また、すぐれた調教師《ちょうきょうし》のようなもので、この菩薩《ぼさつ》たちの指導《しどう》によれば、いろいろなわがままがピッタリなくなってしまうことは、ちょうど上手《じょうず》な調《ちょう》教師《きょうし》が、どんな荒々《あらあら》しい野生《やせい》の象《ぞう》でも馬《うま》でも、かならずおとなしくしてしまうのと同様《どうよう》であり、あるいは、勇猛《ゆうもう》な獅子《しし》の威光《いこう》は、すべての獣《けもの》たちを服従《ふくじゅう》させずにはおかぬのと同様《どうよう》であります。

ここに盲《もう》・聾《りょう》・劓《ぎ》・瘂《あ》とあるのは、肉体《にくたい》の五官《ごかん》のことでなく、精神的《せいしんてき》な問題《もんだい》を意味《いみ》します。

〈諸根《しょこん》〉というのは〈六根《ろっこん》〉すなわち眼《げん》・耳《に》・鼻《び》・舌《ぜっ》・身《しん》・意《い》（一二五・一二九ページ参照《さんしょう》）で、これが毀欠《きけつ》（損《そん》じたり、欠《か》けたり）しているというのは、かたよったものの見《み》かたをしたり、自己本位《じこほんい》な聞《き》きかたをしたり……というようなことを指《さ》すのです。

〈具足《ぐそく》〉というのは、満足《まんぞく》に具《そな》わっていること。いい意味《いみ》にも使《つか》いますが、〈煩悩具足《ぼんのうぐそく》〉（煩悩《ぼんのう》がいっぱい）というように、よくない場合《ばあい》にも使《つか》われます。

生死《しょうじ》

〈生死《しょうじ》の河《かわ》〉……迷悟《めいご》のちがいは、よく川《かわ》のこちらの岸《きし》とむこうの岸《きし》にたとえられます。インドの北部《ほくぶ》・中部《ちゅうぶ》には網《あみ》の目《め》のように大河《たいが》やその支流《しりゅう》があります。大河《たいが》になるとまるで海《うみ》かと思《おも》うばかりで、利根川《とねがわ》ぐらいの大《おお》きさの川《かわ》でも大《おお》むかしは橋《はし》などなかったのですから、旅人《たびびと》にとって川《かわ》を渡《わた》るということは、いまの人《ひと》が想像《そうぞう》もできないほどの難事《なんじ》だったのです。ですから、こうしたたとえがよく使われるわけで、救《すく》うという意味《いみ》の〈度《ど》する〉というのも、サンズイをつけた〈渡《と》〉と同《おな》じに、渡《わた》すという意味《いみ》から来《き》たのです。

〈生死《しょうじ》〉というのは、ここでは人間《にんげん》の生《い》き死《し》にのことではなく、〈現象《げんしょう》の発生《はっせい》・消滅《しょうめつ》〉のこと、いいかえれば〈ものごとの変化《へんか》〉のことです。仏典《ぶってん》では、この意味《いみ》に使《つか》われているほうがむしろ多《おお》いのです。

われわれ凡夫《ぼんぷ》は、自分《じぶん》の生活《せいかつ》の上《うえ》に起《お》こるさまざまな変化《へんか》に、いつも心《こころ》を動揺《どうよう》させられています。雨《あめ》が降《ふ》れば降《ふ》ったでうっとうしいと感《かん》じ、日《ひ》が照《て》ったで暑《あつ》くてたまらんと不平《ふへい》をもらすのです。これが凡夫《ぼんぷ》です。ところが、かわりばんこに雨《あめ》が降《ふ》ったり日《ひ》が照《て》ったりすればこそ、地球上《ちきゅうじょう》の生物《せいぶつ》は生《い》きておられるのだということを大《おお》きな目《め》で眺《なが》められる人《ひと》は、〈日々是好日《にちにちこれこうにち》〉で、いつも心楽《こころたの》しくニコニコしていることができます。これが悟《さと》った人《ひと》です。変化《へんか》を超《ちょう》越《えつ》した人《ひと》です。

人生《じんせい》もそのとおりで、得意《とくい》と失意《しつい》・嬉《うれ》しいことと心配《しんぱい》ごとが、縄《なわ》のごとくからみあって訪《おとず》れます。その変化《へんか》のひとつひとつに驚《おどろ》いたり、心配《しんぱい》したりして定《さだ》まらないのが、凡夫《ぼんぷ》の心《こころ》です。

ところが、悟《さと》った人《ひと》はこの変化《へんか》に心《こころ》を奪《うば》われないのです。嬉《うれ》しいことがあればもちろん喜《よろこ》びはしますが、静《しず》かに喜《よろこ》ぶだけで、われを忘《わす》れて有頂天《うちようてん》にならないのです。苦《くる》しいことや心配《しんぱい》ごとに会《あ》っても、むろんその対策《たいさく》はいろいろと考《かんが》えますけれども、心《こころ》の奥《おく》にどっしりした自信《じしん》があります。すなわち、「自分《じぶん》は仏《ほとけ》さまに生《い》かされているのだ。真理《しんり》に生《い》かされているのだ。正《ただ》しい道《みち》さえふんでおれば、よしんば目《め》の前《まえ》にはマイナスの現象《げんしよう》が現《あら》われても、結局《けつきよく》はかならずプラスになる」……こういった自信《じしん》があるから、ちっともあわてふためきません。

また、「たとえ自分《じぶん》はマイナスになっても、だれかほかの人《ひと》が、そのためにプラスになるんだから、それでいいじゃないか。この世《よ》は、そういうふうにして均衡《きんこう》がとれているんだ」と、大《おお》きな心《こころ》でマイナスをも呑《の》みこんでしまい、悠々《ゆうゆう》としていることもできます。これが悟《さと》った人《ひと》です。

彼《ひ》岸《がん》

こうして、人生《じんせい》の変化《へんか》（生死《しょうじ》）にまどわされ、つねに動揺《どうよう》しているのが、河《かわ》のこちら岸《ぎし》（此岸《しがん》）にいる人《ひと》。変化《へんか》から超越《ちょうえつ》して迷《まよ》いや悩《なや》みを離《はな》れきった人《ひと》が、向《む》こう岸《ぎし》（彼岸《ひがん》）に渡《わた》りついた人《ひと》。この後者《こうしゃ》の境地《きょうち》を涅《ね》槃《はん》といい、人《ひと》びとを〈涅槃《ねはん》の彼岸《ひがん》に渡《わた》らせる〉というのが、仏教《ぶっきょう》の大《おお》きなはたらきであり、目的《もくてき》なのであります。

その他《た》の語句《ごく》の意味《いみ》は、現代語訳《げんだいごやく》の文章《ぶんしょう》と読《よ》み合《あ》わせれば十分《じゅうぶん》お解《わか》りになると思《おも》います。

菩薩《ぼさつ》の諸波羅蜜《しょはらみつ》に遊戯《ゆけ》し、如来《にょらい》の地《じ》に於《おい》て堅固《けんご》にして動《どう》ぜず。願力《がんりき》に安住《あんじゅう》して広《ひろ》く仏国《ぶツこく》を浄《きよ》め、久《ひさ》しからずして阿耨多羅三藐三菩提《あのくたらさんみゃくさんぼだい》を成《じょう》ずることを得《う》べし。是《こ》の諸《もろもろ》の菩薩摩訶薩《ぼさつまかさつ》、皆《みな》斯《かく》の如《ごと》き不思議《ふしぎ》の徳《とく》あり。

これらの菩薩《ぼさつ》たちは、悟《さと》りに達《たつ》するいろいろな修行《しゅぎょう》を、自由自在《じゆうじざい》にやすやすと行《おこ》ない、仏《ほとけ》の国《くに》に住《す》んでいるという不動《ふどう》の堅《かた》い信念《しんねん》をもっており、あらゆる衆生《しゅじょう》を救《すく》わずにはおかぬという仏《ほとけ》の願力《がんりき》に安心《あんしん》してすべてをお任《まか》せしながら、ひろくこの世《よ》を清《きよ》めることに努力《どりょく》していますので、近《ちか》い将来《しょうらい》にかならず無上《むじょう》の悟《さと》りに達《たつ》することができましょう。この菩薩《ぼさつ》たちは、みんなこのような想像《そうぞう》もおよばぬほどの徳《とく》を持《も》っているのです。

波羅蜜《はらみつ》 〈波羅蜜《はらみつ》〉は、梵語《ぼんご》のパーラミターのことで、〈到彼岸《とうひがん》〉と訳《やく》されます。仏《ほとけ》の波羅蜜《はらみつ》といえば、すでに彼岸《ひがん》に到達《とうたつ》された完全最高《かんぜんさいこう》の徳《とく》をいい、菩薩《ぼさつ》の波羅蜜《はらみつ》は、これから彼岸《ひがん》に至《いた》ろうとするための修行《しゅぎょう》すなわち菩《ぼ》薩行《さつぎょう》をいいます。普通《ふつう》六つの波羅蜜《はらみつ》が教《おし》えられていますが、これはあとの《十《じゅう》功徳品第三《くどくほんだいさん》》のところでくわしく説明《せつめい》しましょう。

〈遊戯《ゆけ》〉というのは、現代語《げんだいご》の意味《いみ》とちがって、自由自在《じゆうじざい》に行動《こうどう》することをいいます。ただし、わがままという意味《いみ》は含《ふく》まれていません。思《おも》うとおりに行《おこ》なっても、それが自然《しぜん》に真理《しんり》にかなっている……といった状態《じょうたい》をいうのです。

〈願力《がんりき》〉……仏《ほとけ》さまは、一切衆生《いっさいしゅじょう》を救《すく》おうという本来《ほんらい》の願《がん》をもっていらっしゃる。その願《がん》の力《ちから》というものはじつに偉大《いだい》なものです。ですから、その力《ちから》に生《い》かされているのだということを信《しん》じきることができれば、なにごとでも最終的《さいしゅうてき》にはそれにお任《まか》せしてしまえるわけですから、いつも安《やす》らかな心《こころ》でのびのびと活《かつ》動《どう》できるわけです。〈安住《あんじゅう》して〉というのは、そういう意味《いみ》です。〈仏国《ぶっこく》〉というのは、ここでは仏《ほとけ》さまだけの特別《とくべつ》な世界《せかい》と解《かい》してはなりません。つまりはこの世《よ》のことです。

さて、お経《きょう》のはじめに、なぜこうしてもろもろの菩薩《ぼさつ》の徳《とく》を、ことばを極《きわ》めてほめたたえてあるのかといいますと、いちばん大切《たいせつ》な理由《りゆう》は、その徳《とく》の尊《とうと》さ・美《うつく》しさを、心《こころ》に強《つよ》く焼《や》きつけるためです。読《よ》んでいるうちに、そのいろいろな徳《とく》のイメージ（像《ぞう》）といいますか、おもかげといいますか、それがわれわれの心《こころ》の中《なか》に浮《う》かびます。それだけでもすでに心《こころ》はある程度《ていど》清《きよ》められ、温《あたた》められているわけで、閉《と》ざされていた胸《むね》が開《ひら》け、教《おし》えを受《う》け入《い》れる態勢《たいせい》ができるのです。いわば、教《おし》えの本番《ほんばん》にはいる準備運動《じゅんびうんどう》というわけです。これがたいへん大《たい》切《せつ》なことであって、ほかのお経《きょう》でも、最初《さいしょ》のほうには、仏《ほとけ》さまの徳《とく》をたたえることばや、浄土《じょうど》の美《うつく》しさをさまざまに描《えが》いた文章《ぶんしょう》がつらねてあります。これらもやはり心《こころ》をこめて読誦《どくじゅ》しなければならないのは、そういった理由《りゆう》からであります。

さて、菩薩《ぼさつ》の徳《とく》をたたえたあとには、大比丘衆《だいびくしゅう》たちの名《な》をあげ、その徳《とく》をたたえてあります。

其《そ》の比丘《びく》の名《な》を大智舎利弗《だいちしやりほつ》・神通目犍連《じんづうもツけんれん》・慧命須菩提《えみようしゆぼだい》・摩訶迦旃延《まかかせんねん》・弥多羅尼子富楼那《みたらにしふるな》・阿若憍陳如《あにやきようぢんによ》・天眼阿那律《てんげんあなりつ》・持律優婆離《じりつうばり》・侍者阿難《じしやあなん》・仏子羅雲《ぶツしらうん》・優波難陀《うばなんだ》・離波多《りはた》・劫賓那《こうひんな》・薄拘羅《はくら》・阿周陀《あしゆうだ》・莎伽陀《しやかだ》・頭陀大迦葉《ずだだいかしよう》・優楼頻螺迦葉《うるびんらかしよう》・伽耶迦葉《がやかしよう》・那提迦葉《なだいかしよう》という。是《か》の如《ごと》き等《ら》の比丘《びく》万《まん》二千人《にん》あり。皆阿羅漢《みなあらかん》にして、諸《もろもろ》の結漏《けつろ》を尽《つ》くして復縛著《またばくじやく》なく、真正解脱《しんしようげだつ》なり。

それらの比丘《びく》の名《な》をあげますと、智慧第一《ちえだいいち》といわれた舎利弗《しやりほつ》・神通第一《じんづうだいいち》の目《もつ》

犍連《けんれん》・慧《え》を生命《せいめい》とする須菩提《しゅぼだい》・大迦旃延《だいかせんねん》・弥多羅尼《みたらに》の子《こ》の富楼那《ふるな》・阿若憍陳如《あにやきようじんによ》・天眼第一《てんげんだいいち》といわれた阿那律《あなりつ》・持律第一《じりつだいいち》の優婆離《うばり》・いつも釈尊《しやくそん》のおそばについている阿難《あなん》・釈尊《しやくそん》のお子《こ》さまの羅睺羅《らごら》・優波難陀《うばなんだ》・離波多《りはた》・劫賓那《こうひんな》・薄拘羅《はくら》・阿周陀《あしゆうだ》・莎伽陀《しやかだ》・頭陀行第一《ずだぎようだいいち》の大迦葉《だいかしよう》・優楼頻螺迦葉《うるびんらかしよう》・伽耶迦葉《がやかしよう》・那提迦葉《なだいかしよう》などでありました。ほかにも、このようなすぐれた比丘《びく》たちが、たくさん座《ざ》につらなっていました。みな阿羅漢《あらかん》であって、一切《いつさい》の心《こころ》の結《むす》ぼれや迷《まよ》いを消滅《しようめつ》し、ものごとにとらわれることがなく、ほんとうに解脱《げだつ》した人《ひと》たちです。

すぐれた大比丘衆《だいびくしゆう》の名《な》があげてありますが、すべて実在《じつざい》の人物《じんぶつ》で、釈尊《しやくそん》の高弟《こうてい》たちです。中《なか》に名前《なまえ》の上《うえ》にその徳《とく》を現《あら》わすことばのついている人《ひと》もありますので、いわゆる十大弟子《じゆうだいでし》といわれる人《ひと》びとだけでも、簡単《かんたん》に説明《せつめい》しておきたいと思《おも》います。

十大弟子《じゆうだいでし》

舎利弗《しゃりほつ》は、釈尊教団《しゃくそんきょうだん》の中《なか》でも智慧第一《ちえだいいち》の人《ひと》として、衆《しゅう》も仰《あお》ぎ、釈尊《しゃくそん》ご自身《じしん》も認《みと》めておられた愛弟子《まなでし》です。

目犍連《もつけんれん》は目連《もくれん》とも呼《よ》ばれ、神通力《じんづうりき》において第一《だいいち》といわれていました。舎利弗《しゃりほつ》と同様《どうよう》、六師外道《ろくしげどう》の一人《ひとり》であるサンジャヤの弟子《でし》でしたが、仏法《ぶっぽう》に帰依《きえ》してからは舎利弗《しゃりほつ》と並《なら》んで、釈尊教団《しゃくそんきょうだん》を支《ささ》えた二大柱《だいはしら》の一人《ひとり》でした。

須菩提《しゅぼだい》は、解空第一《げくうだいいち》といわれた人《ひと》です。〈空《くう》〉ということをよく理解《りかい》していることが随一《ずいいち》というわけです。〈空《くう》〉については、あとでくわしく説明《せつめい》いたしますが、ここでは〈平等《びょうどう》〉という意味《いみ》です。そして、万物平等《ばんぶつびょうどう》ということを見《み》分《わ》ける力《ちから》を〈慧《え》〉といいますので、〈慧命《えみょう》〉という肩書《かたがき》も生《う》まれました。

摩訶迦旃延《まかかせんねん》は、論議第一《ろんぎだいいち》といわれた人《ひと》です。論議《ろんぎ》とは、解説《かいせつ》という意味《いみ》です。仏《ほとけ》の説《と》かれた教《おし》えを、かみくだいて解説《かいせつ》するのがすぐれて上手《じょうず》だったわけです。なお、教団《きょうだん》の中《なか》に迦旃延《かせんねん》という人《ひと》が何人《なんにん》もいたので、特《とく》に摩訶《まか》（大《だい》）という字《じ》をつけて呼《よ》んだわけで、摩訶迦葉《まかかしよう》の場合《ばあい》もやはりそうです。弥多羅尼子富楼那《みたらにしふるな》は、説法第一《せつぽうだいいち》といわれ、じつにすぐれた説得力《せっとくりょく》をもっていました。後世《こうせい》〈富楼那《ふるな》の弁《べん》をふるう〉などと、雄弁《ゆうべん》の形容詞《けいようし》に使《つか》われるようになったほどです。なお、母親《ははおや》が弥多羅尼《みたらに》というたいへんすぐれた人《ひと》だったので、特《とく》に母親《ははおや》の名《な》をかぶせて呼《よ》ばれました。母親《ははおや》もえらいし、こうして母親《ははおや》の名《な》を残《のこ》した富楼那《ふるな》もほんとうの孝子《こうし》といえましょう。

阿那律《あなりつ》は、普通《ふつう》の人《ひと》の見《み》えないものごとを見《み》とおす力《ちから》がすぐれていたので、天眼第一《てんげんだいいち》といわれていました。この天眼《てんげん》というのは、神通力《じんづうりき》の一種《いつしゅ》ですが、ものごとや人《ひと》の心《こころ》の奥底《おくそこ》を見《み》とおす洞察力《どうさつりょく》が第一《だいいち》だったということになります。

優婆離《うばり》は、《はじめに》にも書《か》きましたように、持戒第一《じかいだいいち》といわれた人《ひと》です。もとカピラバストの理髪師《りはつし》でしたが、釈尊《しゃくそん》が初《はじ》めて故郷《こきょう》に帰《かえ》られたとき、頭《あたま》を剃《そ》るお客《きやく》が急《きゆう》に増《ふ》えたので不思議《ふしぎ》に思《おも》って人《ひと》に聞《き》くと、太子《たいし》が仏陀《ぶつだ》になって帰《かえ》られ、そのたぐいない人格《じんかく》に打《う》たれて出家《しゆつけ》する人《ひと》が多《おお》いのだということでした。しかも、釈尊《しやくそん》の教団《きようだん》では、身分《みぶん》の上下《じようげ》を問《と》わず平等《びようどう》に出家《しゆつけ》を許《ゆる》し、教団内《きようだんない》でも平等《びようどう》に扱《あつか》われることを聞《き》き、きびしいカースト制《せい》（インド独特《どくとく》の階級制度《かいきゆうせいど》）のもとにしいたげられていた階層《かいそう》の優婆離《うばり》は、喜《よろこ》び勇《いさ》んで入門《にゆうもん》を乞《こ》い、許《ゆる》されてお弟子《でし》になりました。そういう事情《じじよう》もあり、誠心誠意《せいしんせいい》、戒律《かいりつ》を守《まも》って修行《しゆぎよう》しましたので、ついに教団随一《きようだんずいいち》の持戒《じかい》の人《ひと》と認《みと》められるようになったのでした。

阿難《あなん》は、釈尊《しやくそん》の従弟《いとこ》に当《あ》たる人《ひと》で、二十数年間《すうねんかん》ずっと釈尊《しやくそん》のおそばについて、身《み》のまわりのお世話《せわ》をしました。したがって、他《た》のどんな人《ひと》よりも多《おお》く釈《しやく》尊《そん》のお説法《せつぽう》を聞《き》く機会《きかい》に恵《めぐ》まれ、それをよく記憶《きおく》していました。それで多聞第《たもんだい》一《いち》といわれ、《はじめに》の中《なか》にも書《か》きましたように、王舎城結集《おうしやじようけつじゆう》のとき、経《きよう》の誦出《しようしゆつ》の役《やく》に推《すい》せんされたのでした。

じつは、この人《ひと》はまれに見《み》る美男子《びなんし》で、いろいろな女《おんな》の人《ひと》に、恋《こ》い慕《した》われました。ところが、阿難《あなん》は、心根《こころね》もまた非常《ひじょう》に優《やさ》しい人《ひと》で、そういう女性《じょせい》たちを冷淡《れいたん》に突《つ》っ放《ぱな》すことができなかったために、いろいろトラブルがありました。自《みずか》らもなかなか完全《かんぜん》な解脱《げだつ》に達《たっ》せられなかったのです。それで、十大弟子《じゅうだいでし》のうちでは最後《さいご》に阿羅漢《あらかん》の境地《きょうち》に達《たっ》した人《ひと》といわれています。逆《ぎゃく》にいえば、人間味豊《にんげんみゆた》かな人《ひと》だったともいえましょう。

羅雲《らうん》（羅睺羅《らごら》）は、釈尊《しゃくそん》の一人子《ひとりご》です。小《ちい》さいときから、お父《とう》さまのお弟子《でし》になりたいと望《のぞ》んでいましたが、なかなか許《ゆる》されず、十五になったとき祇園精舎《ぎおんしょうじゃ》に呼《よ》ばれて、ようやく出家《しゅつけ》することができました。しかし、釈尊《しゃくそん》は、羅睺羅《らごら》をお手《て》もとには置《お》かれず、万事《ばんじ》の指導《しどう》を舎利弗《しゃりほつ》に託《たく》されたのでした。羅睺羅《らごら》は、自分《じぶん》の徳《とく》の高《たか》いのを外《そと》に現《あら》わさず、いつも謙虚《けんきょ》な態度《たいど》でいましたので、密行第一《みつぎょうだいいち》といわれていました（第《だい》五巻《かん》一六六ページ参照《さんしょう》）。

最後《さいご》に摩訶迦葉《まかかしよう》がありました。この人《ひと》は、教団《きようだん》の最長老《さいちようろう》でもありましたが、また出家《しゆつけ》としての簡素《かんそ》な生活《せいかつ》に徹《てつ》していることが第一《だいいち》であったので、頭陀第一《ずだだいいち》といわれていました。〈頭陀《ずだ》〉というのは、〈衣服《えぶく》・飲食《おんじき》・住居《じゆうきよ》に対《たい》する貪著《とんじやく》を打ち払《はら》う〉という意味《いみ》で、具体的《ぐたいてき》にいろいろな行法《ぎようぼう》がきまっていました。たとえば、食物《しよくもつ》は托鉢《たくはつ》によって人《ひと》びとの寄進《きしん》を受《う》けるのが定《さだ》めで、それを入《い》れる袋《ふくろ》が、ことばとしていまにも残《のこ》る頭陀袋《ずだぶくろ》です。

阿羅漢《あらかん》

〈阿羅漢《あらかん》〉……さて、これらの比丘衆《びくしゆう》は、みな阿羅漢《あらかん》だったとありますが、阿羅漢《あらかん》というのは梵語《ぼんご》アルハットのことで、心《こころ》に一切《いつさい》の迷《まよ》いがなくなった人《ひと》のことです。略《りやく》して、羅漢《らかん》ともいいます。いわば個人《こじん》としての悟《さと》りを完成《かんせい》した人《ひと》で、これらの人《ひと》びとが、広《ひろ》く衆生教化《しゆじようきようけ》・救済《きゆうさい》のために動《うご》き出《だ》せば、菩薩《ぼさつ》となるわけです。

〈結漏《けつろ》〉の結《けつ》は、心《こころ》の結《むす》ぼれ、こんがらかること。漏《ろ》は煩悩《ぼんのう》がいつも六根《ろつこん》（一二五・一二九ページ参照《さんしょう》）から漏《も》れ出《だ》していることをいいます。ひっくるめて、心《こころ》の迷《まよ》いのことです。

〈縛著《ばくじゃく》〉……縛《ばく》というのは縛《しば》られる、著《じゃく》というのは執着《しゅうちゃく》する、つまり、煩悩《ぼんのう》のために、心《こころ》がものごとにとらわれて、正《ただ》しい、自由自在《じゆうじざい》なはたらきをしないことをいいます。

阿羅漢《あらかん》は、そういう迷《まよ》いも、とらわれも一切《いっさい》なくなった、すなわち正真正銘《しょうしんしょうめい》の解脱《げだつ》を得《え》た人《ひと》であるわけです。


爾《そ》の時《とき》に大荘厳菩薩摩訶薩《だいしょうごんぼさつまかさつ》、遍《あまね》く衆《しゅ》の坐《ざ》して各《おのおの》定意《じょうい》なるを観《かん》じ已《おわ》って、衆中《しゅちゅう》の八万《まん》の菩薩摩訶薩《ぼさつまかさつ》と倶《とも》に、座《ざ》より而《しか》も起《た》って仏所《ぶつしょ》に来詣《らいけい》し、頭面《ずめん》に足《みあし》を礼《らい》し遶《めぐ》ること百千帀《そう》して、天華《てんげ》・天香《てんこう》を焼散《しょうさん》し、天衣《てんね》・天瓔珞《てんようらく》・天無価宝珠《てんむげほうじゅ》、上空《じょうくう》の中《なか》より旋転《せんでん》して来下《らいげ》し、四面《めん》に雲《くも》のごとく集《あつま》って而《しか》も仏《ほとけ》に献《たてまつ》る。天厨《てんちゅう》

・天鉢器《てんばツき》に天百味充満盈溢《てんみじゅうまんよういつ》せる、色《しき》を見香《みこう》を聞《か》ぐに自然《じねん》に飽足《ほうそく》す。天幢《てんどう》・天《てん》旛《ばん》・天軒蓋《てんこんがい》・天妙楽具処処《てんみょうらくぐしょしょ》に安置《あんち》し、天《てん》の伎楽《ぎがく》を作《な》して仏《ほとけ》を娯楽《ごらく》せしめたてまつり、即《すなわ》ち前《すす》んで胡跪《こき》し合掌《がツしょう》し、一心《しん》に倶共《とも》に声《こえ》を同《おなじ》うして、偈《げ》を説《と》いて讃《ほ》めて言《もう》さく

そのとき、大荘厳菩薩《だいしょうごんぼさつ》は、一同《いちどう》をくまなく見渡《みわた》して、すべての人《ひと》びとの心《こころ》が仏《ほとけ》さまの教《おし》えをうかがおうという一事《いちじ》にしっかと集中《しゅうちゅう》している様子《ようす》を見定《みさだ》めますと、多《おお》くの菩薩《ぼさつ》たちといっしょに座《ざ》から起《た》ち、仏《ほとけ》さまのみ前《まえ》に進《すす》み、み足《あし》に額《ひたい》をつけて礼拝《らいはい》してから、そのまわりをめぐりながら、美《うつく》しい花《はな》を散《ち》らし、なんともいえぬ香《かお》りの香《こう》をたきます。すると、美《うつく》しい衣《ころも》や、首飾《くびかざ》りや、価《あたい》のつけられぬほど貴重《きちょう》な宝珠《ほうじゅ》などが空《そら》から舞《ま》い下《お》り、あたりに雲《くも》のようにあつまったのを、つつしんで仏《ほとけ》さまに献《けん》じます。また、素晴《すば》らしい器物《きぶつ》にさ

まざまなおいしい食《た》べものがいっぱい盛《も》られて、その色《いろ》を見《み》、香《にお》いをかいだだけで自然《しぜん》に満足《まんぞく》を覚《おぼ》えるようなごちそうを、仏《ほとけ》さまにたてまつります。また、りっぱな旗《はた》や天蓋《てんがい》や家具《かぐ》の類《るい》をお身《み》のまわりに飾《かざ》り、美《うつく》しい音楽《おんがく》を奏《そう》して、仏《ほとけ》さまをお慰《なぐさ》め申《もう》しあげます。そうして、おん前《まえ》に進《すす》み、ひざまずいて合掌《がっしょう》し、心《こころ》を同《おな》じうし、声《こえ》を揃《そろ》えて偈《げ》を説《と》き、仏《ほとけ》さまのお徳《とく》をつぎのように讃《ほ》めたたえました。

ひとつひとつのことばの意味《いみ》は、右《みぎ》の現代語訳《げんだいごやく》でお解《わか》りのことと思《おも》います。

供《く》　養《よう》

ここには、釈尊《しゃくそん》を供養申《くようもう》しあげる情景《じょうけい》が美《うつく》しく描《えが》き出《だ》されています。釈尊《しゃくそん》は、もちろんこうしたりっぱな飾《かざ》り物《もの》や、着物《きもの》や、食《た》べ物《もの》などを欲《ほっ》してはいらっしゃいません。褐一色《かついっしょく》の衣《ころも》を召《め》し、粗末《そまつ》な食事《しょくじ》をすこし召《め》しあがるという、きわめて簡素《かんそ》な生活《せいかつ》を一生《いっしょう》おつづけになったお方《かた》です。それでは、なぜみんなが、このような物《もの》をいろいろとさしあげるのでしょうか。それは、仏《ほとけ》さまに感謝《かんしゃ》する心《こころ》、ありがたいと帰依《きえ》する気持《きもち》があれば、どうしてもそのお身《み》のまわりを荘厳《しょうごん》せざるをえなくなるからです。これが自然《しぜん》の情《じょう》です。自然《しぜん》の情《じょう》の中《なか》でも、純真《じゅんしん》な、そして温《あたた》かい心情《しんじょう》です。ですから、仏《ほとけ》さまは、その心情《しんじょう》をお喜《よろこ》びになって、けっして拒否《きょひ》なさいません。その気持《きもち》をうれしくお受《う》け取《と》りになるのです。

なお、ここに、天《てん》からいろいろなものが舞《ま》い下《お》りてきたとあります。同《おな》じようなことが《法華経《ほけきょう》》にもたびたび出《で》てきますが、これは、天界《てんかい》に住《す》む人《ひと》たちもお釈迦《しゃか》さまに供養《くよう》申《もう》しあげるという意味《いみ》で、つまり天地《てんち》の生《い》きとし生《い》けるものがその徳《とく》に帰依《きえ》し、その教《おし》えに感謝申《かんしゃもう》しあげている心持《こころも》ちの象徴《しょうちょう》なのであります。

偈《げ》

つぎに、偈《げ》を説《と》いて仏《ほとけ》のお徳《とく》をほめたたえたとありますが、〈偈《げ》〉というのは詩歌《しいか》のことです。インド人《じん》は古来《こらい》こういう韻文《いんぶん》をつくり、それを朗唱《ろうしょう》するのに長《ちょう》じており、仏《ぶつ》・菩薩《ぼさつ》の徳《とく》を賛嘆《さんたん》する場合《ばあい》などに、よく偈《げ》をつくって即吟《そくぎん》したのです。また、前《まえ》に散文《さんぶん》で述《の》べたことをさらに偈《げ》によってくりかえすことも多《おお》く、《法華経《ほけきよう》》はこの偈《げ》の美《うつく》しさでも有名《ゆうめい》です。

大《おお》い なる哉《かな》大悟《だいご》大聖主《だいしようしゆ》　垢《く》なく染《ぜん》なく所著《しよじやく》なし　天《てん》・人《にん》・象《ぞう》・馬《め》の調御師《じようごし》　道《どう》風徳香《ふうとツこう》一切《さい》に薫《くん》じ　智《ち》恬《しず》かに情《じよう》泊《しず》かに慮凝静《りよぎようじよう》なり　意滅《いめツ》し識亡《しきもう》して心《こころ》亦《また》寂《じやく》なり　永《なが》く夢妄《むもう》の思想念《しそうねん》を断《だん》じて　復《また》諸大陰入界《しよだいおんにゆうかい》なし

「絶対《ぜつたい》の悟《さと》りを開《ひら》かれた大聖主《だいしようしゆ》の仏《ほとけ》さまは、なんというりっぱなお方《かた》でございましょう。すべてに迷《まよ》うことなく、現象《げんしよう》に心《こころ》を動《うご》かされることもなく、執《しゆう》着《ちゃく》もないお方《かた》。天上界《てんじょうかい》のものをも、人間界《にんげんかい》のものをも、あらゆる動物《どうぶつ》たちまでも、自由自在《じゆうじざい》に導《みちび》かれるお方《かた》。そのご行動《こうどう》の高貴《こうき》さ、そのお徳《とく》の尊《とうと》さは、香《かお》り高《たか》い香《こう》のように、ひとりでにまわりのものの心《こころ》に沁《し》み入《い》ります。仏《ほとけ》さまのお智慧《ちえ》にも、お気持《きもち》にも、ご自分《じぶん》のために求《もと》められるものは微塵《みじん》もなく、お考《かんが》えはいつも、ものごとの中心《ちゅうしん》にじっと注《そそ》がれています。他《た》のものをわけ隔《へだ》てする心《こころ》も、天地《てんち》の万物《ばんぶつ》を小《ちい》さく区別《くべつ》して見《み》る考《かんが》えもすでに消《き》え去《さ》り、み心《こころ》はつねに静《しず》かでいらっしゃいます。夢想《むそう》・妄想《もうそう》のたぐいが、み心《こころ》に浮《うか》ぶことのないのは申《もう》すまでもなく、もはや人間《にんげん》の生活《せいかつ》を支配《しはい》する外界《がいかい》のあらゆる力《ちから》から超越《ちょうえつ》した境地《きょうち》にいらっしゃるのです」

これからの後半《こうはん》はむずかしいところです。できるかぎりやさしく説明《せつめい》はしますが、それでも頭《あたま》にはいりにくいかもしれません。しかし、これは、数《かず》ある讃《さん》仏偈《ぶつげ》の中《なか》の雄《ゆう》とされているもので、仏《ほとけ》さまのお徳《とく》を、あらゆる方面《ほうめん》からくわしく説《と》き、ほめたたえてあるわけですから、たとえ完全《かんぜん》に理解《りかい》できなくても、そのお徳《とく》を心《こころ》に刻《きざ》みつける気持《きもち》で読《よ》んでいってもらいたいものです。

〈大悟《だいご》〉というのは、字《じ》のとおり大《おお》きな悟《さと》りです。いろいろな小《ちい》さな悟《さと》りは、だれにでも体得《たいとく》できるものですが、宇宙《うちゆう》の真理《しんり》・すべてのものごとの実相《じつそう》を見《み》とおすという大《おお》きな悟《さと》りは、よほどの修行《しゆぎよう》によらなければできません。そういう悟《さと》りを得《え》た人《ひと》が、すなわち仏《ほとけ》なのです。

〈大聖主《だいしようしゆ》〉……一切《いつさい》の聖者《しようじや》の上《うえ》に立《た》つお方《かた》ですから、〈主《しゆ》〉とあるわけです。

〈垢《く》〉は、心《こころ》の汚《けが》れ、すなわち迷《まよ》いのこと。〈染《ぜん》〉は染《そ》まるという字《じ》のとおり、まわりに起《お》こるさまざまな現象《げんしよう》のまにまに心《こころ》の色《いろ》が染《そ》めかえられてゆく状態《じようたい》です。〈所著《しよじやく》〉は執着《しゆうちやく》すること。

〈天《てん》・人《にん》・象《ぞう》・馬《め》の調御師《じようごし》〉……調御《じようご》というのは、馬《うま》などを命令《めいれい》どおり動《うご》くように馴《な》らし教《おし》えること。なお、この場合《ばあい》の象《ぞう》・馬《め》というのは、あらゆる動物《どうぶつ》を代表《だいひょう》させてあるわけです。

〈道風徳香《どうふうとツこう》一切《さい》に薫《くん》じ〉……たいへん美《うつく》しい文句《もんく》です。仏《ほとけ》さまは、つねにりっぱな道《みち》を行《おこ》なっていらっしゃる、またいしれぬ高《たか》いお徳《とく》を具《そな》えていらっしゃる、それがひとりでにまわりのものに感化《かんか》を与《あた》えずにはおきません。そのことを、柔《やわら》かな風《かぜ》がすべての人《ひと》のからだを撫《な》でて気持《きもち》よくするように、またい香《かお》りがひとしくまわりのものに沁《し》み入《い》るように……と、たとえてあるわけです。

おそばにいるだけで、尊《とうと》いご人格《じんかく》の移《うつ》り香《が》がいただけるというのです。〈智恬《ちしず》かに〉の〈恬《しず》か〉というのは、他人《たにん》からこうしてもらいたい、他人《たにん》から何《なに》かを得《え》たいというような、さもしい気持《きもち》のまるっきりない心《こころ》の状態《じょうたい》をいいます。仏《ほとけ》さまの智慧《ちえ》のはたらきには、真理《しんり》をもって人《ひと》びとを救《すく》いたいという大慈《だいじ》悲《ひ》のお気持《きもち》こそあれ、それを何《なに》か自分《じぶん》の得《とく》のために使《つか》おうというようなお気持《きもち》は、一切《いっさい》ありません。ですから、智《ち》が恬《しず》かなのです。〈情泊《じょうしず》かに〉の〈泊《しず》か〉も、やはり自己中心《じこちゅうしん》でないことです。自分《じぶん》をこう思《おも》ってもらいたいとか、こう思《おも》われたくないというような、求《もと》めるものの一切《いっさい》ない、ただ相手《あいて》のためばかりを思《おも》う愛情《あいじょう》です。こういう愛情《あいじょう》は、たとえそれが受《う》け入《い》れられなくても、あるいは背《そむ》かれたとしても、一転《いってん》して憎《にく》しみに変《か》わるようなことのない、不動《ふどう》の愛情《あいじょう》です。ですから、情《じょう》が泊《しず》かなのです。

こういう自己《じこ》を滅却《めっきゃく》した気持《きもち》でいますと、周囲《しゅうい》の現象《げんしょう》に心《こころ》をザワザワと掻《か》き乱《みだ》されることがありません。したがって、考《かんが》えがいつも、ものごとの中心《ちゅうしん》にピタリと決《き》まるのです。〈慮凝静《りよぎようじよう》なり〉というのは、こういうことです。

〈意《い》〉は、前《まえ》（一二九ページ）にも述《の》べましたように、五官《ごかん》で感《かん》じた感覚《かんかく》をまとめて、物《もの》の存在《そんざい》を知《し》る心《こころ》のはたらき、〈識《しき》〉というのは、〈意《い》〉よりもっと深《ふか》くものごとを識《し》り分《わ》けるはたらきと考《かんが》えればいいでしょう。二つとも、人間《にんげん》に普通《ふつう》に具《そな》わっている、精神《せいしん》のはたらきです。

ところが、仏《ほとけ》さまは〈意滅《いめツ》し識亡《しきもう》して心亦寂《こころまたじやく》なり〉とあります。つまり、そういった外界《がいかい》に即《そく》した感覚《かんかく》や知識《ちしき》から離《はな》れて、静《しず》かに澄《す》みきった心《こころ》になっておられるわけです。これは、よほど修行《しゆぎよう》を積《つ》んだ人《ひと》が、禅定《ぜんじよう》にはいったときにのみ達《たつ》しうる心境《しんきよう》です。

〈大陰入界《だいおんにゆうかい》〉というのは、大《だい》・陰《おん》・入《にゆう》・界《かい》と別々《べつべつ》に書《か》くのがほんとうでしょう。

〈大《だい》〉とは、〈四大《しだい》〉すなわち地《ち》・水《すい》・火《か》・風《ふう》で、つまりすべての物質《ぶつしつ》のことです。むかしのインドの人《ひと》は、すべての物質《ぶつしつ》は土《つち》と水《みず》と火《ひ》と空気《くうき》(風《ふう》)から出来《き》ていると観《かん》じていました。人間《にんげん》の身体《からだ》もやはりこの四つから出来《でき》ているとしていたのです。

〈陰《おん》〉は〈五陰《ごおん》〉のことで〈五蘊《ごうん》〉ともいいます。つまり、色《しき》・受《じゆ》・想《そう》・行《ぎよう》・

識《しき》といって、物質界《ぶつしつかい》とそれに対《たい》する人間《にんげん》の心《こころ》のはたらきをまとめた呼《よ》びかたです。

〈色《しき》〉というのは有形《ゆうけい》の物質《ぶつしつ》のこと、人間《にんげん》でいえば肉体《にくたい》のこと。〈受《じゅ》〉というのは、ものごとを受《う》けとる心《こころ》の作用《さよう》、すなわち好《す》きとかきらいとか、愉快《ゆかい》・不《ふ》愉快《ゆかい》など。〈想《そう》〉というのは、受《じゅ》から展開《てんかい》する想像《そうぞう》の作用《さよう》。〈行《ぎょう》〉というのは、もっと発展《はってん》して、こうしたい、ああしたいという欲求《よっきゅう》。〈識《しき》〉というのは、以《い》上《じょう》の作用《さよう》をとりまとめてものごとを知《し》り分《わ》ける、心《こころ》の本体《ほんたい》のことです。

〈入《にゅう》〉というのは、前《まえ》（一二五ページ）に説明《せつめい》しました六入《ろくにゅう》（六根《ろっこん》）に、その対《たい》象《しょう》となる色《しき》・声《しょう》・香《こう》・味《み》・触《そく》・法《ほう》を加《くわ》えた十二入《じゅうににゅう》のこと。〈界《かい》〉というのは、その十二入《じゅうににゅう》に、眼《め》や耳《みみ》などのはたらきをもう六種《しゅくわ》加えた十八界《じゅうはちかい》のことですが、この本《ほん》は仏教哲学《ぶつきょうてつがく》を研究《けんきゅう》するのが本意《ほんい》ではありませんから、これ以上《いじょう》くわしい説明《せつめい》はやめにします。

とにかく、仏《ほとけ》さまは、四大《しだい》・五陰《ごおん》・十二入《じゅうににゅう》・十八界《じゅうはちかい》という、物質世界《ぶっしつせかい》やそれに対《たい》する凡夫《ぼんぷ》の心《こころ》のはたらきから超越《ちょうえつ》された方《かた》であるというのが、〈諸大陰入界《しょだいおんにゅうかい》なし〉の意味《いみ》です。

さて、〈慮凝静《りょぎょうじょう》なり〉までは、応身《おうじん》の仏《ほとけ》さまのお徳《とく》をたたえたことばであり、それ以下《いか》は、仏《ほとけ》さまの悟《さと》りの内容《ないよう》をたたえたことばです。そして、つぎに、報身《ほうしん》・法身《ほっしん》の仏《ほとけ》さまをたたえることばが述《の》べられます。その応身《おうじん》・報身《ほうしん》・法身《ほっしん》（仏《ほとけ》の三身《さんじん》）のちがいを知《し》っていないと、この前後《ぜんご》はとうてい理解《りかい》できないと思《おも》いますので、ここで説明《せつめい》いたしましょう。

仏《ほとけ》の三身《さんじん》

〈法身《ほっしん》〉……宇宙《うちゆう》のあらゆるものごとを存在《そんざい》たらしめている、〈法《ほう》〉そのものをいいます。これは生《しょう》じたり、滅《めっ》したりするものでなく、無始無終《むしむしゅう》のものです。これを〈真如《しんによ》〉といいます。

お釈迦《しやか》さまは、この大本《おおもと》の法《ほう》である〈真如《しんによ》〉を悟《さと》られ、それをわれわれにさまざまな方便《ほうべん》を用《もち》いて、わかりやすくお説《と》きくださったのです。しかしこの〈真如《しんにょ》〉そのものを、そのままでスッと理解《りかい》することは、なかなかできることではありませんし、想像《そうぞう》することも大変《たいへん》むずかしいことです。そこで、われわれ人間《にんげん》の心《こころ》で考《かんが》えるとき、どんな形《かたち》をとるかといえば、やはりその大本《おおもと》の法《ほう》である〈真如《しんにょ》〉を人格化《じんかくか》した相《すがた》、すなわち絶対力《ぜったいりょく》を持《も》つ人間《にんげん》ならぬ人間《にんげん》……そのような存在《そんざい》を思《おも》い浮《うか》べるのが自然《しぜん》です。これが〈法身《ほっしん》の仏《ほとけ》〉であり、〈久遠《くおん》の本仏《ほんぶつ》〉です。

〈報身《ほうしん》〉……この真如《しんにょ》が、われわれの理解《りかい》できるような姿《すがた》をとられた仏《ほとけ》を〈報《ほう》身《しん》〉といいます。真如《しんにょ》から来《こ》られた……という意味《いみ》で、如来《にょらい》ともいいます。なぜ、〈報身《ほうしん》〉というかといえば、長《なが》い長《なが》い修行《しゅぎょう》の結果《けっか》、その報《むく》いとして、完全《かんぜん》な智慧《ちえ》と慈悲《じひ》の持主《もちぬし》である永遠《えいえん》の存在《そんざい》となられた……というわけです。浄土《じょうど》に住《じゅう》しておられるのですが、いつもいろいろな姿《すがた》をとって、この娑婆《しゃば》世《せ》界《かい》の衆生《しゅじょう》の救済《きゅうさい》に慈悲《じひ》の手《て》をさし伸《の》べてくださいます。そのときのお姿《すがた》を〈化身《けしん》〉というのです。

〈応身《おうじん》〉……人間《にんげん》としてこの世《よ》に出《で》てこられて、われわれを教《おし》え導《みちび》いてくださる仏《ほとけ》を、応身《おうじん》の仏《ほとけ》といいます。カピラバストでお生《う》まれになり、クシナガラでおかくれになったお釈迦《しゃか》さまは、応身《おうじん》の仏《ほとけ》です。〈応《おう》〉というのは、必要《ひつよう》に応《おう》ずるという意味《いみ》で、娑婆《しゃば》世界《せかい》の衆生《しゅじょう》を救《すく》わずにはいられぬという必要《ひつよう》に応《おう》じて出現《しゅつげん》されたわけです。

其《そ》の身《み》は有《う》に非《あら》ず亦無《またむ》に非《あら》ず　因《いん》に非《あら》ず縁《えん》に非《あら》ず自他《じた》に非《あら》ず　方《ほう》に非《あら》ず円《えん》に非《あら》ず短長《たんちょう》に非《あら》ず　出《しゅつ》に非《あら》ず没《もっ》に非《あら》ず生滅《しょうめつ》に非《あら》ず　造《ぞう》に非《あら》ず起《き》に非《あら》ず為作《いさ》に非《あら》ず　坐《ざ》に非《あら》ず臥《が》に非《あら》ず行住《ぎょうじゅう》に非《あら》ず　動《どう》に非《あら》ず転《てん》に非《あら》ず閑静《げんじょう》に非《あら》ず　進《しん》に非《あら》ず退《たい》に非《あら》ず安危《あんき》に非《あら》ず　是《ぜ》に非《あら》ず非《ひ》に非《あら》ず得失《とくしつ》に非《あら》ず　彼《ひ》に非《あら》ず此《し》に非《あら》ず去来《こらい》

に非《あら》ず　青《しょう》に非《あら》ず黄《おう》に非《あら》ず赤白《しゃくびゃく》に非《あら》ず　紅《く》に非《あら》ず紫《し》種種《しゅじゅ》の色《しき》に非《あら》ず

「仏《ほとけ》さまのお身体《からだ》は、有《あ》るとか無《な》いとかといった世間的《せけんてき》な考《かんが》え方《かた》で、おしはかることはできません。また何《なに》かの因《いん》となったり、縁《えん》となったりするものでもなく、自他《じた》の区別《くべつ》もありません。四角《しかく》いとか円《まる》いとか、短《みじか》いとか長《なが》いといった尺度《しゃくど》で考《かんが》えられるものでもありません。出《で》るとか、かくれるとか、生《しょう》ずるとか、滅《めつ》するとかいうものでもなく、なにかの原因《げんいん》や目的《もくてき》があって造《つく》られたとか、生《しょう》じたとかいうものでもありません。座《すわ》っているのでも、臥《ふ》しているのでも、行《ゆ》くのでも住《とどま》るのでもありません。動《うご》いたり転《ころ》がったり、じっとしているのでもなく、進《すす》んだり、退《しりぞ》いたり、安全《あんぜん》であるとか、危険《きけん》であるといった見方《みかた》では考《かんが》えられない存在《そんざい》です。これはよいと思《おも》われるから、これはよくないと思《おも》われるからとか、これは得《とく》になるから、これは損《そん》になるからとかいうような計算《けいさん》どころか、彼《あ》れには此《こ》れにはこういう区別《くべつ》さえなく、あちらから去《さ》って、こちらに来《こ》られるというようなこともありません。青《あお》いとか、黄色《きいろ》いとか、赤《あか》いとか、白《しろ》いとか、紅色《べにいろ》だとか、紫《むらさき》だとかの世間的《せけんてき》な種別《しゅべつ》などは一切《いっさい》ない、常住不変《じょうじゅうふへん》の存在《そんざい》でいらっしゃるのです」

それぞれのことばの意味《いみ》は、右《みぎ》の現代語訳《げんだいごやく》と対照《たいしょう》されれば大体《だいたい》お解《わか》りと思《おも》いますが、ちょっと解《わか》りにくいと思《おも》われるものだけを、簡単《かんたん》に説明《せつめい》しましょう。〈方《ほう》に非《あら》ず円《えん》に非《あら》ず短長《たんちょう》に非《あら》ず〉……方《ほう》とは四角《しかく》という意味《いみ》です。仏《ほとけ》というものは、四角《しかく》だとか円《まる》いとか、すなわちどんな形《かたち》をしているというような考《かんが》えかた、または短長《たんちょう》すなわち、短《みじか》いとか長《なが》いといったような世間《せけん》のものの計《はか》りかたではとうてい考《かんが》えられない存在《そんざい》だというのです。

〈坐《ざ》に非《あら》ず臥《が》に非《あら》ず行住《ぎょうじゅう》に非《あら》ず〉……すわっているのでもなく、行《い》ったり住《とどま》ったりするものでもない。つまり特定《とくてい》な動《うご》きをするものではないということです。

〈是《ぜ》に非《あら》ず非《ひ》に非《あら》ず得失《とくしつ》に非《あら》ず〉……よいと判断《はんだん》したことを是《ぜ》といい、よくないと判断《はんだん》したことを非《ひ》といいます。得《とく》になるだろう、損《そん》になるだろうという判《はん》断《だん》が得失《とくしつ》です。

〈青《しょう》に非《あら》ず……種種《しゅじゅ》の色《しき》に非《あら》ず〉……世間《せけん》には青《あお》いものや赤《あか》いものや、とにかくいろいろさまざまな色《いろ》のちがいがありますが、仏《ほとけ》さまのお身体《からだ》にはそういう種別《しゅべつ》はなにもありません。

以上《いじょう》、〈法身《ほっしん》の仏《ほとけ》〉の微妙《びみょう》さをいろいろに述《の》べてありますが、これはとりもなおさず、報身《ほうしん》・応身《おうじん》の仏《ほとけ》をほめたたえることばでもあるわけです。

戒《かい》・定《じょう》・慧《え》・解《げ》・知見《ちけん》より生《しょう》じ　三昧《まい》・六通《つう》・道品《どうぼん》より発《ほッ》し　慈悲《じひ》・十力《りき》・

無畏《むい》より起《おこ》り　衆生善業《しゅじょうぜんごう》の因縁《いんねん》より出《い》でたり

「そういう、たとえるものもない仏《ほとけ》さまは、どうして生《しょう》じたのかといいますと、持戒《じかい》・禅定《ぜんじょう》・智慧《ちえ》・解脱《げだつ》・解脱知見《げだつちけん》などの徳《とく》を修《おさ》められた結果《けつか》であり、また三昧《さんまい》・六通《ろくつう》・道品《どうぼん》といったご修行《しゅぎょう》から生《う》まれたものであり、そうして得《え》られた慈悲《じひ》のはたらきと、智慧《ちえ》のはたらきと、はばかるところなく法《ほう》を説《と》かれるはたらきにもとづくものでありますが、それも仏《ほとけ》さまが衆生《しゅじょう》の一人《ひとり》として法《ほう》を求《もと》め、何世《なんぜ》にもわたり善業《ぜんごう》を積《つ》まれた因縁《いんねん》によるのであります」

釈尊《しゃくそん》は生《い》きたお手本《てほん》　非常《ひじょう》に大切《たいせつ》な一節《いっせつ》です。これまで、常識《じょうしき》ではとうてい考《かんが》えおよばぬような本仏《ほんぶつ》の存在《そんざい》、またわれわれ凡夫《ぼんぷ》とはあまりにもかけはなれた報身《ほうしん》・応身《おうじん》の仏《ほとけ》さまのお徳《とく》のことが、さまざまにたたえられておりますので、まるっきりわれわれとは違《ちが》った、真似《まね》をしようにもおよびもつかぬ方《かた》のような感《かん》じをいだいてきました。ところが、そういう最高《さいこう》の境地《きょうち》も、じつは、さまざまな修行《しゅぎょう》の結果《けっか》達《たっ》せられたのだということが、ここに明《あき》らかにされているのです。そして、われわれでも努力次第《どりょくしだい》ではその境地《きょうち》まで達《たっ》しうることが示《しめ》してあるのです。

先《さき》にも説明《せつめい》しましたように、仏《ほとけ》さまは〈法身《ほっしん》〉〈報身《ほうしん》〉〈応身《おうじん》〉の三身《さんじん》で考《かんが》えることができます。つまり、大本《おおもと》の法《ほう》である〈真如《しんによ》〉そのものを人格化《じんかくか》した〈法身《ほっしん》の仏《ほとけ》〉、永《なが》い間《あいだ》の修行《しゅぎょう》の結果《けっか》その果報《かほう》として仏《ほとけ》となられた〈報身《ほうしん》の仏《ほとけ》〉、この娑婆世界《しゃばせかい》の人《ひと》びとを救《すく》うために、実際《じっさい》にこの世《よ》にお出《で》になられた〈応身《おうじん》の仏《ほとけ》〉の三身《さんじん》です。この三つの分身《ぶんしん》も、天台大師《てんだいだいし》の《法華文句《ほっけもんぐ》》に〈一身即《いっしんすなわ》ち三《さん》身《じん》なるを名《なづ》けて秘《ひ》と為《な》し、三身即《さんじんすなわ》ち一身《いっしん》なるを名《なづ》けて密《みつ》と為《な》す〉とあるように、この仏《ほとけ》の三身《さんじん》もなにも別々《べつべつ》のものではありません。ですから、われわれにとって一番身近《いちばんみぢか》な仏《ほとけ》さまであるお釈迦《しやか》さまは、応身《おうじん》の仏《ほとけ》であるだけでなく、仏《ほとけ》の三身《さんじん》すべてをそなえていらっしゃるお方《かた》であるということができるのです。つまり、われわれもお釈迦《しやか》さまのようになれれば〈応身《おうじん》の仏《ほとけ》〉にも、〈報身《ほうしん》の仏《ほとけ》〉にも、〈法身《ほっしん》の仏《ほとけ》〉にもなれるというわけです。

そして、本当《ほんとう》に有難《ありがた》いことにわれわれも、お釈迦《しやか》さまと同《おな》じ道《みち》をたどることができるのです。お釈迦《しやか》さまが衆生《しゅじょう》を導《みちび》かれるご態度《たいど》を一言《いちごん》に尽《つく》せば、

「わたしを見《み》なさい。そして、あとについてきなさい」

ということばで表現《ひょうげん》できると思《おも》います。これがほかに類《るい》のない尊《とうと》さです。生《い》きた手本《てほん》を示《しめ》しておられるところが有難《ありがた》いのです。

そこで、われわれが手本《てほん》とすべきそのご修行《しゅぎょう》とは、どんなものであったか――ここに、おおづかみな段階《だんかい》が述《の》べられています。

まず、持戒《じかい》・禅定《ぜんじょう》・智慧《ちえ》・解脱《げだつ》・解脱知見《げだっちけん》ですが、これは一〇四ページ以下《いか》

にくわしく解説《かいせつ》しましたから、もう一度《ど》読《よ》みかえしてください。

つぎは〈三昧《まい》・六通《つう》・道品《どうぼん》〉です。三昧《さんまい》は、前《まえ》にもありましたように、心《こころ》を一つのことに集中《しゅうちゅう》させて動《うご》かさないこと。六通《ろくつう》は、つぎのような神通力《じんづうりき》のことです。

六《ろく》　通《つう》　天眼通《てんげんつう》といって、普通《ふつう》の人《ひと》に見《み》えないものを見《み》とおす能力《のうりょく》。天耳通《てんにつう》といって、普通《ふつう》の人《ひと》に聞《き》こえない音《おと》や声《こえ》を聞《き》くことのできる能力《のうりょく》。他心通《たしんつう》といって、ひとの心《こころ》をすっかり見《み》とおす能力《のうりょく》。宿命通《しゅくみょうつう》といって、前《まえ》の世《よ》のことまで知《し》ることのできる能力《のうりょく》。神足通《じんそくつう》といって、すばらしい早《はや》さで、どんな所《ところ》へも行《ゆ》ける能力《のうりょく》。漏尽通《ろじんつう》といって、自由自在《じゆうじざい》にひとの心《こころ》の迷《まよ》いを除《のぞ》いてやれる能力《のうりょく》。この六つを六通《ろくつう》、つまり六つの神通力《じんづうりき》というのですが、当時《とうじ》のインドのバラモンの聖者《せいじゃ》などは、こういう能力《のうりょく》を持《も》っていることが大切《たいせつ》な資格《しかく》だったのです。お釈迦《しゃか》さまも、ご自身《じしん》にはもちろんこのような力《ちから》を具《そな》えていらっしやったことが、いろいろと仏伝《ぶつでん》に見《み》えていますが、よほどの場合《ばあい》でないとそれをお用《もち》いになりませんでしたし、お弟子《でし》たちにも、信者《しんじゃ》たちにも、それを奨励《しょうれい》なさらなかったようです。

というのは、お釈迦《しゃか》さまのご精神《せいしん》も、み教《おし》えも、あくまで人間《にんげん》としての大道《だいどう》をゆくもので、人間《にんげん》としての本質的《ほんしってき》なものを磨《みが》きあげ、向上《こうじょう》させることによって、みんなをしあわせにすると同時《どうじ》に、社会全体《しゃかいぜんたい》を平和《へいわ》な、調和《ちょうわ》のとれた世界《せかい》にしてゆこうという、じつに理性的《りせいてき》なものだったからです。

しかし、この経典《きょうでん》の編集《へんしゅう》されたころのインドでは、聖者《しょうじゃ》といえばこうした神《じん》通力《づうりき》をもつことが常識《じょうしき》となっていましたし、お釈迦《しゃか》さまもそういった偉大《いだい》な力《ちから》をもっていらっしゃったために、ここにもそれが讃《たた》えられているわけです。とはいえ、仏《ほとけ》さまのお力《ちから》として、またその教《おし》えとしていちばん大切《たいせつ》なのは、最後《さいご》の漏尽通《ろじんつう》です。すなわち〈心《こころ》の迷《まよ》いを除《のぞ》く力《ちから》〉、これこそ仏教《ぶっきょう》の本質《ほんしつ》をなすものであり、修行《しゆぎよう》の目標《もくひよう》でもあります。われわれ凡夫《ぼんぷ》としては、まずこのことに努力集中《どりよくしゆうちゆう》すればいいのであって、その修行《しゆぎよう》が高度《こうど》に進《すす》めば、前《まえ》の五つはひとりでに具《そな》わってくることが多《おお》いのです。

〈道品《どうぼん》〉というのは、〈助道品《じよどうぼん》〉の略《りやく》です。これは、仏道《ぶつどう》を成就《じようじゆ》するのに助《たす》けとなる、心《こころ》の持《も》ちかた、身《み》の持《も》ちかたのことです。三十七段階《だんかい》あって、三十七《さんじゆうしち》道品《どうぼん》といいますが、ともあれ、お釈迦《しやか》さまはそれだけのさまざまな修行《しゆぎよう》を積《つ》んで、仏《ほとけ》となられたわけであります。

こうして応身《おうじん》の仏《ほとけ》となられますと、つぎのようなはたらきをお具《そな》えになりますす。すなわち〈慈悲《じひ》・十力《りき》・無畏《むい》〉です。慈悲《じひ》については、さき（一四一ページ）に述《の》べましたから、十力《じゆうりき》と四無畏《しむい》について説明《せつめい》いたしましょう。

仏《ほとけ》の十力《じゆうりき》

一、是処非処《ぜしよひしよ》を知《し》る智力《ちりき》……こういう場合《ばあい》はこういうことをするのが適当《てきとう》であり、こういうことは不適当《ふてきとう》である——ということを、誤《あやま》りなく知《し》る力《ちから》です。

二、三世《さんぜ》の業報《ごうほう》を知《し》る智力《ちりき》……業《ごう》というのは行為《こうい》ということ。ある行為《こうい》が行《おこ》なわれると、かならずその結果《けっか》が何《なに》かの形《かたち》で残《のこ》ります。それを報《ほう》といいます。この業《ごう》ということについては、あとでくわしく説明《せつめい》する機会《きかい》があると思《おも》いますが、とにかくこの〈行為《こうい》（業《ごう》）〉と〈行為《こうい》の結果《けっか》があとに残《のこ》す影響《えいきょう》（報《ほう》）〉というものは、過去《かこ》・現在《げんざい》・未来《みらい》にわたってつづくもので、それを残《のこ》らず見《み》とおす力《ちから》を、仏《ほとけ》は具《そな》えておられるわけです。

三、諸禅解脱三昧《しょぜんげだつざんまい》を知《し》る智力《ちりき》……いろいろな境遇《きょうぐう》に応《おう》じて、その境遇《きょうぐう》に動《うご》かされない心《こころ》のもちかたというものがあります。そのすべてを知《し》りつくしているのが、仏《ほとけ》の智慧《ちえ》の力《ちから》です。

四、諸根《しょこん》の勝劣《しょうれつ》を知《し》る智力《ちりき》……教《おし》えを聞《き》く人《ひと》の機根《きこん》の程度《ていど》を、はっきりと見分《みわ》ける力《ちから》です。

五、種々《しゆじゆ》の解《げ》を知《し》る智力《ちりき》……同《おな》じ教《おし》えを聞《き》いても、人《ひと》びとの性質《せいしつ》や、職業《しよくぎよう》や、生活《せいかつ》のちがいなどによって、解釈《かいしやく》のしかたに微妙《びみよう》な相違《そうい》ができるものです。その微妙《びみよう》な相違《そうい》をも見分《みわ》けることのできる力《ちから》です。

六、種々《しゆじゆ》の界《かい》を知《し》る智力《ちりき》……人《ひと》びとの境界《きようがい》すなわち身《み》の上《うえ》を見《み》とおす力《ちから》です。

七、一切《いつさい》の至《いた》る所《ところ》の道《みち》を知《し》る智力《ちりき》……こういう行《おこ》ないはこういう結果《けつか》に至《いた》る——と、現在《げんざい》の状態《じようたい》を見《み》て、これから先《さき》たどってゆく道《みち》を見《み》とおす力《ちから》です。

八、天眼無礙《てんげんむげ》を知《し》る智力《ちりき》……普通《ふつう》の人《ひと》ではわからない、他人《たにん》の心《こころ》の動《うご》きとか、ものごとの真相《しんそう》とかを誤《あやま》りなく知《し》る力《ちから》です。

九、宿命《しゆくみよう》と無漏《むろ》とを知《し》る智力《ちりき》……宿命《しゆくみよう》というのは、ある人《ひと》が前世《ぜんせ》になした行《おこ》ないによって、どのような〈業《ごう》〉を負《お》ってこの世《よ》に生《う》まれてきたかということ。無漏《むろ》とは、すべての迷《まよ》いを残《のこ》らず離《はな》れ去《さ》ること。つまり、人《ひと》びとは前《ぜん》世《せ》からの業《ごう》によって、それぞれちがった迷《まよ》いをもって生《う》まれてきていま す。ある人《ひと》は物欲《ぶつよく》が深《ふか》く、ある人《ひと》はむやみに名誉《めいよ》を望《のぞ》むというぐあいで す。そういう宿命《しゆくみよう》を人《ひと》によって見分《みわ》け、そういう迷《まよ》いを取《と》り除《のぞ》く指導方法《しどうほうほう》 を知《し》る力《ちから》を、仏《ほとけ》は具《そな》えていらっしゃるわけです。

十、永《なが》く習気《じつけ》を断《た》つことを知《し》る智力《ちりき》……この習気《じつけ》というのは、潜在意識《せんざいいしき》の一種《しゆ》 で、だれしも覚《おぼ》えのある心理《しんり》です。あるわるい癖《くせ》——たとえば怒《おこ》りっぽい とか、小《ちい》さいことでもすぐとがめたがるとか、ひとの幸福《こうふく》を見《み》ると妬《ねた》む気《き》 持《もち》が起《お》こるとか——を、修養《しゆうよう》によってぬぐい去《さ》ってしまったように心《こころ》の表《ひよう》 面《めん》では思《おも》いこんでいても、たまたまそういう機会《きかい》にめぐりあわせたとき、 ふと自分《じぶん》の心《こころ》の奥《おく》に、まだその癖《くせ》を起《お》こしそうな気分《きぶん》が残《のこ》っていること を、感《かん》ずることがあります。ムラムラと心《こころ》の表面《ひようめん》に湧《わ》きあがりそうになる のを感《かん》じて、「ああ、まだカスが残《のこ》っているな」と思《おも》うものです。心《こころ》の奥《おく》底《そこ》に残《のこ》っているその微妙《びみよう》な、あるかなしかの気分《きぶん》を、習気《じつけ》というのです。ところが、この難物《なんぶつ》である習気《じつけ》までも、永久《えいきゆう》に起《お》こらぬように断《た》ち切《き》る方法《ほうほう》を知《し》る力《ちから》を、仏《ほとけ》は具《そな》えておられるわけです。

ついでですが、いま「ああ、まだカスが残《のこ》っているな」と思《おも》うと書《か》きましたが、自分自身《じぶんじしん》にこのような態度《たいど》で相対《あいたい》することは凡夫《ぼんぷ》にとって大切《たいせつ》なことなのです。すなわち、自分《じぶん》の心《こころ》を客観《きやつかん》するといいますか、他人《たにん》のような目《め》で自分《じぶん》の心《こころ》を眺《なが》めてみることは、心《こころ》を清《きよ》め、高《たか》めるうえに、たいへん役立《やくだ》つのです。

〈仏《ほとけ》の四無畏《しむい》〉……無畏《むい》というのは〈畏《おそ》れはばかるところなく法《ほう》を説《と》く〉という意味《いみ》で、それには四《よっ》つの条件《じようけん》があり、仏《ほとけ》はそのすべてを具《そな》えておられるというのです。その四つの条件《じようけん》とはつぎのとおりです。（《大智度論《たいちどろん》》にあるのと《倶舎論《くしやろん》》にあるのと、少々《しようしよう》の相違《そうい》がありますが、ここには前者《ぜんしや》をとります）

一、一切智無所畏《いっさいちむしょい》……仏《ほとけ》はあらゆる智慧《ちえ》を成就《じょうじゅ》しておられます。ですから、どんな人《ひと》にどんなことを説《と》くのにも、畏《おそ》れはばかるところはないわけです。

二、漏尽無所畏《ろじんむしょい》……漏《ろ》は迷《まよ》い。その漏《ろ》がすっかり尽《つ》きておられるのが仏《ほとけ》です。ですから、教《おし》えを説《と》くのに、なんの心配《しんぱい》も気《き》がかりもないのです。

三、説障道無所畏《せっしょうどうむしょい》……障道《しょうどう》というのは、仏道《ぶつどう》を障《さまた》げるものという意味《いみ》です。仏道《ぶつどう》のためにマイナスとなるもの一切《いっさい》です。真《ま》っ向《こう》から仏道《ぶつどう》に害《がい》を加《くわ》えようとするものもあれば、見《み》かけは仏道《ぶつどう》のようでも中身《なかみ》はにせものという謗法《ほうぼう》の存在《そんざい》もあります。こういうさまざまなマイナスの正体《しょうたい》を大衆《たいしゅう》の前《まえ》に説《と》き明《あ》かして、朝日《あさひ》を受《う》けた霜《しも》のように消《け》し去《さ》ってしまうことは、絶対《ぜったい》の真理《しんり》を背負《せお》っておられればこそできるわけです。

四、説尽苦道無所畏《せつじんくどうむしょい》……仏《ほとけ》は、あらゆる苦《く》を消滅《しょうめつ》する道《みち》を知《し》りつくしておられるがゆえに、いかなる事態《じたい》に対《たい》しても正《ただ》しく的《まと》を射《い》た方法《ほうほう》を教《おし》えることができて、ひとつとして外《はず》れることがないのです。ですから、すこしもためらうことなく、道《みち》が説《と》かれるわけです。

以上《いじょう》は、〈仏《ほとけ》の四無畏《しむい》〉ではありますけれども、われわれ仏道《ぶつどう》の宣布《せんぷ》につとめるものは、やはりこの四無畏《しむい》を理想《りそう》とし、できるかぎりそれに近《ちか》づくよう、努力《どりょく》しなければならないのであります。すべて、経典《きょうでん》の中《なか》に述《の》べられていることは、表面《ひょうめん》はたんに仏《ほとけ》さまをたたえたことばのようではありますけれども、その裏《うら》には「その真似《まね》をしなさい」という意味《いみ》が含《ふく》まれているものと受《う》け取《と》らなければなりません。

仏《ほとけ》の三十二相《さんじゅうにそう》

さて、ここまでは、仏《ほとけ》のお心《こころ》・お徳《とく》をあがめたことばでしたが、つぎに、そのお身体《からだ》の相好《そうごう》のりっぱさを、さまざまにほめたたえるのです。仏《ほとけ》の三十二相《さんじゅうにそう》とか、八十種好《はちじっしゅごう》といわれるのがこれです。これは古代《こだい》インドの人相学《にんそうがく》によるもので、このような相《そう》を具《そな》えている人《ひと》は、家《いえ》におれば転輪聖王《てんりんじょうおう》となり、出家《しゅっけ》すれば仏《ほとけ》となるといわれていました。それにしても、実際《じっさい》にはありえないようなことがらも、いろいろ述《の》べられています。ということは、たんに相好《そうごう》をほめたたえるのではなく、その真意《しんい》は、やはり色身《しきしん》に表現《ひょうげん》されている完全《かんぜん》な人格《じんかく》への賛嘆《さんたん》であることを示《しめ》していると受《う》け取《と》っていいと思《おも》います。

示《しめ》して丈《じょう》六紫《し》金《こん》の暉《ひかり》を為《な》し　方整照曜《ほうしょうしょうよう》として甚《はなは》だ明徹《みょうてつ》なり　毫相月《ごうそうつき》のごとく旋《めぐ》り項《うなじ》に日《ひ》の光《ひかり》あり　旋髪紺青《せんぼつこんじょう》にして頂《いただき》に肉髻《にツけい》あり　浄眼明鏡《じょうげんみょうきょう》のごとく上下《じょうげ》に眴《まじろ》ぎ　眉睫紺舒《みしょうこんじょ》にして方《ただ》しき口頰《くきょう》なり　唇舌赤好《しんぜつしゃツこう》にして丹華《たんげ》の若《ごと》く　白歯《びゃくし》の四十なる猶《な》お珂雪《かせつ》のごとし　額広《ひたいひろ》く鼻修《はななが》く面門開《めんもんひら》け　胸《むね》に万字《まんじ》を表《ひょう》して師子《しし》の臆《むね》なり　手足柔輭《しゅそくにゅうなん》にして千輻《ぷく》を具《そな》え　腋掌合縵《やくしょうごうまん》あって内外《ないげ》に握《にぎ》れり　臂《ひ》修肘長《しゅちゅうちょう》にして指直《ゆびなお》く繊《ほそ》し　皮膚細輭《ひふさいなん》にして毛《け》右《みぎ》に旋《めぐ》れり　踝膝露現《かしつろげん》し陰馬《おんめ》

蔵《ぞう》にして　細筋鏁骨鹿腨腸《さいこんさこつろくせんちょう》なり

「仏《ほとけ》さまは身《み》の丈一丈六尺《たけいちじょうろくしゃく》、身体《からだ》じゅうから紫金《しこん》の輝《かがや》きを発《はっ》し、まっすぐな姿勢《しせい》でお立《た》ちになっていらっしゃるそのお姿《すがた》は、あたりを照《て》らすような美《うつく》しさで、ありがたさが心《こころ》に沁《し》み入《い》るようです。1額《ひたい》にある白《しろ》い渦毛《うずげ》は月《つき》のようで、2うなじからは太陽《たいよう》のような光《ひかり》が四方《しほう》に射《さ》し出《で》ています。3渦《うず》を巻《ま》く頭《とう》髪《はつ》は紺青色《こんじょういろ》で、4頭頂《ずちょう》が高《たか》く盛《も》り上《あ》がっておられます。5清《きよ》らかなおん眼《め》は澄《す》みきった鏡《かがみ》のようで、6正《ただ》しく動《うご》き、7紺色《こんいろ》の眉《まゆ》はのびのびとし、8お口《くち》や頬《ほお》も正《ただ》しく整《ととの》っています。9唇《くちびる》や10舌《した》は赤《あか》い花《はな》のようで、11歯《は》は白玉《はくぎょく》か雪《ゆき》のように白《しろ》く、12四十本《ぽん》きちんと揃《そろ》っています。13額《ひたい》は広《ひろ》く、14鼻《はな》は長《なが》く、15お顔全体《かおぜんたい》がひろびろとして晴《は》れやかで、16胸《むね》には万字《まんじ》が表《あら》われ、17上《じょう》部《ぶ》は獅子《しし》の胸《むね》のように張《は》っています。18手《て》も足《あし》も柔《やわ》らかで、19車《くるま》の輪《わ》のような紋《もん》があり、20腋《わき》の下《した》と掌《てのひら》に細《ほそ》い線《せん》が揃《そろ》っており、21それが内外《ないがい》ともよくまとまっています。22上腕《じょうわん》も23下腕《かわん》も長《なが》く、24指《ゆび》はまっすぐで細《ほそ》く、25皮膚《ひふ》はキメが細《こま》やかで柔《やわら》かく、26毛《け》はすべて右《みぎ》のほうに渦巻《うずま》いています。27踝《くるぶし》や28膝《ひざ》がよく現《あら》われていて形《かたち》がよく、29陰部《いんぶ》はかくれて見《み》えず、30筋《すじ》は細《ほそ》く、31骨《ほね》はがっしりしており、32脚《あし》は鹿《しか》のようにすらりとしています」

これは仏教《ぶっきょう》の本質《ほんしつ》とはあまり関係《かんけい》のないことですから、くわしい解説《かいせつ》はやめて、常識《じょうしき》として知《し》っておきたいことや、むずかしいことばの意味《いみ》だけを説明《せつめい》しておきましょう。

〈丈六《じょうろく》〉……仏体《ぶったい》はつねに大《おお》きく表現《ひょうげん》されます。仏画《ぶつが》でも、仏像《ぶつぞう》でも、仏《ほとけ》さまは、まわりにいる菩薩《ぼさつ》や比丘《びく》より、はるかに大《おお》きく表現《ひょうげん》されています。これは、そのお徳《とく》の大《おお》きさを象徴《しょうちょう》しているわけです。

〈白毫相《びやくごうそう》〉……仏像《ぶつぞう》を拝《はい》しますと、眉《まゆ》と眉《まゆ》との間《あいだ》のすこし上《うえ》に小《ちい》さな点《てん》があります。ほんとうは渦《うず》を巻《ま》いた白《しろ》い毛《け》であって、非常《ひじよう》に徳《とく》のすぐれたしるしとなっています。

〈項《うなじ》に日《ひ》の光《ひかり》あり〉……仏像《ぶつぞう》には、光背《こうはい》（後光《ごこう》ともいう）といって、後頭部《こうとうぶ》のあたりから四方八方《しほうはつぽう》へ射《さ》し出《で》た光線《こうせん》が表現《ひようげん》されています。仏画《ぶつが》では、円《まる》い光《ひかり》となっています。これは、徳《とく》の非常《ひじよう》にすぐれた人《ひと》に対《たい》しての表現方法《ひようげんほうほう》で、仏画《ぶつが》のみならず、キリストやその高弟《こうてい》にも円光《えんこう》がえがかれております。

〈肉髻《にツけい》〉……仏像《ぶつぞう》を拝《はい》しますと、頭《あたま》の頂上《ちようじよう》が盛《も》りあがっています。あれが肉髻《につけい》です。頭脳明晰《ずのうめいせき》であることの象徴《しようちよう》です。

〈白歯《びやくし》の四十なる〉……現代人《げんだいじん》には不思議《ふしぎ》かもしれませんが、むかしの人《ひと》は四十本《ぽん》の歯《は》を持《も》っていたらしいのです。また、四には完全《かんぜん》という意味《いみ》もあります。

〈万字《まんじ》〉……仏教《ぶっきょう》のしるしである卍《まんじ》の形《かたち》です。これは、四方《しほう》が円満《えんまん》に揃《そろ》っているという意味《いみ》で、〈完全《かんぜん》〉ということの象徴《しょうちょう》です。もとは、周囲《しゅうい》が四角《しかく》でなく、円《まる》い形《かたち》だったのですが、これはどうやら法輪《ほうりん》の形《かたち》から出《で》たものらしく、〈よく法輪《ほうりん》を転《てん》ずる〉という意味《いみ》では、かえってもとのほうがふさわしいかもしれません。

表裏映徹《ひょうりようてつ》し浄《きよ》くして垢《あか》なし　濁水《じょくすい》も染《そ》むるなく塵《ちり》を受《う》けず　是《かく》の如《ごと》き等《ら》の相《そう》
三十二あり　八十種好《しゅごうみ》見るべきに似《に》たり

「前《まえ》から拝《はい》しても、後《うし》ろから拝《はい》しても、五体残《ごたいのこ》らず透《す》きとおるような美《うつく》しさです。まことに清《きよ》らかで、汚《けが》れたところはみじんもありません。泥水《どろみず》にはいられても泥《どろ》に染《そ》まらず、塵《ごみ》や埃《ほこり》がふりかかってきても、それがお身体《からだ》の上《うえ》にとどまることがありません。仏《ほとけ》さまは、このような三十二のりっぱな相《そう》を具《そな》えておられますが、もっと細《こま》かく、八十のすぐれた相《そう》を拝見《はいけん》することもできましょう」

〈八十種好《しゅごう》〉というのは、八十種《しゅ》の好相《こうそう》という意味《いみ》で、仏《ほとけ》のすぐれた相《そう》をさらに細《こま》かく分《わ》けたものです。

而《しか》も実《じつ》には相非相《そうひそう》の色《しき》なし　一切《さい》の有《う》相眼《そうまなこ》の対絶《たいぜつ》せり　無《む》相《そう》の相《そう》にして有相《うそう》の身《み》なり　衆生身相《しゅじょうしんそう》の相《そう》も亦然《またしか》なり　能《よ》く衆生《しゅじょう》をして歓喜《かんぎ》し礼《らい》して　心《こころ》を投《とう》じ敬《うやまい》を表《ひょう》して慇懃《おんごん》なることを成《じょう》ぜしむ　是《こ》れ自《じ》高我慢《こうがまん》の除《のぞ》こるに因《よ》って　是《かく》の如《ごと》き妙色《みょうしき》の躯《み》を成就《じょうじゅ》したまえり

「仏《ほとけ》さまはこのような妙相《みようそう》をそなえたお方《かた》ではありますが、じつは、相《すがた》に現《あら》われるとか現《あら》われないとかいうようなことを超越《ちようえつ》した存在《そんざい》であられ、差別《さべつ》の世界《せかい》だけを見《み》る人間《にんげん》の眼《まなこ》では、とうていその本質《ほんしつ》を見《み》ることはできないのです。とは申《もう》すものの、ほんとうは相《すがた》のないお方《かた》であられるのに、相《すがた》の有《あ》る身《み》となって出現《しゆつげん》されるところが、わたくしどもにとってまことにありがたいことです。衆生《しゆじよう》の相《そう》も、やはりそのとおりであるべきでしょう。仏《ほとけ》さまは、無《む》限《げん》の徳《とく》を具《そな》えていらっしゃるのですが、その徳《とく》をお姿《すがた》に現《あら》わしてくださればこそ、おおぜいの人《ひと》びとが歓喜《かんぎ》して礼拝《らいはい》し、心《こころ》から帰依《きえ》し、尊敬《そんけい》し、心《こころ》をこめてうやうやしく対《たい》したてまつるようになるのでございます。それというのも、仏《ほとけ》さまがどんなに悟《さと》られても、これで十分《じゆうぶん》だとか、自分《じぶん》はすでに偉《えら》いのだというような心《こころ》を起《お》こされず、修行《しゆぎよう》に修行《しゆぎよう》を積《つ》んでゆかれたからでありまして、その修行《しゆぎよう》の結果《けつか》、このような、えもいわれぬ美《うつく》しいお姿《すがた》を成就《じようじゆ》されたものと存《ぞん》じます」

〈相非相《そうひそう》の色《しき》なし〉……仏《ほとけ》というものは、もともと、相《すがた》に現《あら》われるとか現《あら》われないとか、そういった存在《そんざい》ではない。〈色《しき》（物質《ぶっしつ》）〉を超越《ちょうえつ》したものだという意《い》味《み》です。ですから、目《め》に見《み》える現象《げんしょう》だけを見《み》がちな人間《にんげん》にとって、その本質《ほんしつ》の全体《ぜんたい》というものは、なかなかつかめるものではないというのです。

しかしながら、〈無《む》相《そう》の相《そう》にして有《う》相《そう》の身《み》なり〉で、無《む》相《そう》の身《み》でありながら、相《そう》の有《あ》るものとして衆生《しゅじょう》の前《まえ》に出現《しゅつげん》してくださればこそ、われわれはそのお徳《とく》の一部分《いちぶぶん》でも知《し》ることができ、その救《すく》いをハッキリ感《かん》じとることができるわけで、そこが衆生《しゅじょう》にとってはありがたくてならないところです。

〈衆生身相《しゅじょうしんそう》の相《そう》も亦然《またしか》なり〉……大荘厳菩薩《だいしょうごんぼさつ》は、仏《ほとけ》をたたえることばの中《なか》にも、われわれ衆生《しゅじょう》に対《たい》する教訓《きょうくん》を忘《わす》れていないようです。われわれは、何《なに》もかも仏《ほとけ》さまの真似《まね》をすればまちがいはありません。まず第《だい》一に大切《たいせつ》なのは、心《こころ》のうちに徳《とく》を成就《じょうじゅ》し、高《たか》めてゆくこと。しかし、それがひとりでに外《そと》に現《あら》われてこそ、他《た》の人《ひと》びとの尊敬《そんけい》や信頼《しんらい》が自然《しぜん》とかちえられるわけです。とりわけ法《ほう》を説《と》く立場《たちば》の人《ひと》は、このことをもおろそかにしてはならないのです。

〈慇懃《おんごん》〉というのは、現代《げんだい》の読《よ》みかたではいんぎんで、礼儀《れいぎ》正《ただ》しくていねいなことです。仏典《ぶってん》に出《で》てくる場合《ばあい》もだいたい同《おな》じ意味《いみ》ですが、〈心《こころ》をこめて〉という意味《いみ》が特《とく》に強《つよ》いのです。それで、慇懃《おんごん》を成《じょう》ずるというのは、衆生《しゅじょう》がありがたいと帰依《きえ》し、尊敬《そんけい》し、心《こころ》をこめてうやうやしく拝《はい》するように、自然《しぜん》となってくる……という意味《いみ》です。

〈自高《じこう》〉は、字《じ》のとおり、自《みずか》らを高《たか》しとする、すなわちもう自分《じぶん》は偉《えら》いのだと高《たか》ぶる気持《きもち》が起《お》こること。〈我慢《がまん》〉というのは、いまのことばのしんぼうという意味《いみ》とは全然《ぜんぜん》ちがって、自分《じぶん》はこれでいいという慢心《まんしん》が起《お》こることです。お釈迦《しゃか》さまさえ、つねに謙虚《けんきょ》な気持《きもち》で、自《みずか》ら高《たか》ぶることも、これで十分《じゅうぶん》と心《こころ》をゆるめることもなさらず、つねに、もっと上《うえ》へもっと上《うえ》へとめざして修行《しゅぎょう》されたのです。まして、われわれ凡夫《ぼんぷ》の修行《しゅぎょう》には、終点《しゅうてん》はないものと思《おも》わなければなりません。

今我等《いまわれら》八万《まん》の衆《しゅ》　倶《とも》に皆稽首《みなけいしゅ》して咸《ことごと》く　善《よ》く思《し》相心意識《そうしんいしき》を滅《めツ》したまえる　象《ぞう》馬調御無著《めじょうごむじゃく》の聖《しょう》に帰命《きみょう》したてまつる　稽首《けいしゅ》して法色身《ほうしきしん》　戒《かい》・定《じょう》・慧《え》・解《げ》・知《ち》見聚《けんじゅ》に帰依《きえ》したてまつる　稽首《けいしゅ》して妙種相《みょうしゅそう》に帰依《きえ》したてまつる　稽首《けいしゅ》して難《なん》思議《しぎ》に帰依《きえ》したてまつる

「いま、わたくしどもおおぜいのものは、仏《ほとけ》さまの前《まえ》にぬかずいて帰依《きえ》したてまつります。現象《げんしょう》にとらわれたいろいろな心《こころ》のはたらきから完全《かんぜん》に超越《ちょうえつ》され、調教師《ちようきようし》が象《ぞう》や馬《うま》をたくみに調教《ちようきよう》するように衆生《しゆじよう》を教《おし》え導《みちび》き、しかもその教化《きようけ》を当然《とうぜん》のこととしていらっしゃる、ありがたい仏《ほとけ》さまに、帰依《きえ》したてまつります。法身《ほつしん》にも色身《しきしん》にも持戒《じかい》・禅定《ぜんじよう》・智慧《ちえ》・解脱《げだつ》・解脱知見《げだつちけん》を成就《じようじゆ》されました仏《ほとけ》さまに、帰依《きえ》したてまつります。そして、そのお徳《とく》の自然《しぜん》の発現《はつげん》である、たとえようもなく美《うつく》しいお相《すがた》に、帰依《きえ》したてまつります。また、わたくしどもの頭《あたま》ではとうてい考《かんが》えおよばぬ、深遠《しんえん》な仏《ほとけ》さまのお力《ちから》に、帰依《きえ》したてまつります」

〈稽首《けいしゆ》〉というのは、頭《あたま》を地《ち》につけておじぎをすること。

〈帰命《きみよう》〉とは、前《まえ》にも説明《せつめい》しましたように、心《こころ》からありがたいと思《おも》い、全身全《ぜんしんぜん》霊《れい》を投《な》げ出《だ》してその中《なか》へ溶《と》けこんでゆく気持《きもち》になることです。帰依《きえ》ともいいます。

〈善《よ》く思《し》相《そう》心《しん》意《い》識《しき》を滅《めッ》したまえる〉とありますが、字句《じく》の表面《ひょうめん》のまま解釈《かいしゃく》しますと、まるっきり心《こころ》のはたらきをやめてしまわれたように思《おも》えます。しかしそうではなく、仏陀《ぶつだ》はつねに実相《じっそう》を見《み》ておられますから、この娑婆《しゃば》のいろいろなものごとによって心《こころ》が動《うご》くことがないわけで、そのことを、こういってあるのです。

〈無著《むじゃく》の聖《しょう》〉とは、執着《しゅうちゃく》を断《た》ちきった聖者《せいじゃ》という意味《いみ》です。いまさら、仏《ほとけ》さまに執着心《しゅうちゃくしん》がないなどというのはおかしいようですが、この場合《ばあい》は、衆生《しゅじょう》を教化《きょうけ》し、救済《きゅうさい》されるのにも、「救《すく》ってやるのだ」というお気持《きもち》もなければ、「ありがたいと思《おも》え」というお気持《きもち》もありはしない……ということをいってあるのです。

これは、われわれも十分《じゅうぶん》心《こころ》しなければならないことで、「してやっている」という意識《いしき》がありますと、いうことなすことに臭《くさ》みが出《で》て、かえって逆効果《ぎゃっこうか》になることもあります。仏《ほとけ》さまのように、当然《とうぜん》のこととして、みずからの働《はたら》きに心《こころ》をとらわれぬようになりたいものです。

〈戒《かい》・定《じょう》・慧《え》・解《げ》・知見聚《ちけんじゅ》〉の〈聚《じゅ》〉というのは集《あつ》めるという意味《いみ》で、こういう徳《とく》を一身《いっしん》に集《あつ》めていらっしゃるというわけです。

〈妙種相《みょうしゅそう》〉とは、なんともいえず美《うつく》しい（妙《みょう》）、いろいろなお相《すがた》のことです。

〈難思議《なんしぎ》〉というのは、不思議《ふしぎ》と大体同《だいたいおな》じ意味《いみ》で、思議《しぎ》することがむずかしい、すなわち考《かんが》えもおよばないような意味《いみ》です。

梵音雷震《ぼんのんらいしん》のごとく響《ひびき》八種《しゅ》あり　微妙《みみよう》　清浄《しようじよう》にして甚《はなは》だ深遠《じんのん》なり　四諦《たい》・六度《ど》・十二縁《えん》　衆生《しゅじょう》の心業《しんごう》に随順《ずいじゅん》して転《てん》じたもう　若《も》し聞《き》くことあるは意開《こころひら》けて無量生死《むりょうしょうじ》の衆結《しゅけつ》断《だん》ぜざることなし

「仏《ほとけ》さまの教《おし》えは、雷《かみなり》が鳴《な》りひびくように、おおぜいの人《ひと》びとのあいだにひろまります。その教《おし》えには多《おお》くのすぐれた性質《せいしつ》があり、たとえようもなく尊《とうと》く、清《きよ》らかで、たいへん奥深《おくぶか》い内容《ないよう》をもっています。しかも、衆生《しゅじょう》の精神《せいしん》や行為《こうい》の状態《じょうたい》に応《おう》じて、四諦《したい》・六波羅蜜《ろくはらみつ》・十二因縁《じゅうにいんねん》など、それぞれに適《てき》した教《おし》えをお説《と》きになります。その教《おし》えを聞《き》く人《ひと》は、心《こころ》が開《ひら》け、人生途上《じんせいとじょう》のさまざまな変化《へんか》によって起《お》こる迷《まよ》いや心《こころ》のとらわれを、残《のこ》らず断《た》ち切《き》ってしまうことができるのです」

〈梵音《ぼんのん》〉は、清《きよ》らかな声《こえ》という意味《いみ》です。ここでは、お釈迦《しゃか》さまのお声《こえ》が美《うつく》しいという意味《いみ》もありますけれども、主《しゅ》として〈教《おし》え〉のことをいってあります。

八音《はっとん》

〈響八種《ひびきはっしゅ》あり〉とあります。一、極好音《ごくこうおん》 二、柔輭音《にゅうなんおん》 三、和適音《わてきおん》 四、尊慧音《そんねおん》 五、不女音《ふにょおん》 六、不誤音《ふごおん》 七、深遠音《じんのんおん》 八、不竭音《ふかつおん》の八つです。これも、もともとはお釈迦《しゃか》さまの声《こえ》の美《うつく》しさ尊《とうと》さをいったものですが、やはり、転《てん》じて、教《おし》えの微妙《みみょう》さをたたえたものと解《かい》していいのです。第《だい》一は、だれでも好《す》きになる教《おし》えであるというのです。第《だい》二は、固苦《かたくる》しくなく、柔《じゅう》軟性《なんせい》のある教《おし》えであるということ。第《だい》三は、だれの心《こころ》にも調和《ちょうわ》し、適合《てきごう》する教《おし》えであるということ。第《だい》四は、尊《とうと》い智慧《ちえ》の教《おし》えであるということ。第《だい》五は、男《だん》女《じょ》の区別《くべつ》なく、だれでも実践《じっせん》できる教《おし》えであるということ。第《だい》六は、絶対《ぜったい》にまちがいのない教《おし》えであるということ。第《だい》七は、奥深《おくぶか》い教《おし》えであるということ。第《だい》八は、尽《つ》きることのない不滅《ふめつ》の教《おし》えであるということです。仏教《ぶっきょう》の性格《せいかく》をよくまとめていってあると思《おも》います。

〈心業《しんごう》〉の〈業《ごう》〉には、もっと深《ふか》い意味《いみ》もありますが、ここでは、たんに〈行《おこ》ない〉という意味《いみ》に解《かい》しておいていいでしょう。

〈四諦《たい》〉というのは、お釈迦《しやか》さまが成道後《じょうどうご》の最初《さいしょ》の説法《せっぽう》でお説《と》きになった教《おし》えで、苦諦《くたい》（人間《にんげん》の存在《そんざい》はすべて苦《く》であることを悟《さと》り、それから逃《に》げかくれしないで、その実体《じったい》を直視《ちょくし》せよ）・集諦《しったい》（その苦《く》の起《お》こった原因《げんいん》を探求《たんきゅう》し、はっきりと見究《みきわ》めよ）・滅諦《めったい》（苦《く》の大本《おおもと》の原因《げんいん》である無知《むち》と煩悩《ぼんのう》を滅《めっ》すれば、縁起《えんぎ》の法則《ほうそく》によって、苦《く》はかならず滅《めっ》せずにはいられないものである）・道諦《どうたい》（その滅諦《めったい》にいたる道《みち》は、八つの正《ただ》しい心身《しんしん》の持《も》ちかたと、六つの修行《しゅぎょう》を実践《じっせん》することにある）という四つの真理《しんり》です。

これについては、《法華経《ほけきょう》》の《序品第一《じょほんだいいち》》のところ（第二巻《だいかん》一八三ページ）で、八つの正《ただ》しい心身《しんしん》の持《も》ちかた（八正道《はっしょうどう》）と共《とも》にくわしく説明《せつめい》しましょう。

〈六度《ど》〉とは、六波羅蜜《ろくはらみつ》のことで、滅諦《めったい》にいたる六つの修行《しゅぎょう》というのがそれです。これについては、《十功徳品第三《じゅうくどくほんだいさん》》のところ（三八九ページ）で説明《せつめい》いたします。

〈転《てん》じたもう〉……法輪《ほうりん》を転《てん》じたもう、の法輪《ほうりん》が略《りゃく》してあるわけで、教《おし》えをお説《と》きになること。

〈無量生死《むりょうしょうじ》の衆結《しゅけつ》〉……生死《しょうじ》は、前《まえ》にも申《もう》しましたように、現象《げんしょう》の生死《しょうじ》（生起《せいき》・消滅《しょうめつ》）すなわちものごとの変化《へんか》のこと。人生《じんせい》にはものごとの変化《へんか》が際限《さいげん》もなく（無量《むりょう》に）起《お》こり、そのために多《おお》く（衆《しゅ》）の心《こころ》の迷《まよ》い（結《けつ》）が生《しょう》ずる。それを〈無量生死《むりょうしょうじ》の衆結《しゅけつ》〉といいます。それを断《だん》ぜざることなし……というのですから、その迷《まよ》いをすべて断《た》ち切《き》ってしまうということです。

聞《き》くことあるは或《あるい》は須陀洹《しゅだおん》　斯陀《しだ》・阿那《あな》・阿羅漢《あらかん》　無漏無為《むろむい》の縁覚処《えんがくしょ》　無生《むしょう》
無滅《むめつ》の菩薩地《ぼさつち》を得《え》　或《あるい》は無量《むりょう》の陀羅尼《だらに》　無礙《むげ》の楽説大弁才《ぎょうせつだいべんざい》を得《え》て　甚深微妙《じんじんみみょう》
の偈《げ》を演説《えんぜつ》し　遊戯《ゆけ》して法《ほう》の清渠《しょうこ》に澡浴《そうよく》し　或《あるい》は躍《おど》り飛騰《ひとう》して神足《じんそく》を現《げん》じ
水火《すいか》に出没《しゅつもつ》して身自由《みじゆう》なり

「またその教《おし》えを聞《き》くことのできた人《ひと》は、つぎのような進歩《しんぽ》を遂《と》げることができます。最《もっと》も初歩《しょほ》の人《ひと》は、心《こころ》が仏道《ぶつどう》の流《なが》れに乗《の》って正《ただ》しい方向《ほうこう》に動《うご》きはじめた程度《ていど》ですが、もうすこし進《すす》むと、完全《かんぜん》とはいえないまでも迷《まよ》いをあらまし消滅《しょうめつ》し、さらに進《すす》めば、もはや凡夫《ぼんぷ》にあともどりすることのない境地《きょうち》に達《たつ》し、ついには、あらゆる迷《まよ》いを消滅《しょうめつ》した阿羅漢《あらかん》となります。あるいは、日々《ひび》の体験《たいけん》によって仏《ほとけ》の道《みち》を悟《さと》り、迷《まよ》いもなく、消滅《しょうめつ》の変化《へんか》を離《はな》れきった境界《きょうがい》にいたる人《ひと》もあります。さらに進《すす》んだ人《ひと》は、外界《がいかい》のどのような変化《へんか》にも動《うご》かされず、人《ひと》を救《すく》う仕事《しごと》に没頭《ぼっとう》できる菩薩《ぼさつ》の境地《きょうち》に達《たつ》し、また、あらゆる善《ぜん》をすすめ悪《あく》をとどめるという素晴《すば》らしい力《ちから》を得《え》、しかも、どんな障害《しょうがい》をものともせず喜《よろこ》んで法《ほう》を説《と》く精神《せいしん》と自由自在《じゆうじざい》な説得力《せっとくりょく》を身《み》につけて、仏《ほとけ》さまの奥深《おくぶか》い教《おし》えを説《と》くのです。そのような人《ひと》は、なんの妨《さまた》げもためらいもなく、教《おし》えの清《きよ》らかな流《なが》れに身《み》を浸《ひた》してその中《なか》に溶《と》け入《い》り、あるいは、まるで身《み》を躍《おど》らせて空《そら》の上《うえ》へ飛《と》び上《あ》がるような自在《じざい》さで教《おし》えを説《と》き、さまざまな難儀《なんぎ》がおそいかかってきても、平然《へいぜん》とその中《なか》を通《とお》り抜《ぬ》け、あいかわらず法《ほう》を説《と》いてやまないという、強《つよ》い精神力《せいしんりょく》と自由自在《じゆうじざい》な智慧《ちえ》を得《え》るのです」

声聞《しょうもん》の四果《しか》

〈須陀洹《しゅだおん》・斯陀《しだ》・阿那《あな》・阿羅漢《あらかん》〉……偈《げ》（詩《し》）の場合《ばあい》、一句《く》を五字《じ》とか七字《じ》とかにまとめるため、字《じ》が略《りゃく》されていることがよくあります。この場合《ばあい》も斯陀含《しだごん》・阿那含《あなごん》の含《ごん》が略《りゃく》されているわけです。この四つは声聞《しょうもん》（仏《ほとけ》の教《おし》えを聞《き》いて悟《さと》りを得《え》ようとする修行者《しゅぎょうしゃ》）の四果《しか》といって、初心《しょしん》からだんだん境地《きょうち》が上《あ》がってゆく順序《じゅんじょ》が示《しめ》されています。

〈須陀洹《しゅだおん》〉は、中国語《ちゅうごくご》に訳《やく》して〈預流《よる》〉といい、仏道《ぶつどう》の流《なが》れに入《はい》って、心《こころ》がその流《なが》れに乗《の》った信仰状態《しんこうじょうたい》です。

〈斯陀含《しだごん》〉は、〈一来《いちらい》〉と訳《やく》されていますが、迷《まよ》いはあらましなくなったけれども、うっかりするとまたもとの凡夫《ぼんぷ》へもどって来《く》る可能性《かのうせい》のある信仰状態《しんこうじょうたい》です。

〈阿那含《あなごん》〉は、〈不還《ふげん》〉と訳《やく》され、もう凡夫《ぼんぷ》へもどって来《こ》ないことだけは確《たし》かになった境地《きょうち》。

〈阿羅漢《あらかん》〉は、〈殺賊《せつぞく》（心中《しんちゅう》の賊《ぞく》をすっかり滅《めつ》したという意味《いみ》）〉と訳《やく》され、あらゆる迷《まよ》いをすっかり消滅《しょうめつ》した人《ひと》で、声聞《しょうもん》の最高《さいこう》の境地《きょうち》です。

縁《えん》覚《がく》　〈縁覚《えんがく》〉というのは、自分《じぶん》の精神生活《せいしんせいかつ》の体験《たいけん》にもとづいて道《みち》を悟《さと》ろうとする修行者《しゅぎょうしゃ》です。当時《とうじ》はそういう目的《もくてき》でひとり山中《さんちゅう》にこもって苦行《くぎょう》したり、瞑想《めいそう》したりする人《ひと》がたくさんありました。声聞《しょうもん》が学習主義《がくしゅうしゅぎ》の修行《しゅぎょう》者《しゃ》であるのに対《たい》して、これは体験主義《たいけんしゅぎ》の修行者《しゅぎょうしゃ》といっていいでしょう。なお、縁覚処《えんがくしょ》の処《しょ》は、境地《きょうち》という意味《いみ》です。

〈無漏《むろ》〉は、迷《まよ》いがない、〈無為《むい》〉は、生滅《しょうめつ》の変化《へんか》を離《はな》れたという意味《いみ》です。

この声聞《しょうもん》・縁覚《えんがく》の境地《きょうち》からさらに進《すす》んだのが菩薩《ぼさつ》で、他《た》を救《すく》い教化《きょうけ》することによって、自分《じぶん》の悟《さと》りを高《たか》めると同時《どうじ》に、社会全体《しゃかいぜんたい》をも高《たか》めてゆこうという人《ひと》たちです。

〈無礙《むげ》の楽説《ぎょうせつ》〉の楽《ぎょう》というのは、楽《ねが》ってという意味《いみ》。ひとから頼《たの》まれたり強制《きょうせい》されたりしてやるのではなく、自分《じぶん》から進《すす》んで、しかも喜《よろこ》んで法《ほう》を説《と》くのです。これでなくては、ほんとうの菩薩《ぼさつ》とはいえません。なお、この場合《ばあい》の無礙《むげ》は、妨害《ぼうがい》をものともせずという意味《いみ》と、自由自在《じゆうじざい》にという意味《いみ》が重《かさ》なっていると見《み》なければなりません。

〈遊戯《ゆけ》〉というのは、自由自在《じゆうじざい》に行為《こうい》することを意味《いみ》します。すなわち、（外《そと》からの）なんの妨《さまた》げもなく、（内《うち》からの）なんのためらいもなく、法《ほう》（教《おし》え）の清《きよ》らかな流《なが》れ（渠《こ》＝用水路《ようすいろ》）に身《み》をひたすというのです。

〈或《あるい》は躍《おど》り飛騰《ひとう》して神足《じんそく》を現《げん》じ〉というのは、教《おし》えを説《と》くのに、まるで仏《ほとけ》さまと同《おな》じような神通力《じんづうりき》をもっているように自由自在《じゆうじざい》なことを意味《いみ》しています。〈水火《すいか》に出没《しゅつもつ》して身自由《みじゆう》なり〉とは、法《ほう》を説《と》くものにふりかかってくる迫害《はくがい》や難儀《なんぎ》を水《みず》や火《ひ》にたとえてあり、それから逃《に》げかくれしないで、法難《ほうなん》のまっただ中《なか》に平気《へいき》で飛《と》びこみ、すこしも恐《おそ》れない精神《せいしん》と、その法難《ほうなん》をくぐり抜《ぬ》ける智慧《ちえ》のはたらきをいってあるわけです。

如来《にょらい》の法輪相是《ほうりんそうかく》の如《ごと》し　清浄無辺《しょうじょうむへん》にして思議《しぎ》し難《がた》し　我等咸《われらことごと》く復共《またとも》に稽首《けいしゅ》して　法輪転《ほうりんてん》じたもうに時《とき》を以《もッ》てするに帰命《きみょう》したてまつる　稽首《けいしゅ》して梵音声《ぼんのんじょう》に帰依《きえ》したてまつる　稽首《けいしゅ》して縁《えん》・諦《たい》・度《ど》に帰依《きえ》したてまつる

「仏《ほとけ》さまが教《おし》えをお説《と》きになり、それによって多《おお》くの人《ひと》びとが感化《かんか》を受《う》けるありさまは、いま申《もう》しあげたとおりでございます。その清《きよ》らかな尊《とうと》さはかぎりないもので、わたくしどもの考《かんが》えおよぶところではございません。わたくしどもは残《のこ》らず、ふたたび仏《ほとけ》さまのおん前《まえ》にぬかずいて、仏《ほとけ》さまがいついかなる場合《ばあい》にも、時《とき》と次第《しだい》に従《したが》いピタリと当《あ》てはまる教《おし》えをお説《と》きになる、そのはかり知《し》れない仏智《ぶっち》に帰依《きえ》したてまつります。また、深《ふか》く人《ひと》びとの心《こころ》に沁《し》み入《い》るその教《おし》えのありがたさに帰依《きえ》したてまつります。また、十二因縁《じゅうにいんねん》・四諦《し　たい》・六度《ろくど》（六波羅蜜《ろくはらみつ》）の尊《とうと》い教《おし》えに帰依《きえ》したてまつります」

〈法輪相《ほうりんそう》〉……法輪《ほうりん》とは前《まえ》（一一九ページ）にも説明《せつめい》したとおり、仏《ほとけ》の教《おし》えを車《くるま》の輪《わ》にたとえたいいかたで、相《そう》とは、状態《じょうたい》のことです。つぎにある〈法輪転《ほうりんてん》じたもう〉とは、教《おし》えをお説《と》きになるという意味《いみ》です。

〈無辺《むへん》〉……〈無変《むへん》〉としてあるものもありますが、ここでは〈無辺《むへん》〉とすべきでありましょう。〈無辺《むへん》〉とは、無辺際《むへんざい》の略《りゃく》で、ここがおしまいという限界《げんかい》がないという意味《いみ》。

〈梵音声《ぼんのんじょう》〉とは、字《じ》のままの意味《いみ》は清《きよ》らかなみ声《こえ》ということですが、いわんとする意味《いみ》は、清《きよ》らかでりっぱな教《おし》えということです。

世尊往昔《せそんおうじゃく》の無量劫《むりょうこう》に　勤苦《ねんごろ》に衆《もろもろ》の徳行《とくぎょう》を修習《しゅしゅう》して　我人《われにん》・天《でん》・竜神王《りゅうじんのう》の為《ため》にし　普《あまね》く一切《さい》の諸《もろもろ》の衆生《しゅじょう》に及《およ》ぼしたまえり　能《よ》く一切《さい》の諸《もろもろ》の捨《す》て難《がた》き　財宝《ざいほう》妻子《さいし》及《およ》び国城《こくじょう》を捨《す》てて　法《ほう》の内外《ないげ》に於《おい》て悋《おし》む所《ところ》なく　頭目髄脳《ずもくずいのう》悉《ことごと》く人《ひと》に施《ほどこ》せり　諸仏《しょぶつ》の清浄《しょうじょう》の禁《きん》を奉持《ぶじ》して　乃至《ないし》命《いのち》を失《うしな》えども毀傷《きしょう》したまわず　若《も》し人刀杖《ひととうじょう》をもって来《きた》って害《がい》を加《くわ》え　悪口罵辱《あっくめにく》すれども終《つい》に瞋《いか》りたまわず　劫《こう》を歴《へ》て身《み》を挫《くだ》けども倦惰《けんだ》したまわず　昼夜《ちゅうや》に心《こころ》を摂《おさ》めて常《つね》に禅《ぜん》にあり　遍《あまね》く一切《さい》の衆《もろもろ》の道法《どうほう》を学《がく》して　智慧《ちえ》深《ふか》く衆生《しゅじょう》の根《こん》に入《い》りたまえり　是《こ》の故《ゆえ》に今自在《いまじざい》の力《ちから》を得《え》て　法《ほう》に於《おい》て自在《じざい》にして法王《ほうおう》と為《な》りたまえり　我復《われまた》咸《ことごと》く共倶《とも》に稽《けい》

首《しゅ》して　能《よ》く諸《もろもろ》の勤《つと》め難《がた》きを勤《つと》めたまえるに帰依《きえ》したてまつる

「世尊《せそん》は過去《かこ》の数《かぞ》えきれぬほどの長《なが》い年月《ねんげつ》、心《こころ》を尽《つ》くし、力《ちから》を尽《つ》くし、非常《ひじょう》な努力《どりょく》を重《かさ》ねていろいろな徳《とく》を修《おさ》めてこられました。それも、ご自身《じしん》のためではなく、われわれ人間《にんげん》や、天上界《てんじょうかい》の人《ひと》びとや、鬼神《きじん》たちや、その他《た》ありとあらゆる生命《せいめい》あるものを救《すく》おうというお考《かんが》えからでありました。そうして、普通《ふつう》の人間《にんげん》としてはとうてい捨《す》てきれないようなすべての執着《しゅうちゃく》、すなわち、財宝《ざいほう》はもとより、妻《つま》や子《こ》へ対《たい》する執着《しゅうちゃく》も、ご自分《じぶん》が太子《たいし》としてお生《う》まれになった王城《おうじょう》さえも捨《す》てて、修行《しゅぎょう》にうちこまれたのでした。そういう外面的《がいめんてき》なものばかりでなく、ご自身《じしん》の肉体《にくたい》すら、ことごとく人《ひと》のために投《な》げ出《だ》されたのです。諸仏《しょぶつ》の教《おし》えられた戒律《かいりつ》は、命《いのち》にかえてもお破《やぶ》りになることがなく、ひとが刀《かたな》や杖《つえ》をふりあげて迫害《はくがい》を加《くわ》えようとしたり、また、どのように悪口《わるぐち》をいい、ののしりはずかしめることがあっても、ついに一度《ど》だってお怒《いか》りになったことがありません。こうして非常《ひじょう》に長《なが》い年月修行《としつきしゅぎょう》をつづけられ、どんな苦《くる》しい目《め》に会《あ》われても、飽《あ》きがきて怠《なま》け心《ごころ》を起《お》こされることなど、微塵《みじん》もありませんでした。昼《ひる》も夜《よる》も変《か》わりなく、ともすれば周囲《しゅうい》のものごとに乱《みだ》されやすい心《こころ》の動《うご》きを取《と》りまとめて、つねに静《しず》かな落《お》ち着《つ》いた心境《しんきょう》でおられました。そして、この世《よ》の一切《いっさい》の道理《どうり》・法則《ほうそく》をあまねくご研究《けんきゅう》になり、すべての人間《にんげん》の機根《きこん》に立《た》ち入《い》って、その真相《しんそう》を明《あき》らかに見《み》とおされるようになったのです。そのゆえに、いまや自由自在《じゆうじざい》の力《ちから》を得《え》られ、どのような人間《にんげん》にも、それに合《あ》った教《おし》えを与《あた》えて、正《ただ》しい道《みち》へ導《みちび》いてくださるお方《かた》となられました。あらゆる教《おし》えを、み心《こころ》のままにお説《と》きになる、〈法《ほう》の王《おう》〉となられました。わたくしどもは、おん前《まえ》にぬかずきまして、普通《ふつう》の人間《にんげん》ではとうてい堪《た》えられぬような難行苦行《なんぎょうくぎょう》をなさって、ついに最高《さいこう》の智慧《ちえ》を成就《じょうじゅ》されましたそのご

「努力《どりょく》に、心《こころ》から帰依《きえ》申《もう》し上《あ》げるものでございます」

さて、《徳行品《とくぎょうほん》》の最後《さいご》のこの節《せつ》にいたって、いままでほめたたえてきた仏《ぶっ》陀《だ》のお徳《とく》、み教《おし》えは、つまるところ仏陀《ぶつだ》ご自身《じしん》が長《なが》い間《あいだ》のご努力《どりょく》のたまものであることを述《の》べ、そのご努力《どりょく》に感謝《かんしゃ》と帰依《きえ》の心《こころ》を表《あら》わしています。ここは、現《げん》世《ぜ》のわれわれにとって非常《ひじょう》に大事《だいじ》な節《せつ》であり、ことに最後《さいご》の〈能《よ》く諸《もろもろ》の勤《つと》め難《がた》きを勤《つと》めたまえるに帰依《きえ》したてまつる〉という一句《いっく》は、肝《きも》に銘《めい》じておくべき教《きょう》訓《くん》であると思《おも》います。

この節《せつ》を読《よ》むと、あらましは、現身《げんしん》のお釈迦《しゃか》さまが、太子《たいし》の地位《ちい》も最愛《さいあい》の妻《さい》子《し》をも捨《す》てて、衆生済度《しゅじょうさいど》のために修行《しゅぎょう》され、ついに仏《ほとけ》となられた道筋《みちすじ》が述《の》べられているように見《み》えます。しかし、最初《さいしょ》に〈往昔《おうじゃく》の無量劫《むりょうこう》に〉とあることや、〈頭目髄脳《ずもくずいのう》悉《ことごと》く人《ひと》に施《ほどこ》せり〉などという文句《もんく》があるために、現実離《げんじつばな》れをした感《かん》じもまぬがれません。

ジャータカ

これはジャータカ（本生譚《ほんじようたん》）にもとづく思想《しそう》であります。ジャータカというのは、お釈迦《しやか》さまの前世《ぜんせ》の修行《しゆぎよう》について述《の》べられているものです。お釈迦《しやか》さまは、十九歳《さい》でカピラバストの王宮《おうきゆう》を捨《す》てて出家《しゆつけ》され、三十歳《さい》で成道《じようどう》されるまで、いろいろと修行《しゆぎよう》され、いわゆる〈勤苦六年《ごんくねん》〉の激《はげ》しい苦行《くぎよう》さえなさったのですが、その悟《さと》りというものは絶対無上《ぜつたいむじよう》のものであり、その人格《じんかく》はこの世《よ》に比《くら》べるものもなく、人間《にんげん》としての最高《さいこう》の理想的境地《りそうてききようち》であって、これは、とうていこの世《よ》における修行《しゆぎよう》だけで得《え》られるようなものではなく、やはり、前世《ぜんせ》・前々世《ぜんぜんせ》・その前《まえ》の世《よ》とはるかなむかしからずっと修行《しゆぎよう》をつづけられた結果《けつか》にほかならない……と考《かんが》えられます。これがジャータカを生《う》んだ思想《しそう》です。

ジャータカには、いろいろな話《はなし》があります。

はるか前《まえ》の世《よ》に、雪山《せっせん》の奥《おく》で、菩薩《ぼさつ》としての修行《しゅぎょう》をしておられたとき、食《しょく》に飢《う》えた恐《おそ》ろしい鬼神《きじん》が、過去《かこ》の諸仏《しょぶつ》の説《と》かれた偈《げ》の前《まえ》の半分《はんぶん》〈諸行無常《しょぎょうむじょう》　是生《ぜしょう》滅法《めっぽう》（この世《よ》に不変《ふへん》の存在《そんざい》はない。すべて生《しょう》じ滅《めつ》するのがこの世《よ》の真実《しんじつ》であるからだ）〉を唱《とな》えたのを聞《き》いて、ぜひそのあとを教《おし》えてくれとお頼《たの》みになります。

鬼神《きじん》は、腹《はら》が減《へ》っていてそれどころではないと答《こた》えます。菩薩《ぼさつ》は、その尊《とうと》い教《おし》えを聞《き》きさえすれば、死《し》んでもかまわない、わたしの身《み》をささげますから——といって嘆願《たんがん》されます。そこで、鬼神《きじん》はしぶしぶ後《あと》の半分《はんぶん》〈生滅滅已《しょうめつめっち》　寂《じゃく》滅為楽《めついらく》（その生滅《しょうめつ》を超越《ちょうえつ》したところに涅槃《ねはん》の楽《たの》しみがあるのだ）〉を唱《とな》えてくれます。

菩薩《ぼさつ》は法悦《ほうえつ》にひたりながら、世《よ》の人《ひと》びとのために、その偈《げ》をあたりの木《き》や石《いし》に書《か》き残《のこ》し、約束《やくそく》どおり大木《たいぼく》の上《うえ》から鬼神《きじん》の前《まえ》に身《み》を投《な》げて、その餌食《えじき》となろうとされる……と、たちまち鬼神《きじん》は帝釈天《たいしやくてん》の姿《すがた》を現《あら》わし、菩薩《ぼさつ》を抱《いだ》き止《と》めまいらせたのです。これは〈施身聞偈《せしんもんげ》〉という有名《ゆうめい》な話《はなし》であります。

こういうお話《はなし》もあります。

むかし、大車《だいしや》という大王《だいおう》がおられました。あるとき三人《にん》の小《ちい》さな王子《おうじ》を連《つ》れて、山遊《やまあそ》びに行《い》かれましたが、その王子《おうじ》たちは、夢中《むちゆう》で遊《あそ》んでいるうち、いつしか父王《ふおう》のそばを離《はな》れて、竹《たけ》やぶの中《なか》へはいって行《い》きました。すると、その中《なか》に一ぴきの母虎《ははとら》が、生《う》まれたばかりの七ひきの子虎《ことら》をかかえながら、力《ちから》なく横《よこ》たわっているのです。飢《う》えのために痩《や》せ衰《おとろ》えて、死《し》の一歩手前《いっぽてまえ》にいる様子《ようす》です。

兄《にい》さんの王子《おうじ》二人《ふたり》は、それを見《み》るとあわてて逃《に》げて行《ゆ》きましたが、いちばん末《すえ》の王子《おうじ》は、虎《とら》の親子《おやこ》に対《たい》していいしれぬ哀《あわ》れみを覚《おぼ》えて、そこに立《た》ちつくします。そして、その八ひきの虎《とら》の命《いのち》を救《すく》うために、自分《じぶん》の肉体《にくたい》を与《あた》えようと決《けっ》心《しん》し、衣服《いふく》を脱《ぬ》ぎ捨《す》ててその前《まえ》に身《み》を投《な》げ出《だ》します。しかし、大《おお》きな慈悲《じひ》の徳《とく》に打《う》たれた母虎《ははとら》は、動《うご》こうともしません。そこで、こんどは、崖《がけ》の上《うえ》から飛《と》び降《お》りて、虎《とら》の前《まえ》に横《よこ》たわりました。それでも、虎《とら》は動《うご》きません。最後《さいご》の手段《しゅだん》として、竹《たけ》の先《さき》で自分《じぶん》の首《くび》を突《つ》き刺《さ》し、血《ち》をしたたらせながら近《ちか》づいて行《い》きました。

すると、にわかに天地《てんち》が震動《しんどう》し、美《うつく》しい花《はな》びらが天《てん》から無数《むすう》に舞《ま》い降《お》りてきました。そして、天人《てんにん》たちが、王子《おうじ》の徳《とく》をたたえる偈《げ》を、口《くち》を揃《そろ》えて唱《とな》えます。その中《なか》で、血《ち》の匂《にお》いに本能《ほんのう》をかき立《た》てられた母虎《ははとら》は、王子《おうじ》に飛《と》びかかって食《た》べ尽《つ》くしてしまいました。

その第《だい》一王子《おうじ》が弥勒菩薩《みろくぼさつ》、第《だい》二王子《おうじ》が文殊菩薩《もんじゅぼさつ》、末《すえ》の王子《おうじ》が釈尊《しゃくそん》の前《まえ》の世《よ》の姿《すがた》であるというのです。これも有名《ゆうめい》な〈捨身飼虎《しゃしんしこ》〉というジャータカです。

このほかにも、タカに追《お》われたハトを助《たす》けるために、ご自分《じぶん》の肉《にく》を刀《かたな》でそぎ取《と》って与《あた》えられた話《はなし》や、他人《たにん》のためにご自分《じぶん》の目《め》をくり抜《ぬ》いたりされた話《はなし》など、たくさんあります。これが〈頭目髄脳《ずもくずいのう》悉《ことごと》く人《ひと》に施《ほどこ》せり〉です。

これらの話《はなし》は、もちろん、お釈迦《しゃか》さまが、衆生《しゅじょう》を救《すく》うためにはどのような犠《ぎ》牲《せい》をも惜《お》しまれなかったということを、象徴《しょうちょう》したものであります。すなわち〈法《ほう》の内外《ないげ》において悋《おし》む所《ところ》〉がすこしもなかったことを現《あら》わした物語《ものがたり》です。この場合《ばあい》の〈法《ほう》〉は、いわゆるものごとという意味《いみ》で、その内外《ないがい》においてというのは、精神的《せいしんてき》（内《ない》）にも、物質的《ぶっしつてき》（外《がい》）にもという意味《いみ》です。

〈諸仏《しょぶつ》の清浄《しょうじょう》の禁《きん》を奉持《ぶじ》して〉とあれば、お釈迦《しゃか》さまの前《まえ》にもたくさんの仏《ほとけ》がおられたのだろうか？　という疑問《ぎもん》が湧《わ》いてくると思《おも》います。そのとおり……おられたのです。真理《しんり》は永遠不変《えいえんふへん》でありますから、お釈迦《しゃか》さまと同《おな》じ悟《さと》りを得《え》られた方《かた》が、過去《かこ》にたくさんあったことは、容易《ようい》に想像《そうぞう》されます。お釈迦《しゃか》さまご自身《じしん》も、そのことをいろいろな経典《きょうてん》で述《の》べておられます。

正《ただ》しい本尊観《ほんぞんかん》

しかし、その過去《かこ》の諸仏《しよぶつ》は、われわれにとっては神話的《しんわてき》な存在《そんざい》であります。歴史上《れきしじよう》の実在《じつざい》の人物《じんぶつ》として、この世界《せかい》において最高《さいこう》の真理《しんり》を悟《さと》り、それを衆生《しゆじよう》のために説《と》いてくださった最初《さいしよ》の仏《ほとけ》は、ほかならぬ釈迦牟《しやかむ》尼世尊《にせそん》であります。ですから、娑婆世界《しやばせかい》に住《す》んでいるわれわれが、仏《ほとけ》の教《おし》えの祖《おや》として恭敬《くぎよう》するのが釈迦牟尼世尊《しやかむにせそん》であるべきことは、明白《めいはく》の理《り》です。

また、応身《おうじん》の釈迦牟尼世尊《しやかむにせそん》を通《つう》じてこそ、われわれは究極的《きゆうきよくてき》な真理《しんり》である〈真如《しんによ》〉すなわち久遠実成《くおんじつじよう》の本仏《ほんぶつ》を知《し》ることができるわけですから、その〈真《しん》如《によ》〉を人格化《じんかくか》してあがめる場合《ばあい》、その娑婆世界《しやばせかい》への現《あら》われであるお釈迦《しやか》さまのみ名《な》をとって〈久遠実成《くおんじつじよう》の本仏釈迦牟尼世尊《ほんぶつしやかむにせそん》〉と申《もう》し上《あ》げるのが至当《しとう》であることは、いうまでもありません。この正《ただ》しい本尊観《ほんぞんかん》をはっきりと理解《りかい》し、心《こころ》に刻《きざ》み込《こ》んでおいていただきたいと思《おも》います。

さて、〈清浄《しようじよう》の禁《きん》〉とは、清《きよ》らかな心《こころ》と身《み》の持《も》ちかたの戒《いまし》め、という意味《いみ》です。

〈命《いのち》を失《うしな》えども毀傷《きしょう》したまわず〉というのは、命《いのち》にかえてもその戒《いまし》めをこわしたり傷《きず》つけたりしない、すなわち破《やぶ》ることはないということです。

〈罵辱《めにく》〉の罵《め》というのはののしること、辱《にく》というのははずかしめること。

終《つい》に瞋《いか》りたまわず　〈終《つい》に瞋《いか》りたまわず〉……非常《ひじょう》に大事《だいじ》なことです。お釈迦《しゃか》さまのご一生《いっしょう》の伝記《でんき》を、どうひっくりかえしてみても、腹《はら》をお立《た》てになったという記述《きじゅつ》は、ただのひとつも見当《みあ》たりません。徹底《てってい》した寛容《かんよう》のお方《かた》だったのです。この一事《いちじ》をわれわれが真似《まね》するだけでも、はかり知《し》れない功徳《くどく》があると信《しん》じます。

〈劫《こう》を歴《へ》て〉……長《なが》い年月《としつき》が経《た》って。

〈身《み》を挫《くだ》けども〉……身《み》のくだけるような苦労《くろう》があっても。

〈倦惰《けんだ》〉……修行《しゅぎょう》に飽《あ》きがきたり、勇気《ゆうき》を失《うしな》ったり、怠《なま》け心《ごころ》が出《で》ること。

〈心《こころ》を摂《おさ》めて〉……あっちへこっちへと気《き》をとられたり、あれやこれやと乱《みだ》れたりする心《こころ》を、一つに取《と》りまとめること。

〈道法《どうほう》〉……道理《どうり》や法則《ほうそく》。

〈智慧《ちえ》深《ふか》く衆生《しゅじょう》の根《こん》に入《い》りたまえり〉……すべての人《ひと》びとの機根《きこん》を、まるでその中《なか》にはいりこんだように見通《みとお》す、深《ふか》い智慧《ちえ》を成就《じょうじゅ》されたということ。

勤《つと》め難《がた》きを勤《つと》めたまえる　〈能《よ》く諸《もろもろ》の勤《つと》め難《がた》きを勤《つと》めたまえるに帰依《きえ》したてまつる〉……じつにいいことばです。仏《ほとけ》さまの、すべてを成就《じょうじゅ》された相《すがた》だけを賛歎《さんたん》するのでなく、その境地《きょうち》に達《たっ》せられるまでの努力《どりょく》というものをほめたたえ、その努力《どりょく》に心《こころ》から帰依《きえ》申《もう》しあげるというのです。これこそ、現世《げんぜ》のわれわれにとって、大《おお》きな励《はげ》ましであると受《う》け取《と》らねばなりません。

説《せっ》法《ぽう》品《ほん》第《だい》二《に》

この品《ほん》は、表題《ひょうだい》のとおり、仏陀《ぶつだ》の説法《せっぽう》について述《の》べられています。仏陀《ぶつだ》は、悟《さと》りを得《え》られてから、こういう目的《もくてき》で、こういう順序《じゅんじょ》によって法《ほう》をお説《と》きになった、その法《ほう》というのは、いろいろさまざまに説《と》かれてきたけれども、根本《こんぽん》の真理《しんり》の法《ほう》はただ一つである、その一つの法《ほう》から、無量《むりょう》の（数《かず》かぎりない）法《ほう》が生《う》まれるのである――ということを説《と》かれたのが、この章《しょう》であります。すなわち、《無量義経《むりょうぎきょう》》全体《ぜんたい》の本論《ほんろん》にあたるわけです。

爾《そ》の時《とき》に大荘厳菩薩摩訶薩《だいしょうごんぼさつまかさつ》、八万《まん》の菩薩摩訶薩《ぼさつまかさつ》と、是《こ》の偈《げ》を説《と》いて仏《ほとけ》を讃《ほ》めたてまつること已《おわ》って、倶《とも》に仏《ほとけ》に白《もう》して言《もう》さく、世尊《せそん》、我等《われら》八万《まん》の菩薩《ぼさつ》の衆《しゅ》、今者《いま》如来《にょらい》の法《ほう》の中《なか》に於《おい》て、諮問《しもん》する所《ところ》あらんと欲《ほッ》す。不審《いぶかし》、世尊慇聴《せそんみんちょう》を垂《た》れたまいなんや不《いな》や。仏《ほとけ》、大荘厳菩薩《だいしょうごんぼさつ》及《およ》び八万《まん》の菩薩《ぼさつ》に告《つ》げて言《のたま》わく、善《ぜん》哉善哉《ざいぜんざい》、善男子《ぜんなんし》、善《よ》く是《こ》れ時《とき》なることを知《し》れり、汝《なんじ》が所問《しょもん》を恣《ほしいまま》にせよ。如来《にょらい》久《ひさ》しからずして当《まさ》に般涅槃《はつねはん》すべし。涅槃《ねはん》の後《のち》も、普《あまね》く一切《さい》をして復余《またよ》の疑無《うたがいな》からしめん。何《なん》の所問《しょもん》をか欲《ほッ》する、便《すなわ》ち之《これ》を説《と》くべし。

こうして大荘厳菩薩《だいしょうごんぼさつ》は、八万《まん》の菩薩《ぼさつ》と共《とも》に偈《げ》を説《と》いて仏《ほとけ》をほめたたえましたが、それを終《お》えると、またいっしょに仏《ほとけ》に申《もう》しあげました。

「わたくしども一同《いちどう》は、仏《ほとけ》さまのみ教《おし》えの中《なか》で、ぜひおうかがいしたいことがございます。いかがでございましょうか。お教《おし》えいただけましょうか」

仏《ほとけ》は、大荘厳菩薩《だいしょうごんぼさつ》および一同《いちどう》の菩薩《ぼさつ》にお答《こた》えになりました。

「よろしいですよ、みなさん。いいときに聞《き》いてくれました。なんでも聞《き》きたいことをお聞《き》きなさい。わたしは、もうすぐこの世《よ》を去《さ》ろうとしていますが、その後《のち》、世《よ》の人《ひと》びとの間《あいだ》にわたしの教《おし》えについての疑問《ぎもん》が残《のこ》ることのないようにしておきたいと思《おも》います。どんなことを聞《き》きたいのですか。なんでも説明《せつめい》してあげましょう」

〈般涅槃《はつねはん》〉……原語《げんご》パリニルヴァーナのことで、涅槃《ねはん》に入《い》る、すなわち生死《しょうじ》の因果《いんが》を滅《めつ》するという意味《いみ》ですが、ここでは肉体《にくたい》の入滅《にゅうめつ》を指《さ》します（一二一ページ参照《さんしょう》）。

是《ここ》に大荘厳菩薩《だいしょうごんぼさつ》、八万《まん》の菩薩《ぼさつ》と、即《すなわ》ち共《とも》に声《こえ》を同《おなじ》うして仏《ほとけ》に白《もう》して言《もう》さく、世尊《せそん》、菩薩摩訶薩《ぼさつまかさつ》疾《と》く阿耨多羅三藐三菩提《あのくたらみゃくぼだい》を成《じょう》ずることを得《え》んと欲《ほッ》せば、応《ま》当《さ》に何等《なんら》の法門《ほうもん》を修行《しゅぎょう》すべき、何等《なんら》の法門《ほうもん》か能《よ》く菩薩摩訶薩《ぼさつまかさつ》をして疾《と》く阿《あ》耨《のく》多羅《たら》三藐《みゃく》三菩《ぼ》提《だい》を成《じょう》ぜしむるや。

そこで大荘厳菩薩《だいしょうごんぼさつ》は、一同《いちどう》の菩《ぼ》薩《さつ》と声《こえ》を揃《そろ》えて申《もう》しあげました。

「仏《ほとけ》さま。わたくしども菩《ぼ》薩《さつ》が、まわり道《みち》をしないで最高無上《さいこうむじょう》の悟《さと》りに達《たつ》しようとするならば、どんな教《おし》えを修行《しゅぎょう》したらよろしいのでしょうか。どんな教《おし》えがわたくしどもをまっすぐに最高無上《さいこうむじょう》の悟《さと》りに導《みちび》いてくれるのでございましょうか」

これはまったく根本的《こんぽんてき》な質問《しつもん》です。「いままで数《かず》かぎりないほどの教《おし》えを聞《き》いてきたのですが、その中《なか》で仏《ほとけ》の悟《さと》りに達《たつ》する本筋《ほんすじ》の大道《だいどう》はどれでしょうか」というのです。片々《へんぺん》たる小《ちい》さな疑《ぎ》問《もん》にはこだわらず、ズバリこの最大《さいだい》の問題《もんだい》について、仏陀《ぶつだ》のご真意《しんい》をうかがっておきたいと思《おも》ったのは、さすがに大菩《だいぼ》薩《さつ》です。

もうひとつ心《こころ》にとめておきたいことは、いままで、仏《ほとけ》とはとうていわれわれのおよびもつかぬようなお方《かた》であると賛嘆《さんたん》していたのに、ここにいたって、その仏《ほとけ》になる大道《だいどう》を質問申《しつもんもう》しあげたことです。

なるほど仏《ほとけ》とは完全《かんぜん》な智慧《ちえ》と人格《じんかく》を成就《じょうじゅ》された方《かた》で、われわれとは非常《ひじょう》にかけ離《はな》れた、まるっきり別世界《べっせかい》の存在《そんざい》のように思《おも》えます。だからといって、とてもわれわれには……とあきらめるのは、人格完成《じんかくかんせい》（成仏《じょうぶつ》）への歩《あゆ》みからの落伍《らくご》を意味《いみ》します。どんなに高《たか》い境地《きょうち》であろうとも、それをめざして、一歩《いっぽ》一歩《いっぽ》登《のぼ》ってゆくのが、人間《にんげん》としてのほんとうの生《い》きかたなのです。

ですから、ここで大荘厳菩薩《だいしょうごんぼさつ》をはじめ一同《いちどう》の菩薩《ぼさつ》がこの質問《しつもん》をしたということは、その心《こころ》の中《なか》にある不退転《ふたいてん》の決意《けつい》を示《しめ》すもので、われわれにとっても、まことに尊《とうと》い教訓《きょうくん》であります。

仏《ほとけ》、大荘厳菩薩《だいしょうごんぼさつ》及《およ》び八万《まん》の菩薩《ぼさつ》に告《つ》げて言《のたま》わく、善男子《ぜんなんし》、一の法門《ほうもん》あり、能《よ》く菩薩《ぼさつ》をして疾《と》く阿耨多羅《あのくたら》三藐《みゃく》三菩提《ぼだい》を成《じょう》ずることを得《え》せしむ。若《も》し菩薩《ぼさつ》あって是《こ》の法門《ほうもん》を学《がく》せば、則《すなわ》ち能《よ》く阿耨多羅《あのくたら》三藐《みゃく》三菩提《ぼだい》を得《え》ん。世尊《せそん》、是《こ》の法《ほう》門《もん》とは号《な》を何等《なんら》と字《なづ》くる、其《そ》の義《ぎ》云《い》何《かん》、菩薩《ぼさつ》云《い》何《かん》が修行《しゅぎょう》せん。

仏《ほとけ》は、大荘厳菩薩《だいしょうごんぼさつ》および一同《いちどう》の菩薩《ぼさつ》にお答《こた》えになりました。

「みなさん、ここに一つの教《おし》えがあります。これこそ、菩薩《ぼさつ》のみなさんをまっすぐに最高無上《さいこうむじょう》の悟《さと》りへ導《みちび》くものです。もし菩薩《ぼさつ》がこの教《おし》えを学《まな》ぶならば、ただちに仏《ほとけ》の悟《さと》りを得《え》ることができましょう」

大荘厳菩薩《だいしょうごんぼさつ》は、お答《こた》えの終《お》わるのを待《ま》ちきれないように、おたずねいたします。

「仏《ほとけ》さま。それはなんという教《おし》えでございましょうか。その教《おし》えの内容《ないよう》はどんなものでございましょうか。そうして、わたくしども菩薩《ぼさつ》は、それをどのように修行《しゅぎょう》したらよろしいのでしょうか」

仏《ほとけ》の言《のたま》わく、善男子《ぜんなんし》、是《こ》の一の法門《ほうもん》をば名《なづ》けて無量義《むりょうぎ》と為《な》す。菩薩《ぼさつ》、無量義《むりょうぎ》を修学《しゅがく》することを得《え》んと欲《ほッ》せば、応当《まさ》に一切諸法《さいしょほう》は自《おのずか》ら本《ほん》・来《らい》・今《こん》、性相空《しょうそうくう》寂《じゃく》にして無《む》大《だい》・無小《むしょう》・無生《むしょう》・無滅《むめつ》・非住《ひじゅう》・非《ひ》動《どう》・不《ふ》進《しん》・不《ふ》退《たい》、猶《な》お虚《こ》空《くう》の如《ごと》く二法《ほう》あることなしと観察《かんさつ》すべし。

仏《ほとけ》は、おおせになりました。

「善男子《ぜんなんし》よ。その一つの法門《ほうもん》とは、無量義《むりょうぎ》という教《おし》えです。菩《ぼ》薩《さつ》がこの無量《むりょう》義《ぎ》の法門《ほうもん》を修《おさ》めようとするならば、まずつぎのことを見極《みきわ》めねばなりません。すなわち、この世《よ》のあらゆるものごとのありようは、一切《いっさい》が平等《びょうどう》で、しかも大《おお》きな調和《ちょうわ》を保《たも》っているのです。われわれが肉眼《にくがん》で見《み》る現象《げんしょう》は、大《おお》きいとか小《ちい》さいとか、生《しょう》ずるとか滅《めっ》するとか、止《と》まっているとか動《うご》いているとか、進《すす》むとか退《しりぞ》くとか、さまざまな差別《さべつ》や変化《へんか》があるように見《み》えますが、その根本《こんぽん》においては、ちょうど虚空《こくう》というものがどこをとっても同《おな》じであるように、ただひといろのものであることを見極《みきわ》めねばならないのです」

ここは、《無量義経《むりょうぎきょう》》の中《なか》で最《もっと》も大切《たいせつ》なところですから、徹底的《てっていてき》に解説《かいせつ》することにしましょう。

法《ほう》

〈法《ほう》〉という言葉《ことば》は経典《きょうてん》の中《なか》のいたるところに出《で》てきますが、使《つか》われている場所《ばしょ》によって意味《いみ》がたいへん違《ちが》いますから気《き》をつけなければなりません。大体《だいたい》次《つぎ》の四つの意味《いみ》があります。

まず第《だい》一に、〈諸法実相《しょほうじっそう》〉とか〈一切諸法《いっさいしょほう》〉というような場合《ばあい》の法《ほう》は、〈ものごと〉という意味《いみ》です。すなわち、この宇宙間《うちゅうかん》に存在《そんざい》する一切《いっさい》の物質《ぶっしつ》や、世《よ》の中《なか》に起《お》こるすべての事柄《ことがら》を指《さ》します。この意味《いみ》の法《ほう》とは、絶対的《ぜったいてき》な存在《そんざい》ではなく、生滅変化《しょうめつへんか》するものと、とらえることがもっとも大切《たいせつ》なことです。つまり、すべてのものごとには永遠不変《えいえんふへん》な実体《じったい》というものはなく、〈無我《むが》〉なのであるということです。このことをお釈迦《しゃか》さまは、〈諸法無我《しょほうむが》〉とお説《と》きくださったのです。

第二《だい》に、それらのものごとの生滅《しょうめつ》を、正《ただ》しい因果関係《いんがかんけい》においてとらえた〈真理《しんり》〉という意味《いみ》があります。つまり、どんな時代《じだい》や、場合《ばあい》にも普遍的《ふへんてき》にあてはまる〈真理《しんり》〉のことです。お釈迦《しゃか》さまは、この〈真理《しんり》〉をお悟《さと》りになられたわけです。

第三《だい》に、この真理《しんり》によって、正《ただ》しく、しかもその時々《ときどき》に応《おう》じて説《と》かれた〈教《おし》え〉という意味《いみ》があります。これはお釈迦《しゃか》さまが直接説《ちょくせつと》かれた教《おし》えだけでなく、長《なが》い仏教《ぶつきょう》の歴史《れきし》の中《なか》で説《と》かれ、あるいは解説《かいせつ》されてきたものも入《はい》りますので、〈仏教《ぶつきょう》の教《おし》え〉といったほうがよいでしょう。

第四《だい》に、自分自身《じぶんじしん》のためだけでなく、他《た》の人《ひと》や社会《しゃかい》と調和《ちょうわ》して、よりよい方向《ほうこう》にいこうとする倫理《りんり》や道徳《どうとく》にかなった〈善《よ》いことの実践《じっせん》〉という意味《いみ》があります。つまり、有名《ゆうめい》な七仏通戒偈《しちぶつつうかいげ》で〈諸悪莫作《しょあくまくさ》・衆善奉行《しゅぜんぶぎょう》〉（もろもろの悪《あく》をなすことなく、おおくの善《ぜん》を実践《じっせん》し備《そな》えること）と説《と》かれていることです。

くりかえしていうならば、1〈ものごと〉、2〈真理《しんり》〉、3〈仏教《ぶつきょう》の教《おし》え〉、4〈善《ぜん》の実践《じっせん》〉の四つです。ここに出《で》てきている〈一切諸法《さいしょほう》〉の〈法《ほう》〉と、〈二法《ほう》あることなし〉の〈法《ほう》〉とは、いずれも第一《だい》の〈ものごと〉という意味《いみ》のものです。

〈本《ほん》・来《らい》・今《こん》〉……本《ほん》は、おおもとで、ものごとの初《はじ》めということ。来《らい》は、未《み》来《らい》のこと。今《こん》は、現在《げんざい》ということ。そこで、本《ほん》・来《らい》・今《こん》というのは、あるものごとの初《はじ》めから現在《げんざい》、そして未来《みらい》までずっと……という意味《いみ》です。

性相空寂《しょうそうくうじゃく》　〈性相《しょうそう》〉……性《しょう》というのは性質《せいしつ》、相《そう》というのはその性質《せいしつ》が表《おもて》に現《あら》われた相《すがた》。

〈空《くう》〉とは、すべてのものごとは縁起《えんぎ》の法則《ほうそく》によって存在《そんざい》しているのであって、あるものが、絶対的存在《ぜったいてきそんざい》であるとか、すべてのものごとの根源《こんげん》の存在《そんざい》である、というものは何《なに》もないということです。そのことから、すべてのものごとは、その本質《ほんしつ》においては、平等《びょうどう》であるという意味《いみ》にもなります。この〈空《くう》とは、平等《びょうどう》である〉ということが、仏教《ぶっきょう》としてもっとも大事《だいじ》な意味《いみ》なのです。

〈寂《じゃく》〉とは、〈大調和《だいちょうわ》した状態《じょうたい》〉です。寂《じゃく》の字《じ》は訓《くん》ではしずかと読《よ》むのですが、現代《げんだい》の訓《くん》ではさびしいと読《よ》ませるために、なんとなく消極的《しょうきょくてき》な感《かん》じに受《う》け取《と》れます。それはたいへんなまちがいです。すべてのものが生々発展《せいせいはってん》しながらも、大《おお》きく調和《ちょうわ》して、争《あらそ》いや摩擦《まさつ》がないためにしずかであるという状態《じょうたい》を、この字《じ》から感《かん》じとらなければなりません。〈寂光土《じやっこうど》〉といっても、なにも、シーンとして静《しず》かな光《ひかり》が満《み》ち満《み》ちているだけというような、消極的《しょうきょくてき》な状態《じょうたい》にあるのではないのです。すべてが生々《せいせい》溌剌《はつらつ》として活動《かつどう》しながら、しかも大《おお》きな調和《ちょうわ》を保《たも》っている理想《りそう》の状態《じょうたい》をいうのです。

また、いままで〈寂《じゃく》〉とは〈変化《へんか》を離《はな》れた〉ということだと簡単《かんたん》に説明《せつめい》されていましたので、永遠《えいえん》に変化《へんか》しない、じっとしているもののように感《かん》じられてきましたが、そうではなく、変化《へんか》するものごとにとらわれていては、いつまでたっても大安心《だいあんじん》を得《え》ることはできない、ということです。そこで、変化《へんか》を超越《ちょうえつ》した立場《たちば》に立《た》ってものごとを見《み》る、という〈寂《じゃく》〉の立場《たちば》が必要《ひつよう》になるのです。決《けっ》して消極的《しょうきょくてき》な立場《たちば》でなく、ものごとの本質《ほんしつ》を正《ただ》しくとらえ、それに応《おう》じた正《ただ》しい行動《こうどう》にすぐに移《うつ》れる……というありかたが、〈寂《じゃく》〉の真意《しんい》なのです。

〈無大《むだい》・無小《むしょう》・無生《むしょう》・無滅《むめつ》・非住《ひじゅう》・非動《ひどう》・不進《ふしん》・不退《ふたい》〉……一切《いっさい》のものごとの

実相《じっそう》を見《み》るとその本質《ほんしつ》は、〈空《くう》（平等《びょうどう》な）〉なものであり〈寂《じゃく》（大調和《だいちょうわ》した）〉なものでありますから、目《め》の前《まえ》に見《み》えるものごとに、大小《だいしょう》の〈差別《さべつ》〉や、生《しょう》ずる・滅《めっ》する・ある状態《じょうたい》がそのままつづく（住《じゅう》）・動《うご》く・進《すす》む・退《しりぞ》くといった〈変化《へんか》〉があるように見《み》えるけれども、ほんとうはそのような差別《さべつ》や変化《へんか》を超越《ちょうえつ》したものである、それは〈虚空《こくう》の如《ごと》く二法《ほう》（二種類《しゅるい》の存在《そんざい》）あることなし〉で、ちょうどわれわれを取《と》り巻《ま》いている虚空《こくう》が上下左右《じょうげさゆう》ただひといい、いろであるようなものだというわけです。

さて、最高無上《さいこうむじょう》の悟《さと》りに達《たっ》しようと思《おも》うものは、何《なに》よりもまず以上《いじょう》のことを見極《みきわ》める修行《しゅぎょう》をしなければならない……と仏《ほとけ》は教《おし》えられているのです。しかし、自分《じぶん》がそれを悟《さと》るだけではいけないのであって、その悟《さと》りを衆生《しゅじょう》におよぼさなければ、ほんとうの菩薩《ぼさつ》の修行《しゅぎょう》ではないことを、つぎに教《おし》えられるのです。すなわち、「どのように修行《しゅぎょう》したらよろしいのでしょうか」という質問《しつもん》に対《たい》するお答《こた》えです。

而《しか》るに諸《もろもろ》の衆生《しゅじょう》、虚妄《こもう》に是《これ》は此是《しこれ》は彼《ひ》、是《これ》は得是《とくこれ》は失《しつ》と横計《おうけい》して、不善《ふぜん》の念《ねん》を起《おこ》し衆《もろもろ》の悪業《あくごう》を造《つく》って六趣《しゅ》に輪廻《りんね》し、諸《もろもろ》の苦毒《くどく》を受《う》けて、無量億劫《むりようおッこう》自《みずか》ら出《い》ずること能《あた》わず。菩薩摩訶薩《ぼさつまかさつ》、是《かく》の如《ごと》く諦《あきら》かに観《かん》じて、憐愍《れんみん》の心《こころ》を生《しょう》じ大慈《だいじ》悲《ひ》を発《おこ》して将《まさ》に救抜《くばつ》せんと欲《ほッ》し、又復深《またまたふか》く一切《さい》の諸法《しょほう》に入《い》れ。

「ところが多《おお》くの人《ひと》びとは、この真理《しんり》を知《し》らず、目《め》の前《まえ》に現《あら》われた現象《げんしょう》だけを見《み》て、これはよくない、これはよい、これは得《とく》だ、これは損《そん》だなどと勝手《かって》な計算《けいさん》をして、そのために不善《ふぜん》の心《こころ》を起《お》こし、さまざまな悪《わる》い行為《こうい》をし、六《ろく》道《どう》をグルグルまわって、いろいろの苦《くる》しみを受《う》けるばかりで、いつまでたってもその境界《きょうがい》から抜《ぬ》け出《で》ることができないのです。菩薩《ぼさつ》のみなさん。このことをはっきりと見極《みきわ》めて、あわれみの心《こころ》を起《お》こし、大《おお》きな慈悲心《じひしん》を奮《ふる》い立《た》たせ、この人《ひと》びとを苦《くる》しみから完全《かんぜん》に救《すく》い出《だ》してあげようと決心《けっしん》しなさい。そうして、その目的《もくてき》を果《は》たすためにまたまた深《ふか》く一切《いっさい》のものごとの実相《じっそう》を見極《みきわ》める修行《しゅぎょう》をすることが大切《たいせつ》なのです」

〈虚妄《こもう》〉とは、真実《しんじつ》ではないことをいいます。

〈是《これ》は此《し》是《これ》は彼《ひ》〉……此《し》は此岸《しがん》の此《し》で、不満足《ふまんぞく》・不成就《ふじょうじゅ》といった気持《きもち》を表《あら》わし、彼《ひ》は彼岸《ひがん》の彼《ひ》で、満足《まんぞく》・成就《じょうじゅ》の意《い》を表《あら》わす語《ご》です。

〈横計《おうけい》〉の横《おう》は、横着《おうちゃく》や横領《おうりょう》などの横《おう》とおなじで、ほしいままに……とか、わがまま勝手《かって》にという意味《いみ》ですから、横計《おうけい》というのは、わがまま勝手《かって》な計算《けいさん》をすることです。

〈六趣《しゅ》に輪廻《りんね》し〉……六趣《ろくしゅ》とは、六道《ろくどう》ともいい、地獄《じごく》・餓鬼《がき》・畜《ちく》生《しょう》・修羅《しゅら》・人間《にんげん》・天上《てんじょう》の六つの境界《きょうがい》のことですが、これは、凡夫《ぼんぷ》が積《つ》んできた善悪《ぜんあく》の行為《こうい》（業《ごう》）の程度《ていど》によって生《う》まれかわってゆく境界《きょうがい》ということと、人間《にんげん》の心《こころ》の中《なか》の状態《じょうたい》を説《と》かれたものと、二段《だん》に解釈《かいしゃく》することができます。

まず第《だい》一の解釈《かいしゃく》から説明《せつめい》しましょう。人間《にんげん》はこの世《よ》の生《せい》を終《おわ》ると、しばらくは〈中有《ちゅうう》の身《み》〉となりますが、やがて生前《せいぜん》の心身《しんしん》の行為《こうい》（業《ごう》）の善悪《ぜんなく》の総和《そうわ》により、次《つぎ》の世《よ》にはそれにふさわしい境界《きょうがい》に生《う》まれるとされています。その境界《きょうがい》を、仏教《ぶつきょう》では六つに分《わ》けて説明《せつめい》しているのです。

〈地獄《じごく》〉……これは、八寒八熱《はっかんはちねつ》などの苦《くる》しみばかりがある境界《きょうがい》。

〈餓鬼《がき》〉……つねに飢《う》えと渇《かわ》きを覚《おぼ》え、その満足《まんぞく》を追《お》ってあえぎつづけるが、けっして満足《まんぞく》することがないという境界《きょうがい》。

〈畜生《ちくしょう》〉……人間以外《にんげんいがい》の動物《どうぶつ》の境界《きょうがい》。

〈修羅《しゅら》〉……いつも戦《たたか》いばかりをつづけている凄惨《せいさん》な境界《きょうがい》。

〈人間《にんげん》〉……普通《ふつう》の人間《にんげん》の境界《きょうがい》。娑婆《しゃば》。

〈天上《てんじょう》〉……苦《くる》しみがなく、喜《よろこ》びに満《み》ちた境界《きょうがい》。しかし、永久的《えいきゅうてき》な浄土《じょうど》ではなく、いつでも他《た》の世界《せかい》へ墜落《ついらく》する可能性《かのうせい》が残《のこ》っている境界《きょうがい》。


この輪廻《りんね》の教《おし》えの受《う》けとり方《かた》で大切《たいせつ》なのは、あくまでも自分自身《じぶんじしん》にあてはめて、修行《しゅぎょう》の励《はげ》みとするということです。輪廻《りんね》の教《おし》えを正《ただ》しく理解《りかい》しないで、他《た》人《にん》を裁《さば》いたり、現在《げんざい》の不遇《ふぐう》をあきらめさせたりしてしまうということは、お釈《しゃ》迦《か》さまのお心《こころ》に背《そむ》くことになります。

それでは、どうすればその六道《ろくどう》の輪廻《りんね》を解脱《げだつ》することができるのかといえば、よい教《おし》えを聞《き》き、心《こころ》を清《きよ》らかにし、行《おこ》ないを正《ただ》しくするほかはありません。そうして、正《ただ》しい修行《しゅぎょう》を続《つづ》けていけば、六道《ろくどう》からすっかり離《はな》れきった仏界《ぶっかい》に生《しょう》ずることができるのです。そのことを〈出離《しゅつり》〉といいます。

つぎに、心《こころ》の中《なか》の状態《じょうたい》を説《と》かれた〈六道《ろくどう》〉の説明《せつめい》にうつりましょう。

〈地獄《じごく》〉とは、心《こころ》が怒《いか》りで占領《せんりょう》されている状態《じょうたい》です。怒《いか》りにとらえられているときは、すべてのものが敵《てき》に見《み》え、その苦《くる》しみは、心《こころ》ばかりでなく、肉体《にくたい》をも責《せ》めさいなみます。からだじゅうの血《ち》が頭《あたま》に逆上《ぎゃくじょう》してひどい頭痛《ずつう》がし、手足《てあし》は反対《はんたい》にブルブル震《ふる》えます。怒《いか》りは、たいていの場合習慣性《ばあいしゅうかんせい》をもちます。つまり、怒《いか》りが怒《いか》りを生《う》み、その苦《くる》しみがまた怒《いか》りを生《う》み、そうした連鎖反応《れんさはんのう》が尽《つ》きることがなくなってしまうのです。そのような状態《じょうたい》はまことに地獄《じごく》そのものであり、人間《にんげん》の心《こころ》のありかたとしては最低《さいてい》の状態《じょうたい》です。

〈餓鬼《がき》〉とは、貪《むさぼ》り欲《よく》ばる心《こころ》がかぎりなく起《お》こってくる状態《じょうたい》です。貪《むさぼ》る心《こころ》が強《つよ》ければ、かりに欲《ほ》しかったものが得《え》られても、まだ欲《ほ》しい、まだ欲《ほ》しいと、とどまることがないのです。お金《かね》や物質《ぶっしつ》だけではありません。名誉《めいよ》に対《たい》する貪欲《とんよく》もあれば、ひとの愛情《あいじょう》や奉仕《ほうし》を求《もと》める貪欲《とんよく》もあります。こうして、どこまでも貪《むさぼ》り欲《ほっ》していると、満足《まんぞく》するということがなく、いつも心《こころ》の中《なか》は不平不満《ふへいふまん》でイライラしています。この状態《じょうたい》を餓鬼《がき》というのです。

〈畜生《ちくしょう》〉というのは、智慧《ちえ》が全然《ぜんぜん》ない状態《じょうたい》です。愚《おろ》かなことです。ものごとの道理《どうり》ということがわからないために、ただもう本能《ほんのう》の命《めい》ずるままに、前後《ぜんご》の考《かんが》えもなくやりたいことをやる状態《じょうたい》、これが畜生《ちくしょう》です。別《べつ》に心《こころ》の苦《くる》しみというものはありません。よく、悪《わる》いことをしても平気《へいき》でいる人《ひと》がありますが、人間《にんげん》としてはまことに情《なさ》けないありかたといわなければなりません。

〈修羅《しゅら》〉というのは、何《なに》ごとも自分本位《じぶんほんい》に、自分《じぶん》の都合《つごう》のいいように考《かんが》える心《こころ》です。人間《にんげん》どうしがみんなそんな気持《きもち》になれば、必《かなら》ず対立《たいりつ》が生《しょう》じ、衝突《しょうとつ》が起《お》こります。争《あらそ》いや、戦《たたか》いが起《お》こります。〈修羅《しゅら》のちまた〉というのは、はげしい戦場《せんじょう》のありさまを形容《けいよう》することばになっていますが、ほんとうは、利己心《りこしん》と利《り》己心《こしん》がみにくい争《あらそ》いをしている状態《じょうたい》のことをいうわけです。

〈人間《にんげん》〉というのは、以上《いじょう》の四つの心《こころ》をある程度《ていど》もってはいるけれども、良心《りょうしん》によってそれをほどほどに抑《おさ》え、極端《きょくたん》にまでつっ走《ぱし》らせることのない状態《じょうたい》です。だから、〈平正《びょうじょう》〉ともいいます。つまり、反省懺悔《はんせいさんげ》できる心《こころ》の状態《じょうたい》であります。

〈天上《てんじょう》〉というのは、歓喜《かんぎ》の世界《せかい》です。しかし、これは悟《さと》りを開《ひら》いたことによって得《え》られたほんとうの喜《よろこ》びではなく、肉体《にくたい》や感情《かんじょう》の喜《よろこ》び、つまり迷《まよ》いの上《うえ》に築《きず》かれた喜《よろこ》びですから、何《なに》かいやなことが起《お》これば、すぐ地獄道《じごくどう》へでも修羅道《しゅらどう》へでもまっさかさまに落《お》ちる可能性《かのうせい》のある、ほんの仮《か》りの喜《よろこ》びです。

このようにして、人間《にんげん》の心《こころ》の中《なか》には、六つの世界《せかい》がかわるがわる起《お》こっています。そして、もしわれわれが正《ただ》しい教《おし》えも聞《き》かず、修行《しゅぎょう》もしないで、心《こころ》を野《の》放《ばな》しにしておけば、いつまでもこの六道《ろくどう》をグルグルまわっているばかりで、苦《くる》しみや悩《なや》みの消《き》えるときがありません。その悪循環《あくじゅんかん》を、〈六道《ろくどう》を輪廻《りんね》する〉というのです。

さて、こういう衆生《しゅじょう》を見《み》て、ああかわいそうだと深《ふか》く感《かん》じ、大慈悲《だいじひ》の心《こころ》を起《お》こして、それを救《すく》おうと決意《けつい》するのが、菩薩《ぼさつ》の菩薩《ぼさつ》たるゆえんであり、またそれが仏《ほとけ》の悟《さと》りを得《え》る修行《しゅぎょう》でもあることを、教《おし》えられています。

ここに〈救抜《くばつ》〉ということばがありますが、その〈抜《ばつ》〉という字《じ》に注意《ちゅうい》することが肝要《かんよう》です。ただ一時《いちじ》的《てき》に救《すく》うのでなく、いわゆる抜本的《ばつぽんてき》に、苦《くる》しみの原《げん》因《いん》から根《ね》こそぎにしなければ、またいつか苦《くる》しみが起《お》こるおそれがあります。

それではほんとうの救《すく》いとはいえません。

たとえば、不和《ふわ》に悩《なや》んでいる夫婦《ふうふ》があるとします。その奥《おく》さんに、ただたんに「ご主人《しゅじん》が遅《おそ》く帰《かえ》っても、笑《わら》って迎《むか》えなさい」といったような教《おし》えかたをしても、一時《いちじ》的《てき》には反目《はんもく》が薄《うす》れることがあっても、不和《ふわ》の状態《じょうたい》が根《ね》絶《だ》やしになるものではありません。あくまでも不和《ふわ》の根本《こんぽん》の原因《げんいん》を発見《はっけん》し、それを取《と》り除《のぞ》いてしまわなければならないのです。これが〈抜《ばつ》〉の大切《たいせつ》なところです。〈又復深《またまたふか》く一切《さい》の諸法《しょほう》に入《い》れ〉……これがまた、菩薩《ぼさつ》の修行《しゅぎょう》として大事《だいじ》なことです。前《まえ》に「無量義《むりょうぎ》を修学《しゅがく》しようと思《おも》うならば、まず一切諸法《いっさいしょほう》の究極《きゅうきょく》のありようは、ただ一つの真実《しんじつ》（実相《じっそう》）であることを見極《みきわ》めよ」と教《おし》えられています。これが第《だい》一の段階《だんかい》。つぎに、「その見極《みきわ》めがつくと、一般《いっぱん》の人《ひと》びとがその真理《しんり》を知《し》らないために迷《まよ》っている状態《じょうたい》がハッキリと見《み》えてきて、ああかわいそうだという気《き》が起《お》こり、どうしても救《すく》わねばならぬ、という決意《けつい》が生《しょう》ずるにちがいない」とおっしゃっています。これが第《だい》二の段階《だんかい》。ところが、つぎの段階《だんかい》として、「そこまできたら、もう一度《ど》さらに深《ふか》く一切諸法《いっさいしょほう》の実相《じっそう》を学《まな》びなさい」と教《おし》えられているのです。

ただ〈学《まな》ぶ〉というのは、声聞《しょうもん》の境界《きょうがい》です。自分本位《じぶんほんい》の修行《しゅぎょう》です。ところが学《まな》んだために、衆生《しゅじょう》の苦《くる》しみがよく目《め》に見《み》えるようになって、慈悲心《じひしん》を起《お》こした……これが菩薩《ぼさつ》としての第一歩《だいいっぽ》です。そうしたら、さらに深《ふか》く学《まな》べというのです。こうして、〈学習《がくしゅう》〉と〈行動《こうどう》〉をくりかえしくりかえし循環《じゅんかん》させるところに、ほんとうの悟《さと》りに達《たっ》する道《みち》があるのであって、〈自利利他《じりりた》〉とも〈自覚《じかく》覚他《かくた》〉ともいいますが、じつに合理《ごうり》的《てき》な修行《しゅぎょう》の方法《ほうほう》といわなければなりません。

法《ほう》の相《そう》是《かく》の如《ごと》くして是《かく》の如《ごと》き法《ほう》を生《しょう》ず。法《ほう》の相《そう》是《かく》の如《ごと》くして是《かく》の如《ごと》き法《ほう》を住《じゅう》す。法《ほう》の相《そう》是《かく》の如《ごと》くして是《かく》の如《ごと》き法《ほう》を異《い》す。法《ほう》の相《そう》是《かく》の如《ごと》くして是《かく》の如《ごと》き法《ほう》を滅《めッ》す。法《ほう》の相《そう》是《かく》の如《ごと》くして能《よ》く悪法《あくほう》を生《しょう》ず。法《ほう》の相《そう》是《かく》の如《ごと》くして能《よ》く善法《ぜんぽう》を生《しょう》ず。住《じゅう》・異《い》・滅《めつ》も亦復《またまた》是《かく》の如《ごと》し。

「どういうふうにして、深《ふか》く一切《いっさい》の諸法《しょほう》に入《い》るかといえば、この世《よ》のすべてのものごとの現在《げんざい》の姿《すがた》を正《ただ》しく見《み》きわめることによって、これからどのようなものごとが生《しょう》じてくるのかを見《み》とおさなければなりません。あるいは、そのものごとがしばらくはそのままの状態《じょうたい》を保《たも》つだろうということも見《み》とおさなければなりません。また、異《こと》なったものが現《あら》われてくることも見《み》とおさなければなりません。そしてまた、そのものごとが消滅《しょうめつ》するだろうということも見《み》とおさなければなりません。ただたんに、ものごとの変化《へんか》を見《み》とおすだけでなく、その善悪《ぜんあく》をも知《し》らねばなりません。すなわち現在《げんざい》の姿《すがた》がこうだから、これから悪《わる》いものごとが生《しょう》じてくる、あるいは善《よ》いものごとが生《しょう》じてくるということをも、見《み》とおさなければならないのです。その善《よ》い状態《じょうたい》・悪《わる》い状態《じょうたい》がしばらくそのままつづくか（住《じゅう》）、異《こと》なった状態《じょうたい》へ変化《へんか》するか（異《い》）、消滅《しょうめつ》してしまうか（滅《めつ》）、ということも、やはり同《おな》じように見《み》とおさなければならないのです」

四《し》相《そう》　〈生《しよう》・住《じゆう》・異《い》・滅《めつ》〉……ものごとのこの四つの相《すがた》を〈四相《しそう》〉といいます。〈生《しよう》〉は、文字《もじ》どおり、いままでなかった現象《げんしよう》が生《しよう》ずること。〈住《じゆう》〉は、とどまるという意味《いみ》で、ある状態《じようたい》がそのままつづくこと。〈異《い》〉は、異《こと》なった状態《じようたい》へ変化《へんか》すること。〈滅《めつ》〉は、その現象《げんしよう》が消《き》えてなくなってしまうことです。ものごとにはかならずこの四つの相《そう》があることを知《し》り、その原因《げんいん》・結果《けつか》を見《み》とおし、現在《げんざい》の姿《すがた》を見《み》て未来《みらい》を洞察《どうさつ》することのできる人《ひと》は、どんなことが起《お》ころうと、どういう変化《へんか》が生《しよう》じようと、あわてふためくことはありません。それが人生《じんせい》の達人《たつじん》の境地《きようち》というものです。その境地《きようち》について、つぎのように教《おし》えられています。

菩薩《ぼさつ》是《かく》の如《ごと》く四相《そう》の始末《しまつ》を観察《かんさつ》して悉《ことごと》く遍《あまね》く知《し》り已《おわ》って、次《つぎ》に復諦《またあきら》かに一切《さい》の諸法《しょほう》は念念《ねんねん》に住《じゅう》せず新新《しんしん》に生滅《しょうめつ》すと観《かん》じ、復即時《またそくじ》に生《しょう》・住《じゅう》・異《い》・滅《めツ》すと観《かん》ぜよ。

「菩薩《ぼさつ》ともあろう人《ひと》は、この生《しょう》・住《じゅう》・異《い》・滅《めつ》という、ものごとの移《うつ》り変《か》わる状態《じょうたい》をよく見極《みきわ》め、その真相《しんそう》を知《し》りつくしたら、つぎに、世《よ》の中《なか》のすべてのことがらは、一刻《いっこく》ももとのままでいるものではなく、一瞬一瞬《いっしゅんいっしゅん》に生《しょう》じかつ滅《めつ》し、またその生《しょう》・住《じゅう》・異《い》・滅《めつ》という変化《へんか》はまったく即時《そくじ》に行《おこ》なわれるものであることを、明《あき》らかに悟《さと》らなければなりません」

〈念念《ねんねん》に住《じゅう》せず新新《しんしん》に生滅《しょうめつ》す〉……その意味《いみ》は、現代語訳《げんだいごやく》に述《の》べたとおりですが、われわれの目《め》の前《まえ》にあるいろいろな物《もの》をぼんやりと眺《なが》めた場合《ばあい》、どうも一瞬《いっしゅん》一瞬《いっしゅん》に変化《へんか》しているようには思《おも》えません。しかし、その真相《しんそう》を深《ふか》く探《さぐ》れば、このことばの真意《しんい》が、鮮《あざ》やかに浮《う》かびあがってくるはずです。

たとえば、われわれの身体《からだ》は、一秒前《びょうまえ》と一秒後《びょうあと》ではなんの変化《へんか》もないように思《おも》えます。しかし、身体《からだ》をつくっている細胞《さいぼう》は一瞬《いっしゅん》の休《やす》みなく死滅《しめつ》と新生《しんせい》をくりかえしているのです。約《やく》七年間《ねんかん》で全体《ぜんたい》の細胞《さいぼう》が入《い》れかわるといいます。とくに血液《けつえき》にいたっては、たとえば赤血球《せっけつきゅう》は、身体《からだ》じゅうに約《やく》三十兆《ちょう》あるのですが、このうち約《やく》一兆《ちょう》が一日《にち》の間《あいだ》に死滅《しめつ》し、と同時《どうじ》に、同数《どうすう》の赤血球《せっけつきゅう》が新《あたら》しく骨髄《こつずい》でつくられているのだそうです。ですから、おどろくなかれ、一秒間《びょうかん》におよそ一億個《おくこ》の赤血球《せっけつきゅう》が死滅《しめつ》し、かつ新《あたら》しく誕生《たんじょう》しているわけです。まことに〈念《ねん》念《ねん》に住《じゅう》せず新新《しんしん》に生滅《しょうめつ》す〉ではありませんか。これは一例《いちれい》に過《す》ぎないのであって、万物《ばんぶつ》すべてこのとおりなのです。

諦《たい》観《かん》

ここの一節《いっせつ》の最後《さいご》は〈観《かん》ぜよ〉となっていますが、これは、この前《まえ》の節《せつ》で出《で》てきた〈菩《ぼ》薩《さつ》摩《ま》訶《か》薩《さつ》、是《かく》の如《ごと》く諦《あきら》かに観《かん》じて〉とあるように、〈諦《あきら》かに観《かん》じ〉つまり、〈諦観《たいかん》〉ということであります。〈諦観《たいかん》〉ということばは、今日《こんにち》ではずいぶんちがった受《う》け取《と》りかたがされています。諦《たい》を訓《くん》で読《よ》むと、あ、き、ら、む、とあきらめるですが、これはもともと〈明《あき》らかにする〉という意味《いみ》のことばです。その意味《いみ》が、だんだん崩《くず》れて、〈思《おも》い切《き》る〉というふうに使《つか》うようになりました。すなわち、ことがらの真相《しんそう》を明《あき》らかに見《み》とおして、それが自分《じぶん》にはどうにもならぬとわかったとき、さっぱりと思《おも》い切《き》る……という場合《ばあい》の〈あきらめる〉が、このことばの意味《いみ》のすべてとして使《つか》われるようになってしまったのです。

これは、ただたんに語句《ごく》の解釈《かいしゃく》のうえの問題《もんだい》ではなく、仏教《ぶっきょう》の性格《せいかく》に対《たい》する誤《ご》解《かい》の一つの原因《げんいん》となっているのですから、軽々《かるがる》しく見《み》のがすことはできません。すなわち、この世《よ》ははかないものとあきらめる、この世《よ》はどうにもならぬものとあきらめて、ひたすら極楽往生《ごくらくおうじよう》だけを願《ねが》う……というような消極的《しようきよくてき》な考《かんが》えかたが仏教《ぶつきよう》であるかのような誤解《ごかい》が、世《よ》の中全体《なかぜんたい》にひろがっているのです。これは、まったくとんでもないことであって、真《しん》の仏教《ぶつきよう》というものはそんな弱々《よわよわ》しい、敗北的《はいぼくてき》なものではないのです。逆《ぎやく》に、努力主義《どりよくしゆぎ》につらぬかれた、最《もつと》も積極的《せつきよくてき》な、最《もつと》も勇猛《ゆうもう》な、理想追求《りそうついきゆう》の教《おし》えなのです。このことは、これから法華三部経《ほつけさんぶきよう》をだんだん読《よ》み進《すす》むにしたがって、ますますはっきり認識《にんしき》されてくるはずです。

ですから、その教《おし》えの大切《たいせつ》な要素《ようそ》である〈諦観《たいかん》〉ということの意味《いみ》も、しっかりとつかんでいなくてはならないのです。諦《たい》（または諦《てい》）とは、ものごとの真相《しんそう》を明《あき》らかに見極《みきわ》めること、観《かん》とはその見極《みきわ》めたことがらについて正《ただ》しい考《かんが》えかたをすることです。

是《かく》の如《ごと》く観《かん》じ已《おわ》って衆生《しゆじよう》の諸《もろもろ》の根性欲《こんじようよく》に入《い》る。性欲無量《しようよくむりよう》なるが故《ゆえ》に説法無量《せツぽうむりよう》なり。説法無量《せツぽうむりよう》なるが故《ゆえ》に義《ぎ》も亦無量《またむりよう》なり。

「このような見極《みきわ》めがついたら、こんどは、多《おお》くの人《ひと》びとについて、それぞれの機根《きこん》や性質《せいしつ》や欲望《よくぼう》を深《ふか》く見極《みきわ》めなければなりません。人《ひと》びとの機根《きこん》も、性質《せいしつ》も、欲望《よくぼう》も、千差万別《せんさばんべつ》ですから、それぞれの人《ひと》に説《と》く教《おし》えも、当然千差《とうぜんせんさ》万別《ばんべつ》にならざるをえません。教《おし》えが千差万別《せんさばんべつ》であれば、もちろんその内容《ないよう》も千差万別《せんさばんべつ》になってくるわけです」

〈根《こん》〉は機根《きこん》の略《りやく》。機根《きこん》とは、法《ほう》を聞《き》いて理解《りかい》し、かつ反応《はんのう》する力《ちから》です。
〈性《しよう》〉は性質《せいしつ》とか性癖《せいへき》ということ。
〈欲《よく》〉は欲望《よくぼう》。あれが欲《ほ》しい、こうなりたい……と、心《こころ》に望《のぞ》むことすべてを指《さ》しますが、この場合《ばあい》は、いい欲望《よくぼう》も、貪欲《とんよく》もひっくるめたものです。その根《こん》・性《じよう》・欲《よく》に〈入《い》る〉というのですから、まるで人《ひと》びとの心《こころ》の中《なか》にはいりこんだように、よく見《み》とおすというのです。〈性欲無量《しようよくむりよう》なり〉というのは、文章《ぶんしよう》の調子《ちようし》のうえで〈根《こん》〉が略《りやく》してあるので、〈根性欲無量《こんじようよくむりよう》なり〉と解《かい》さなければなりません。

〈義《ぎ》〉というのは、わけとか、意味《いみ》ということ。教《おし》えの内容《ないよう》を指《さ》します。そこで、その千差万別《せんさばんべつ》の内容《ないよう》はどうしてできたのかということを、つぎにお説《と》きになります。

無量義《むりようぎ》とは一法《ぽう》より生《しよう》ず。其《そ》の一法《ぽう》とは即《すなわ》ち無相《むそう》なり。是《かく》の如《ごと》き無相《むそう》は相《そう》なく、相《そう》ならず、相《そう》ならずして相《そう》なきを名《なづ》けて実相《じツそう》とす。

「その数《かず》かぎりない、千差万別《せんさばんべつ》の教《おし》えも、もともとはただ一つの真理《しんり》（法《ほう》）から生《しょう》ずるものなのです。そのただ一つの真理《しんり》とは、すなわち無相《むそう》（特定《とくてい》の相《そう》のないもの）であり、そのような無相《むそう》は一切《いっさい》の差別《さべつ》がなく、差別《さべつ》をつくらないもの（不相《ふそう》）であり、一切《いっさい》の差別《さべつ》をつくらないから、一切《いっさい》が平等《びょうどう》であり、これを名《な》づけて実相《じっそう》というのです」

たいへんむずかしいところですが、じつに大事《だいじ》な一節《いっせつ》です。この《無量義《むりょうぎ》経《きょう》》の中心《ちゅうしん》であり、仏教《ぶっきょう》そのものの要点《ようてん》でもあります。その内容《ないよう》については、先《さき》にも述《の》べましたように、《法華経《ほけきょう》》に入《はい》ってからよりわかり易《やす》く解説《かいせつ》されていくわけです。

無相《むそう》・不相《ふそう》

〈無相《むそう》〉の相《そう》というのは、差別相《さべつそう》という意味《いみ》です。ですから〈無相《むそう》〉とは、差別《さべつ》のある相《すがた》が一切《いっさい》ない、すべて平等《びょうどう》だというのです。

〈不相《ふそう》〉というのは、差別的《さべってき》なはたらきをしない、いいかえれば、差別《さべつ》をつくらないという意味《いみ》です。

菩薩摩訶薩《ぼさつまかさつ》、是《かく》の如《ごと》き真実《しんじつ》の相《そう》に安住《あんじゅう》し已《おわ》って、発《ほッ》する所《ところ》の慈悲《じひ》、明諦《みょうたい》にして虚《むな》しからず。衆生《しゅじょう》の所《ところ》に於《おい》て真《まこと》に能《よ》く苦《く》を抜《ぬ》く。苦《く》既《すで》に抜《ぬ》き已《おわ》って、復為《またため》に法《ほう》を説《と》いて、諸《もろもろ》の衆生《しゅじょう》をして快楽《けらく》を受《う》けしむ。

「菩薩《ぼさつ》のみなさんが、このような真実《しんじつ》の相《すがた》を悟《さと》り、その悟《さと》りがすっかり身《み》についてしまったときに起《お》こってくる慈悲心《じひしん》というものは、はっきりした根拠《こんきょ》の上《うえ》に立《た》った慈悲心《じひしん》でありますから、そのはたらきは、かならずりっぱな結《けつ》果《か》となって現《あら》われるものです。すなわち、それぞれの境遇《きょうぐう》そのままで、多《おお》くの人《ひと》びとの苦《くる》しみをまったく抜《ぬ》き去《さ》ることができましょう。苦《くる》しみを抜《ぬ》き去《さ》ったら、そこでふたたび法《ほう》を説《と》いて、多《おお》くの人《ひと》びとに生《い》きる喜《よろこ》びを与《あた》えることができましょう」

〈是《かく》の如《ごと》き真実《しんじつ》の相《そう》に安住《あんじゅう》し已《おわ》って〉……「心《こころ》がこの世《よ》の真実《しんじつ》の相《すがた》に安《やす》らかに住《とど》まるようになったら」というのですから、実相《じっそう》というものをただ漠然《ばくぜん》と悟《さと》ったとか、ほんの瞬間的《しゅんかんてき》に感得《かんとく》したとかいうのでなく、その悟《さと》りがしっかりと身《み》についてしまったことをいうのです。

そうなってから起《お》こってくる慈悲心《じひしん》というものは、ただなんとなく「かわいそうだ」と感《かん》ずる程度《ていど》の慈悲心《じひしん》とちがって、根拠《こんきょ》のあるハッキリした慈悲心《じひしん》だというのです。すなわち、衆生《しゅじょう》が苦《くる》しんでいるのは、ものごとの真実《しんじつ》を知《し》らないからだ――という明《あき》らかな智慧《ちえ》の上《うえ》に立《た》った慈悲心《じひしん》なのです。それが〈明諦《みょうたい》〉の意《い》です。したがって、その慈悲心《じひしん》のはたらきは、ムダに終《お》わることはない――というのが〈虚《むな》しからず〉の意《い》です。

〈衆生《しゅじょう》の所《ところ》に於《おい》て〉というのは、なんでもないようなことばですが、たいへん重要《じゅうよう》な意味《いみ》があります。すなわち、衆生《しゅじょう》の現在《げんざい》の境遇《きょうぐう》そのままで救《すく》う……というのです。いまの職業《しょくぎょう》をやめなさいとか、そんなご主人《しゅじん》とは別《わか》れてしまいなさいとかいうように、境遇《きょうぐう》の具体的《ぐたいてき》な条件《じょうけん》を変《か》えることなく、心《こころ》の持《も》ちかたを変《か》えることによって苦《くる》しみを消滅《しょうめつ》させる道《みち》を教《おし》えてあげるわけです。これが菩薩《ぼさつ》行《ぎょう》にとっては非常《ひじょう》に大切《たいせつ》なことであって、心《こころ》の持《も》ちかたを変《か》えさせないで境遇《きょうぐう》をかえさせてみたところで、その人《ひと》はかならず新《あたら》しい境遇《きょうぐう》の中《なか》でまた新《あたら》しく苦《くる》しみをつくり出《だ》すでしょう。それでは、真《しん》の救《すく》いにはならないのです。

しかし、苦《くる》しみを取《と》り除《のぞ》いてあげただけでは、ほんとうの慈悲《じひ》とはいえません。まえにも説明《せつめい》したとおり、苦《くる》しみを取《と》り除《のぞ》いてあげるのは〈悲《ひ》〉のはたらきであって、それに、喜《よろこ》びを与《あた》えてあげるという〈慈《じ》〉のはたらきが加《くわ》わらないと、完全《かんぜん》な〈慈悲《じひ》〉にならないのです。

快《け》楽《らく》

そこで、〈復為《またため》に法《ほう》を説《と》いて、諸《もろもろ》の衆生《しゅじょう》をして快楽《けらく》を受《う》けしむ〉ということになるのです。すなわち、またくりかえしくりかえし教《おし》えを説《と》いて、人《ひと》びとに喜《よろこ》びを与《あた》えるというのですが、この〈快楽《けらく》〉というのは、もちろん五官《ごかん》に感《かん》ずる快楽《かいらく》ではなく、精神的《せいしんてき》な喜《よろこ》びをいうのです。生《い》きることがほんとうに楽《たの》しい、生活《せいかつ》に充実感《じゅうじつかん》があり、生《い》き甲斐《がい》に満《み》ちている……という喜《よろこ》びです。

これは、けっきょく、物質的《ぶっしつてき》な願望《がんぼう》やその充足《じゅうそく》などでは得《え》られない境地《きょうち》です。つねに自分《じぶん》を高《たか》め、ひとのためにつくし、人間《にんげん》と人間社会《にんげんしゃかい》の理想《りそう》をめざして進《すす》む……という生《い》きかたにこそ、その喜《よろこ》びがあるのです。ことばをかえていえば、自分《じぶん》も仏《ほとけ》の境地《きょうち》をめざし、人《ひと》びとをもその境地《きょうち》へ導《みちび》き、共々《ともども》に寂光土《じゃっこうど》を建設《けんせつ》しようという願望《がんぼう》をもった生活《せいかつ》の喜《よろこ》びです。

――この世《よ》では、その願望《がんぼう》は達《たっ》せられないかもしれない。おそらく成就《じょうじゅ》できないだろう。しかし、つぎの世《よ》で、そのまたつぎの世《よ》で……と、どこまでもその理想《りそう》を追求《ついきゅう》してゆけば、いつかは必《かなら》ず達《たっ》せられるのだ――こういう考《かんが》えがしっかり定《さだ》まれば、大《おお》きな励《はげ》みが出《で》て、日々《ひび》の生活《せいかつ》は希望《きぼう》に満《み》ち、そして死《し》ぬことさえ恐《おそ》ろしくなくなってしまうのです。これがほんとうの〈快楽《けらく》〉というものです。

善男子《ぜんなんし》、菩薩《ぼさつ》若《も》し能《よ》く是《かく》の如《ごと》く一切《さい》の法門無量義《ほうもんむりょうぎ》を修《しゅ》せん者《もの》、必《かなら》ず疾《と》く阿耨《あのく》多羅《たら》三藐《みゃく》三菩提《ぼだい》を成《じょう》ずることを得《え》ん。善男子《ぜんなんし》、是《かく》の如《ごと》き甚深無上大乗無量義《じんじんむじょうだいじょうむりょうぎ》経《きょう》は、文理真正《もんりしんしょう》に尊《そん》にして過上《かじょう》なし。三世《ぜ》の諸仏《しょぶつ》の共《とも》に守護《しゅご》したもう所《ところ》なり。衆魔群道《しゅまぐんどう》、得入《とくにゅう》することあることなく、一切《さい》の邪見生死《じゃけんしょうじ》に壊敗《えはい》せられず。是《こ》の故《ゆえ》に善男子《ぜんなんし》、菩薩摩訶薩《ぼさつまかさつ》若《も》し疾《と》く無上菩提《むじょうぼだい》を成《じょう》ぜんと欲《ほッ》せば、応当《まさ》に是《かく》の如《ごと》き甚深無上大乗無量義経《じんじんむじょうだいじょうむりょうぎきょう》を修学《しゅがく》すべし。

「もし菩薩《ぼさつ》のみなさんが、いま述《の》べたように、すべての教《おし》えの根本《こんぽん》である、無量義《むりょうぎ》の教《おし》えをしっかりと把握《はあく》し、その教《おし》えを衆生《しゅじょう》の機根《きこん》・性質《せいしつ》・欲望《よくぼう》のありかたに応《おう》じてさまざまに説《と》くという修行《しゅぎょう》をつづけていったならば、かならずそれだけで最高無上《さいこうむじょう》の悟《さと》りに達《たっ》することができましょう。みなさん、このように非常《ひじょう》に奥深《おくぶか》く、仏《ほとけ》の悟《さと》りに達《たっ》する大道《だいどう》である無量義《むりょうぎ》という教《おし》えは、その中《なか》に含《ふく》まれている道理《どうり》が真実《しんじつ》であって、正《ただ》しく、この上《うえ》もなく尊《とうと》いものであります。過去《かこ》・現在《げんざい》・未来《みらい》にわたって、あらゆる仏《ほとけ》が、この教《おし》えが世《よ》にひろまり、この教《おし》えによって人《ひと》びとが救《すく》われてゆくように守護《しゅご》されるのです。ですから、この教《おし》えのとおり修行《しゅぎょう》しているかぎり、どのような邪魔《じゃま》ものも妨《ぼう》害《がい》することはできず、どのような他《た》の教義《きょうぎ》もそれを動《うご》かすことはできません。また、どのようなまちがった考《かんが》えにもうち崩《くず》されることがなく、どのような人生《じんせい》の変化《へんか》にあってもうち挫《くじ》けてしまうことはありません。ですから、みなさん、あなたがたが、もしまっすぐに無上《むじょう》の悟《さと》りに達《たつ》しようと思《おも》うのならば、かならずこのような奥深《おくぶか》い意味《いみ》を持《も》つ無量義《むりょうぎ》の教《おし》えを修《おさ》めなければならないのです」


〈甚深《じんじん》〉……非常《ひじょう》に奥深《おくぶか》く大切《たいせつ》なこと。

〈大乗《だいじょう》〉……仏《ほとけ》の境界《きょうがい》に達《たつ》するためのりっぱな乗《の》りものという意味《いみ》で、くわしいことは《はじめに》の二九ページから三七ページあたりを読《よ》んでください。

〈文理真正《もんりしんしょう》〉……文《もん》は文章《ぶんしょう》ですが、ここでは、説《と》いてある内容《ないよう》のことです。理《り》は道理《どうり》。説《と》いてある内容《ないよう》が真理《しんり》であり、まったく正《ただ》しいというのです。

〈過上《かじょう》なし〉……これに過《す》ぎるものはなく、これより上《うえ》のものはないという意《い》味《み》。

〈衆魔《しゅま》〉……いろいろな魔《ま》というのですが、〈魔《ま》〉とは梵語《ぼんご》のマーラのことで、人《ひと》の命《いのち》を奪《うば》うもの、乱《みだ》し騒《さわ》がすもの、また破壊《はかい》・障害《しょうがい》などの意味《いみ》があります。つまり、人《ひと》の生命《せいめい》をおびやかし、人《ひと》の善事《ぜんじ》を妨《さまた》げるものを、すべて〈魔《ま》〉というのです。修行《しゅぎょう》のじゃまをしたり、迫害《はくがい》したりする法敵《ほうてき》は最大《さいだい》の〈魔《ま》〉といえましょう。

〈群道《ぐんどう》〉……仏教以外《ぶつきょういがい》のさまざまな教《おし》えのこと。

〈得入《とくにゅう》〉……はいりこんで占領《せんりょう》するという意味《いみ》。

〈邪見《じゃけん》・生死《しょうじ》〉……邪見《じゃけん》は、よこしまなものの見《み》かた。まちがった考《かんが》え。生死《しょうじ》は、なんべんもくりかえすように、変化《へんか》という意味《いみ》。

さて、お釈迦《しゃか》さまがここまでお説《と》きになりますと、大荘厳菩薩《だいしょうごんぼさつ》は深《ふか》い感動《かんどう》を覚《おぼ》えます。しかし、一方《いっぽう》には、——自分《じぶん》にはよくわかるけれども、あまりにも従来《じゅうらい》のお釈迦《しゃか》さまの説法《せっぽう》から飛躍《ひやく》しているので、はたして一般《いっぱん》の人《ひと》びとに理解《りかい》できるだろうか、いままでの説法《せっぽう》とひきくらべて、頭《あたま》が混乱《こんらん》してしまうのではないか——という疑問《ぎもん》が起《お》こります。そこで、つぎのような質問《しつもん》を申《もう》しあげるのです。

爾《そ》の時《とき》に大荘厳菩薩《だいしょうごんぼさつ》、復仏《またほとけ》に白《もう》して言《もう》さく、世尊《せそん》、世尊《せそん》の説法不可思議《せツぽうふかしぎ》なり。衆生《しゅじょう》の根性亦不可思議《こんじょうまたふかしぎ》なり。法門解脱亦不可思議《ほうもんげだつまたふかしぎ》なり。我等《われら》、仏《ほとけ》の所説《しょせつ》の諸法《しょほう》に於《お》て復疑難《またぎなん》なけれども、而《しか》も諸《もろもろ》の衆生迷惑《しゅじょうめいわく》の心《こころ》を生《しょう》ぜんが故《ゆえ》に、重《かさ》ねて世尊《せそん》に諮《と》いたてまつる。

そのとき大荘厳菩薩《だいしょうごんぼさつ》は、ふたたび仏《ほとけ》にむかって申《もう》しあげました。

「世尊《せそん》、世尊《せそん》のお説《と》きになります教《おし》えは、たいへん奥深《おくぶか》く、幅広《はばひろ》くて、凡夫《ぼんぷ》

にとっては、そのご精神《せいしん》のあるところをつかむのが、容易《ようい》ではございますまい。その教《おし》えをうかがう衆生《しゅじょう》の機根《きこん》や性質《せいしつ》にいたしましても、まことに千差万別《せんさばんべつ》でございまして、一々《いちいち》知《し》り分《わ》けるのが、容易《ようい》ではございません。また、教《おし》えを学《まな》んで修行《しゅぎょう》し、苦《くる》しみや悩《なや》みから解脱《げだつ》するのにもいろいろな道《みち》がありますので、どの道《みち》によるのがいちばん適《てき》しているかということも、なかなかつかみにくいことでございます。わたくしどもは、もはやどのような教《おし》えをうかがいましても、疑問《ぎもん》や困難《こんなん》は感《かん》じません。けれども、一般《いっぱん》の人《ひと》びとの身《み》になりますと、いったいどうしたらいいのかと、迷《まよ》うこともあろうかと存《ぞん》じます。そういう人《ひと》たちのために、重《かさ》ねておうかがい申《もう》しあげるのでございます」

この節《せつ》は、語句《ごく》の解説《かいせつ》の必要《ひつよう》はないようです。現代語訳《げんだいごやく》と引《ひ》き合《あ》わせれば、よくおわかりになると思《おも》います。ただ、〈迷惑《めいわく》〉というのは、今日《こんにち》の使《つか》いかたとちがって、本来《ほんらい》の意味《いみ》、すなわち〈迷《まよ》い惑《まど》う（迷《まよ》ってウロウロする）〉ということです。

さて、いよいよ大荘厳菩薩《だいしょうごんぼさつ》は質問《しつもん》の本題《ほんだい》にはいります。

如来《にょらい》の得道《とくどう》より已来《このかた》四十余年《よねん》、常《つね》に衆生《しゅじょう》の為《ため》に諸法《しょほう》の四相《そう》の義《ぎ》・苦《く》の義《ぎ》・空《くう》の義《ぎ》・無常《むじょう》・無我《むが》・無大《むだい》・無小《むしょう》・無生《むしょう》・無滅《むめつ》・一相《そう》・無相《むそう》・法性《ほッしょう》・法相《ほッそう》・本《ほん》来空寂《らいくうじゃく》・不来《ふらい》・不去《ふこ》・不出《ふしゅつ》・不没《ふもつ》を演説《えんぜつ》したもう。

「仏《ほとけ》さまは、成道《じょうどう》なさいましてからこのかた四十数年《すうねん》のあいだに、つねに衆《しゅ》生《じょう》のために、すべてのものごとにある生《しょう》・住《じゅう》・異《い》・滅《めつ》の四つの相《そう》のこと、苦《く》というものの正体《しょうたい》、すべてのものごとは本来空《ほんらいくう》であるということ、すべてのものごとはつねに変化《へんか》するものであるということ（無常《むじょう》）、すべてのものごとは孤立《こりつ》して存在《そんざい》するのではないということ（無我《むが》）、すべてのものごとは本来大《ほんらいおお》きいとか小《ち》さいとか、生《しょう》ずるとか滅《めつ》するとかいうことのないもので（無大《むだい》・無小《むしょう》・無生《むしょう》・無滅《むめつ》）、その本質《ほんしつ》においては、差別《さべつ》のないものであり（一相《いっそう》）、特別《とくべつ》の相《すがた》をもつものではないこと（無相《むそう》）や、すべてのものごとの真実《しんじつ》の性質《せいしつ》・真実《しんじつ》の相《すがた》（法性《ほっしょう》・法相《ほっそう》）について、お説《と》きくださいました。また、すべてのものごとは本来平等《ほんらいびょうどう》で大調和《だいちょうわ》しているもの（本来空寂《ほんらいくうじゃく》）であり、どこから来《き》たりどこかへ去《さ》ってゆくものでなく（不来《ふらい》・不去《ふこ》）、出《で》て来《き》たり、消《き》えてしまったりするものでもない（不出《ふしゅつ》・不没《ふもつ》）ことを教《おし》えてくださいました」

釈尊《しゃくそん》が、ブッダガヤーの菩提樹《ぼだいじゅ》のもとで仏《ほとけ》の悟《さと》りを得《え》られてから四十余年《よねん》の間《あいだ》に、じつに数《かず》かぎりない教《おし》えを説《と》かれました。大荘厳菩薩《だいしょうごんぼさつ》は、その教《おし》えのいろいろな内容《ないよう》をここに挙《あ》げているのですが、もちろんほんの一部分《いちぶぶん》に過《す》ぎません。それでも、根本仏教《こんぽんぶっきょう》の教《おし》えや、いわゆる大乗仏教《だいじょうぶっきょう》の教《おし》えの柱《はしら》となる思想《しそう》がおおむね出《だ》されているようです。すなわち、つぎのようなものです。

〈諸法《しょほう》の四相《そう》の義《ぎ》〉……（二四九ページを参照《さんしょう》）。

〈苦《く》の義《ぎ》〉……四苦《しく》・八苦《はっく》と、それらの苦《く》を滅《めっ》する根本的《こんぽんてき》な教《おし》え、すなわち四諦《したい》・十二因縁《じゅうにいんねん》の法門《ほうもん》。

〈空《くう》の義《ぎ》〉……《大般若経《だいはんにゃきょう》》などで徹底的《てっていてき》に説《と》かれた教《おし》え、空《くう》の意味《いみ》については二三五ページを復習《ふくしゅう》してください。

無《む》常《じょう》　〈無常《むじょう》〉……三法印《さんぽういん》（仏教《ぶっきょう》の三つの柱《はしら》となる教《おし》え）の一つ〈諸行無常《しょぎょうむじょう》〉という教《おし》え。この世《よ》のすべての現象《げんしょう》には、固定《こてい》していつまでも変《か》わりなく存在《そんざい》するものはなく、あらゆるものがつねに変化《へんか》するものであるということ。

無《む》我《が》

〈無我《むが》〉……これも三法印《さんぽういん》の一つ。〈諸法無我《しょほうむが》〉という教《おし》え。この世《よ》には永遠不変《えいえんふへん》で、他《た》のなにものとも関係《かんけい》なく孤立《こりつ》して存在《そんざい》するものはなく、他《た》となんの関係《かんけい》もなく起《お》こるものごとというものは絶対《ぜったい》にありえない——という教《おし》え。

〈無大《むだい》・無小《むしょう》・無生《むしょう》・無滅《むめつ》〉については、二三六ページを参照《さんしょう》してください。

〈一相《そう》〉とは、ただひといろの相《すがた》であるということ。また、すべてのものごとをつらぬく真理《しんり》は、その根本《こんぽん》においてはただ一つであるということ。

〈無相《むそう》〉……この相《そう》は、前《まえ》にも述《の》べましたように差別相《さべつそう》という意味《いみ》です。差別《さべつ》相《そう》がないというのですから、つまりは一相《いっそう》と同《おな》じことを指《さ》すわけです。

〈法性《ほッしょう》・法相《ほッそう》〉というのは、現象《げんしょう》に現《あら》われた性質《せいしつ》または形相《けいそう》（形《かたち》や相《すがた》）でなく、すべてのものごとの本質的《ほんしってき》な性質《せいしつ》や形相《けいそう》のこと。

〈空《くう》・寂《じゃく》〉については、二三五〜二三七ページをごらんください。
なお、ここにある〈如来《にょらい》の得道《とくどう》より已来《このかた》四十余年《よねん》〉ということばによって、この《無量義経《むりょうぎきょう》》およびつぎの《法華経《ほけきょう》》の内容《ないよう》が、仏陀《ぶつだ》ご入滅《にゅうめつ》のほんのしばらく前《まえ》に説《と》かれたものだということがハッキリわかるわけです。

若《も》し聞《き》くことある者《もの》は、或《あるい》は煗法《なんぽう》・頂法《ちょうほう》・世第《せだい》一法《ぽう》・須陀洹果《しゅだおんか》・斯陀含果《しだごんか》・阿那含果《あなごんか》・阿羅漢果《あらかんが》・辟支仏道《びゃくしぶつどう》を得《え》、菩提心《ぼだいしん》を発《おこ》し、第《だい》一地《ち》・第《だい》二地《ち》・第《だい》三地《ぢ》に登《のぼ》り、第《だい》十地《ぢ》に至《いた》りき。

「その教《おし》えを聞《き》いた人《ひと》は、最初《さいしょ》はただなんとなく心暖《こころあたた》まるものを覚《おぼ》えるぐらいですが、だんだん法《ほう》に近《ちか》づくにつれて、その教《おし》えの尊《とうと》さがわかってまいります。そして、はっきりと、仏《ほとけ》さまの教《おし》えこそ世《よ》の中《なか》で第一《だいいち》のものであることを確信《かくしん》するようになります。そうして、いよいよ仏道《ぶつどう》にはいりますと、第《だい》一《いち》に信仰者《しんこうしゃ》の仲間入《なかまい》りをしたという光明《こうみょう》に満《み》ちた自覚《じかく》が生《しょう》じ（須陀洹果《しゅだおんか》）、だんだん信仰《しんこう》が進《すす》んでくると、まだ不安定《ふあんてい》ながらよほど迷《まよ》いを離《はな》れた心境《しんきょう》を得《え》（斯陀含果《しだごんか》）、つぎには、もはや凡夫《ぼんぷ》の境界《きょうがい》へあともどりしないまでの境地《きょうち》に達《たつ》し（阿那含果《あなごんか》）、ついにあらゆる煩悩《ぼんのう》を除《のぞ》きつくした清《きよ》らかな身《み》となります（阿羅漢果《あらかんが》）。もっと進《すす》めば、自分《じぶん》の体験《たいけん》を通《つう》じてことごとに仏《ほとけ》の道《みち》を悟《さと》るようになり（辟支仏道《びゃくしぶつどう》を得《え》）、そこでいよいよ仏《ほとけ》の智慧《ちえ》を具《そな》えたいという最高《さいこう》の願《ねが》いを起《お》こして、菩薩《ぼさつ》の修行《しゅぎょう》に励《はげ》み、次第次第《しだいしだい》に高《たか》い境地《きょうち》に登《のぼ》っていって、とうとう仏《ほとけ》の悟《さと》りにほど近《ちか》いところまで達《たつ》したものもございました」

ここには、縁《えん》あって仏《ほとけ》の教《おし》えを聞《き》くことを得《え》た人《ひと》が、だんだんと修行《しゅぎょう》を積《つ》んで心境《しんきょう》が高《たか》まってゆく順序《じゅんじょ》が述《の》べられています。

煗《なん》法《ぽう》　第一《だいいち》の〈煗法《なんぽう》〉の煗《なん》というのは、暖《あたた》かいという意味《いみ》です。寒《さむ》い日《ひ》に日向《ひなた》に出《で》れば、全身《ぜんしん》がほのぼのと暖《あたた》かになってきます。火《ひ》ばちの火《ひ》に手《て》をかざせば、なんともいえず、ホッとした気持《きもち》になります。それと同《おな》じように、この世《よ》の冷《つめた》い風《かぜ》に凍《こご》えそうになっていた心《こころ》が、ふと仏《ほとけ》の教《おし》えを聞《き》く機会《きかい》にめぐまれると、まだ教義《きょうぎ》もなにもわからなくても、なんとなく心《こころ》が暖《あたた》まるような思《おも》いがします。その暖《あたた》かさがありがたくて、いつまでもその傍《そば》にいたい気《き》持《もち》になります。その気持《きもち》を煗法《なんぽう》というのです。

頂《ちょう》法《ほう》　つぎに、だんだん教《おし》えに近《ちか》づいてくると、この法《ほう》を信《しん》ずるものは、凡夫《ぼんぷ》の世界《せかい》の頂上《ちょうじょう》に立《た》っている、すなわち凡夫《ぼんぷ》の中《なか》でいちばんすぐれていることがわかってきます。この境地《きょうち》を頂法《ちょうほう》といいます。一説《いっせつ》には、この境地《きょうち》は山《やま》の頂《いただ》きにいるようなもので、山《やま》の向《む》こうへも行《ゆ》けるし、もと来《き》た道《みち》へあともどりする可能性《かのうせい》もあるからだともいいます。いずれにしても、仏教《ぶっきょう》の尊《とうと》さはやや認識《にんしき》できたけれども、まだあやふやであるという状態《じょうたい》です。

忍法《にんぽう》

つぎに、ここには略《りゃく》してありますが、〈忍法《にんぽう》〉という境地《きょうち》がありま す。これは仏《ほとけ》の教《おし》えの尊《とうと》さがハッキリわかって、その気持《きもち》があともどりしないようになった境界《きょうがい》です。

世第一法《せだいいっぽう》

そして、いよいよ〈世第一法《せだいっぽう》〉という境地《きょうち》に達《たっ》します。すなわち、仏法《ぶっぽう》はこの世《よ》の教《おし》えの中《なか》で第一《だいいち》のものであるという認識《にんしき》が確固《かっこ》たるものになったわけです。

ここまではまだ、仏道《ぶつどう》に対《たい》する理解《りかい》や認識《にんしき》が深《ふか》まり、信仰心《しんこうしん》が起《お》こってきたという段階《だんかい》に過《す》ぎません。しかし、こうしてほんとうの信仰心《しんこうしん》が起《お》こってきますと、自然《しぜん》と修行《しゅぎょう》に励《はげ》まざるをえなくなります。そうすると、こんどはほんとうに仏道修行者《ぶつどうしゅぎょうしゃ》としての境地《きょうち》にはいってゆくわけです。そうして、まず、声聞《しょうもん》としての修行《しゅぎょう》を積《つ》んでゆくうちに、次第《しだい》に高《たか》い境地《きょうち》に進《すす》みます。それが、須陀《しゅだ》洹果《おんか》・斯陀含果《しだごんか》・阿那含果《あなごんか》・阿羅漢果《あらかんが》であって、これは二〇八ページにくわしく解説《かいせつ》しましたから、ここには略《りゃく》します。

〈辟支仏《びゃくしぶつ》〉……つぎに、辟支仏《びゃくしぶつ》という境地《きょうち》に達《たっ》します。これは、梵語《ぼんご》のプラティエーカ・ブッダ（パーリ語《ご》では、パッチェーカ・ブッダ）のことで、自分《じぶん》の生《せい》活体験《かつたいけん》によって仏《ほとけ》の道《みち》を会得《えとく》する境地《きょうち》です。縁《えん》（体験《たいけん》）によって覚《さと》る（悟《さと》る）のですから〈縁覚《えんがく》〉ともいい、また独《ひと》りで覚《さと》るのですから〈独覚《どっかく》〉ともいいます。

なお、ここでは声聞《しょうもん》（教《おし》えを聞《き》くことによって仏《ほとけ》の道《みち》を悟《さと》る修行者《しゅぎょうしゃ》）よりも一段《いちだん》進《すす》んだ境地《きょうち》としてありますが、声聞《しょうもん》の修行《しゅぎょう》を経《へ》ずに最初《さいしょ》からひとりで山《やま》などに籠《こも》って修行《しゅぎょう》した縁覚《えんがく》もいるわけで、その場合《ばあい》は、だいたい声聞《しょうもん》と同《おな》じ程度《ていど》の修《しゅ》行者《ぎょうしゃ》と見《み》なされています。

〈菩提心《ぼだいしん》〉……〈阿耨多羅三藐三菩提心《あのくたらさんみゃくさんぼだいしん》〉の略《りゃく》で、無上《むじょう》の悟《さと》りを求《もと》めて仏道《ぶつどう》を行《ぎょう》じようという心《こころ》です。そして、その心《こころ》を起《お》こすのを発菩提心《ほつぼだいしん》といいます。

自行化他《じぎょうけた》といえば、声聞《しょうもん》でも縁覚《えんがく》でも無上《むじょう》の悟《さと》りを求《もと》めているのではないか?……という疑問《ぎもん》が起《お》こるかもしれませんが、声聞《しょうもん》・縁覚《えんがく》という

自利利他《じりりた》のは、まだ自分《じぶん》の解脱《げだつ》のために悟《さと》りを求《もと》め、あるいはその程度《ていど》の悟《さと》りを開《ひら》いている境地《きょうち》であります。だから、無上《むじょう》とはいえないのです。それから一歩《いっぽ》進《すす》んで、仏《ほとけ》と同様《どうよう》の悟《さと》りを得《え》ようという願《ねが》いを起《お》こし、仏《ほとけ》の悟《さと》りを得《え》るためには、どうしても他《た》を救《すく》うという行《ぎょう》をしなければならぬことを知《し》って、自行化他《じぎょうけた》(自《みずか》らも修行《しゅぎょう》しつつ他《た》をも教化《きょうけ》する)・自利利他《じりりた》(自《みずか》らを高《たか》めることによって他《た》をも救《すく》う)の菩薩行《ぼさつぎょう》にうちこもうという決意《けつい》をする……これが発菩提心《ほつぼだいしん》なのであります。

菩薩《ぼさつ》の十地《じゅうじ》つぎに、〈第《だい》一地《ぢ》・第《だい》二地《ぢ》・第《だい》三地《ぢ》に登《のぼ》り、第《だい》十地《ぢ》に至《いた》りき〉とあります。この〈地《じ》〉というのは、俗《ぞく》にいう〈地《ち》についた〉ということばがピッタリあてはまると思《おも》います。大地《だいち》は動《うご》かないものの代表《だいひょう》とされ

ていましたが、その大地《だいち》のように、ある徳《とく》がしっかりと身《み》に具《そな》わったことをいうのです。境地《きょうち》の〈地《ち》〉といってもいいでしょう。

ところで、すべての信仰者《しんこうしゃ》の境地《きょうち》については非常《ひじょう》に多《おお》くの段階《だんかい》があり、細《こま》かに分《わ》けられていますが、菩薩《ぼさつ》すなわち大乗《だいじょう》の教《おし》えを学《まな》ぶものの境地《きょうち》にも十の段《だん》階《かい》があるというのです。《華厳経《けごんきょう》》や《仁王経《にんのうきょう》》に説《と》かれているものです。〈第《だい》一地《ぢ》　歓喜地《かんぎぢ》〉……最初《さいしょ》の段階《だんかい》を第《だい》一地《じ》といい、内容的《ないようてき》には歓喜地《かんぎじ》と名《な》づけられています。

この歓喜地《かんぎじ》というのは、二《に》空《くう》の理《り》をはっきり会得《えとく》して、大歓喜《だいかんぎ》を生《しょう》じた境地《きょうち》だというのです。二空《にくう》というのは、人空《にんくう》と法空《ほうくう》の二つで、人空《にんくう》というのは、凡《ぼん》夫《ぷ》は自分《じぶん》の身体《しんたい》や心《こころ》に現《あら》われている〈我《が》〉という差別相《さべつそう》にとらわれているのですが、ほんとうはそういう差《さ》別的《べってき》な〈我《が》〉というものはなく、すべての人間《にんげん》が平等《びょうどう》な存在《そんざい》であるということです。また法空《ほうくう》というのは、諸法《しょほう》すなわちあらゆるものごとは、現象《げんしょう》のうえでは千差万別《せんさばんべつ》の姿《すがた》をしているが、その本質《ほんしつ》においては、平等《びょうどう》なものであるということです。この二つの真理《しんり》がわかって、心《こころ》に大《おお》きな喜《よろこ》びが湧《わ》いてきた境地《きょうち》……それを歓喜地《かんぎじ》というのです。

この境地《きょうち》に達《たっ》すると、ひとりでに布施《ふせ》（この場合《ばあい》は法施《ほうせ》が主《しゅ》）が成就《じょうじゅ》されます。自他一体《じたいったい》の気持《きもち》が深《ふか》まるからです。

自他一体感《じたいったいかん》が深《ふか》まると、――修行《しゅぎょう》のためには仕方《しかた》がないから他《た》を教化《きょうけ》する――といったような態度《たいど》ではなく、きわめて自然《しぜん》に、心《こころ》に喜《よろこ》びを覚《おぼ》えながら、菩薩行《ぼさつぎょう》をするようになるのです。

たとえば、子《こ》ども好《ず》きの人《ひと》がおおぜいの子《こ》どもたちを集《あつ》めていっしょに遊《あそ》んであげたり、歌《うた》や遊戯《ゆうぎ》を教《おし》えてあげるとか、母校《ぼこう》の運動部《うんどうぶ》を愛《あい》する先輩《せんぱい》が自分《じぶん》の夏休《なつやす》みをつぶして後輩《こうはい》のコーチに出《で》かけるときの気持《きもち》がそれです。はたから見《み》れば、さぞ骨《ほね》が折《お》れるだろう、苦労《くろう》が多《おお》いだろうと思《おも》われるのですが、本人《ほんにん》にしてみれば、きわめて自然《しぜん》に、喜《よろこ》んでやっているのです。そんな気持《きもち》で人《ひと》に法《ほう》を説《と》き、教化《きょうけ》することができるようになるというのが、りっぱな菩薩《ぼさつ》としての資格《しかく》であるわけです。

〈第二地《だいぢ》　離垢地《りくぢ》〉……つぎの段階《だんかい》は、垢《く》（煩悩《ぼんのう》）の影響《えいきょう》からすっかり離《はな》れきった境地《きょうち》です。といえば、――声聞《しょうもん》の身《み》ですら、阿羅漢《あらかん》ともなれば煩悩《ぼんのう》をすっかり除《のぞ》き尽《つ》くしているではないか、ましてや、菩薩《ぼさつ》の身《み》でいまさら――という疑問《ぎもん》が当然起《とうぜんお》こってくることと思《おも》います。

ところが、菩薩《ぼさつ》といっても、かならずしも声聞《しょうもん》や縁覚《えんがく》の修行《しゅぎょう》を経《へ》た人《ひと》ばかりではないのです。当時《とうじ》のインドの実情《じつじょう》としては、むしろ声聞《しょうもん》や縁覚《えんがく》とは別《べつ》な道《みち》（すなわち大乗《だいじょう》の教《おし》え）から仏道《ぶつどう》にはいった人《ひと》を菩薩《ぼさつ》といったのですが、そんな歴史的《れきしてき》なことにはこだわらず、現実《げんじつ》の問題《もんだい》として考《かんが》えても、仏道《ぶつどう》にはいるやいなや、ただちに菩提心《ぼだいしん》を起《お》こし、菩薩行《ぼさつぎょう》を実践《じっせん》する人《ひと》も多《おお》いのです。それどころか、まだ仏道《ぶつどう》というものを知《し》らずに、菩薩《ぼさつ》にひとしいような行《おこ》ないをしている人《ひと》さえ、世間《せけん》にはしばしばあります。ですから、煩悩《ぼんのう》をすっかり除《のぞ》き尽《つ》くすということは、菩薩《ぼさつ》の修行《しゅぎょう》にとってもやはり大事《だいじ》なものであるわけです。

なお、この離垢《りく》というのは、〈煩悩《ぼんのう》の垢染《くぜん》を離《はな》れる〉ということで、染《ぜん》とは染《そ》まっている色《いろ》、しみついている汚《けが》れです。ただひととおり煩悩《ぼんのう》を除《のぞ》きつくしたという程度《ていど》でなく、そのあとに残《のこ》っているかすかな影響《えいきょう》までもすっかり消滅《しょうめつ》してしまうというのですから、これのできる人《ひと》はよほどすぐれた人《ひと》といわなければなりません。

〈第三地《だいさんち》　発光地《はっこうぢ》〉……文字《もじ》どおり、光《ひかり》を発《はっ》する境地《きょうち》です。その人《ひと》の存在《そんざい》が周《しゅう》囲《い》を明《あか》るくするのです。高《たか》い人格《じんかく》だけではこういう作用《さよう》は起《お》こりません。人格《じんかく》者《しゃ》といわれている人《ひと》でも、その人《ひと》がやってくると、あたりが急《きゅう》に冷《つめ》たいシーンとした空気《くうき》につつまれるといった人《ひと》がよくありますが、それは声聞《しょうもん》か縁覚《えんがく》の人《じん》格者《かくしゃ》であって、菩薩《ぼさつ》ではないのです。菩薩《ぼさつ》の人格《じんかく》は、高《たか》いと同時《どうじ》に明《あか》るく、そして温《あたた》かくなければならないのです。その人《ひと》がやってくると、ひとりでにまわりが明《あか》るくなり、そして暖《あたた》かな空気《くうき》がただよう……そんなふうでなければなりません。この境地《きょうち》を、発光地《はっこうじ》というのです。

〈第四地《だいぢ》　焔慧地《えんねぢ》〉……これも字《じ》のとおり、焔《ほのお》のような智慧《ちえ》をもつということです。第三地《だいさんじ》のように人間性《にんげんせい》が明《あか》るく、温《あたた》かであることも大事《だいじ》ですが、それに智慧《ちえ》の力《ちから》が加《くわ》わらないと、ほんとうに周囲《しゅうい》のものすべてを平等《びょうどう》に導《みちび》いてゆくことはできません。そういう智慧《ちえ》が、燃《も》えあがる焔《ほのお》のように盛《さか》んになった境地《きょうち》を、焔慧地《えんねじ》といいます。

〈第五地《だいぢ》　極難勝地《ごくなんしょうぢ》〉……字《じ》の意味《いみ》からすれば、この境地《きょうち》より勝《すぐ》れることは極《きわ》めて難《むずか》しい、そんな境地《きょうち》だというのですが、内容的《ないようてき》には、〈真俗二智《しんぞくにち》の行《ぎょう》が相《そう》応《おう》するようになった境地《きょうち》〉だとされています。真《しん》というのは〈仏道《ぶつどう》〉で、俗《ぞく》というのは〈俗生活《ぞくせいかつ》〉です。ですから、仏《ほとけ》の教《おし》えとして学《まな》んだ智慧《ちえ》と、社会人《しゃかいじん》としての生活《せいかつ》の知恵《ちえ》が、おのずから一致《いっち》するようになった境地《きょうち》を、こういうのです。

これは、われわれにとっても非常《ひじょう》に大切《たいせつ》なことです。われわれ在家仏教徒《ざいけぶっきょうと》は、社会人《しゃかいじん》としての生活《せいかつ》を営《いとな》みながら、仏《ほとけ》の道《みち》を学《まな》び、行《ぎょう》じていかなければなりません。あるいは商売《しょうばい》をし、あるいは勤《つと》めをしているわけですが、そうした職場生活《しょくばせいかつ》のうえの行動《こうどう》、また私生活《しせいかつ》のうえの行動《こうどう》を、仏《ほとけ》の教《おし》えと一致《いっち》させることが、何《なに》よりもまず大事《だいじ》なことなのです。

普通《ふつう》の場合《ばあい》、ある大事《だいじ》な行動《こうどう》を起《お》こしたり、重大《じゅうだい》な意味《いみ》をもつことばを発《はっ》する前《まえ》には、はたしてこれが仏《ほとけ》の道《みち》にかなうものであるかどうかを考《かんが》えたうえで、実行《じっこう》にうつします。また、ものごとをやってしまったあとで、はたしてそれが仏《ほとけ》の教《おし》えに一致《いっち》していたかどうかを反省《はんせい》します。それだけでも、りっぱなことです。ところが、ほんとうに菩薩《ぼさつ》としての境地《きょうち》が進《すす》んでくると、言《い》うことなすことが自然《しぜん》と仏道《ぶつどう》と一致《いっち》するようになるというのです。一々仏《いちいちほとけ》さまの教《おし》えはこうだったから……と照らし合《あ》わせてみなくても、職業上《しょくぎょうじょう》のはたらきも、家《か》庭《てい》での言動《げんどう》も、ひとりでに仏《ほとけ》の道《みち》にピタリとかなうようになるわけです。この境地《きょうち》に達《たつ》するのは、なみたいていのことではありませんが、われわれはそれをめざして、一歩一歩《いっぽいっぽ》と登《のぼ》っていかなくてはなりません。確実《かくじつ》に一歩《いっぽ》ずつ登《のぼ》ってゆくかぎり、いつかはその境地《きょうち》に達《たつ》することができるのです。

〈第六地《だいろくち》　現前地《げんぜんち》〉……修行《しゅぎょう》が進《すす》み、慧《え》の力《ちから》がますます大《おお》きくなってきますと、すべての人《ひと》びとがその本質《ほんしつ》においては平等《びょうどう》であることが、はっきり分《わか》ってきます。教義《きょうぎ》のうえでは、すべての人《ひと》はひとしく仏性《ぶっしょう》をもっている、本来平等《ほんらいびょうどう》であることを理解《りかい》していても、なかなかそれに徹《てっ》した心境《しんきょう》には達《たっ》しえないものです。――そうはいっても、あの人《ひと》はずば抜《ぬ》けて賢《かしこ》いし、この人《ひと》はやはり愚《おろ》かではないか——と、だれしも思《おも》うでしょう。

ところが、悟《さと》りの程度《ていど》が高《たか》まって、そろそろ仏《ほとけ》の悟《さと》りに近《ちか》くなってくると、すべての人《ひと》が平等《びょうどう》であることが、理《り》のうえばかりでなく、現実《げんじつ》に目《め》の前《まえ》に見《み》えてくるというのです。ですから〈現前地《げんぜんぢ》〉というわけです。

〈第七地《だいちぢ》 遠行地《おんぎょうぢ》〉……これは、大悲心《だいひしん》を発《はっ》して、声聞《しょうもん》・縁覚《えんがく》の境地《きょうち》から遠《とお》く離《はな》れてしまったという意味《いみ》です。声聞《しょうもん》・縁覚《えんがく》の悟《さと》りもりっぱなものであって、なにもそれから遠《とお》く離《はな》れる必要《ひつよう》はないという疑問《ぎもん》も起《お》こることでしょうが、ここでいわれているのは、声聞《しょうもん》・縁覚《えんがく》のいわゆる〈二乗根性《にじょうこんじょう》〉のことです。すなわち、自分《じぶん》は悟《さと》っている、他《た》はまだ悟《さと》っていない——と、おのずから自他《じた》の間《あいだ》に差別《さべつ》を感《かん》じている、そういう差別感《さべつかん》がすっかりなくなって、自他一体《じたいったい》になった境地《きょうち》が、この遠行地《おんぎょうじ》なのです。

他《た》の人《ひと》が苦《くる》しんでいるのを見《み》ると、知《し》らず知《し》らずに救《すく》いの手《て》をさしのべずにはいられなくなる大悲心《だいひしん》というものは、自他《じた》の差別感《さべつかん》がなくなったときにはじめて生《う》まれてくるものです。たとえば、お母《かあ》さんが鼻《はな》のつまった赤《あか》ちゃんの鼻汁《じる》を吸《す》い出《だ》してあげたり、赤《あか》ちゃんの大便《だいべん》をなめてみて健康状態《けんこうじょうたい》を調《しら》べたりなど、汚《きたな》いことを平気《へいき》でするのは、赤《あか》ちゃんとまったく一体《いったい》になっていて、他《た》の肉体《にくたい》だという差別感《さべつかん》がないからなのです。

すべての人《ひと》びとに対《たい》して、こういう一体感《いったいかん》を覚《おぼ》えるようになったら、ほとんど仏《ほとけ》に近《ちか》くなったものといえるわけです。

〈第《だい》八地《ぢ》　不動地《ふどうぢ》〉……無相《むそう》（二五六ページ参照《さんしょう》）というものが完全《かんぜん》に解《わか》り、そのため自由自在《じゆうじざい》にひとを導《みちび》けるようになって、仏《ほとけ》の境界《きょうがい》に達《たっ》する資格《しかく》が不動《ふどう》となった境地《きょうち》をいいます。

〈第《だい》九地《ぢ》　善慧地《ぜんねぢ》〉……十力《じゅうりき》（一八三ページ参照《さんしょう》）を完全《かんぜん》に具《そな》え、どのような人《ひと》でもかならず救《すく》うことができるようになった境界《きょうがい》です。

〈第十地《だいじゅうじ》　法雲地《ほううんぢ》〉……これが菩薩《ぼさつ》としての最高《さいこう》の境地《きょうち》で、大雲《だいうん》が空《そら》をおおって、あまねく一切《いっさい》の生物《せいぶつ》の上《うえ》に功徳《くどく》の雨《あめ》を降《ふ》らせるように、この世《よ》のありとあらゆる人《ひと》を救《すく》うようになったというのです。こうなれば、もうほとんど仏《ほとけ》の境《きょう》界《がい》の一歩手前《いっぽてまえ》であるわけです。

こう学《まな》んできてみますと、大菩薩《だいぼさつ》の境地《きょうち》すらなんと遠《とお》く遥《はる》かなことか……まして、仏《ほとけ》の悟《さと》りなどとは！……と、溜息《ためいき》が出《で》そうになります。しかし、けっしてがっかりすることはありません。われわれの精進《しょうじん》は今世《こんぜ》だけのものではありません。今世《こんぜ》では、ようやく第一地《だいじ》までのぼりつくだけでもいい、来世《らいせ》には第二《だい》地《じ》まで……と、つねに向上《こうじょう》を望《のぞ》んで生《い》きてゆけば、いつかは仏《ほとけ》の境地《きょうち》に達《たっ》することができるのです。それが、ほんとうの生《い》き甲斐《がい》というものであり、生《い》きる価値《かち》というものなのであります。

さて、ここまでは、大荘厳菩薩《だいしょうごんぼさつ》が、過去《かこ》において仏《ほとけ》のお説《と》きになったさまざまな法《ほう》と、それによって人《ひと》びとが達《たつ》することのできた境地《きょうち》について述《の》べたわけでありまして、つぎにいよいよ質問《しつもん》の核心《かくしん》にはいるわけです。

往日説《むかしと》きたもう所《ところ》の諸法《しょほう》の義《ぎ》と今説《いまと》きたもう所《ところ》と、何等《なんら》の異《こと》なることあれば、而《しか》も甚深無上大乗無量義経《じんじんむじょうだいじょうむりょうぎきょう》のみ菩薩修行《ぼさつしゅぎょう》せば必《かなら》ず疾《と》く無上菩提《むじょうぼだい》を成《じょう》ずることを得《え》んと言《のたも》う、是《こ》の事如何《じいかん》。唯願《ただねが》わくは世尊《せそん》、一切《さい》を慈哀《じあい》して広《ひろ》く衆生《しゅじょう》の為《ため》に而《しか》も之《これ》を分別《ふんべつ》し、普《あまね》く現在及《げんざいおよ》び未来世《みらいせ》に法《ほう》を聞《き》くことあらん者《もの》をして、余《よ》の疑網《ぎもう》無《な》からしめたまえ。

「このようにして、仏《ほとけ》さまがむかしから今日《こんにち》までずっとお説《と》きになりましたさまざまな教《おし》えの内容《ないよう》と、いまお説《と》きになります教《おし》えの内容《ないよう》と、どのような違《ちが》いがあるために、この無量義《むりょうぎ》の教《おし》えさえ修《おさ》めればまっすぐに無上《むじょう》の悟《さと》りへ達《たつ》することができると、おおせになるのでしょうか。この点《てん》は、いかがでございましょうか。どうぞ、一般《いっぱん》の多《おお》くの人《ひと》びとをかわいそうだとお考《かんが》えくださいまして、その人《ひと》たちのためにくわしくお説《と》きくださり、現世《げんぜ》はもとより、未来《みらい》の世《よ》において教《おし》えを聞《き》くであろう人《ひと》びとが、すこしも疑《うたが》いをもつことのないように、そのわけをお示《しめ》しいただきとう存《ぞん》じます」

このところは、とくに語句《ごく》の解説《かいせつ》をする必要《ひつよう》はありますまい。

さて、つぎに、大荘厳菩薩《だいしょうごんぼさつ》のこの質問《しつもん》に対《たい》して、釈尊《しゃくそん》は非常《ひじょう》にお喜《よろこ》びになり、ねんごろなおほめのことばをたまわります。

是《ここ》に仏《ほとけ》、大荘厳菩薩《だいしょうごんぼさつ》に告《つ》げたまわく、善哉善哉《ぜんざいぜんざい》、大善男子《だいぜんなんし》、能《よ》く如来《にょらい》に是《かく》の如《ごと》き甚深無上大乗微妙《じんじんむじょうだいじょうみみょう》の義《ぎ》を問《と》えり。当《まさ》に知《し》るべし、汝《なんじょ》能く利益《りやく》する所多《ところおお》く、人《にん》・天《でん》を安楽《あんらく》し苦《く》の衆生《しゅじょう》を抜《ぬ》く。真《しん》の大慈悲《だいじひ》なり、真実《しんじつ》にして虚《むな》しからず。是《こ》の因縁《いんねん》を以《もッ》て、必《かなら》ず疾《と》く無上菩提《むじょうぼだい》を成《じょう》ずることを得《え》ん。亦《また》一切《さい》の今世《こんぜ》・来世《らいせ》の諸有《しょう》の衆生《しゅじょう》をして、無上菩提《むじょうぼだい》を成《じょう》ずることを得《え》せしめん。

そこで、仏《ほとけ》は大荘厳菩薩《だいしょうごんぼさつ》にむかっておおせになりました。

「よろしい。じつにいい質問《しつもん》です。このように奥深《おくぶか》くていいしれぬ尊《とうと》さをもった大乗《だいじょう》の精神《せいしん》について、よくぞ聞《き》いてくれました。あなたのこの質問《しつもん》は、たいへん多《おお》くの功徳《くどく》を生《う》むことでありましょう。すなわち、人間界《にんげんかい》・天上界《てんじょうかい》のあらゆる人《ひと》びとの迷《まよ》いを除《のぞ》いて、安楽《あんらく》を与《あた》え、苦《くる》しみを根本《こんぽん》から抜《ぬ》き去《さ》ってしまうでしょう。これこそ、ほんとうの大慈悲《だいじひ》です。そして、真実《しんじつ》の慈悲《じひ》であればこそ、かならず真実《しんじつ》のはたらきがあります。衆生《しゅじょう》のためのこういう慈悲《じひ》は、あなた自身《じしん》のためにも功徳《くどく》を生《しょう》ずるのであって、あなたはかならずまっすぐに仏《ほとけ》の悟《さと》りへ達《たつ》することができましょう。また、いまの時代《じだい》および後世《こうせい》を通《つう》じて、多《おお》くの人《ひと》びとを無上《むじょう》の悟《さと》りへ導《みちび》くこともできましょう」

〈善哉《ぜんざい》〉というのは、よろしい、りっぱであるという感嘆《かんたん》のことば。

〈善男子《ぜんなんし》〉というのは、訳文《やくぶん》には入《い》れませんでしたが、仏《ほとけ》さまが在家《ざいけ》・出家《しゅつけ》を問《と》わず、すぐれた信仰者《しんこうしゃ》に呼《よ》びかけられるときのことばです。女《おんな》の人《ひと》には善女人《ぜんにょにん》といって呼《よ》びかけられます。

〈甚深《じんじん》・微妙《みみょう》〉ということばも、よく出《で》てきますが、法《ほう》が非常《ひじょう》に奥深《おくぶか》く大切《たいせつ》であることを甚深《じんじん》といい、いうにいわれぬ尊《とうと》さをもっていることを微妙《みみょう》というのです。

〈安楽《あんらく》し〉というのは、文字《もじ》どおり安楽《あんらく》を与《あた》えることですが、ここで大事《だいじ》なことは、ただ一時的《いちじてき》に安楽《あんらく》にしてあげるのではなく、永久的《えいきゅうてき》な心《こころ》の安《やす》らかさ・楽《たの》しさを与《あた》えるということです。つまり迷《まよ》いを取《と》り除《のぞ》いてあげることにほかなりません。

〈虚《むな》しからず〉……ムダではない、かならず実際《じっさい》の効果《こうか》があるということ。

〈是《こ》の因縁《いんねん》を以《もツ》て〉……このこと（慈悲《じひ》にもとづくこういう大切《たいせつ》な質問《しつもん》をしたこと）が原因《げんいん》となり、条件《じょうけん》となって……という意味《いみ》。

この節《せつ》には、重大《じゅうだい》な教《おし》えが二つ含《ふく》まれています。

第一《だいい》は、大荘厳菩薩《だいしょうごんぼさつ》が、自分《じぶん》のためではなく、ただひたすら多《おお》くの人《ひと》びとのために教《おし》えを請《こ》うたことと、それを釈尊《しゃくそん》が、これこそほんとうの慈悲《じひ》だといって、非常《ひじょう》におほめになっていることです。

第二《だい》は、もっぱら人《ひと》びとのためを思《おも》ってしたことでも、それがとりもなおさず自分《じぶん》の修行《しゅぎょう》になるのだと、明《あき》らかにおっしゃっていることです。

菩薩行《ぼさつぎょう》というものの性格《せいかく》が、これによってよくわかることと思《おも》います。

善男子《ぜんなんし》、我先《われさき》に道場菩提樹下《どうじょうぼだいじゅげ》に端坐《たんざ》すること六年《ねん》にして、阿耨多羅三藐三菩《あのくたらさんみゃくさんぼ》提《だい》を成《じょう》ずることを得《え》たり。仏眼《ぶつげん》を以《もッ》て一切《さい》の諸法《しょほう》を観《かん》ずるに、宣説《せんぜつ》すべからず。所以《ゆえ》は云何《いかん》、諸《もろもろ》の衆生《しゅじょう》の性欲不同《しょうよくふどう》なることを知《し》れり。性欲不同《しょうよくふどう》なれば種《しゅ》種《じゅ》に法《ほう》を説《と》きき。種種《しゅじゅ》に法《ほう》を説《と》くこと方便力《ほうべんりき》を以《もッ》てす。四十余年《よねん》には未《いま》だ真《しん》実《じつ》を顕《あらわ》さず。是《こ》の故《ゆえ》に衆生《しゅじょう》の得道差別《とくどうしゃべつ》して、疾《と》く無上菩提《むじょうぼだい》を成《じょう》ずることを得《え》ず。

「善男子《ぜんなんし》よ。わたしはずっと以前《いぜん》にブッダガヤーの菩提樹《ぼだいじゅ》の下《した》に端坐《たんざ》して、六年《ねん》の間《あいだ》瞑想《めいそう》をつづけ、ついに最高無上《さいこうむじょう》の悟《さと》りを得《え》ることができました。そのとき、悟《さと》りを開《ひら》いた眼《め》でこの世《よ》の一切《いっさい》のことがらを眺《なが》めてみますと、いまの段階《だんかい》の衆生《しゅじょう》に対《たい》して、その悟《さと》りをそのまま説《と》くのはかえってよくない、という結論《けつろん》に達《たつ》せざるをえませんでした。なぜならば、この世《よ》のあらゆる人《ひと》びとの性質《せいしつ》や欲望《よくぼう》には、いろいろさまざまな相違《そうい》があって、ひとりとして他《た》と同《おな》じである人《ひと》はないことがはっきりわかったからです。それからこのかた、ずっと法《ほう》を説《と》いてきましたが、こうして人《ひと》びとの性質《せいしつ》や欲望《よくぼう》に違《ちが》いがあるために、いろいろさまざまな説《と》きかたをしました。もちろん、相手《あいて》の境遇《きょうぐう》や、機根《きこん》や、性質《せいしつ》や、欲望《よくぼう》に応《おう》じて、それにふさわしい説《と》きかたをし、それぞれに救《すく》い導《みちび》いてあげてきたのです。そういうふうに、衆生《しゅじょう》の程度《ていど》に応《おう》じた説《と》きかたをしていますと、どうしても法《ほう》の真実《しんじつ》のすべてをうち明《あ》ける機会《きかい》はなかなかないものであって、ついにこの四十余年間《よねんかん》、究極《きゅうきょく》の真理《しんり》をすっかり説《と》き明《あ》かすことなく過《す》ごしたわけです。そのために、人《ひと》びとの悟《さと》りの程度《ていど》も千差《せんさ》万別《ばんべつ》であり、すべての人《ひと》がまっすぐに無上《むじょう》の悟《さと》りに達《たつ》するというわけにはいかなかったのであります」

四十余年《しじゆうよねん》未顕真実《みけんしんじつ》

いよいよ大荘厳菩薩《だいしようごんぼさつ》の質問《しつもん》に対《たい》するお答《こた》えの本論《ほんろん》にはいられたわけです。大事《だいじ》なところです。とくに大事《だいじ》なのは、〈四十余年《よねん》には未《いま》だ真実《しんじつ》を顕《あらわ》さず〉ということです。これは、けっして法惜《ほうお》しみをして真実《しんじつ》をうち明《あ》けられなかったものでないことは、もちろんです。衆生《しゆじよう》の理解力《りかいりよく》の程度《ていど》がそこまできていないのに、非常《ひじよう》に奥深《おくぶか》い仏《ほとけ》の悟《さと》りをお説《と》きになったところで、とうてい理解《りかい》できるものではなく、かえって頭《あたま》が混乱《こんらん》し、あるいは仏《ほとけ》の教《おし》えに背《せ》を向《む》けてしまうという逆効果《ぎやつこうか》さえ招《まね》きかねないからです。ところが、いまはすでに四十余年《よねん》もたち、ずっとおそばで修行《しゆぎよう》してきた人《ひと》たちの境地《きようち》は非常《ひじよう》に進《すす》んできていることですし、しかもご入滅《にゆうめつ》の近《ちか》づいたことをも自覚《じかく》されましたので、いよいよ法《ほう》の真実《しんじつ》のすべて、究極《きゆうきよく》の真理《しんり》をお説《と》きになるわけです。

道場《どうじよう》

〈道場《どうじよう》〉ということばがありますが、別《べつ》にそこに建物《たてもの》があったわけではありません。仏道《ぶつどう》を修行《しゆぎよう》する場所《ばしよ》は、どんな所《ところ》でも道場《どうじよう》です。

職場《しょくば》でも、家庭《かてい》でも、街頭《がいとう》でも、心《こころ》さえ道《みち》を学《まな》び、道《みち》を修《おさ》める気持《きもち》になっておれば、そこがすなわち道場《どうじょう》なのです。

〈宣説《せんぜつ》すべからず〉という句《く》には、目的語《もくてきご》がないために、ちょっとわかりにくいかもしれませんが、目的語《もくてきご》は〈仏《ほとけ》の悟《さと》り〉であって、つまり仏《ほとけ》の悟《さと》りをそのままに宣《の》べ説《と》くことは（この時期《じき》においてはかえって）よくない……という意味《いみ》です。

〈衆生《しゅじょう》の得道差別《とくどうしゃべつ》して〉というのは、衆生《しゅじょう》の悟《さと》りかたにいろいろな相違《そうい》があって……という意味《いみ》です。

善男子《ぜんなんし》、法《ほう》は譬《たと》えば水《みず》の能《よ》く垢穢《くえ》を洗《あら》うに、若《も》しは井《せい》、若《も》しは池《ち》、若《も》しは江《こう》、若《も》しは河《か》、渓《けい》・渠《こ》・大海《だいかい》、皆悉《みなことごと》く能《よ》く諸有《しょう》の垢穢《くえ》を洗《あら》うが如《ごと》く、其《そ》の法《ほッ》水《すい》も亦復是《またまたかく》の如《ごと》し、能《よ》く衆生《しゅじょう》の諸《もろもろ》の煩悩《ぼんのう》の垢《あか》を洗《あら》う。善男子《ぜんなんし》、水《みず》の性《しょう》は是《こ》れ一なれども江《こう》・河《が》・井《せい》・池《ち》・渓《けい》・渠《こ》・大海《だいかい》、各各別異《かツかくべつい》なり。其《そ》の法性《ほツしょう》も亦復《またまた》是《かく》の如《ごと》し。塵労《じんろう》を洗除《せんじょ》すること等《ひと》しくして差別《しゃべつ》なけれども、三法《ぽう》・四果《か》・二道不一《どうふ》なり。

「善男子《ぜんなんし》よ。教《おし》えというものの性格《せいかく》は、水《みず》がいろいろなものの汚《よご》れを洗《あら》い落《お》とすことに譬《たと》えることができます。井戸《いど》の水《みず》も、池《いけ》の水《みず》も、大《おお》きな川《かわ》の水《みず》も、谷川《たにがわ》の水《みず》も、用水路《ようすいろ》の水《みず》も、大海《たいかい》の水《みず》も、みないろいろなものの汚《よご》れを洗《あら》い落《お》とすように、どの教《おし》えもすべて、多《おお》くの人《ひと》びとの煩悩《ぼんのう》の垢《あか》を洗《あら》い落《お》とすものです。しかし、善男子《ぜんなんし》よ。ものの汚《よご》れを洗《あら》い落《お》とすという点《てん》においても、水《みず》の性質《せいしつ》は一つでありますが、大《おお》きな川《かわ》の水《みず》と、井戸《いど》の水《みず》と、池《いけ》の水《みず》と、谷《たに》川《がわ》の水《みず》と、用水路《ようすいろ》の水《みず》と、大海《たいかい》の水《みず》とでは、それぞれに違《ちが》いがあります。教《おし》えというものの性格《せいかく》も、それと同《おな》じです。人《ひと》びとの迷《まよ》いや苦《くる》しみを除《のぞ》くという点《てん》においては区別《くべつ》はないのですが、その中《なか》にも、おのずから三法《さんぽう》とか四果《しか》とか二道《にどう》というちがいがあるのです」

釈尊《しやくそん》は、場合場合《ばあいばあい》に応《おう》じて非常《ひじよう》に適切《てきせつ》な譬《たと》えを引《ひ》き、だれにもわかるように教《おし》えを説《と》かれたことが多《おお》く、《法華経《ほけきよう》》の中《なか》にも〈法華七諭《ほっけしちゆ》〉という七つの有名《ゆうめい》な譬《たと》えがありますが、ここにある法《ほう》と水《みず》のお話《はなし》もまたほんとうにたくみな譬《たと》えであります。

水《みず》というものは、どこの水《みず》でも汚《よご》れを洗《あら》い落《お》とす性質《せいしつ》を持《も》っています。しかし、そのはたらきは同一《どういつ》ではありません。

第一《だい》のちがいは、そのはたらきの量《りよう》と深《ふか》さのちがいです。井戸《いど》の水《みず》では、着物《きもの》を洗《あら》うことはできますが、象《ぞう》を十分《じゆうぶん》に洗《あら》うことはできません。象《ぞう》を洗《あら》うには、どうしても池《いけ》や川《かわ》へ連《つ》れてゆく必要《ひつよう》があります。また、同《おな》じく着物《きもの》を洗《あら》うにも、深《ふか》くしみついた汚《よご》れの場合《ばあい》は、インドのそれのように水《みず》の乏《とぼ》しい井戸《いど》でポチャポチャやるよりは、どうしても川《かわ》へいって徹底的《てっていてき》に洗《あら》わなければなりません。これが、はたらきの量《りょう》と深《ふか》さのちがいです。教《おし》えもやはりそれとおなじなのです。

第《だい》二に、境遇《きょうぐう》のちがいです。ある人《ひと》は池《いけ》のほとりに住《す》んでいる。ある人《ひと》は海《うみ》のそばに住《す》んでいる。ある人《ひと》は谷川《たにがわ》のほとりに住《す》んでいる。そうすると、身体《からだ》の垢《あか》を洗《あら》うためには、いきおい自分《じぶん》の手近《てぢか》にある水《みず》のところにいって洗《あら》うことになります。教《おし》えもやはりおなじで、だれでも、その境遇《きょうぐう》に縁《えん》のある教《おし》えに、まずはいってゆくわけです。そして、それぞれの境遇《きょうぐう》に応《おう》じて、心《こころ》の垢《あか》を洗《あら》い落《お》とすのです。

このように、教《おし》えというものは、どんな教《おし》えであっても、心《こころ》の垢《あか》を洗《あら》い落《お》とすという点《てん》においてはおなじであるけれども、その人《ひと》の機根《きこん》や性質《せいしつ》・欲望《よくぼう》・境《きょう》遇《ぐう》のちがいによって、三法《さんぽう》・四果《しか》・二道《にどう》というようなちがいがあるというのです。

〈三法《ぽう》〉とは、四諦《したい》・十二因縁《じゅうにいんねん》・六波羅蜜《ろくはらみつ》のこと。〈四果《か》〉とは二〇八ページに説明《せつめい》しました須陀洹果《しゅだおんか》・斯陀含果《しだごんか》・阿那含果《あなごんか》・阿羅漢果《あらかんが》のこと。〈二道《どう》〉とは、方便《ほうべん》と真実《しんじつ》の二つの道《みち》をいいます。

なお、細《こま》かいことですが、〈江《こう》〉と〈河《か》〉は大《おお》きな川《かわ》、〈渓《けい》〉は谷川《たにがわ》、〈渠《こ》〉は人工《じんこう》の用水路《ようすいろ》とかみぞのようなものをいいます。

善男子《ぜんなんし》、水《みず》は倶《とも》に洗《あら》うと雖《いえど》も而《しか》も井《い》は池《いけ》に非《あら》ず、池《いけ》は江河《こうが》に非《あら》ず、渓渠《けいこ》は海《うみ》に非《あら》ず。如来世雄《にょらいせおう》の法《ほう》に於《おい》て自在《じざい》なるが如《ごと》く、所説《しょせつ》の諸法《しょほう》も亦復是《またまたかく》の如《ごと》し。初《しょ》・中《ちゅう》・後《ご》の説《せつ》、皆能《みなよ》く衆生《しゅじょう》の煩悩《ぼんのう》を洗除《せんじょ》すれども、而《しか》も初《しょ》は中《ちゅう》に非《あら》ず、而《しか》も中《ちゅう》は後《ご》に非《あら》ず。初《しょ》・中《ちゅう》・後《ご》の説《せつ》、文辞《もんじ》一なりと雖《いえど》も而《しか》も義《ぎ》各異《かくい》なり。

「善男子《ぜんなんし》よ。水《みず》はどの水《みず》でも汚《よご》れを洗《あら》うことができますが、それでも井戸《いど》と池《いけ》とはちがいます。池《いけ》と大河《たいが》とはちがいます。谷川《たにがわ》や用水路《ようすいろ》と大海《たいかい》とはちがいます。如来《にょらい》は自由自在《じゆうじざい》に教《おし》えを説《と》くことができますが、その説《と》く教《おし》えの現《あら》われかたも、また自由自在《じゆうじざい》なのです。初《はじ》めの頃《ころ》に説《と》いた教《おし》えも、中頃《なかごろ》に説《と》いた教《おし》えも、ずっと後《あと》になって説《と》いた教《おし》えも、よく多《おお》くの人《ひと》びとの迷《まよ》いを洗《あら》い清《きよ》めたのではありますが、それでも、初《はじ》めの頃《ころ》の教《おし》えと、中頃《なかごろ》の教《おし》えと、同《どう》一《いつ》だとはいえません。中頃《なかごろ》の教《おし》えと、ずっと後《あと》になって説《と》いた教《おし》えと、同一《どういつ》だとはいえません。それぞれの説法《せっぽう》は、ことばのうえでは同《おな》じであるように見《み》えても、内容《ないよう》の深《ふか》さにおいてそれぞれちがっているのです」

相手《あいて》によって　ここも大切《たいせつ》なところです。同《おな》じ教《おし》えでも、相手《あいて》の機根《きこん》により、
深《ふか》くも浅《あさ》くも　時代《じだい》によって、その内容《ないよう》に深《ふか》い浅《あさ》いがある……これが当然《とうぜん》であ

り、また教《おし》えというものはそうでなくてはならないのです。たとえば、〈ひとを打《う》ってはいけない〉という一つの教《おし》えでも、小《ちい》さな子《こ》どもには、理由《りゆう》を説明《せつめい》してもわかりませんから、ただ、「ひとをたたいてはいけませんよ」というだけです。しかし、すこしもの心《ごころ》のついた子《こ》には「かわいそうでしょう」と、情《じょう》にうったえるようないいかたをします。

もっと大《おお》きくなると、「ひとを苦《くる》しめるのは、人間《にんげん》としてたいへんよくないことですよ」と、そろそろ道徳的《どうとくてき》な教《おし》えにはいります。また、「悪《あく》の行《おこ》ないをすれば、かならずその行為《こうい》はあなたの心《こころ》にマイナスの傷跡《きずあと》となって残《のこ》ってゆきます。その傷跡《きずあと》は、あとでかならずそれだけのマイナスを自分自身《じぶんじしん》に与《あた》えるのですよ」と、宗教的《しゅうきょうてき》な教《おし》えに進《すす》みます。

もっと進《すす》むと、「この世《よ》の中《なか》の正《ただ》しいありかた・理想《りそう》の姿《すがた》というものは、すべてのものが争《あらそ》うことなく調和《ちょうわ》している状態《じょうたい》です。争《あらそ》ったり、ひとに害《がい》を加《くわ》えるということが〈悪《あく》〉だというのはこの正《ただ》しいありかたに反《はん》しているからです。だから、そんなことをすれば、ひとをも不幸《ふこう》にし、自分《じぶん》をも不幸《ふこう》にし、ひいては社会全体《しゃかいぜんたい》をも不幸《ふこう》にするのです」というふうに、深《ふか》く広《ひろ》い観点《かんてん》から教《おし》えてあげるようになります。こういった具合《ぐあい》に、〈ひとを打《う》ってはいけない〉という同《おな》じことばでも、その内容《ないよう》に非常《ひじょう》な深浅《しんせん》の差《さ》ができてくるわけです。

語句《ごく》の意味《いみ》は、現代語訳《げんだいごやく》でほとんどおわかりと思《おも》いますが、〈世雄《せおう》〉ということばがはじめて出《で》てきました。これは〈世間《せけん》に雄《すぐ》れている〉という意味《いみ》で、仏《ほとけ》の異称《いしょう》です。大雄《だいおう》ともいいます。

善男子《ぜんなんし》、我樹王《われじゅおう》を起《た》って波羅奈《はらない》・鹿野園《ろくやおん》の中《なか》に詣《いた》って、阿若拘隣等《あにゃくりんとう》の五人《にん》の為《ため》に四諦《たい》の法輪《ほうりん》を転《てん》ぜし時《とき》も、亦諸法《またしょほう》は本《もと》より来《このかた》空寂《くうじゃく》なり、代謝《だいしゃ》して住《じゅう》せず念念《ねんねん》に生滅《しょうめつ》すと説《と》き、中間此及《なかごろここおよ》び処処《しょしょ》に於《おい》て、諸《もろもろ》の比丘《びく》並《ならび》に衆《もろもろ》の菩薩《ぼさつ》の為《ため》に、十二因縁《いんねん》六波羅蜜《はらみつ》を弁演《べんねん》し宣説《せんぜつ》し、亦諸法《またしよほう》は本《もと》より来《このかた》空寂《くうじやく》なり、代謝《だいしや》して住《じゆう》せず念念《ねんねん》に生滅《しようめつ》すと説《と》き、今復此《いままたこ》に於《おい》て、大乗無量義経《だいじようむりようぎきよう》を演説《えんぜつ》するに、亦諸法《またしよほう》は本《もと》より来《このかたくうじやく》空寂なり、代謝《だいしや》して住《じゆう》せず念念《ねんねん》に生滅《しようめつ》すと説《と》く。善《ぜん》男子《なんし》、是《こ》の故《ゆえ》に初説《しよせつ》・中説《ちゆうせつ》・後説《ごせつ》、文辞《もんじ》是《こ》れ一なれども而《しか》も義別《ぎべつ》異《い》なり。義《ぎ》異《い》なるが故《ゆえ》に衆生《しゆじよう》の解異《げい》なり。解異《げい》なるが故《ゆえ》に得法《とくほう》・得果《とツか》・得道亦異《とくどうまたい》なり。

「善男子《ぜんなんし》よ。わたしがブッダガヤーの菩提樹下《ぼだいじゆげ》を起《た》ち去《さ》って、波羅奈《はらない》の鹿野苑《ろくやおん》にゆき、阿若拘隣《あにやくりん》ら五人《にん》の比丘《びく》のために四諦《したい》の教《おし》えを説《と》いたときも、この世《よ》のすべてのものごとは、本来《ほんらい》〈空《くう》〉であり〈寂《じやく》〉であり、いろいろな現象《げんしよう》はつねに新《あたら》しく入《い》れかわってとどまることがなく、刻一刻《こくいっこく》に生《しよう》じかつ滅《めつ》するものであると説《と》き、中頃《なかごろ》この霊鷲山《りようじゆせん》その他《た》のいろいろな場所《ばしよ》で多《おお》くの比丘《びく》や菩薩《ぼさつ》のために十二因縁《じゆうにいんねん》や六波羅蜜《ろくはらみつ》の教《おし》えを説《と》いたときも、やはり同《おな》じことをいいました。いままたここで、大乗無量義経《だいじようむりようぎきよう》を説《と》くのに、やはり同《おな》じことをくりかえしています。善男子《ぜんなんし》よ。こういうわけで、初《はじ》めに説《と》いたときと、中《なか》頃《ごろ》説いたときと、今《いま》ここで説《と》くのと、ことばは同《おな》じなのです。しかし、ことばは同《おな》じでも、その内容《ないよう》には大《おお》きな開《ひら》きがあります。内容《ないよう》に開《ひら》きがあるために、人《ひと》びとの受《う》け取《と》りかたにもちがいが生《しよう》じます。受《う》け取《と》りかたにちがいがあるために、その教《おし》えを聞《き》いて得《え》た悟《さと》りも、おのずからちがってくるのです」

〈樹王《じゆおう》〉とは、釈尊《しやくそん》が成道《じようどう》されたブッダガヤーの金剛座《こんごうざ》を、守《まも》るようにして茂《しげ》っていた樹《き》で、釈尊《しやくそん》の成道《じようどう》にちなんでボーディ・ルッカ（菩提樹《ぼだいじゆ》）と名《な》づけられました。そして、その樹《き》に感謝《かんしや》の念《ねん》をもっておられるために、樹《き》の王《おう》といわれたのです。

〈波羅奈《はらない》〉ヴァーラーナシーのことで、現在《げんざい》はベナレスと呼《よ》ばれており、仏教《ぶつきよう》以前《いぜん》から宗教《しゆうきよう》の大中心地《だいちゆうしんち》として有名《ゆうめい》であり、いまでも全《ぜん》インド中第一《ちゆうだいいち》のヒンズー教《きよう》の聖地《せいち》です。鹿野苑《ろくやおん》は、現在《げんざい》のベナレス市《し》からすこしばかり離《はな》れたところにあります。

〈阿若拘隣等《あにやくりんとう》の五人《にん》〉……太子《たいし》が、尼連禅河《にれんぜんが》のほとりの林《はやし》の中《なか》で苦行《くぎよう》しておられたとき、共《とも》に修行《しゆぎよう》していた五人《にん》の比丘《びく》です。太子《たいし》が苦行《くぎよう》を中止《ちゆうし》されたのを見《み》て、軽蔑《けいべつ》の心《こころ》を起《お》こし、ベナレスへ去《さ》ったのでしたが、仏《ほとけ》の悟《さと》りを得《え》られた釈《しやく》尊《そん》は、まずこの五人《にん》を教化《きようけ》しようと鹿野苑《ろくやおん》におもむかれ、最初《さいしよ》の法輪《ほうりん》を転《てん》ぜられました。そのとき、はじめにアーニャ（解《わか》った）と叫《さけ》んだのが憍陳如《きようじんによ》だったので、その後阿若拘隣《ごあにやくりん》または阿若憍陳如《あにやきようじんによ》と呼《よ》ばれるようになったといいます。

〈四諦《たい》〉については、二〇五ページに簡単《かんたん》に説明《せつめい》しておきましたが、《法華経《ほけきよう》》

の《序品第一《じょほんだいいち》》のところで、くわしく解説《かいせつ》しましょう。

〈空《くう》・寂《じゃく》〉……〈空《くう》〉というのは〈大平等《だいびょうどう》〉の相《すがた》であり、〈寂《じゃく》〉とは〈大調和《だいちょうわ》〉の相《すがた》です。二三五〜二三七ページを参照《さんしょう》してください。

〈代謝《だいしゃ》して〉というのは、次々《つぎつぎ》に新《あたら》しいものが出《で》てきて古《ふる》いものと入《い》れ替《か》わることで、現代《げんだい》では新陳代謝《しんちんたいしゃ》などと使《つか》われています。

〈得法《とくほう》・得果《とッか》・得道《とくどう》〉……法《ほう》は仏《ほとけ》の教《おし》え、果《か》は修行《しゅぎょう》の結果《けつか》、道《どう》は仏道《ぶつどう》ということですから、つまりひっくるめて〈得《え》た悟《さと》り〉といっていいでしょう。


善男子《ぜんなんし》、初《はじ》め四諦《たい》を説《と》いて声聞《しょうもん》を求《もと》むる人《ひと》の為《ため》にせしかども、而《しか》も八億《おく》の諸《しょ》天来下《てんらいげ》して法《ほう》を聴《き》いて菩提心《ぼだいしん》を発《おこ》し、中《なかご》ろ処処《しょしょ》に於《おい》て、甚深《じんじん》の十二因縁《いんねん》を演《えん》説《ぜつ》して辟支仏《びゃくしぶつ》を求《もと》むる人《ひと》の為《ため》にせしかども、而《しか》も無量《むりょう》の衆生《しゅじょう》、菩提心《ぼだいしん》を発《おこ》し、或《あるい》は声聞《しょうもん》に住《じゅう》しき。

「わたしが初《はじ》め四《し》諦《たい》の教《おし》えを説《と》いたのは、声聞《しょうもん》の境地《きょうち》を求《もと》める五人《にん》の比丘《びく》のためにしたのでありますが、それでも、多《おお》くの天上《てんじょう》の神々《かみがみ》までが下《お》りてきて法《ほう》を聞《き》き、そして菩提心《ぼだいしん》を起《お》こしたのでした。中《なか》ごろいろいろな所《ところ》で、深《ふか》い意義《いぎ》をもつ十二因縁《じゅうにいんねん》の教《おし》えを説《と》いたのは、縁覚《えんがく》の境地《きょうち》を求《もと》める人《ひと》びとのためだったのですが、それでも、非常《ひじょう》に多《おお》くの衆生《しゅじょう》がそれを聞《き》いて菩提心《ぼだいしん》を起《お》こし、中《なか》には声聞《しょうもん》の境地《きょうち》に達《たつ》し、すべての迷《まよ》いを離《はな》れたその境地《きょうち》をずっと守《まも》りつづけることのできた人《ひと》もありました」

〈声聞《しょうもん》〉というのは、前《まえ》にも説明《せつめい》しましたように、仏《ほとけ》の教《おし》えを学《まな》ぶことによって煩悩《ぼんのう》から離《はな》れようとして修行《しゅぎょう》する人《ひと》、またはその修行《しゅぎょう》を完成《かんせい》した人《ひと》です。四《し》諦《たい》の教《おし》えは、もともとそういう人《ひと》たちを対象《たいしょう》にして説《と》いたものであるけれども、天上《てんじょう》の神々《かみがみ》（諸天《しょてん》）までが、それによって最高無上《さいこうむじょう》の仏《ほとけ》の悟《さと》りを求《もと》める心《こころ》

〈菩提心《ぼだいしん》〉を起《お》こしたというのです。

また、〈縁覚《えんがく》〉というのは、自《みずか》らの体験《たいけん》や修行《しゅぎょう》によって真理《しんり》を会得《えとく》しようと志《こころざ》す人《ひと》、またはその修行《しゅぎょう》を完成《かんせい》した人《ひと》のことで、十二因縁《じゅうにいんねん》の教《おし》えは、そのような人《ひと》たちを対象《たいしょう》として説《と》いたのであるけれども、他《た》の衆生《しゅじょう》にも、それを聞《き》くことによって、迷《まよ》いを除《のぞ》きつくしたりっぱな境地《きょうち》に達《たっ》することができたものが大勢《おおぜい》いたというわけです。〈住《じゅう》する〉というのは、住《とど》まるという意味《いみ》で、声聞《しょうもん》の境地《きょうち》から退転《たいてん》することなく、ずっとその境地《きょうち》を守《まも》りつづけることができた

……ということです。

次《つぎ》に方等《ほうどう》十二部経《ぶきょう》・摩訶般若《まかはんにゃ》・華厳海空《けごんかいくう》を説《と》いて、菩薩《ぼさつ》の歴劫修行《りゃッこうしゅぎょう》を宣説《せんぜつ》せしかども、而《しか》も百千の比丘《びく》・万億《まんのく》の人《にん》・天《でん》・無量《むりょう》の衆生《しゅじょう》、須陀洹《しゅだおん》・斯陀含《しだごん》・阿那含《あなごん》・阿羅漢果《あらかんが》・辟支仏《びゃくしぶつ》、因縁《いんねん》の法《ほう》の中《うち》に住《じゅう》することを得《う》。

「つぎに、十二種類《しゆるい》の大乗《だいじよう》の教《おし》えを説《と》き、また大般若経《だいはんにやきよう》や華厳経《けごんきよう》を説《と》いて、菩薩《ぼさつ》たちのために、極《きわ》めて長《なが》い年月修行《ねんげつしゆぎよう》を積《つ》み重《かさ》ねることの必要《ひつよう》を述《の》べたのですが、それでも、その教《おし》えを聞《き》いて多《おお》くの比丘《びく》たちや、天界《てんかい》・人間界《にんげんかい》の人《ひと》たちが、あるいは声聞《しようもん》のいろいろな段階《だんかい》の境地《きようち》を得《え》、あるいは縁覚《えんがく》の境地《きようち》にいたり、あるいは縁起《えんぎ》の教《おし》えをしっかりと身《み》につけることができました」

方等十二部《ほうどうじゆうにぶ》

〈方等《ほうどう》〉の、方《ほう》は正《ただ》しい、等《とう》は等《ひと》しいというわけで、〈中道《ちゆうどう》の正《ただ》しい真理《しんり》を説《と》き、また仏《ほとけ》と衆生《しゆじよう》は本来平等《ほんらいびようどう》であることを強調《きようちよう》してある〉ところから、大乗《だいじよう》の教《おし》えの別名《べつめい》として〈方等《ほうどう》〉という呼《よ》び名《な》ができたわけです。

〈十二部《ぶ》〉というのは、大乗《だいじよう》の教《おし》えを、その内容《ないよう》や形式《けいしき》のうえから十二の種類《しゆるい》に分《わ》けたもので、つぎのとおりです。

1契経《かいきょう》（普通《ふつう》〈経《きょう》〉といわれているもので、教《おし》えを散文《さんぶん》で記《しる》したもの）、2応頌《おうじゅ》（散文《さんぶん》で記《しる》された教《おし》えを、さらに偈《げ》〈韻文《いんぶん》・詩《し》〉で重《かさ》ねて説《と》き、あるいは、意味《いみ》をおしひろげて説《と》いたもの）、3記別《きべつ》（もとは教《おし》えの意味《いみ》を解説《かいせつ》したものでしたが、あとでは、仏弟子《ぶつでし》たちの未来《みらい》の成仏《じょうぶつ》を保証《ほしょう》された部分《ぶぶん》を指《さ》すようになりました）、4諷頌《ふうじゅ》（はじめから偈《げ》で説《と》かれた教《おし》え）、5自説《じせつ》（仏《ほとけ》が、他《た》の質問《しつもん》によらず、自《みずか》ら進《すす》んでお説《と》きになった教《おし》え）、6因縁《いんねん》（経《きょう》や律《りつ》を説《と》かれる原因《げんいん》・由来《ゆらい》を述《の》べられた部分《ぶぶん》）、7譬諭《ひゆ》（たとえを引《ひ》いて教《おし》えられたもの）、8本事《ほんじ》（仏《ほとけ》および仏弟子《ぶつでし》の前世《ぜんせ》における行《おこ》ないについて述《の》べた物語《ものがたり》で、次《つぎ》の本生経《ほんじょうきょう》以外《いがい》のもの）、9本生《ほんじょう》（仏《ほとけ》の前世《ぜんせ》における修行《しゅぎょう》の物語《ものがたり》）、10方広《ほうこう》（教《おし》えの、深《ふか》くて広大《こうだい》な意味《いみ》を、述《の》べ明《あき》らかにしたもの）、11希法《けほう》（仏《ほとけ》などの神秘《しんぴ》なことを記《しる》し、その徳《とく》を賛歎《さんたん》したもの）、12論議《ろんぎ》（教《おし》えを論議《ろんぎ》し、解説《かいせつ》したもの）。

〈摩訶般若《まかはんにゃ》〉……《大般若波羅蜜多経《だいはんにゃはらみったきょう》》のこと、略《りゃく》して《大般若経《だいはんにゃきょう》》といいます。大乗初期《だいじょうしょき》の素晴《すば》らしい経典《きょうてん》で、〈諸法皆空《しょほうかいくう》〉ということを徹底的《てっていてき》に説《と》いた教《おし》えです。
〈華厳《けごん》〉……《華厳経《けごんきよう》》のことで、正《ただ》しくは《大方広仏華厳経《だいほうこうぶつけごんきよう》》といいます。釈尊《しやくそん》がはじめて仏《ほとけ》の悟《さと》りを成就《じようじゆ》された真相《しんそう》、その内的体験《ないてきたいけん》を明《あき》らかにされたもので、真如《しんによ》（仏《ほとけ》）というものを、その本体《ほんたい》・形相《けいそう》・作用《さよう》の三面《めん》から説《と》かれています。一口《ひとくち》にいえば、仏《ほとけ》の悟《さと》りの尊《とうと》さを強《つよ》く説《と》かれた教《おし》えなのであります。ですから、〈海空《かいくう》〉という形容詞《けいようし》が添《そ》えてあるのであって、〈華厳海空《けごんかいくう》〉とは、無《む》限《げん》に広大《こうだい》な仏《ほとけ》の尊《とうと》さを述《の》べた《華厳経《けごんきよう》》ということです。

歴劫修行《りやつこうしゆぎよう》と
即《そく》身《しん》成《じよう》仏《ぶつ》

〈歴劫修行《りやツこうしゆぎよう》〉……劫《こう》というのは、非常《ひじよう》に長《なが》い年月《としつき》のことですが、ここでは、年月《としつき》というより世々代々《せせだいだい》といった意味《いみ》のほうが強《つよ》いのです。歴《りやく》というのは歴《へ》る（経《へ》る）という意味《いみ》ですから、〈歴劫修行《りやツこうしゆぎよう》〉とは、〈死《し》にかわり生《い》きかわり、長《なが》い長《なが》い世代《せだい》にわたって修行《しゆぎよう》をつづける〉ということです。なんどもくりかえしますが、仏《ほとけ》の境地《きようち》を求《もと》める菩薩《ぼさつ》はこうあらねばならないのです。

よく〈即身成仏《そくしんじょうぶつ》〉ということがいわれます。これは普通《ふつう》〈パッと悟《さと》ってその場《ば》で仏《ほとけ》となる〉というように解釈《かいしゃく》されていますが、そんなことはおおむね不可《ふか》能《のう》であって、お釈迦《しゃか》さまさえも、はるかな前世《ぜんせ》から修行《しゅぎょう》を積《つ》まれ、この世《よ》においても六年《ねん》の苦行《くぎょう》ののち、さらに必死《ひっし》の坐《ざ》禅《ぜん》をつづけられた結果《けっか》、仏《ほとけ》の悟《さと》りを得《え》られたのです。ましてや、われわれ凡夫《ぼんぷ》が、そんなにやすやすと仏《ほとけ》の境地《きょうち》に達《たつ》することができるはずがありません。

〈即身《そくしん》〉というのは、〈そのままの身《み》で〉と解《かい》さねばなりません。われわれが仏《ほとけ》という別《べつ》な存在《そんざい》に変《か》わるのではなく、人間《にんげん》であるそのままの身《み》で、仏《ほとけ》の境地《きょうち》に達《たつ》することができるという意味《いみ》です。それには、どうしても努力《どりょく》が必要《ひつよう》です。修行《しゅぎょう》が必要《ひつよう》です。〈歴劫修行《りゃツこうしゅぎょう》〉することが必要《ひつよう》なのです。仏教《ぶっきょう》というものの本来《ほんらい》は、何《なに》かを拝《おが》んだり唱《とな》えたりすれば、そのますぐに救《すく》われるというような、安易《あんい》なものではなく、あくまでも努力主義《どりょくしゅぎ》の教《おし》えなのです。

因《いん》縁《ねん》

〈因縁《いんねん》の法《ほう》〉というのは、いろいろに解釈《かいしゃく》することができますが、ここでは、やはり〈縁起《えんぎ》の法則《ほうそく》〉と解《かい》するのがいちばんいいと思《おも》います。すなわち、この世《よ》のあらゆるものごとには、固定《こてい》して存在《そんざい》するものは一つもない、かならずある原因《げんいん》があって、それがある条件《じょうけん》（縁《えん》）に会《あ》うことにより、現象《げんしょう》として現《あら》われたものであって、その原因《げんいん》や条件《じょうけん》が消滅《しょうめつ》すれば、その現《げん》象《しょう》も消滅《しょうめつ》するものである……という教えです。〈諸行無常《しょぎょうむじょう》〉の教《おし》えも、ここから出《で》ているわけです。

さて、前節《ぜんせつ》からこの節《せつ》にかけては、いままで説《と》かれた教《おし》えの代表的《だいひょうてき》な一部《いちぶ》を挙《あ》げられ、その教《おし》えがどんな結果《けっか》を生《う》んだかという事実《じじつ》を述《の》べられ、同《おな》じ教《おし》えでも、聞《き》く人《ひと》によってその受《う》け取《と》りかたにちがいがあり、したがって、その悟《さと》りえた境地《きょうち》にもさまざまな違《ちが》いや段階《だんかい》があったということを示《しめ》されたわけです。そして、つぎに、そのことをとりまとめておおせになります。

善男子《ぜんなんし》、是《こ》の義《ぎ》を以《もツ》ての故《ゆえ》に、故《ゆえ》に知《し》んぬ。説《せつ》は同《おな》じけれども而《しか》も義《ぎ》は別異《べつい》なり。義異《ぎい》なるが故《ゆえ》に衆生《しゆじよう》の解異《げい》なり。解異《げい》なるが故《ゆえ》に得法《とくほう》・得果《とツか》・得道亦《とくどうまた》異《い》なり。是《こ》の故《ゆえ》に善男子《ぜんなんし》、我道《われどう》を得《え》て初《はじ》めて起《た》って法《ほう》を説《と》きしより、今日大《こんにちだい》乗無量義経《じようむりようぎきよう》を演説《えんぜつ》するに至《いた》るまで、未《いま》だ曽《かつ》て苦《く》・空《くう》・無常《むじよう》・無我《むが》・非真《ひしん》・非《ひ》仮《け》・非大《ひだい》・非小《ひしよう》・本来生《ほんらいしよう》ぜず今亦滅《いまためツ》せず、一相《そう》・無相《むそう》・法相《ほツそう》・法性《ほツしよう》・不来《ふらい》・不去《ふこ》なり。而《しか》も諸《もろもろ》の衆生四相《しゆじようそう》に遷《うつ》さるると説《と》かざるにあらず。

「善男子《ぜんなんし》よ。こういうわけで、説《と》くことばは同《おな》じようでも、その内容《ないよう》にはおのずから開《ひら》きがあり、内容《ないよう》に開《ひら》きがあるために、人《ひと》びとの受《う》け取《と》りかたもちがい、したがって、その教《おし》えを聞《き》いて得《え》た悟《さと》りも、またちがってくることを知《し》ったのです。

とにかく、わたしは、成道《じょうどう》してはじめて法《ほう》を説《と》いてから、今日大乗無量義《こんにちだいじょうむりょうぎ》経《きょう》を説《と》くにいたるまで、苦《く》について、空《くう》について、無常《むじょう》・無我《むが》について説《と》きました。またすべてのものごとの本質《ほんしつ》は、真実《しんじつ》であるとか仮《か》りであるとか、大《おお》きいとか小《ちい》さいとかいった差別《さべつ》のあるものでなく、生《しょう》ずることも滅《めっ》することもない、一相《いっそう》であり無相《むそう》であり、そのことが法相《ほっそう》であり法性《ほっしょう》であるのであって、来《く》ることも去《さ》ることもないものであると説《と》いてきました。そして、多《おお》くの人《ひと》びとに、目《め》の前《まえ》のものごとの生《しょう》・住《じゅう》・異《い》・滅《めつ》という変化《へんか》に心《こころ》を迷《まよ》わされてはならないと、説《と》かなかったことはありませんでした」

この節《せつ》に出《で》てくる語句《ごく》は、ほとんど前《まえ》にくわしく説明《せつめい》してありますから略《りゃく》します。

ただ〈非真《ひしん》・非仮《ひけ》〉ということばがありますが、これは、現象《げんしょう》をそのままで実在《じつざい》と見《み》るのも、また仮《かり》のものとして無視《むし》することも、ものごとの正《ただ》しい見方《みかた》ではないという意味《いみ》です。

また、〈四相《そう》に遷《うつ》さるる〉というのは、すべてのものごとは、生《しょう》じたり（生《しょう》）、しばらくある状態《じょうたい》がつづいたり（住《じゅう》）、異《こと》なった形《かたち》に変《か》わったり（異《い》）、なくなってしまったり（滅《めつ》）しますが、そういう変化《へんか》にまどわされて、苦《くる》しんだり、悲《かな》しんだり、おどろいたり、あわてたり、心《こころ》がいろいろに変《か》わることを〈心《こころ》が遷《うつ》される〉というのです。

仏《ほとけ》は、そういう仮《かり》の相《すがた》に心《こころ》を遷《うつ》されてはいけないよ――と、つねに説《と》いてくださっているわけです。

善男子《ぜんなんし》、是《こ》の義《ぎ》を以《もッ》ての故《ゆえ》に、一切《さい》の諸仏《しょぶつ》は二言《ごん》あることなく、能《よ》く一音《おん》を以《もッ》て普《あまね》く衆《もろもろ》の声《こえ》に応《おう》じ、能《よ》く一身《しん》を以《もッ》て百千万億那由他無量無数恒河沙《まんのくなゆたむりょうむしゅごうがしゃ》の身《み》を示《しめ》し、一一《いちいち》の身《み》の中《なか》に又若干百千万億那由他阿僧祇恒河沙種種《またそこばくまんのくなゆたあそうぎごうがしゃしゅじゅ》の類形《るいぎょう》を示《しめ》し、一一《いちいち》の形《かたち》の中《なか》に又若干百千万億那由他阿僧祇恒河沙《またそこばくまんのくなゆたあそうぎごうがしゃ》の形《かたち》を示《しめ》す。善男子《ぜんなんし》、是《こ》れ則《すなわ》ち諸仏《しょぶつ》の不可思議甚深《ふかしぎじんじん》の境界《きょうがい》なり。二乗《じょう》の知《し》る所《ところ》に非《あら》ず、亦《また》十地《ち》の菩薩《ぼさつ》の及《およ》ぶ所《ところ》に非《あら》ず、唯仏《ただほとけ》と仏《ほとけ》のみ乃《いま》し能《よ》く究了《くりょう》したまえり。

「善男子《ぜんなんし》よ。こういうわけですから、一切《いっさい》の諸仏《しょぶつ》の説《と》く真理《しんり》というものは、ただ一つしかありません。その一つの真理《しんり》を、多《おお》くの人《ひと》びとの求《もと》めるものに応《おう》じて、さまざまな説《と》きかたをするのです。また、仏《ほとけ》の本体《ほんたい》というものもただ一つなのですが、その一つの身《み》が無数《むすう》の身《み》に変《か》わり、そのひとつひとつの身《み》が、また無数《むすう》のはたらきの変化《へんか》を示《しめ》し、その無数《むすう》のはたらきの変化《へんか》の中《なか》にも、また無数《むすう》の形式《けいしき》があるのです。善男子《ぜんなんし》よ。これがすなわち、仏《ほとけ》というもの不可思議《ふかしぎ》な、奥深《おくぶか》い境地《きょうち》なのです。声聞《しょうもん》や縁覚程度《えんがくていど》の悟《さと》りの人《ひと》では、とうていこの境地《きょうち》を知《し》ることはできません。ほとんど仏《ほとけ》に近《ちか》くなった第十地《だいじゅうじ》の菩薩《ぼさつ》ですら、わかりますまい。仏《ほとけ》になってはじめて究《きわ》め尽《つ》くされる境地《きょうち》であり、ただ仏《ほとけ》だけがほんとうに知《し》りうるものなのです」

仏《ほとけ》の現《あら》われは自由自在《じゆうじざい》

いよいよむずかしいことになってきました。仏《ほとけ》という存在《そんざい》の不可《ふか》思議《しぎ》さ、そのはたらきの自由自在《じゆうじざい》さを、ここで、ズバリとおっしゃっているのです。だいたいのことは、わかります。真理《しんり》というものは、ただひとつであることも、その真理《しんり》を、それぞれの人《ひと》が本当《ほんとう》に求《もと》めるものに応《おう》じて、いろいろさまざまな説《と》きかたをされるのが仏《ほとけ》であるということも、よくわかります。また、仏《ほとけ》の本体《ほんたい》はただ一つの宇宙《うちゅう》の大真理《だいしんり》・大生命《だいせいめい》であり、その分《ぶん》身《しん》がいろいろさまざまな形《かたち》をとって現《あら》われ、いろいろさまざまなはたらきや、形式《けいしき》によって、われわれを教《おし》え、導《みちび》き、救《すく》っていてくださるのだということも、静《しず》かに思《おも》いをこらしてみると、たしかにそうだ――とわかってきます。

ところが、たしかに仏《ほとけ》の存在《そんざい》を信《しん》じ、そのはたらきを思《おも》い浮《う》かべることはできても、ハッキリと目《め》の前《まえ》に見《み》るようにそれを心《こころ》のそこから確信《かくしん》することは、なみたいていの信仰者《しんこうしゃ》ではできません。しかも、広大無辺《こうだいむへん》な仏《ほとけ》の徳《とく》とそのはたらき一切《いっさい》を見《み》きわめるなどということは、これはやはり、仏《ほとけ》と同等《どうとう》の智慧《ちえ》を具《そな》えないかぎり、不可能《ふかのう》なことなのです。そうなったら、すでに仏《ほとけ》になっているわけです。《法華経《ほけきょう》》の《方便品第二《ほうべんぽんだいに》》で〈唯仏《ただほとけ》と仏《ほとけ》と乃《いま》し能《よ》く諸法《しょほう》の実相《じッそう》を究尽《くじん》したまえり〉とあるのは、それをいわれているのです。

ですから、「仏《ほとけ》だけにわかるのであって、お前《まえ》たちにはわかるものではないぞ」といわれてもけっしてがっかりすることはありません。いまのところは、はっきりしなくても、仏《ほとけ》の慈悲《じひ》を信《しん》じることができれば、それで十分《じゅうぶん》なのです。その〈信仰《しんこう》〉が、修行《しゅぎょう》を積《つ》むにしたがって、いつかは〈確信《かくしん》〉となり、ほんとうに仏《ほとけ》というものをまざまざと感得《かんとく》できるようになるのです。

そういうわけですから、仏《ほとけ》というものの不可思議《ふかしぎ》さにおどろくのはいいのですが、あまりの高遠《こうえん》さにがっかりしたり、サジを投《な》げたりしてしまわないで、凡夫《ぼんぷ》は凡夫《ぼんぷ》として、目《め》の前《まえ》の一歩《いっぽ》一歩《いっぽ》の修行《しゅぎょう》に励《はげ》むことが大切《たいせつ》なのです。

とくにここで大切《たいせつ》なのは、仏《ほとけ》がいろいろさまざまな身《み》となり、いろいろさまざまなはたらきや形式《けいしき》で人《ひと》を導《みちび》かれるということです。仏《ほとけ》は、つねに仏《ほとけ》の形《かたち》や、宗教家《しゅうきょうか》の形《かたち》をとって世《よ》の中《なか》に現《あら》われるとはかぎりません。科学者《かがくしゃ》となって現《あら》われることもあれば、芸術家《げいじゅつか》となって現《あら》われることもありましょう。医師《いし》や教師《きょうし》として、あるいは、篤農家《とくのうか》や技術者《ぎじゅつしゃ》として現《あら》われることもありましょう。その現《あら》われは千差万別《せんさばんべつ》なのです。そうして、現実世界《げんじつせかい》の人《ひと》びとを、その境界《きょうがい》に応《おう》じて救《すく》い導《みちび》いているのです。

ということは、とりもなおさず、あなた自身《じしん》にも、すでに仏《ほとけ》の要素《ようそ》があるということです。あなたが、自身《じしん》の仕事《しごと》のうえで、あるいは仕事以外《しごといがい》の社会生活《しゃかいせいかつ》のうえで、もしくは家庭生活《かていせいかつ》のうえで、ひとのため世《よ》のためになるような行為《こうい》をするならば、その行為《こうい》の中《なか》に仏《ほとけ》のはたらきが現《あら》われているのです。じっと思《おも》いをこらして、このことを深《ふか》く心《こころ》に見定《みさだ》めていただきたいものです。

むずかしいことばも二、三あります。

〈那由他《なゆた》〉とは、梵語《ぼんご》のナユタのことで、むかしのインドの数《かず》の名《な》です。普通《ふつう》一千億《おく》と解《かい》されています。

〈恒河沙《ごうがしゃ》〉の恒河《ごうが》は、ガンガすなわちガンジス河《がわ》のこと。沙《しゃ》は砂《すな》。本流《ほんりゅう》の長《なが》さが二千五百キロもあり、しかも無数《むすう》の支流《しりゅう》をもっている広大《こうだい》なガンジス河《がわ》の、その砂《すな》の数《かず》ほどというのですから、これも数《かぞ》えきれないほどの数《かず》をいうときに用《もち》いられる形容詞《けいようし》です。

〈阿僧祇《あそうぎ》〉も、梵語《ぼんご》のアサンキャのことで、これは数《かぞ》えきれないほど多《おお》い数《かず》をいいます。無数《むすう》とか無量《むりよう》というわけです。

〈類形《るいぎよう》〉は、そのままでは、〈いろいろな種類《しゆるい》の形《かたち》〉というわけですが、ここでは、〈はたらきの種類《しゆるい》〉と解《かい》するのがピッタリします。それに対《たい》して、つぎにある〈形《かたち》〉は、はたらきが実際《じつさい》にとる形《かたち》、すなわち〈形式《けいしき》〉というわけです。

善男子《ぜんなんし》、是《こ》の故《ゆえ》に我《われ》説《と》く、微妙甚深無上大乗無量義経《みみようじんじんむじようだいじようむりようぎきよう》は、文理真正《もんりしんしよう》なり、尊《そん》にして過上《かじよう》なし。三世《ぜ》の諸仏《しよぶつ》の共《とも》に守護《しゆご》したもう所《ところ》、衆魔《しゆま》外道《げどう》、得入《とくにゆう》することと有《あ》ることなし。一切《さい》の邪見生死《じやけんしようじ》に壊敗《えはい》せられずと。菩薩摩訶薩《ぼさつまかさつ》、若《も》し疾《と》く無上菩提《むじようぼだい》を成《じよう》ぜんと欲《ほツ》せば、応当《まさ》に是《かく》の如《ごと》き甚深無上大乗無量義経《じんじんむじようだいじようむりようぎきよう》を修学《しゆがく》すべし。

「善男子《ぜんなんし》よ。こういうわけで、わたしは、さきに――非常《ひじょう》に奥深《おくふか》く、仏《ほとけ》の悟《さと》りに達《たっ》する大道《だいどう》である無量義《むりょうぎ》という教《おし》えは、その中《なか》に含《ふく》まれている道理《どうり》が真《しん》実《じつ》であって正《ただ》しく、この上《うえ》もなく尊《とうと》いものであり、過去《かこ》・現在《げんざい》・未来《みらい》にわたってあらゆる仏《ほとけ》が、この教《おし》えが世《よ》にひろまり、この教《おし》えによって人《ひと》びとが救《すく》われてゆくように守護《しゅご》するものである――と説《と》き、また――この教《おし》えのとおり修行《しゅぎょう》しているかぎり、どのような邪魔《じゃま》ものも妨害《ぼうがい》することはできず、さまざまな低《ひく》い教《おし》えもそれを動《うご》かすことはできず、どのようなまちがった考《かんが》えにもうち崩《くず》されることがなく、どのような人生《じんせい》の変化《へんか》に会《あ》ってもうち挫《くじ》けてしまうことはない――と、このように説《と》いたのです。菩薩《ぼさつ》のみなさん、あなたがたが、もしまっすぐに無上《むじょう》の悟《さと》りに達《たっ》しようと思《おも》うならば、かならず、このような奥深《おくぶか》い意味《いみ》を持《も》つ無量義《むりょうぎ》の教《おし》えを修《おさ》めなければなりません」

仏《ほとけ》、是《こ》れを説《と》きたもうこと已《おわ》って、是《ここ》に三千大《だい》千世界《せかい》六種《しゅ》に震動《しんどう》し、自然《じねん》に空中《くうちゅう》より種種《しゅじゅ》の天華《てんげ》・天優鉢羅華《てんうばつらけ》・鉢曇摩華《はつどんまけ》・拘物頭華《くもつずけ》・分陀利華《ふんだりけ》を雨《ふ》らし、又無《またむ》数種種《しゅしゅじゅ》の天香《てんこう》・天衣《てんね》・天瓔珞《てんようらく》・天無価《てんむげ》の宝《たから》を雨《ふ》らして上空《じょうくう》の中《なか》より旋転《せんでん》して来下《らいげ》し、仏及《ほとけおよ》び諸《もろもろ》の菩薩《ぼさつ》・声聞《しょうもん》・大衆《だいしゅ》に供養《くよう》す。天厨《てんちゅう》・天鉢器《てんばツき》に天《てん》百味食充満盈溢《みじきじゅうまんよういつ》し、天幢《てんどう》・天幡《てんばん》・天軒蓋《てんこんがい》・天妙楽具《てんみょうらくぐ》、処処《しょしょ》に安置《あんち》し、天《てん》の伎《ぎ》楽《がく》を作《な》して仏《ほとけ》を歌歎《かたん》したてまつる。又復《またまた》六種《しゅ》に東方恒河《とうぼうごうが》沙等《しゃとう》の諸仏《しょぶつ》の世界《せかい》を震動《しんどう》し、亦天華《またてんげ》・天香《てんこう》・天衣《てんね》・天瓔珞《てんようらく》・天無価宝《てんむげほう》・天厨《てんちゅう》・天鉢器《てんばツき》・天百味《てんみ》・天幢《てんどう》・天幡《てんばん》・天軒蓋《てんこんがい》・天妙楽具《てんみょうらくぐ》を雨《ふ》らし、天《てん》の伎楽《ぎがく》を作《な》して彼《か》の仏及《ほとけおよ》び彼《か》の菩薩《ぼさつ》・声聞《しょうもん》・大衆《だいしゅ》を歌歎《かたん》したてまつる。南西北方《なんざいほツぽう》・四維《ゆい》・上下《じょうげ》も亦復是《またまたかく》の如《ごと》し。

仏《ほとけ》がこのように説《と》き終《お》わられますと、世界《せかい》じゅうが感動《かんどう》のあまりにうち震《ふる》い、空中《くうちゅう》からはいろいろな美《うつく》しい花《はな》や、青蓮華《しょうれんげ》・赤蓮華《しゃくれんげ》・黄蓮華《おうれんげ》・白蓮華《びゃくれんげ》などが雨《あめ》のように降《ふ》ってきました。また数限《かずかぎ》りないさまざまのいい匂《にお》いの香《こう》・美《うつく》しい衣《ころも》・りっぱな首飾《くびかざ》り・価《あたい》もつけられぬほど貴重《きちょう》な宝《たから》などが、空《そら》の上《うえ》からひらひらと舞《ま》い降《お》り、仏《ほとけ》および多《おお》くの菩薩《ぼさつ》や声聞《しょうもん》や法座《ほうざ》につらなる一般大《いっぱんたい》衆《しゅう》を供養《くよう》しました。また、りっぱな器物《きぶつ》にさまざまのおいしいごちそうを盛《も》り、美《うつく》しい旗《はた》や天蓋《てんがい》や家具《かぐ》の類《るい》をあちこちに置《お》き、妙《たえ》なる音楽《おんがく》を奏《そう》し、仏《ほとけ》の徳《とく》を歌《うた》に歌《うた》ってほめたたえるのでありました。すると、東方《とうほう》にある無数《むすう》の仏《ほとけ》の世界《せかい》でも、大地《だいち》が感動《かんどう》のためにうち震《ふる》い、美《うつく》しい花《はな》や、香《こう》や、衣《ころも》や、首飾《くびかざ》りや、貴重《きちょう》な宝物《たからもの》や、美《うつく》しい器物《きぶつ》に盛《も》った食物《しょくもつ》や、旗《はた》や、天蓋《てんがい》や、家具《かぐ》などが舞《ま》い降《お》り、美《うつく》しい音楽《おんがく》を奏《そう》して、その世界《せかい》の仏《ほとけ》や、菩薩《ぼさつ》や声聞《しょうもん》や大衆《たいしゅう》をほめたたえるのでありました。東方《とうほう》の諸仏《しょぶつ》の世界《せかい》ばかりでなく、南方《なんぽう》・西方《せいほう》・北方《ほっぽう》・東南方《とうなんぽう》・西南方《せいなんぽう》・西北方《せいほくほう》・東北方《とうほくほう》および上方《じょうほう》・下方《かほう》の、ありとあらゆる諸仏《しょぶつ》の世界《せかい》でも、やはり同《おな》じようにして、仏《ほとけ》と菩薩《ぼさつ》と声聞《しょうもん》と大衆《たいしゅう》とが供養《くよう》されるのでありました。

仏《ほとけ》の説《と》かれた尊《とうと》い教《おし》えに、この宇宙《うちゅう》のありとあらゆる生《せい》あるものが感動《かんどう》し、感謝《かんしゃ》したありさまが、ひじょうに美《うつく》しく、象徴的《しょうちょうてき》に描《えが》かれております。

〈六種《しゅ》に震動《しんどう》す〉……仏《ほとけ》が誕生《たんじょう》されたとき、成道《じょうどう》されたとき、いろいろな説法《せっぽう》をされたとき、そして入滅《にゅうめつ》されたとき、大地《だいち》が揺《ゆ》れ動《うご》いたと伝《つた》えられています。その揺《ゆ》れかたに六種《しゅ》あるというのですが、そこまでの説明《せつめい》は不要《ふよう》でしょう。もちろんこれは、この世《よ》のすべての生《せい》あるものが感激《かんげき》にうち震《ふる》うということの象徴《しょうちょう》です。

〈優鉢羅華《うばつらけ》〉は、青《あお》い蓮《はす》の花《はな》。〈鉢曇摩華《はつどんまけ》〉は赤《あか》い蓮《はす》の花《はな》。〈拘物頭華《くもつずけ》〉は、黄《き》色《いろ》い蓮《はす》の花《はな》。ただし、これには、まだ開《ひら》かない蓮《はす》の花《はな》の意《い》だという説《せつ》やその他《た》いろいろな説《せつ》がありますが、文《ぶん》の前後《ぜんご》から推《お》して、この場合《ばあい》は黄蓮華《おうれんげ》と解《かい》すべきでしょう。〈分陀利華《ふんだりけ》〉は白《しろ》い蓮《はす》の花《はな》。前《まえ》に《妙法蓮華経《みようほうれんげきよう》》の原名《げんめい》がサッダルマ・プンダリーカ・スートラであることを述《の》べましたが、そのプンダリーカを漢字《かんじ》に音写《おんしや》したのが分陀利華《ふんだりけ》です。

〈歌歎《かたん》〉……偈《げ》をうたってほめたたえることです。

なお、最初《さいしよ》にありました〈三千大千世界《だいせかい》〉というのは、お一人《ひとり》の仏《ほとけ》さまが教化《きようけ》を受《う》け持《も》たれる世界《せかい》のことをいうのですが、こうして、娑婆世界《しやばせかい》の教主《きようしゆ》である釈迦牟尼世尊《しやかむにせそん》の説法《せつぽう》に対《たい》して、この世《よ》のすべての生《せい》あるものが感動《かんどう》し、感謝《かんしや》申《もう》しあげると、娑婆世界以外《しやばせかいいがい》のいろいろな世界《せかい》にも、その説《と》かれる法《ほう》への帰依《きえ》の念《ねん》が伝《つた》わっていって、どの世界《せかい》でも同《おな》じような感動《かんどう》と感謝《かんしや》の情景《じようけい》が現出《げんしゆつ》したというのです。〈彼《か》の仏《ほとけ》〉というのは〈彼《か》の地《ち》の仏《ほとけ》〉という意味《いみ》であり、〈彼《か》の菩薩《ぼさつ》・声聞《しようもん》・大衆《だいしゆ》〉もおなじく〈彼《か》の地《ち》の菩薩《ぼさつ》・声聞《しようもん》・大衆《だいしゆ》〉を指《さ》すのです。

これは、ちょっと考《かんが》えると、不可思議《ふかしぎ》なことのようですが、しかし、絶対《ぜったい》の真理《しんり》はどの世界《せかい》にいっても真理《しんり》なのです。娑婆世界《しゃばせかい》における絶対《ぜったい》の真理《しんり》は、天界《てんかい》においても、仏界《ぶっかい》においてもやはり真理《しんり》なのです。つまり、この宇宙《うちゅう》でいえば、地球《ちきゅう》とか太陽《たいよう》というような太陽系天体《たいようけいてんたい》における真理《しんり》は、太陽系以外《たいようけいいがい》の大宇宙《だいう ちゅう》の無数《むすう》の天体《てんたい》においてもやはり真理《しんり》なのです。ここに描《えが》かれている情景《じょうけい》は、まるで夢《ゆめ》のような、不可思議《ふかしぎ》な劇中《げきちゅう》のひとこまのように見《み》えますが、じつは、その中《なか》に、このような広大《こうだい》な思想《しそう》が示《しめ》されているのであります。

〈四維《ゆい》〉とは、東南《とうなん》・西南《せいなん》・西北《せいほく》・東北《とうほく》の四方《ほう》のことで、東《とう》・西《ざい》・南《なん》・北《ぼく》の四方《ほう》に、この四方《ほう》を加《くわ》えて、〈八方《はっぽう》〉といい、それに上《じょう》・下《げ》の二方《ほう》を加《くわ》えて〈十方世界《じっぽうせかい》〉といいます。つまり、ありとあらゆる所《ところ》ということです。

是《ここ》に衆中《しゅちゅう》の三万《まん》二千の菩薩摩訶薩《ぼさつまかさつ》は無量義《むりょうぎ》三昧《まい》を得《え》、三万《まん》四千の菩薩摩訶薩《ぼさつまかさつ》は無《む》数《しゅ》無《む》量《りょう》の陀《だ》羅《ら》尼《に》門《もん》を得《え》、能《よ》く一切《さい》三世《ぜ》の諸仏《しょぶつ》の不退《ふたい》の法輪《ほうりん》を転《てん》ず。

そこで、聴聞者《ちょうもんしゃ》の中《なか》の多《おお》くの菩薩《ぼさつ》たちは、無量義《むりょうぎ》の教《おし》えにしっかりと精神《せいしん》を集中《しゅうちゅう》して、ますますその教《おし》えに没入《ぼつにゅう》する禅定《ぜんじょう》の境地《きょうち》を得《え》ました。また多《おお》くの菩薩《ぼさつ》たちは、たくさんの人《ひと》びとを教《おし》え導《みちび》いて、悪《あく》をとどめ、善《ぜん》を保《たも》たしめる無限《むげん》の力《ちから》を得《え》ることができ、三世《さんぜ》のすべての仏《ほとけ》が説《と》きつづけてこられた教《おし》えを受《う》けついで、よくそれを説《と》きひろめることができるようになりました。

ここには、その教《おし》えを聞《き》いた人《ひと》びとが、どんな利益《りやく》を得《え》たかということが、述《の》べられています。

三万《まん》二千とか三万《まん》四千という数《かず》にこだわる必要《ひつよう》はありません。多《おお》くの……という意味《いみ》です。

〈無量義三昧《むりようぎざんまい》〉……三昧《さんまい》というのは、前《まえ》にも説明《せつめい》したとおり、精神《せいしん》がある一事《いちじ》に集中《しゆうちゆう》して落《お》ち着《つ》き、ほかのことに散乱《さんらん》しない状態《じようたい》ですから、無量義《むりようぎ》の教《おし》えだけをじっと瞑想《めいそう》して、ますます深《ふか》くその教《おし》えに没入《ぼつにゆう》してゆく禅定《ぜんじよう》の境地《きようち》を、無《む》量義三昧《りようぎざんまい》というのです。

〈陀羅尼《だらに》〉とは、善《ぜん》はよく保《たも》って失《うしな》わさせず、悪《あく》はおしとどめて起《お》こさせない力《ちから》のことです。

三世《さんぜ》の諸仏《しよぶつ》　〈一切三世《さいさんぜ》の諸仏《しよぶつ》〉……過去《かこ》の世《よ》に出《で》られた仏《ほとけ》、現世《げんぜ》の仏《ほとけ》すなわち釈迦牟尼世尊《しやかむにせそん》、未来《みらい》の世《よ》に出《で》てこられるであろう仏《ほとけ》、そういう一切《いつさい》の仏《ほとけ》さまというわけです。未来《みらい》の仏《ほとけ》の説《と》かれる教《おし》えをいま説《と》くというのはおかしいようですが、真理《しんり》というものは過去《かこ》・現在《げんざい》・未来《みらい》を通《つう》じて変《か》わりはないのですから、けっして不思議《ふしぎ》ではありません。

つぎに、菩薩《ぼさつ》以外《いがい》の人《ひと》びとが得《え》た利益《りやく》について述《の》べられています。

其《そ》の諸《もろもろ》の比丘《びく》・比丘尼《びくに》・優婆塞《うばそく》・優婆夷《うばい》・天《てん》・竜《りゅう》・夜叉《やしゃ》・乾闥婆《けんだつば》・阿修羅《あしゅら》・迦楼羅《かるら》・緊那羅《きんなら》・摩睺羅伽《まごらが》・大転輪王《だいてんりんのう》・小転輪王《しょうてんりんのう》・銀輪《ごんりん》・鉄輪《てつりん》・諸輪《しょりん》の王《おう》・国王《こくおう》・王子《おうじ》・国臣《こくしん》・国民《こくみん》・国士《こくし》・国女《こくにょ》・国大長者及《こくだいちょうじゃおよ》び諸《もろもろ》の眷属《けんぞく》百千衆倶《しゅとも》に、仏如来《ほとけにょらい》の是《こ》の経《きょう》を説《と》きたもうを聞《き》きたてまつる時《とき》、或《あるい》は煗法《なんぽう》・頂法《ちょうほう》・世《せ》間第《けんだい》一法《ぽう》・須陀洹果《しゅだおんか》・斯陀含果《しだごんか》・阿那含果《あなごんか》・阿羅漢果《あらかんが》・辟支仏果《びゃくしぶつか》を得《え》、又菩《またぼ》薩《さつ》の無生法忍《むしょうぼうにん》を得《え》、又《また》一陀羅尼《だらに》を得《え》、又《また》二陀羅尼《だらに》を得《え》、又《また》三陀羅尼《だらに》を得《え》、又《また》四陀羅尼《だらに》・五・六・七・八・九・十陀羅尼《だらに》を得《え》、又《また》百千万億陀羅尼《まんのくだらに》を得《え》、又《また》無量無数恒河沙阿僧祇陀羅尼《むりょうむしゅごうがしゃあそうぎだらに》を得《え》て、皆能《みなよ》く随順《ずいじゅん》して不退転《ふたいてん》の法輪《ほうりん》を転《てん》ず。無量《むりょう》の衆生《しゅじょう》は阿耨多羅《あのくたら》三藐《みゃく》三菩提《ぼだい》の心《こころ》を発《おこ》しき。

また、その座《ざ》に参列《さんれつ》していた多《おお》くの僧《そう》・尼僧《にそう》・男女《だんじょ》の在家修行者《ざいけしゅぎょうしゃ》・もろもろの鬼神《きじん》・大王《だいおう》や小王《しょうおう》・諸国《しょこく》の国王《こくおう》・王子《おうじ》・その家来《けらい》たちをはじめ、あらゆる階層《かいそう》の人《ひと》びととその家族《かぞく》たちは、仏《ほとけ》のこの教《おし》えをうかがって、あるものは煗《なん》法《ぼう》、あるものは頂法《ちょうほう》、あるものは世間第一法《せけんだいいっぽう》、またあるものは声聞《しょうもん》のそれぞれ四つの境地《きょうち》、あるものは縁覚《えんがく》の境地《きょうち》に達《たつ》することができました。またあるものは、菩薩《ぼさつ》の境地《きょうち》である不生不滅《ふしょうふめつ》の教《おし》えをしっかり会得《えとく》しました。また多《おお》くの人《ひと》が、程度《ていど》の大小《だいしょう》の差《さ》こそあれ、それぞれに善《ぜん》を保《たも》って失《うしな》わせず、悪《あく》をおしとどめて起《お》こさせない力《ちから》を得《え》、仏《ほとけ》の教《おし》えのとおりを他《た》の人《ひと》びとに説《と》き、けっしてそれを途中《とちゅう》でやめたり、心《こころ》を変《か》えたりすることはありませんでした。そのほかの数限《かずかぎ》りない人《ひと》びとは、最高無上《さいこうむじょう》の悟《さと》りを得《え》るためにこれからずっと修行《しゅぎょう》していこうという志《こころざし》を起《お》こしました。

諸比丘《しょびく》から諸眷属《しょけんぞく》までのいろいろな人《ひと》びとについては、《徳行品第一《とくぎょうほんだいいち》》の初《はじ》めのほうで説明《せつめい》しましたし、煗法《なんぽう》から辟支仏果《びゃくしぶつか》までの得果《とっか》の種類《しゅるい》については、この《説法品第二《せっぽうほんだいに》》の中《なか》ごろで説明《せつめい》しましたから、参照《さんしょう》してください。《無生法忍《むしょうぼうにん》》というのは、一切《いっさい》のものごとが不生不滅《ふしょうふめつ》であるという教《おし》え（無生《むしょう》法《ぼう》）を体得《たいとく》して、現象《げんしょう》の変化《へんか》に動揺《どうよう》しなくなった境地《きょうち》です。〈忍《にん》〉というのは、ある境地《きょうち》をしっかりと身《み》につけて、そこから退転《たいてん》しなくなったという意味《いみ》です。

なお、一陀羅尼《だらに》・二陀羅尼《だらに》……とずっと並《なら》べてありますが、それは〈善《ぜん》を保《たも》ち、悪《あく》をおしとどめる力《ちから》〉というものは、その発現《はつげん》のしかたに数限《かずかぎ》りない場合《ばあい》があり、その力《ちから》の程度《ていど》にもまた数限《かずかぎ》りない段階《だんかい》がありますから、こういうふうに表現《ひょうげん》してあるわけです。

〈随順《ずいじゅん》して〉というのは、仏《ほとけ》の教《おし》えによく従《したが》って、そのとおりに……という意《い》味《み》です。

さて、これで《無量義経《むりょうぎきょう》》の本論《ほんろん》である、《説法品第二《せっぽうほんだいに》》は終《お》わりになりました。この最後《さいご》のところに、多《おお》くの人《ひと》びとが無量義《むりょうぎ》の教《おし》えを聞《き》いて得《え》ることのできた利益《りやく》について、あらまし述《の》べてありますが、つぎの《十功徳品第三《じゅうくどくほんだいさん》》には、大荘厳菩薩《だいしょうごんぼさつ》の質問《しつもん》に答《こた》えて、その功徳《くどく》をくわしくお説《と》きになるわけです。

十功徳品第三《じゅうくどくほんだいさん》

この品《ほん》には、このお経《きょう》に説《と》かれた教《おし》えを理解《りかい》し、実践《じっせん》すれば、どのような精神的《せいしんてき》な功徳《くどく》があるか、どのような善《よ》い行《おこ》ないができるか、どのように世《よ》のためひとのために役立《やくだ》つことができるかということが、くわしく徹底的《てっていてき》に説《と》かれてあります。

流通分《るつうぶん》の重要《じゅうよう》さ　われわれ凡夫《ぼんぷ》は、尊《とうと》い教《おし》えを聞《き》くと、その当座《とうざ》は、なるほどと深《ふか》く感銘《かんめい》します。そして、その教《おし》えを心《こころ》にとどめて実践《じっせん》してゆきたいという気持《きもち》にもなります。しかし、よほどの人《ひと》でないかぎり、その気持《きもち》はしっかりと固《かた》まったものではなく、どことなくあやふやなものがあります。ですから、何《なに》か身辺《しんぺん》におもしろくない変化《へんか》が起《お》こると、つい教《おし》えられたことを忘《わす》れて、怒《おこ》ったり、おどろいたり、悲《かな》しんだり、悩《なや》んだりしがちなのです。

ですから、われわれ凡夫《ぼんぷ》は、教《おし》えを聞《き》いたら、しっかりとその教《おし》えにつかまって、どんなことがあっても放《はな》さないという決定《けつじょう》を起《お》こさなければなりません。そのためには、この教《おし》えにさえつかまっておれば、どんなことがあっても大丈夫《だいじょうぶ》だという、確信《かくしん》がなければなりません。その確信《かくしん》をわれわれの心《こころ》に植《う》えつけるために説《と》かれるのが、お経《きょう》の〈流通分《るつうぶん》〉であります。このお経《きょう》を理解《りかい》し、信《しん》じ、実践《じっせん》すれば、かならずこのような功徳《くどく》があるのだよと、われわれを力《ちから》づけ、励《はげ》ましてくださるのです。ですから、〈正宗分《しょうしゅうぶん》〉とおなじように、心《こころ》をこめて読《よ》み、学《まな》んでいかなければならないのです。

さて、無量義《むりょうぎ》の教《おし》えを聞《き》いて深《ふか》く感動《かんどう》した大荘厳菩薩《だいしょうごんぼさつ》は、あらためて世尊《せそん》にむかってその教《おし》えの尊《とうと》さを賛歎《さんたん》し、その功徳《くどく》について、さらにくわしく教《おし》えていただきたいとお願《ねが》いするのです。

爾《そ》の時《とき》に大荘厳菩薩摩訶薩《だいしょうごんぼさつまかさつ》、復仏《またほとけ》に白《もう》して言《もう》さく、世尊《せそん》、世尊是《せそんこ》の微妙甚深《みみょうじんじん》無上大乗無量義経《むじょうだいじょうむりょうぎきょう》を説《と》きたもう。真実甚深甚深甚深《しんじつじんじんじんじんじんじん》なり。所以《ゆえ》は何《いか》ん、此《こ》の衆《しゅ》の中《なか》に於《おい》て、諸《もろもろ》の菩《ぼ》薩摩《さつま》訶《か》薩《さつ》及《およ》び諸《もろもろ》の四衆《しゅ》・天《てん》・竜《りゅう》・鬼《き》神《じん》・国王《こくおう》・臣民《しんみん》・諸有《しょう》の衆生《しゅじょう》、是《こ》の甚深無上大乗無量義経《じんじんむじょうだいじょうむりょうぎきょう》を聞《き》いて、陀羅尼門《だらにもん》・三法《ぼう》・四果《か》・菩提《ぼだい》の心《こころ》を獲得《ぎゃくとく》せざることなし。当《まさ》に知《し》るべし、此《こ》の法《ほう》は文理真正《もんりしんしょう》なり、尊《そん》にして過上《かじょう》なし。三世《ぜ》の諸仏《しょぶつ》の守護《しゅご》したもう所《ところ》なり。衆魔群道《しゅまぐんどう》、得入《とくにゅう》することあることなし。一切《さい》の邪見生死《じゃけんしょうじ》に壊敗《えはい》せられず。所以《ゆえ》は何《いか》ん、一たび聞《き》けば能《よ》く一切《さい》の法《ほう》を持《たも》つが故《ゆえ》に。

そのとき大荘厳菩薩《だいしょうごんぼさつ》は、あらためて仏《ほとけ》にむかって申《もう》しあげました。

「世尊《せそん》。世尊《せそん》はこの非常《ひじょう》に奥深《おくふか》い大乗《だいじょう》の教《おし》えである無量義経《むりょうぎきょう》を、お説《と》きくださいました。まことに絶対真実《ぜったいしんじつ》の教《おし》えであり、この上《うえ》もなくありがたい、深《しん》遠《えん》な教《おし》えでございます。なぜかと申《もう》しますと、聴聞《ちょうもん》いたしましたおおぜいの人《ひと》びとの中《なか》で、多《おお》くの菩《ぼ》薩《さつ》たちや出家《しゅっけ》・在家《ざいけ》の修行者《しゅぎょうしゃ》たちは申《もう》すにおよばず、ありとあらゆる生物《せいぶつ》・鬼《き》神《じん》たち・国王《こくおう》やその家来《けらい》たちから一般《いっぱん》の大衆《たいしゅう》に及《およ》ぶまで、この無量義《むりょうぎ》の教《おし》えをうかがって、あるいは陀羅尼《だらに》・三法《さんぽう》・四果《しか》という尊《とうと》い結果《けっか》を得《え》、あるいは無上《むじょう》の悟《さと》りを求《もと》める心《こころ》を起《お》こさないものはなかったからでございます。ほんとうに、わたくしどもは、この教《おし》えが真実《しんじつ》であって正《ただ》しく、この上《うえ》もなく尊《とうと》いものであることを、知《し》らなければなりません。また、三世《さんぜ》の諸仏《しょぶつ》がお守《まも》りくださるものであり、もろもろの妨害者《ぼうがいしゃ》も、さまざまな他《た》の教《おし》えも、これを侵《おか》すことはできず、一切《いっさい》の誤《あやま》った考《かんが》えにも、この世《よ》の一切《いっさい》の変化《へんか》にも、うちくずされることのない、尊《とうと》い教《おし》えであることを知《し》らなければなりません。なぜならば、ひとたびこの教《おし》えを聞《き》けば、この世《よ》のあらゆるものごとのありようがすっかりわかって、自分《じぶん》のものになり、あらゆる場合《ばあい》に正《ただ》しく即応《そくおう》できるからでございます」

語句《ごく》の意味《いみ》は、すでに何度《なんど》も説明《せつめい》したものばかりですから、お解《わか》りのことと思《おも》います。

ただ、〈一たび聞《き》けば能《よ》く一切《さい》の法《ほう》を持《たも》つが故《ゆえ》に〉という一句《いっく》だけは、含蓄《がんちく》が深《ふか》いために、その真意《しんい》が解《わか》りにくいかもしれません。

心《こころ》が環境《かんきょう》を変《か》える　われわれの住《す》んでいる世界《せかい》には無数《むすう》の生物《せいぶつ》や物質《ぶっしつ》があり、数《かず》かぎりない種類《しゅるい》の現象《げんしょう》が生《しょう》じ、またわれわれの人生途上《じんせいとじょう》には、いろいろさまざまな変化《へんか》が起《お》こります。真実《しんじつ》の教《おし》えを知《し》らないものは、その千差《せんさ》万別《ばんべつ》の現《げん》象《しょう》や千変万化《せんぺんばんか》の境遇《きょうぐう》にひきずりまわされて、心《こころ》の安《やす》まるひまはありません。

ところが、この世《よ》のすべてのものごとは、その本質《ほんしつ》においては不生不滅《ふしょうふめつ》であり、すべて平等《びょうどう》であることを、この《無量義経《むりょうぎきょう》》の教《おし》えで知《し》ることができたのです。そして、どんな人《ひと》でも、どんな境遇《きょうぐう》にあろうとも、一《ひと》たび仏《ほとけ》さまのこの教《おし》えを聞《き》いて信《しん》じて行《ぎょう》じていくならば、必《かなら》ず真《しん》の救《すく》われ（成仏《じょうぶつ》）へと向上《こうじょう》していけるのだ、という信念《しんねん》を持《も》てるようになったというわけです。

そうなると、われわれは、自分《じぶん》の存在《そんざい》というものに確固《かっこ》たる自信《じしん》を持《も》つことができるようになるのです。なぜならば環境《かんきょう》にどのような変化《へんか》が起《お》ころうとも究極《きゅうきょく》の真理《しんり》（本仏《ほんぶつ》）に生《い》かされているのだという安心感《あんしんかん》をもって、悠々《ゆうゆう》としておれるからです。悠々《ゆうゆう》としておれば、どのようなことが起《お》こっても動《どう》ぜずに適切《てきせつ》な判断《はんだん》に従《したが》って行動《こうどう》できますから、境遇《きょうぐう》はかならず好転《こうてん》するようになるのです。

すなわち、この世《よ》のすべてのものごとは、仏教《ぶっきょう》の根本《こんぽん》の教《おし》えである〈縁起《えんぎ》の法則《ほうそく》〉が説《と》き示《しめ》しているように、因《いん》と縁《えん》の和合《わごう》によりさまざまに変化《へんか》していくものなのです。ですから自分《じぶん》がどのような因《いん》となり、縁《えん》となっていくかによって、自分《じぶん》をとりまく環境《かんきょう》はどのようにでも変《か》わるのです。

つまり、われわれは、仏《ほとけ》さまの智慧《ちえ》と慈悲《じひ》を身《み》につけて、〈千変万化《せんぺんばんか》する現《げん》象《しょう》も、すべて自分《じぶん》がその因《いん》となり縁《えん》となっているのだから、自分《じぶん》が良《よ》い方向《ほうこう》にいくことを念《ねん》じ、努力《どりょく》を続《つづ》けていけばかならずものごとは良《よ》くなっていくのだ〉と、確信《かくしん》し、行動《こうどう》することが第一《だいいち》なのです。そのように悟《さと》り、行《ぎょう》じられる人《ひと》が一人《ひとり》、また一人《ひとり》と増《ふ》えていけば、自分《じぶん》のまわりの環境《かんきょう》を変《か》えるどころか、完全《かんぜん》な世界平和《せかいへいわ》の実現《じつげん》も不可能《ふかのう》なことではありません。まさしく〈三界《さんがい》は唯心《ゆいしん》の所現《しょげん》〉なのであります。

それを、困難《こんなん》なことに出《で》あうと、すぐに難《むずか》しいことだからとか、環境《かんきょう》を変《か》えることなど不可能《ふかのう》だとあきらめてしまうのは、われわれが小《ちい》さな我《が》にとらわれているからにほかならないのです。つまり、――自分《じぶん》と仏《ほとけ》さまとはまったく別《べつ》の存在《そんざい》であって、とうてい仏《ほとけ》になどなれるわけがない――と、きめつけて、あきらめてしまっているというようなことだからです。

もしわれわれが、ほんとうに仏《ほとけ》さまと相通《あいつう》ずる心《こころ》を持《も》つことができ、仏《ほとけ》さまのお心《こころ》のごとくに行動《こうどう》することができるようになれば、その程度《ていど》に応《おう》じて、たしかに環境《かんきょう》を変《か》えることができるのです。

以上《いじょう》のことが、〈すべては仏《ほとけ》の大慈悲心《だいじひしん》から発《はっ》し、無量《むりょう》の救《すく》いが生《しょう》ずる〉という無量義《むりょうぎ》の教《おし》えの大功徳《だいくどく》なのです。しかし、この〈一切《さい》の法《ほう》を持《たも》つが故《ゆえ》に〉という大功徳《だいくどく》は、あまりにも含《ふく》むところが広大《こうだい》なので、大荘厳菩薩《だいしょうごんぼさつ》は、一般大衆《いっぱんたいしゅう》のためにもっと具体的《ぐたいてき》にくわしく説《と》いていただくよう、つぎのようにお願《ねが》いするわけです。


若《も》し衆生《しゅじょう》あって是《こ》の経《きょう》を聞《き》くことを得《う》るは、則《すなわ》ち為《こ》れ大利《だいり》なり。所以《ゆえ》は何《いか》ん、若《も》し能《よ》く修行《しゅぎょう》すれば必《かなら》ず疾《と》く無上菩提《むじょうぼだい》を成《じょう》ずることを得《う》ればなり。其《そ》れ衆生《しゅじょう》あって聞《き》くことを得《え》ざる者《もの》は、当《まさ》に知《し》るべし、是等《これら》は為《こ》れ大利《だいり》を失《うしな》えるなり。無量無辺不可思議阿僧祇劫《むりょうむへんふかしぎあそうぎこう》を過《す》ぐれども、終《つい》に無上菩提《むじょうぼだい》を成《じょう》ずることを得《え》ず。所以《ゆえ》は何《いか》ん、菩提《ぼだい》の大直道《だいじきどう》を知《し》らざるが故《ゆえ》に、険径《けんきょう》を行《ゆ》くに留難《るなん》多《おお》きが故《ゆえ》に。世尊《せそん》、是《こ》の経典《きょうでん》は不可思議《ふかしぎ》なり。唯願《ただねが》わくは、世尊《せそん》、広《ひろ》く大衆《だいしゅ》の為《ため》に慈哀《じあい》して是《こ》の経《きょう》の甚深不思議《じんじんふしぎ》の事《じ》を敷演《ふえん》したまえ。

「もしある人《ひと》がこの教《おし》えを聞《き》くことができましたら、その人《ひと》は大《おお》きな利益《りやく》を得《え》たことになります。なぜかと申《もう》しますと、この教《おし》えのとおりに修行《しゅぎょう》すれば、かならずまっすぐに最高無上《さいこうむじょう》の悟《さと》りに達《たつ》することができるからでございます。反対《はんたい》に、この教《おし》えを聞《き》くことのできなかったものは、大《おお》きな利益《りやく》を失《うしな》ったものといわなければなりません。その人《ひと》は、無限《むげん》の時《とき》を経過《けいか》しても、ついに無上《むじょう》の悟《さと》りを成就《じょうじゅ》することができません。なぜならば、まっすぐ無上《むじょう》の悟《さと》りに達《たつ》する大道《だいどう》を知《し》らず、間道《かんどう》のけわしい小路《こみち》を行《ゆ》くわけですので、邪魔《じゃま》ものや困難《こんなん》がいろいろと待《ま》ち受《う》けているからでございます。世尊《せそん》、この教《おし》えは凡夫《ぼんぷ》には考《かんが》え及《およ》ばぬような深遠《しんえん》なものでございます。お願《ねが》いでございますから、どうぞひろくわれわれ大衆《たいしゅう》をあわれとお考《かんが》えくださいまして、奥深《おくふか》いこの教《おし》えを、実践《じっせん》の面《めん》から具体的《ぐたいてき》におしひろめて、お説《と》きいただきとう存《ぞん》じます」

実践《じっせん》すなわち修行《しゅぎょう》　ここに〈若《も》し能《よ》く修行《しゅぎょう》すれば〉とあることを、心《こころ》にとめておきたいものです。ただ聞《き》いたばかりではいけない、よく修行《しゅぎょう》しなければならないというのです。もちろん、聞《き》かないよりは聞《き》いたほうがはるかにいいのであって、ただ教《おし》えを聞《き》いただけで、心《こころ》がパッと開《ひら》けることもよくあるものです。しかし、その開《ひら》けた心《こころ》を、あともどりしないように安定《あんてい》させるためには、やはり修行《しゅぎょう》が必要《ひつよう》です。また、修行《しゅぎょう》をすればするほど、もっともっと高《たか》い境地《きょうち》に達《たつ》することができるわけです。

ですから、教《おし》えを聞《き》いたら、それを実践《じっせん》しなければならないのです。実践《じっせん》がすなわち修行《しゅぎょう》なのです。教《おし》えを聞《き》いては実践《じっせん》し、実践《じっせん》しているうちに湧《わ》いてきた疑問《ぎもん》について、また教《おし》えを聞《き》き、それをまた実践《じっせん》するという具合《ぐあい》に、学《まな》ぶことと実践《じっせん》することを、くりかえしくりかえしつづけてゆく……これが修行《しゅぎょう》にほかなりません。

ましてや、最高無上《さいこうむじょう》の仏《ほとけ》の悟《さと》りに達《たつ》するには、教《おし》えのとおり他《た》を導《みちび》き、救《すく》うという慈悲《じひ》の行《おこ》ないを実践《じっせん》しなければ、絶対《ぜったい》に不可能《ふかのう》であることは、いうまでもありません。なぜならば、頭《あたま》のうえだけの理解《りかい》では、仏《ほとけ》の悟《さと》りの神髄《しんずい》はつかみえないからです。よしんば自分《じぶん》では悟《さと》ることができたと思《おも》っても、それを他《た》におよぼし、みんなといっしょに救《すく》われなければ、その悟《さと》りは低《ひく》い段階《だんかい》のもの

（二乗《にじょう》の悟《さと》り）であって、仏《ほとけ》の悟《さと》りにはほど遠《とお》いものであるからです。菩薩行《ぼさつぎょう》の大切《たいせつ》な理由《りゆう》は、そこにあるのです。

〈菩提《ぼだい》の大直道《だいじきどう》を知《し》らざるが故《ゆえ》に〉……大直道《だいじきどう》とは、字《じ》のとおり、大《おお》きな、まっ直《す》ぐな道《みち》です。いわば、ハイウエーのことです。名古屋《なごや》から神戸《こうべ》へ自動車《じどうしゃ》で行《ゆ》くのには、名神高速道路《めいしんこうそくどうろ》を通《とお》るのが、最短《さいたん》の、そして安全《あんぜん》なゆきかたです。これが大直道《だいじきどう》です。〈疾《と》く阿耨多羅《あのくたら》三藐《みゃく》三菩提《ぼだい》を成《じょう》ずる〉の〈疾《と》く〉は、遠《とお》まわりしないでまっすぐに……という意味《いみ》だと、くりかえし述《の》べてきましたが、その道《みち》が大直道《だいじきどう》にほかなりません。

〈険径《けんきょう》を行《ゆ》く〉……けわしい小路《こみち》を行《ゆ》くというわけで、大直道《だいじきどう》を行《ゆ》くのと正反《せいはん》対《たい》です。せっかくまっすぐな、舗装《ほそう》された、幅《はば》の広《ひろ》い、そして距離《きょり》も最短《さいたん》のハイウエーがあるのに、わざわざ山《やま》や谷《たに》などをウネウネとわたっているけわしい細道《ほそみち》を行《い》くのと同《おな》じように、枝葉《えだは》の教《おし》えをいっしょうけんめいたどってゆくことを指《さ》すのです。もちろん正《ただ》しい教《おし》えであるかぎり、たとえ枝葉《えだは》の教《おし》えでも、それをたどってゆくのは、まるっきり教《おし》えを知《し》りもしなければ行《おこ》ないもしないよりは、はるかに人間《にんげん》らしい、価値《かち》のある生《い》きかたなのですが、そんなムダな苦労《くろう》をするよりは、大直道《だいじきどう》を行《い》ったほうがいいにきまっています。

〈留難《るなん》〉……留《る》というのは、自由《じゆう》を奪《うば》うこと。難《なん》というのは、難儀《なんぎ》。すなわち、邪魔《じやま》（よこしまな、そして障《さわ》りをなすもの）がやって来《き》て、行動《こうどう》の自由《じゆう》を奪《うば》い、修行《しゆぎよう》に困難《こんなん》を与《あた》えることをいいます。けわしい山《やま》の細道《ほそみち》を行《ゆ》くような修行《しゆぎよう》には、邪魔《じやま》ものや困難《こんなん》がつぎつぎに現《あら》われて、いつまでたっても、目的地《もくてきち》には達《たつ》せられないわけです。

〈敷演《ふえん》〉……意味《いみ》をおしひろめて、具体的《ぐたいてき》に説《と》くことです。

事《じ》

〈事《じ》〉というのは、たんなることということ意味《いみ》ではなく、これには〈実践《じつせん》〉という意味《いみ》が含《ふく》まれています。〈理《り》〉と〈事《じ》〉はいつも一対《いつつい》をなすもので、この二つが揃《そろ》わないと、教《おし》えは完全《かんぜん》なはたらきを成就《じょうじゅ》しないのです。

大荘厳菩薩《だいしょうごんぼさつ》は、一般大衆《いっぱんたいしゅう》のために、その教《おし》えの実践《じっせん》という面《めん》について、くわしくお説《と》き分《わ》けになってくださるようお願《ねが》いしたのですが、つぎに、その端緒《たんしょ》となるような、具体的《ぐたいてき》な質問《しつもん》を申《もう》しあげます。

世尊《せそん》、是《こ》の経典《きょうでん》は何《いず》れの処《ところ》よりか来《きた》り、去《さ》って何《いず》れの所《ところ》にか至《いた》り、住《とどま》って何《いず》れの所《ところ》にか住《じゅう》する。乃《すなわ》ち是《かく》の如《ごと》き無量《むりょう》の功徳《くどく》不思議《ふしぎ》の力《ちから》あって、衆《しゅ》をして疾《と》く阿耨多羅《あのくたら》三藐《みゃく》三菩提《ぼだい》を成《じょう》ぜしめたもうや。

「世尊《せそん》。この教《おし》えは、いったいどこから出《で》てきたものでございましょうか。そして、どういう目的《もくてき》へむかって行《ゆ》くものでございましょうか。また、この

教《おし》えのとどまる所《ところ》はどこなのでございましょうか。この三つのことがわかりますれば、この教《おし》えがはかりしれない功徳《くどく》と力《ちから》をもって、多《おお》くの人《ひと》びとをまっすぐに無上《むじょう》の悟《さと》りへ達《たっ》せしめる、その理由《りゆう》もわかることと存《ぞん》じます」

〈何《いず》れの処《ところ》より来《きた》り〉というのは、この教《おし》えの源《みなもと》、起《お》こってきた大本《おおもと》は、いったいどこにあるのでしょうか……という質問《しつもん》です。

〈去《さ》って何《いず》れの所《ところ》にか至《いた》り〉というのは、つまり、その教《おし》えをお説《と》きになった目的《もくてき》は、どのようなことなのでしょうか……という問《とい》です。

〈住《とど》まって何《いず》れの所《ところ》にか住《じゅう》する〉というのは、この教《おし》えはどのような人《ひと》のところに住《とど》まるのですか、いいかえれば、どのような人《ひと》がこの教《おし》えを持《たも》つことができるのですか……という問《とい》です。

つぎの〈乃《すなわ》ち是《かく》の如《ごと》き……〉へつづけて直訳《ちょくやく》すれば、〈この教《おし》えがどこから来《き》、どこへ行《ゆ》き、どこに住《とど》まるものであればこそ、このような無量《むりょう》の功徳《くどく》や不《ふ》思議《しぎ》の力《ちから》があって、多《おお》くの人《ひと》をまっすぐに無上《むじょう》の悟《さと》りへ導《みちび》くのでありましょうか〉となるわけです。

この質問《しつもん》についても、仏《ほとけ》はたいそうおほめになり、その質問《しつもん》にお答《こた》えになるばかりでなく、あとは、大荘厳菩薩《だいしょうごんぼさつ》を代表《だいひょう》とする聴聞者一同《ちょうもんしゃいちどう》がおたずねしたいと思《おも》うことがらをお見《み》とおしになって、質問《しつもん》を待《ま》たず、この教《おし》えの功徳《くどく》についてくわしくお説《と》きになるのです。

爾《そ》の時《とき》に世尊《せそん》、大荘厳菩薩摩訶薩《だいしょうごんぼさつまかさつ》に告《つ》げて言《のたま》わく、善哉善哉《ぜんざいぜんざい》、善男子《ぜんなんし》、是《かく》の如《ごと》し是《かく》の如《ごと》し、汝《なんじ》が説《と》く所《ところ》の如《ごと》し。善男子《ぜんなんし》、我是《われこ》の経《きょう》を説《と》くこと甚深甚深真《じんじんじんじんしん》実甚深《じつじんじん》なり。所以《ゆえ》は何《いか》ん、衆《しゅ》をして疾《と》く無上菩提《むじょうぼだい》を成《じょう》ぜしむるが故《ゆえ》に、一たび聞《き》けば能《よ》く一切《さい》の法《ほう》を持《たも》つが故《ゆえ》に、諸《もろもろ》の衆生《しゅじょう》に於《お》いて大《おおい》に利益《りやく》するが故《ゆえ》に、大直道《だいじきどう》を行《ぎょう》じて留難《るなん》なきが故《ゆえ》に。善男子《ぜんなんし》、汝《なんじ》、是《こ》の経《きょう》は何《いず》れの所《ところ》よりか来《きた》り、去《さ》って何《いず》れの所《ところ》にか至《いた》り、住《とどま》って何《いず》れの所《ところ》にか住《じゅう》すると問《と》わば、当《まさ》に善《よ》く諦《あきら》かに聴《き》くべし。善男子《ぜんなんし》、是《こ》の経《きょう》は本諸仏《もとしょぶつ》の室宅《しったく》の中《うち》より来《きた》り、去《さ》って一切衆生《さいしゅじょう》の発菩提心《ほつぼだいしん》に至《いた》り、諸《もろもろ》の菩薩所行《ぼさつしょぎょう》の処《ところ》に住《じゅう》す。

それをお聞《き》きになった世尊《せそん》は、たいそうお喜《よろこ》びになって、つぎのようにおおせられました。

「よろしい。そのとおりです。そのとおりです。あなたのいうとおりですよ。わたしがなぜこの教《おし》えを説《と》くのか、その真意《しんい》というものは、深《ふか》い深《ふか》いところから出《で》ているのです。その理由《りゆう》は、あなたがいったように、この教《おし》えは多《おお》くの人《ひと》びとをまっすぐに無上《むじょう》の悟《さと》りへ導《みちび》くことができるからです。この教《おし》えを聞《き》けば、ありとあらゆるものごとに通《つう》ずる法則《ほうそく》がわかり、それがしっかりと自分《じぶん》のものになるからです。そうして、この教《おし》えは多《おお》くの人《ひと》びとに大《おお》きな利益《りやく》を与《あた》え、直接《ちょくせつ》に無上《むじょう》の悟《さと》りへ達《たつ》する大道《だいどう》へ導《みちび》いて、邪魔《じゃま》ものや困難《こんなん》に煩《わずら》わされないようにしてあげられるからです。善男子《ぜんなんし》よ。あなたは、この教《おし》えはどこからきて、どこへ行《ゆ》き、どこにとどまるかを知《し》りたいといいました。それでは、しっかり聞《き》いていてくださいよ。この教《おし》えの源《みなもと》といえば、ほかでもありません。諸仏《しょぶつ》の心《こころ》の奥《おく》から溢《あふ》れ出《で》たものなのです。この教《おし》えは何《なに》を目的《もくてき》として説《と》かれたのか……それは一切《いっさい》の人《ひと》びとに最高無上《さいこうむじょう》の悟《さと》りを求《もと》める心《こころ》を起《お》こさせるためであります。また、この教《おし》えはつねにどこに存在《そんざい》するのかといえば、人《ひと》びとが菩薩行《ぼさつぎょう》を行《おこ》なうその実践《じっせん》の中《なか》にこそ存在《そんざい》するのです」

ここは非常《ひじょう》に重要《じゅうよう》な節《せつ》です。まずこの教《おし》えはどこから来《き》たのか……ということですが、それは諸仏《しょぶつ》のお住《す》まいになっている部屋《へや》（室宅《しったく》）の中《なか》から出《で》たのだとあります。それはいうまでもなく、諸仏《しょぶつ》の心《こころ》の奥《おく》ということです。心《こころ》の奥《おく》ということは、〈すべての生命《いのち》をその本来《ほんらい》の姿《すがた》、本来《ほんらい》の使命《しめい》どおりに生《い》かしたい〉という諸仏《しょぶつ》の本願《ほんがん》にほかなりません。

真実《しんじつ》の慈悲《じひ》

そういう心《こころ》がほんとうの慈悲《じひ》というものです。慈悲《じひ》には、いろいろな現《あら》われかたがありますが、その根本精神《こんぽんせいしん》はこれに尽《つ》きるのです。いわゆる生物《せいぶつ》としての生命《せいめい》あるものだけではありません。生物《せいぶつ》としての生命《せいめい》のない物質《ぶっしつ》にも同《おな》じ精《せい》神《しん》で対《たい》するのが大慈悲《だいじひ》というものです。すなわち、〈その物質《ぶっしつ》の本来《ほんらい》の価値《かち》・本来《ほんらい》の使命《しめい》を完全《かんぜん》に発揮《はっき》させてあげる〉ことです。仏《ほとけ》の慈悲《じひ》は宇宙《うちゅう》の万物《ばんぶつ》に及《およ》ぶというのは、このことをいうのです。

ですから、たとえば子《こ》どもが転《ころ》んだのを、ああかわいそうに……と助《たす》け起《お》こしてあげるのが、かならずしも慈悲《じひ》とはいえません。「坊《ぼう》やは強《つよ》いから、ひとりで立《た》てるよ」と励《はげ》まして、自力《じりき》で立《た》たせるのが、ほんとうの慈悲《じひ》というものです。それが子《こ》どもの本来《ほんらい》の能力《のうりょく》を伸《の》ばすものであり、精神力《せいしんりょく》を強《つよ》めるものであるからです。小《ちい》さなことのようですが、その子《こ》の一生《いっしょう》を左右《さゆう》する問題《もんだい》です。

また、たとえば、むかしから米一粒《こめひとつぶ》でも粗末《そまつ》にするなと教《おし》えられてきました。これはなにもケチでいうのではないのです。米《こめ》というものは、人間《にんげん》の身体《からだ》を養《やしな》う食《た》べものとして、雑草《ざっそう》を改良《かいりょう》してつくりあげた作物《さくもつ》です。ですから、人間《にんげん》がそれを食《た》べてエネルギーのもとにすることが、その物《もの》の本来《ほんらい》の価値《かち》を発揮《はっき》させることにほかなりません。それを、食《た》べ残《のこ》してむざむざと下水《げすい》に流《なが》し捨《す》てたりするのは、一種《いっしゅ》の殺生《せっしょう》といわなければなりません。一粒《ひとつぶ》も残《のこ》さず食《た》べるのが、米《こめ》に対《たい》する慈悲《じひ》です。もし残《のこ》ったら、あとで炒《いた》めご飯《はん》などをして食《た》べるなり、犬《いぬ》や猫《ねこ》の食事《しょくじ》にまわすなり、あるいは糊《のり》にするなり、とにかくムダにしてしまわないことが、慈悲《じひ》の行《おこ》ないであります。

このように、〈一つの真実《しんじつ》の法《ほう》から無量《むりょう》の教《おし》えが生《しょう》ずる〉という無量義《むりょうぎ》の教《おし》えは、ほんとうの意味《いみ》において宇宙《うちゅう》の万物《ばんぶつ》を生《い》かすという仏《ほとけ》の真実《しんじつ》の慈悲《じひ》から溢《あふ》れ出《で》たものである……というのが〈諸仏《しょぶつ》の室宅《シッたく》の中《うち》より来《きた》り〉の意味《いみ》であります。

最高《さいこう》の智慧《ちえ》　つぎに、その教《おし》えの目的《もくてき》は何《なに》かといえば、すべての人《ひと》びとが、この法《ほう》を知《し》ることによって、最高無上《さいこうむじょう》の悟《さと》り、すなわち〈宇宙《うちゅう》の諸《しょ》法《ほう》の実相《じっそう》をくまなく見《み》とおし、すべてのものの価値《かち》を生《い》かすことのできる智《ち》慧《え》（仏《ほとけ》の智慧《ちえ》）を得《え》たいという心《こころ》を起《お》こさせることにある〉……というのです。それが、〈衆生《しゅじょう》の発菩提心《ほつぼだいしん》に至《いた》り〉の意味《いみ》です。

たゆみない実践《じっせん》　つぎに、この教《おし》えはどこに住《じゅう》するか……ということです。住《じゅう》する所《ところ》というのは、いうまでもなく、つねに居《い》る場所《ばしょ》です。すなわち、この教《おし》えはどこに居《い》るのがほんとうなのか、どこにおれば最《もっと》も真価《しんか》を発揮《はっき》するかということです。それは、書物《しょもつ》の中《なか》でもありません。頭脳《ずのう》の中《なか》でもありません。菩薩行実践《ぼさつぎょうじっせん》の中《なか》にあるのです。実践《じっせん》してこそ、この教《おし》えの生命《いのち》は発現《はつげん》するというのです。

この三つのことは、たんに無量義《むりょうぎ》の教《おし》えばかりでなく、あらゆる大乗《だいじょう》の教《おし》えと共通《きょうつう》の大切《たいせつ》な要素《ようそ》であります。とくにわれわれ大衆《たいしゅう》の立場《たちば》から重視《じゅうし》しなければならないのは、第《だい》三の〈実践《じっせん》〉ということです。日本《にほん》は世界最大《せかいさいだい》の仏教国《ぶっきょうこく》といわれながら、しかも日本人《にほんじん》は世界《せかい》でいちばん宗教心《しゅうきょうしん》が乏《とぼ》しいといわれています。残念《ざんねん》なことです。その原因《げんいん》は何《なに》かといいますと、教《おし》えが〈実践《じっせん》〉の中《なか》に住《とど》まらず、仏教《ぶっきょう》の専門家《せんもんか》の頭《あたま》の中《なか》やお寺《てら》の建物《たてもの》の奥《おく》に住《とど》まって眠《ねむ》っているからなのです。仏《ほとけ》の教《おし》えの生命《いのち》を発現《はつげん》させるのは実践《じっせん》にある！……このことこそ、何《なん》べんでも、何十《なん》ぺんでも、声《こえ》を大《だい》にして叫《さけ》びたい大事《だいじ》だと思《おも》うのです。

善男子《ぜんなんし》、是《こ》の経《きょう》は是《かく》の如《ごと》く来《きた》り是《かく》の如《ごと》く去《さ》り是《かく》の如《ごと》く住《じゅう》したまえり。是《こ》の故《ゆえ》に、此《こ》の経《きょう》は能《よ》く是《かく》の如《ごと》き無量《むりょう》の功徳不思議《くどくふしぎ》の力《ちから》あって、衆《しゅ》をして疾《と》く無上《むじょう》菩提《ぼだい》を成《じょう》ぜしむ。

「善男子《ぜんなんし》よ。この教《おし》えは、このようなところから発《はっ》し、このような目的《もくてき》を持《も》ち、このようなところにその生命《いのち》の発現《はつげん》があるのです。さればこそ、この教《おし》えには測《はか》りしれない功徳《くどく》があり、考《かんが》え及《およ》ばぬほどの力《ちから》があって、多《おお》くの人《ひと》びとを直接《ちょくせつ》に無上最高《むじょうさいこう》の悟《さと》りへ導《みちび》くものなのであります」

つぎに、その功徳力《くどくりき》について具体的《ぐたいてき》にくわしくお説《と》きになります。

善男子《ぜんなんし》、汝《なんじ》、寧《むし》ろ是《こ》の経《きょう》に復《また》十の不思議《ふしぎ》の功徳力《くどくりき》あるを聞《き》かんと欲《ほッ》するや不《いな》や。大荘厳菩薩《だいしょうごんぼさつ》の言《もう》さく、願《ねが》わくは聞《き》きたてまつらんと欲《ほッ》す。仏《ほとけ》の言《のたま》わく、善男子《ぜんなんし》、第《だい》一に、是《こ》の経《きょう》は能《よ》く菩薩《ぼさつ》の未《いま》だ発心《ほッしん》せざる者《もの》をして菩提心《ぼだいしん》を発《おこ》さしめ、慈仁《じにん》なき者《もの》には慈心《じしん》を起《おこ》さしめ、殺戮《せつりく》を好《この》む者《もの》には大悲《だいひ》の心《こころ》を起《おこ》さしめ、嫉妬《しッと》を生《しょう》ずる者《もの》には随喜《ずいき》の心《こころ》を起《おこ》さしめ、愛著《あいじゃく》ある者《もの》には能捨《のうしゃ》の心《こころ》を起《おこ》さしめ、諸《もろもろ》の慳貪《けんどん》の者《もの》には布施《ふせ》の心《こころ》を起《おこ》さしめ、憍慢多《きょうまんおお》き者《もの》には持戒《じかい》の心《こころ》を起《おこ》さしめ、瞋恚盛《しんにさか》んなる者《もの》には忍辱《にんにく》の心《こころ》を起《おこ》さしめ、懈怠《けだい》を生《しょう》ずる者《もの》には精進《しょうじん》の心《こころ》を起《おこ》さしめ、諸《もろもろ》の散乱《さんらん》の者《もの》には禅定《ぜんじょう》の心《こころ》を起《おこ》さしめ、愚癡多《ぐちおお》き者《もの》には智慧《ちえ》の心《こころ》を起《おこ》さしめ、未《いま》だ彼《かれ》を度《ど》すること能《あた》わざる者《もの》には彼《かれ》を度《ど》する心《こころ》を起《おこ》さしめ、十悪《あく》を行《ぎょう》ずる者《もの》には十善《ぜん》の心《こころ》を起《おこ》さしめ、有為《うい》を楽《ねが》う者《もの》には無為《むい》の心《こころ》を志《こころざ》さしめ、退心《たいしん》ある者《もの》には不退《ふたい》の心《こころ》を作《な》さしめ、有漏《うろ》を為《な》す者《もの》には無漏《むろ》の心《こころ》を起《おこ》さしめ、煩悩多《ぼんのうおお》き者《もの》には除滅《じょめつ》の心《こころ》を起《おこ》さしむ。善男子《ぜんなんし》、是《こ》れを是《こ》の経《きょう》の第《だい》一の功徳不思議《くどくふしぎ》の力《ちから》と名《なづ》く。

「善男子《ぜんなんし》よ。それよりもあなたは、この教《おし》えに十の不思議《ふしぎ》な功徳《くどく》の力《ちから》があるのを、聞《き》きたいと思《おも》いませんか」

というおたずねに、大荘厳菩薩《だいしょうごんぼさつ》は即座《そくざ》に、

「どうか、うかがいたいものでございます」と申《もう》しあげます。仏《ほとけ》は、さもあろうとおうなずきになって、つぎのようにお説《と》きになりました。

「善男子《ぜんなんし》よ。第一《だい》にこの経《きょう》は、大乗《だいじょう》の教《おし》えを学《まな》んでいるもので、まだしんそこから仏《ほとけ》の智慧《ちえ》を得《え》たいという心《こころ》を起《お》こしていないものには、そういう発心《ほっしん》をさせます。また、人《ひと》を幸《しあわ》せにしてあげようという気持《きもち》のないものには、そういうなさけ心《ごころ》（慈心《じしん》）を起《お》こさせます。人《ひと》を苦《くる》しめたり、生《い》きものを殺《ころ》したりすることを好《この》むものには、かわいそうに思《おも》う心《こころ》を起《お》こさせて、苦《くる》しめたり殺《ころ》したりしないばかりか、逆《ぎゃく》に苦《くる》しんでいるものを助《たす》けてやりたいという心《こころ》（大悲《だいひ》の心《こころ》）を起《お》こさせます。自分《じぶん》よりすぐれた人《ひと》や、幸《しあわ》せに見《み》える人《ひと》に対《たい》してねたみ心《ごころ》や憎《にく》しみを感《かん》ずるくせ（嫉妬《しっと》）のあるものも、この教《おし》えを聞《き》いてよく理解《りかい》すれば、自分《じぶん》などはとうてい及《およ》びもつかぬと思《おも》っていた人《ひと》でも、仏《ほとけ》の前《まえ》では自分《じぶん》と変《か》わりのない人間《にんげん》だということがわかり、そのことを自覚《じかく》したことによる心《こころ》からの喜《よろこ》び（随喜《ずいき》）が起《お》こるために、ひとに対《たい》するねたみ心《ごころ》などは消《き》えてしまうのです。

自分《じぶん》の身《み》のまわりにあるもの、すなわち、財産《ざいさん》とか、地位《ちい》とか、名誉《めいよ》とか、家族《かぞく》とか、そういったものに執着《しゅうちゃく》するあまり、悪《わる》いことをしたり、あるいは自分《じぶん》の心《こころ》を苦《くる》しめている人《ひと》は、この教《おし》えを聞《き》くと、捨《す》てるべきときにはいつでも捨《す》てていいぞという、とらわれぬ気持《きもち》（能捨《のうしゃ》の心《こころ》）を持《も》つようになりますので、いつものびのびとした自由自在《じゆうじざい》な気持《きもち》で活動《かつどう》できるようになります。

また、もの惜《お》しみをする心《こころ》や、ひとのものをむやみと欲《ほ》しがる心《こころ》（慳貪《けんどん》）のはげしい人《ひと》も、この教《おし》えを聞《き》けば、ひとりでに布施《ふせ》の心《こころ》が湧《わ》いてきて、ひとによくしてあげるようになります。また、自分《じぶん》はえらい、よく悟《さと》っている、行《おこ》ないにもまちがいはないというおごりたかぶった心《こころ》（憍慢《きようまん》）の多《おお》い人《ひと》も、この教《おし》えを聞《き》けば、自分《じぶん》の程度《ていど》の低《ひく》さがわかり、自分《じぶん》の心《こころ》や行《おこ》ないのまちがいが目《め》に見《み》えてくるために、仏《ほとけ》の教《おし》えられたいろいろな戒《いまし》めをしっかり守《まも》って修行《しゆぎよう》しなければならないという心《こころ》（持戒《じかい》）が起《お》こってくるのです。

また、瞋恚《しんに》（怒《いか》り）のくせのあるものも、この教《おし》えに触《ふ》れれば、自他一体《じたいつたい》という感情《かんじよう》が養《やしな》われてくるために、怒《いか》りや、恨《うら》み心《ごころ》が起《お》こらなくなります。また、自分《じぶん》の進《すす》むべき道《みち》に一心《いつしん》にならず、怠《なま》けたり、ほかのつまらぬことにうちこんだりする傾向《けいこう》（懈怠《けだい》）のあるものは、この教《おし》えを聞《き》けば、自分《じぶん》に与《あた》えられた使命《しめい》を一心《いつしん》に実践《じつせん》することこそ価値《かち》ある人生《じんせい》だということをしんからわかりますので、本来《ほんらい》の道《みち》に精進《しようじん》するようになります。

また、まわりの事情《じじょう》が変《か》わるたびに、心《こころ》が乱《みだ》れ、動揺《どうよう》する（散乱《さんらん》）人《ひと》も、この教《おし》えを聞《き》いて、移《うつ》り変《か》わっているように見《み》える現象《げんしょう》もその本質《ほんしつ》においては、つねに大調和《だいちょうわ》しているのだという真実《しんじつ》がわかってくると、いつも静《しず》かで、安定《あんてい》した心《こころ》（禅定《ぜんじょう》）になってくるのです。

また、ただ本能《ほんのう》の衝動《しょうどう》のまま、目《め》の前《まえ》の欲望《よくぼう》のままに行動《こうどう》するおろか（愚《ぐ》痴《ち》）な人《ひと》も、この教《おし》えを聞《き》くと、人間《にんげん》として大切《たいせつ》な智慧《ちえ》が生《しょう》じてきますから、なすべきこととなすべからざることとの区別《くべつ》が、ハッキリわかるようになって、人間《にんげん》らしい正《ただ》しい生《い》きかたをするようになります。また、ほかの人《ひと》（彼《かれ》）を救《すく》ってあげたいという心《こころ》をまだ起《お》こしたことのない人《ひと》でも、この教《おし》えを聞《き》けば、自分《じぶん》だけがこの世《よ》に生《い》きているのではないから、自分《じぶん》も他《た》もいっしょに救《すく》われなければほんとうに幸《しあわ》せにはならないのだ……ということがわかってきて、ひとりでに他《た》を救《すく》おうという気持《きもち》が起《お》こります。

また、いろいろな悪《わる》い行《おこ》ないをなすものには、それらの悪行《あくぎょう》をすべて払《はら》い去《さ》った清《きよ》らかな境地《きょうち》に達《たつ》しようという心《こころ》（十善《じゅうぜん》の心《こころ》）を起《お》こさせ、現象面《げんしょうめん》の幸《こう》福《ふく》ばかりを追《お》って右往左往《うおうさおう》している（有為《うい》を楽《ねが》う）人《ひと》には、本当《ほんとう》の幸《しあわ》せは現《げん》象《しょう》の変化《へんか》にまどわされないことにあるのだという信念《しんねん》（無為《むい》の心《こころ》）を持《も》つように導《みちび》き、信仰心《しんこうしん》があともどりする傾向《けいこう》のあるものには、一歩《いっぽ》も退《しりぞ》くことのない不動《ふどう》の信仰心《しんこうしん》（不退《ふたい》の心《こころ》）を与《あた》えます。また、煩悩《ぼんのう》のおもむくままにものごとをなす（有漏《うろ》を為《な》す）ものには、煩悩《ぼんのう》という迷《まよ》いを離《はな》れた心《こころ》で、すべてのことを行《おこ》なう（無漏《むろ》の心《こころ》）ように導《みちび》き、いつも煩悩《ぼんのう》に心《こころ》を苦《くる》しめられているものには、仏《ほとけ》を見《み》つめることによって、煩悩《ぼんのう》をなくそうという心《こころ》（除滅《じょめつ》の心《こころ》）を起《お》こさせるのです。

以上《いじょう》が、この教《おし》えの第《だい》一の功徳《くどく》の力《ちから》です」

この第一《だい》の功徳《くどく》が、最《もっと》も根本的《こんぽんてき》な、大切《たいせつ》なものです。

まず、〈未《いま》だ発心《ほツしん》せざる者《もの》をして菩提心《ぼだいしん》を発《おこ》さしめ〉とあります。大乗《だいじょう》の教《おし》えを学《まな》んで仏《ほとけ》の悟《さと》りに達《たっ》しようと修行《しゅぎょう》するものが菩薩《ぼさつ》なのですから、まだ菩提《ぼだい》心《しん》を起《お》こさない菩薩《ぼさつ》というものはありえないように思《おも》えますが、人間《にんげん》の心境《しんきょう》というものは、そう公式《こうしき》や定義《ていぎ》に当《あ》てはめて割《わ》り切《き》れるものではありません。形《かたち》だけは菩薩《ぼさつ》の修行《しゅぎょう》をしながらも、まだしんそこから仏《ほとけ》の智慧《ちえ》に達《たっ》しようという固《かた》い決定《けつじょう》をもっていない人《ひと》もありうるわけです。そういう人《ひと》たちに、真《しん》の発心《ほっしん》をさせる力《ちから》を、この教《おし》えはもっているというのです。

慈《じ》　心《しん》

つぎに〈慈仁《じにん》なき者《もの》には慈心《じしん》を起《おこ》さしめ〉とあります。慈《じ》というのは、他《た》のものを幸《しあわ》せにしてあげようという心《こころ》です。そういう心《こころ》のない人《ひと》というのは、つまり〈我《が》〉にたてこもっている人《ひと》です。ですから、ものごとを自分本位《じぶんほんい》にばかり考《かんが》えるのです。ところが、無量義《むりょうぎ》の教《おし》えを聞《き》いて、〈本《ほん》来《らい》、この世《よ》のものごとの真実《しんじつ》のありようには、自《じ》と他《た》の区別《くべつ》などありはしないのだ。もともと、自《じ》も他《た》も一体《いったい》であるのだ〉ということがほんとうにわかってくると、不幸《ふこう》な人《ひと》がいれば自分《じぶん》も不幸感《ふこうかん》を覚《おぼ》えますから、ひとりでに、その人《ひと》を幸《しあわ》せにせずにはいられない気持《きもち》が起《お》こり、きわめて自然《しぜん》にそういう行《おこ》ないをするようになってくるものです。その境地《きょうち》をいったものです。

といえば、自然《しぜん》にそういう気持《きもち》が起《お》こってものごとをするのでなければ、慈《じ》悲《ひ》の行為《こうい》は価値《かち》がないのではないかという疑問《ぎもん》を起《お》こす人《ひと》があるかもしれません。それは考《かんが》えちがいです。徳《とく》というものは、ひとりでに湧《わ》くものとはかぎらず、自《みずか》ら養《やしな》い育《そだ》てることもできるのです。

文化勲章受章《ぶんかくんしょうじゅしょう》の数学者岡潔博士《すうがくしゃおかきよしはくし》の《春宵十話《しゅんしょうじゅうわ》》という本《ほん》の中《なか》に――絶《た》えず善《ぜん》行《こう》を行《おこ》なっていると、だんだん情緒《じょうちょ》が美《うつく》しくなっていって、その結果《けっか》他《た》の情緒《じょうちょ》がよくわかるようになり、それでますます善行《ぜんこう》を行《おこ》なわずにはいられないようになるのである——という一節《いっせつ》がありましたが、まことに名言《めいげん》であると思《おも》います。はじめは、努力《どりよく》してやることもいいのです。やらなければならないと自分《じぶん》をむちうちながら、親切行《しんせつぎょう》をしてもいいのです。そうしているうちに、親切《しんせつ》ということが自分《じぶん》の精神的習慣《せいしんてきしゅうかん》となって、ひとりでに自然《しぜん》な行為《こうい》として行《おこ》なえるようになるのです。これは、非常《ひじょう》に大事《だいじ》なことです。

殺戮《せつりく》には大悲《だいひ》の心《こころ》

つぎに、〈殺戮《せつりく》を好《この》む者《もの》には大悲《だいひ》の心《こころ》を起《おこ》さしめ〉とあります。殺《せつ》戮《りく》を好《この》む者《もの》というのは、好《この》んで残忍《ざんにん》な行為《こうい》をする人《ひと》です。これは、実際《じっさい》に殺《ころ》すとか、傷《きず》つけるとかすることだけでなく、精神的《せいしんてき》に人《ひと》を苦《くる》しめて喜《よろこ》ぶことも含《ふく》まれています。脅迫常習者《きょうはくじょうしゅうしゃ》というような犯罪者《はんざいしゃ》か、それに近《ちか》いような人《ひと》たちはもちろんですが、法律《ほうりつ》には触《ふ》れない残忍行為《ざんにんこうい》をする人《ひと》もずいぶんあるものです。たとえば、部下《ぶか》をいじめることによって快感《かいかん》を覚《おぼ》える上役《うわやく》とか、反対《はんたい》に、上役《うわやく》のあらさがしをして、足《あし》を引《ひ》っ張《ぱ》ることばかりを考《かんが》えている部下《ぶか》とか、嫁《よめ》いびりや、姑《しゅうとめ》いびりをするなど、やはり殺戮《せつりく》を好《この》むものです。

こういう残虐《ざんぎゃく》な気持《きもち》というものも、つまるところは自他一体感《じたいったいかん》のないところから生《しょう》じてくるものであって、無量義《むりょうぎ》の教《おし》えを聞《き》いて、この世《よ》の真実《しんじつ》の相《すがた》にはもともと自他《じた》の差別《さべつ》はないのだということがわかってくると、そのような残虐《ざんぎゃく》性《せい》はだんだん薄《うす》れていって、逆《ぎゃく》に、苦《くる》しんでいるものを見《み》ると、それを救《すく》わずにはいられない心《こころ》、すなわち〈悲《ひ》〉の心《こころ》が起《お》こってくるのです。

嫉妬《しっと》には随喜《ずいき》の心《こころ》

つぎに〈嫉妬《シツト》を生《しょう》ずる者《もの》には随喜《ずいき》の心《こころ》を起《おこ》さしめ〉とあります。嫉《しっ》妬《と》というのは、自分《じぶん》より幸《しあわ》せそうな人《ひと》や、自分《じぶん》よりすぐれていると見《み》られる人《ひと》に対《たい》して、ねたみや憎《にく》しみの感情《かんじょう》を起《お》こすことです。この嫉妬《しっと》というものが、どれだけ人《ひと》の心《こころ》を暗《くら》くしているか、その人《ひと》の進歩《しんぽ》を妨《さまた》げ、また社会《しゃかい》をトゲトゲしくしているかわかりません。

今日《こんにち》では、嫉妬《しっと》というのは主《しゅ》として男女間《だんじょかん》の愛情《あいじょう》に関《かん》する疑惑《ぎわく》から起《お》こるもののように考《かんが》えられていますが、そんな嫉妬《しっと》は小《ちい》さな一部分《いちぶぶん》であり、どちらかというと他愛《たあい》もない問題《もんだい》です。ほんとうに重大《じゅうだい》な嫉妬《しっと》は社会的《しゃかいてき》なものなのです。何《なに》かの原因《げんいん》で苦《くる》しみの多《おお》い生活《せいかつ》をしている人《ひと》が、幸福《こうふく》な生活《せいかつ》をしている人《ひと》を見《み》るごとに、ムラムラと憎《にく》しみが起《お》こってくるという例《れい》は無数《むすう》にあります。それが高《こう》じて、反社会的《はんしゃかいてき》な行動《こうどう》をとるようになる例《れい》も、また多《おお》いのです。職場《しょくば》にも、嫉妬《しっと》の感情《かんじょう》が火花《ひばな》を散《ち》らしているところがあります。学界《がっかい》とか、芸術界《げいじゅつかい》とか、政界《せいかい》とか、とかく〈界《かい》〉の字《じ》のつくところには、この嫉妬《しっと》の感情《かんじょう》はつきもののようです。これが、その社会《しゃかい》の進歩《しんぽ》をどれぐらい妨《さまた》げているかわかりません。

では、その嫉妬《しっと》という感情《かんじょう》はどこから起《お》こるかといえば、小《ちい》さな主観《しゅかん》から生《う》まれるのです。自分《じぶん》という小《ちい》さな城《しろ》に閉《と》じこもって、その小《ちい》さな気持《きもち》でまわりの人《ひと》を対立的《たいりつてき》に見《み》るからです。だから、相手《あいて》の姿《すがた》がたいへん大《おお》きく、りっぱに見《み》えてくるのです。

自分《じぶん》をもそして、羨《うらや》しくなったり、憎《にく》らしくて堪《たま》らなくなったりするので
客観視《きやつかんし》するす。そして敵意《てきい》を覚《おぼ》えるようになるのです。要《よう》するに、見《み》かたの

問題《もんだい》です。その閉《と》じこもっている自分《じぶん》という城《しろ》から出《で》て、ひろびろとした目《め》で、自分《じぶん》をも他人《たにん》をもひっくるめて眺《なが》めてみる……これを客観視《きやつかんし》するというのですが……そうすると、自他《じた》のちがいというものがみるみるなくなってしまいます。たとえば、道《みち》でお相撲《すもう》さんとすれちがったとします。見上《みあ》げるような大男《おおおとこ》で、たいへんに威圧《いあつ》を覚《おぼ》えずにはいられません。ところが、かりにヘリコプターに乗《の》って百メートルぐらい上《うえ》から見下《みお》ろしたとしましょう。すると、お相撲《すもう》さんと普通《ふつう》の人《ひと》との差《さ》というものは、ほとんどないといっていいくらいです。五百メートルも上《うえ》にいったら、もうどちらも同《おな》じ豆粒《まめつぶ》です。

こういう具合《ぐあい》に、一応自分《いちおうじぶん》というものから離《はな》れるというか、自分《じぶん》を突《つ》っ放《ぱな》す

というか、とにかく自分《じぶん》を地上《ちじょう》に置《お》きっ放《ぱな》しにして、もうひとり自分《じぶん》の分身《ぶんしん》のようなものを作《つく》ってヘリコプターに乗《の》って、地上《ちじょう》にいる自分《じぶん》と人《ひと》びとをいっしょに眺《なが》めてみるといいのです。こういう心理的《しんりてき》な操作《そうさ》というものは可能《かのう》であり、ちょっと練習《れんしゅう》すればだれでもできるようになります。

そういうふうにして、自分《じぶん》と他人《たにん》とをいっしょにして、遠《とお》くから眺《なが》めてみると、自分《じぶん》と他人《たにん》との差《さ》というものはグンと少《すく》なくなってしまいます。そして、自分《じぶん》に対《たい》する劣等感《れっとうかん》も消《き》え、他人《たにん》から受《う》ける威圧感《いあつかん》も薄《うす》らいでしまいます。そして、〈みんないっしょだ〉〈みんなといっしょに社会《しゃかい》をつくっているんだ〉という実感《じっかん》がフツフツと沸《わ》いてきます。

この真理《しんり》をつかみえたときの気持《きもち》というものは、なんともたとえようのない喜《よろこ》びです。ありがたい……と叫《さけ》び出《だ》さざるをえない喜《よろこ》びです。そういう感情《かんじょう》を〈随喜《ずいき》〉というのですが、その〈真理《しんり》に随喜《ずいき》する〉感情《かんじょう》にひたっていると、いつの間《ま》にか、嫉妬《しっと》というちっぽけな感情《かんじょう》は、どこかへすっ飛《と》んでしまっているのです。すべての人《ひと》がこうなってくると、その人自身《ひとじしん》が幸《しあわ》せになるばかりでなく、世《よ》の中全体《なかぜんたい》がたいへん平和《へいわ》になり、そして、進歩《しんぽ》もずっと大《おお》きなものとなることでしょう。

とにかく、主観《しゅかん》という殻《から》の中《なか》から出《で》て、ものごとを客観視《きゃっかんし》することが、人間《にんげん》がほんとうの智慧《ちえ》を得《え》る最大《さいだい》の方法《ほうほう》であって、そういう智慧《ちえ》の徹底《てってい》したもの、最高無上《さいこうむじょう》のものが〈仏の智慧《ほとけのちえ》〉であるといっていいでしょう。すなわち、宇宙《うちゅう》の万物《ばんぶつ》の差別相《さべつそう》を明《あき》らかに見分《みわ》けると同時《どうじ》に、その平等相《びょうどうそう》をもきちんと見《み》とどけており、過去《かこ》・現在《げんざい》・未来《みらい》にわたるその変化《へんか》のすがたを鏡《かがみ》に映《うつ》したように見《み》とおして誤《あやま》ることがない……これが〈仏の智慧《ほとけのちえ》〉であり、〈仏知見《ぶっちけん》〉でありま す。だから、われわれが、ほんとうに幸《しあわ》せになるためには、また、社会全体《しゃかいぜんたい》を平和《へいわ》にし、進歩《しんぽ》させるためには、お互《たが》いがこの〈ものごとを客観視《きゃっかんし》する〉〈自《じ》分自身《ぶんじしん》をも客観視《きやつかんし》する〉という習慣《しゆうかん》を身《み》につけることが第一《だいいち》の道《みち》だと信《しん》じます。

愛著《あいじやく》には能捨《のうしや》の心《こころ》

つぎに〈愛著《あいじやく》ある者《もの》には能捨《のうしや》の心《こころ》を起《おこ》さしめ〉とあります。人間《にんげん》が自分《じぶん》の身《み》のまわりにあるもの、すなわち財産《ざいさん》とか、地位《ちい》とか、名誉《めいよ》とか、家族《かぞく》とか、そういったものに対《たい》して、愛情《あいじよう》を感《かん》ずるのは自然《しぜん》なことですが、あまりにもそれに執着《しゆうちやく》（愛著《あいじやく》）すると、心《こころ》にとらわれができ、いろいろな悩《なや》みが生《しよう》じます。また、人間《にんげん》としてのほんとうに大事《だいじ》な働《はたら》きが妨《さまた》げられることもあり、それが高《こう》ずると、その執着《しゆうちやく》にひかされて悪《わる》い行《おこ》ないをするようになります。

もし、大《おお》きな目《め》で見《み》て、捨《す》てるのが正《ただ》しいと判断《はんだん》されるときは、いつでも捨《す》てていい――という心境《しんきよう》に達《たつ》すれば、心《こころ》が自由自在《じゆうじざい》になって、とらわれることがないために、かえって、家族《かぞく》ともほんとうに和合《わごう》することができ、財産《ざいさん》も有《ゆう》意義《いぎ》に使《つか》うことができ、地位《ちい》もりっぱに生《い》かすことができ、名誉《めいよ》も保《たも》つことができるのです。

極端《きょくたん》な例《れい》のようですが、たとえば勤《つと》め先《さき》の社長《しゃちょう》なり上役《うわやく》から、いっしょに詐欺《さぎ》か横領《おうりょう》をやらないかという相談《そうだん》をもちかけられ、断《ことわ》ったらクビだぞと宣告《せんこく》されたとします。クビになれば、職業《しょくぎょう》も地位《ちい》も失《うしな》い、金銭的《きんせんてき》にもこまります。愛《あい》する家族《かぞく》たちを今後《こんご》どうして食《た》べさせたらいいのか、それも心配《しんぱい》です。そこで、そういったものに対《たい》する執着《しゅうちゃく》のために、しかたなく社長《しゃちょう》なり上役《うわやく》なりのいうことをきいたとします。それがかえって身《み》の破滅《はめつ》となることは、もちろんです。職業《しょくぎょう》も地位《ちい》も一挙《いっきょ》に失《うしな》って刑務所《けいむしょ》行きとなり、家族《かぞく》を路頭《ろとう》に迷《まよ》わせるばかりか、その心《こころ》に拭《ぬぐ》っても拭《ぬぐ》いきれないような痛手《いたで》を与《あた》えます。

それと反対《はんたい》に、そのような相談《そうだん》をもちかけられたとき、――よし、この会社《かいしゃ》における地位《ちい》も、定収入《ていしゅうにゅう》も捨《す》てる覚悟《かくご》をしよう。何不自由《なにふじゆう》のない現在《げんざい》の暮《く》らしも一応《いちおう》ご破算《はさん》にして、家族《かぞく》みんなで苦労《くろう》して新《あたら》しい生活《せいかつ》をつくりあげよう――そう決心《けっしん》すると、敢然《かんぜん》とその社長《しゃちょう》なり上役《うわやく》なりを諌《いさ》めて、悪《あく》の行為《こうい》を思《おも》いとどまらせることもできましょうし、最悪《さいあく》の場合《ばあい》、クビになったとしても、かえって家族《かぞく》たちはクビになった夫《おっと》なり父《ちち》なりを心《こころ》から尊敬《そんけい》するようになりましょう。そして、たとえ貧乏暮《びんぼうぐ》らしをしても、家族《かぞく》の愛情《あいじょう》による結束《けっそく》が堅《かた》ければ、その生活《せいかつ》は楽《たの》しいものとなりましょう。

これは極端《きょくたん》な例《れい》ですが、程度《ていど》の差《さ》こそあれ、世《よ》の中《なか》には目《め》の前《まえ》の得失《とくしつ》の打算《ださん》によって道《みち》を誤《あやま》ったり、恋人《こいびと》や家族《かぞく》などに心《こころ》を引《ひ》かされるあまり、社会《しゃかい》に対《たい》する自分《じぶん》の使命《しめい》を果《は》たしきれなかったりするようなことは、無数《むすう》に起《お》こっているのです。

もちろん、名誉《めいよ》・地位《ちい》・財産《ざいさん》などへの欲求《よっきゅう》や、家族《かぞく》への愛情《あいじょう》が、仕事《しごと》への励《はげ》みとなり、世《よ》の中《なか》の進展《しんてん》をうながしていることも事実《じじつ》です。しかし、正《ただ》しい欲《よっ》求《きゅう》はいいのですが、それに執着《しゅうちゃく》し過《す》ぎると、かえって事態《じたい》は逆《ぎゃく》になるのです。そこのところの兼《か》ね合《あ》いをよく見分《みわ》けるのが、ほんとうの知性《ちせい》というべきでありましょう。

いずれにしても——捨《す》てるのが正《ただ》しいとき、あるいは捨《す》てるのが全体《ぜんたい》のためになるときは、喜《よろこ》んで捨《す》てる——という淡々《たんたん》たる心境《しんきょう》、これを〈能捨《のうしゃ》の心《こころ》〉といい、その心《こころ》を持《も》ちうる人《ひと》はほんとうの幸《しあわ》せを得《え》ると同時《どうじ》に、社会《しゃかい》にも幸《しあわ》せをもたらす人《ひと》なのであります。そうしてこの心《こころ》は、社会的《しゃかいてき》な、公的《こうてき》な立場《たちば》の人《ひと》であればあるほど必要《ひつよう》なものであり、とくに政治家《せいじか》などは最《もっと》もその必要《ひつよう》の度合《どあい》の大《おお》きい存在《そんざい》だと思《おも》います。

慳貪《けんどん》には
布施《ふせ》の心《こころ》

つぎに〈諸《もろもろ》の慳貪《けんどん》の者《もの》には布施《ふせ》の心《こころ》を起《おこ》さしめ〉とあります。〈慳《けん》〉というのは、自分《じぶん》の持《も》っているものを極度《きょくど》に惜《お》しむ心《こころ》、〈貪《どん》〉というのは人《ひと》の持《も》っているものをむやみに欲《ほ》しがる心《こころ》です。このような人《ひと》でも、無《む》量義《りょうぎ》の教《おし》えを聞《き》いて、自他一体感《じたいったいかん》が深《ふか》まってくると、そういうみにくい物欲《ぶつよく》がだんだん薄《うす》れてきて、自然《しぜん》とひとによくしてあげるようになってくるのは、当《とう》然《ぜん》の成《な》りゆきです。

財施《ざいせ》・法《ほう》施《せ》・身施《しんせ》　布施《ふせ》というのは、財施《ざいせ》（物《もの》や金銭《きんせん》の布施《ふせ》）ばかりではありません。法施《ほうせ》といって、自分《じぶん》の知《し》っていることを人《ひと》に教《おし》えてあげるのも、大《たい》切《せつ》な布施《ふせ》です。その中《なか》で、仏《ほとけ》の教《おし》えを人《ひと》に説《と》いてあげることが、最高最大《さいこうさいだい》の布《ふ》施《せ》であることはいうまでもありません。したがって逆《ぎゃく》に、法惜《ほうお》しみをすることは、最大《さいだい》の慳貪《けんどん》だということになります。

また、身施《しんせ》といって、自分《じぶん》の身体《からだ》を使《つか》ってひとのためによくしてあげること、いわゆる親切行《しんせつぎょう》、これも大切《たいせつ》な布施《ふせ》です。この布施《ふせ》は、お金《かね》がなくても、知識《ちしき》や教養《きょうよう》が豊富《ほうふ》でなくても、老若男女《ろうにゃくなんにょ》を問《と》わず、ありとあらゆる人《ひと》にできる布施《ふせ》です。これのできない人《ひと》は、どこかに自分《じぶん》の身体《からだ》を動《うご》かすことを惜《お》しむ心《こころ》が潜《ひそ》んでいるのです。もしその人《ひと》が自他《じた》一体《いったい》ということに目覚《めざ》めてくれれば、ひとのために身体《からだ》を動《うご》かすことを惜《お》しむ〈慳《けん》〉の心《こころ》はひとりでに消《き》え失《う》せて、ためらうこともなく、テレることもなく、ひとに親切《しんせつ》ができるようになるのです。

憍慢《きょうまん》には持戒《じかい》の心《こころ》

つぎに〈憍慢多《きょうまんおお》き者《もの》には持戒《じかい》の心《こころ》を起《おこ》さしめ〉とあります。憍慢《きょうまん》というのは、おごり高《たか》ぶった心《こころ》、自分《じぶん》を買《か》いかぶった気持《きもち》です。自分《じぶん》はえらいのだ、まちがった行《おこ》ないなどするものか……と、ひとり合点《がてん》している状態《じょうたい》です。いくらえらくなっても、仏《ほとけ》の境地《きょうち》に達《たっ》しないかぎり、まちがった考《かんが》えや行為《こうい》をしないということはありえないのですから、つねに謙虚《けんきょ》な気持《きもち》でいることが大切《たいせつ》なのです。

ところが、視野《しや》が狭《せま》くて、自分《じぶん》の身《み》のまわりしか見《み》えない人《ひと》は、とかくこの憍慢《きょうまん》な気持《きもち》を起《お》こしやすいものです。

謙虚《けんきょ》な気持《きもち》でおれば、必然的《ひつぜんてき》に、もっと深《ふか》く研究《けんきゅう》しよう、もっと高《たか》いところへ登《のぼ》ろうという心《こころ》が強《つよ》くなるのであって、そういう人《ひと》ほど、ほんとうの意味《いみ》で偉《えら》くなるのです。憍慢《きょうまん》の心《こころ》が起《お》これば、そこがゆき止《ど》まりです。甚深微妙《じんじんみみょう》の無量義《むりょうぎ》の教《おし》えを聞《き》けば、だれしも、まだまだ自分《じぶん》などの境地《きょうち》は低《ひく》いものだという感《かん》に打《う》たれざるをえません。そうすると、仏《ほとけ》の教《おし》えられた戒《いまし》めをよく守《まも》って、もっともっと努力《どりょく》しなければならないという気持《きもち》が起《お》こってきます。それが〈持《じ》戒《かい》の心《こころ》を起《お》こさしめ〉なのです。

瞋恚《しんに》には忍辱《にんにく》の心《こころ》　つぎに〈瞋恚盛《しんにさか》んなる者《もの》には忍辱《にんにく》の心《こころ》を起《おこ》さしめ〉とあります。瞋《しん》恚《に》というのは、怒《いか》りということです。他人《たにん》に対《たい》してむやみと腹《はら》を立《た》てる人《ひと》が瞋恚《しんに》盛《さか》んなる者《もの》です。こういう人《ひと》も、無量義《むりょうぎ》の教《おし》えを聞《き》いて自他《じた》一体《いったい》感《かん》が深《ふか》まり、ものごとを客観視《きゃつかんし》する習慣《しゅうかん》がついてくると、寛容《かんよう》の精神《せいしん》と、他人《たにん》の立場《たちば》に対《たい》する理解《りかい》ができてくるために、怒《いか》る気持《きもち》も、恨《うら》む心《こころ》も起《お》こりません。逆《ぎゃく》に、――ああ、かわいそうな人《ひと》だ、なんとかしてあのまちがった心《こころ》を直《なお》してあげたい――という慈悲《じひ》の心《こころ》が起《お》こってくるのです。

こういう心《こころ》の状態《じょうたい》がほんとうの忍辱《にんにく》です。最高《さいこう》の忍辱《にんにく》といっていいでしょう。このような忍辱《にんにく》の心《こころ》が持《も》てるようになったら、もはや大菩薩《だいぼさつ》の境地《きょうち》であって、はじめはなかなかそうはゆきません。腹《はら》が立《た》ってきた。しかし、――ちょっと待《ま》てよ――と自分《じぶん》を抑《おさ》え、大《おお》きな目《め》でそのことがらの成《な》りゆきや、相手《あいて》の立場《たちば》と自分《じぶん》の立場《たちば》をひっくるめて客観視《きゃっかんし》してみる。そうするうちに、だんだんと怒《いか》りがおさまってきて、これはこういうふうに処理《しょり》するのがいい、という冷《れい》静《せい》な判断《はんだん》をくだすことができる……この程度《ていど》の忍辱《にんにく》が凡夫《ぼんぷ》としては最高《さいこう》の境地《きょうち》かもしれません。しかし、そこまでいったとしても、たいしたものです。

なお、厳密《げんみつ》にいえば、〈忍辱《にんにく》〉には、このように〈自分《じぶん》に与《あた》えられた精神的《せいしんてき》・物質的《ぶっしつてき》な害《がい》に対《たい》して寛容《かんよう》を保《たも》つ〉というはたらきに加《くわ》えて、その逆《ぎゃく》に、〈どんなに人《ひと》に尊敬《そんけい》されたり、もてはやされても、有頂天《うちょうてん》にならず、平静《へいせい》な心《こころ》を保《たも》つ〉という心《こころ》のはたらきも必要《ひつよう》なのです。これも、無量義《むりょうぎ》の教《おし》えを聞《き》いて、人《にん》間《げん》はすべて本来平等《ほんらいびょうどう》だということを悟《さと》れば、自然《しぜん》に成就《じょうじゅ》されてくる心境《しんきょう》です。

懈怠《けだい》には精進《しょうじん》の心《こころ》　つぎに〈懈怠《けだい》を生《しょう》ずる者《もの》には精進《しょうじん》の心《こころ》を起《おこ》さしめ〉とあります。懈《け》怠《だい》というのは自分《じぶん》のなすべきことを怠《なま》けることであり、精進《しょうじん》というのは自分《じぶん》のなすべきことに一心《いっしん》に励《はげ》むことです。この〈自分《じぶん》のなすべきこと〉という限定《げんてい》が大切《たいせつ》であって、いくらパチンコやマージャンや競輪《けいりん》に熱心《ねっしん》であっても、その熱心《ねっしん》さや努力《どりょく》は精進《しょうじん》とはいわないのです。

無量義《むりょうぎ》の教《おし》えがしんから解《わか》ると、千差万別《せんさばんべつ》のあらゆる物質《ぶっしつ》・あらゆる生物《せいぶつ》・あらゆる人間《にんげん》が、その存在《そんざい》の価値《かち》を百パーセント生《い》かすには、自分《じぶん》に与《あた》えられた使命《しめい》を百パーセント果《は》たすことにあることが解《わか》ります。そして、すべての物《ぶっ》質《しつ》・生物《せいぶつ》・人間《にんげん》がそれを果《は》たすことによって、世《よ》の中全体《なかぜんたい》に美《うつく》しい大調和《だいちょうわ》が生《しょう》ずれば、それが理想《りそう》の社会《しやかい》であり、すなわち仏《ほとけ》の世界《せかい》（寂光土《じやつこうど》）と一致《いつち》することであるということも解《わか》ります。

それが解《わか》れば、どうしても自分自身《じぶんじしん》に与《あた》えられた使命《しめい》にむかって、一心《いつしん》に励《はげ》まざるをえなくなります。そのことに、生《い》きる喜《よろこ》び、生《い》き甲斐《がい》というものを覚《おぼ》えるようになるからです。職業《しよくぎよう》の相違《そうい》など問題《もんだい》にはなりません。世《よ》の中全体《なかぜんたい》が大《おお》きく調和《ちようわ》し、大《おお》きなバランスを保《たも》ちながら進《すす》んでゆくためには、あらゆる職《しよく》業《ぎよう》が必要《ひつよう》なのです。

ですから、正《ただ》しい職業《しよくぎよう》であるかぎり、自分《じぶん》の職業《しよくぎよう》に誇《ほこ》りをもち、それにうちこむことが正《ただ》しい生《い》きかたであることは、いうまでもありません。

世《よ》の中全体《なかぜんたい》の大調和《だいちようわ》というこの根本理念《こんぽんりねん》が解《わか》ってくると、はじめて自分《じぶん》の職《しよく》業《ぎよう》というものに誇《ほこ》りをもつことができ、自信《じしん》と喜《よろこ》びをもってそれに精進《しようじん》することができるようになるのです。

ですから、無量義《むりょうぎ》の教《おし》えは、よく懈怠《けだい》の者《もの》に精進《しょうじん》の心《こころ》を起《お》こさせるものだというのです。

散乱《さんらん》には禅定《ぜんじょう》の心《こころ》

つぎに、〈諸《もろもろ》の散乱《さんらん》の者《もの》には禅定《ぜんじょう》の心《こころ》を起《お》こさしめ〉とあります。散《さん》乱《らん》というのは、文字《もじ》どおり、心《こころ》が散《ち》り乱《みだ》れることです。身《み》のまわりに起《お》こる現象《げんしょう》が変《か》わるたびごとに、それにひきずられて、心《こころ》があっちへ行《い》ったりこっちへきたり、ウロウロするのを〈散《さん》〉といい、道理《どうり》や筋道《すじみち》をしっかり考《かんが》えないで、ただもう驚《おどろ》きや心配《しんぱい》のために取《と》り乱《みだ》してしまうことを〈乱《らん》〉といいます。

このような人《ひと》は、ほんの目《め》の前《まえ》のことしか見《み》えない人《ひと》なのです。たとえば、商《しょう》売上《ばいじょう》の問題《もんだい》でいえば、よくあとさきの見《み》える人《ひと》は、ちょっとやそっとのことでは、あわてふためきません。何《なん》十年《ねん》も同《おな》じ商売《しょうばい》をしている人《ひと》は、相場《そうば》がドッと下《さ》がろうとも、または意外《いがい》な上《あ》がりかたを示《しめ》しても、目《め》の色《いろ》を変《か》えて騒《さわ》ぐようなことをしません。大局《たいきょく》が見《み》えるためにに、心《こころ》が落《お》ち着《つ》いているからです。たとえいまは下《さ》がって損《そん》をしても、世《よ》の中《なか》のすべてのものごとには波《なみ》というものがあるのだから、じっと辛抱《しんぼう》していればまた得《とく》をするときもあるということがわかっているために、悠々《ゆうゆう》としておられるのです。

ましてや、無量義《むりょうぎ》の教《おし》えを聞《き》いて、すべてのものごとは本来差別《ほんらいさべつ》などはなく、もともとすべて平等《びょうどう》であるという、この世《よ》のものごとの真実《しんじつ》の相《すがた》を見《み》ることを知《し》っておれば、なおさら目《め》の前《まえ》の変化《へんか》にあわてふためくことはなくなります。この世《よ》のすべてのものが平等《びょうどう》なのですから、現在《げんざい》のマイナスに対《たい》していつかはプラスの動《うご》きが出《で》て、平均《へいきん》がとれ、調和《ちょうわ》してゆくものだという根底《こんてい》の道理《どうり》がわかっているからです。

それなのに、目《め》の前《まえ》の変化《へんか》におどろき、目《め》の前《まえ》だけの打算《ださん》によって取《と》り乱《みだ》すと、ものごとの実相《じっそう》をとらえられずに、現象《げんしょう》の変化《へんか》にふりまわされて、自《みずか》らの心《こころ》まで乱《みだ》してしまうのです。しかも、この世《よ》には数十億《すうおく》の人類《じんるい》がおり、ほとんどの人《ひと》がそれぞれの我欲《がよく》によって行動《こうどう》していますからその相乗作用《そうじょうさよう》によって個々人《ここじん》の心《こころ》は、さらに乱《みだ》されているといっていいでしょう。ですから、つねにものごとの実相《じっそう》を正《ただ》しく見《み》きわめるということは、まことに難《むずか》しいことなのです。

しかし、数十億《すうおく》の人間《にんげん》の欲望《よくぼう》や煩悩《ぼんのう》がどんなに強《つよ》い力《ちから》をもっていようとも、仏《ほとけ》さまの大慈悲心《だいじひしん》にはとうてい歯《は》は立《た》たないのです。この娑婆世界《しゃばせかい》は、人間《にんげん》の欲望《よくぼう》や煩悩《ぼんのう》によって相当《そうとう》かき乱《みだ》されているようでも、仏《ほとけ》さまの目《め》で見《み》れば、やはりそこは仏国土《ぶっこくど》なのです。ですから、迷《まよ》いと苦《くる》しみの娑婆《しゃば》を仏《ほとけ》の世界《せかい》としたいという〈願《ねが》い〉を、われわれ仏教徒《ぶっきょうと》はいつも持《も》っていられるわけです。

その〈願《ねが》い〉の達成《たっせい》は、何《なん》千年後《ねんご》か何万年後《なんまんねんご》になるかわかりませんけれども、人間《にんげん》の向上《こうじょう》の目標《もくひょう》というものは、そこにおかなければならないのです。他《ほか》の星々《ほしぼし》を征服《せいふく》するとかなんとかは、いわば人間《にんげん》の道楽《どうらく》であって、たとえ大宇宙《だいうちゅう》を征服《せいふく》してみたところで、人間《にんげん》が真《しん》に幸福《こうふく》になれるものではありません。人類《じんるい》全体《ぜんたい》が大《おお》きな調和《ちょうわ》のもとに、平和《へいわ》に、幸福《こうふく》に、そしてあくまでも進歩《しんぽ》をのぞみつつ生活《せいかつ》する世界《せかい》――すなわち常寂光土建設《じょうじゃっこうどけんせつ》――の実現《じつげん》をこそわれわれの理想《りそう》とし、毎日《まいにち》の暮《く》らしをその理想《りそう》への路線《ろせん》に乗《の》せてゆかなければなりません。これこそが、もっとも人間《にんげん》らしい生《い》きかたであり、人間《にんげん》として最高《さいこう》の生《い》きかたであり、そして生《い》き甲斐《がい》でもあるのです。

さて、話《はなし》が大《おお》きく飛躍《ひやく》しましたが、ともあれ、この無量義《むりょうぎ》の教《おし》えをしっかり理解《りかい》すれば、すべての移《うつ》り変《か》わる現象《げんしょう》にふりまわされずに、すべてのものごとがその本質《ほんしつ》においては平等《びょうどう》であり、大調和《だいちょうわ》していることが心《こころ》の底《そこ》でつかみ取《と》ることができるので、いつも静《しず》かで、安定《あんてい》した心境《しんきょう》でいられるわけです。こういう不動《ふどう》の、安定《あんてい》した心境《しんきょう》を〈禅定《ぜんじょう》〉というのです。

愚痴《ぐち》には智慧《ちえ》の心《こころ》

つぎに〈愚癡《ぐち》多《おお》き者《もの》には智慧《ちえ》の心《こころ》を起《おこ》さしめ〉とあります。愚痴《ぐち》というのは、ただ本能《ほんのう》の命《めい》ずるままにものごとを判断《はんだん》したり、あとさきの考《かんが》えもなく行動《こうどう》することをいうのです。すなわち、愚《おろ》かであって、智慧《ちえ》がないことです。もちろん、この場合《ばあい》の智慧《ちえ》は、〈人間《にんげん》としての知恵《ちえ》〉です。だれにも〈動物《どうぶつ》としての知恵《ちえ》〉はあるのですが、それは本能《ほんのう》による知恵《ちえ》であって、ただ〈自分《じぶん》の生命《せいめい》を守《まも》りたい〉という意志《いし》と〈自分《じぶん》の種族《しゅぞく》を殖《ふ》やしたい〉という意志《いし》、この二つの本能《ほんのう》から出《で》たものに過《す》ぎません。ミツバチとかアリとかイヌとかサルなどのように、動物《どうぶつ》にもたいへん知恵《ちえ》のありそうなものもありますが、どんなに利口《りこう》そうに見《み》えても、その生活活動《せいかつかつどう》のすべてはこの二つの本《ほん》能《のう》から出《で》ているのです。

向上《こうじょう》の願《ねが》いあってこそ人間《にんげん》

人間《にんげん》は、本能《ほんのう》以外《いがい》に〈理性《りせい》〉というものをもっています。〈自《じ》分《ぶん》の生命《せいめい》を守《まも》りたい〉〈自分《じぶん》の種族《しゅぞく》を殖《ふ》やしたい〉という本能《ほんのう》もむろんあります。けれども、その本能《ほんのう》の命《めい》ずるままに行動《こうどう》することが、お互《たが》いでつくりあげている社会《しやかい》のためにならないことも、よくあるもので、それを、〈これはよくない〉〈これはいい〉と判断《はんだん》するのは理性《りせい》のはたらきです。また、ただ本能《ほんのう》のままに、食《た》べて、子《こ》どもをつくって、死《し》ぬという一生《いっしょう》ではなく、もっといい人間《にんげん》になりたい（自分《じぶん》の人格《じんかく》を高《たか》めたい）、世《よ》の中《なか》をもっとよくしたいという〈向上《こうじょう》の願《ねが》い〉が、人間《にんげん》にはあります。それも理性《りせい》のはたらきです。

そういう理性《りせい》の本《もと》になるものを、智慧《ちえ》というのです。そして、ただ本能《ほんのう》の命《めい》ずるままに生《い》きていることを、愚痴《ぐち》というのです。そこで、智慧《ちえ》があればこそ、人間《にんげん》らしい人間《にんげん》であるといいうるのであって、愚痴《ぐち》の人《ひと》は鳥《とり》・獣《けもの》に近《ちか》いわけです。〈無智《むち》は罪悪《ざいあく》なり〉ということばのとおり、ただ本能《ほんのう》のままに生《い》きる人《ひと》は、たとえその人《ひと》に悪気《わるぎ》はなくても、知《し》らず知《し》らずのうちにひとに迷惑《めいわく》をかけ、世《よ》の中《なか》を乱《みだ》す行《おこ》ないをしているのです。

しかし、たとえ愚痴《ぐち》の人《ひと》でも、この無量義《むりょうぎ》の教《おし》えを聞《き》けば、人間《にんげん》らしいありかたがひとりでに解《わか》ってきますから、したがって、人間《にんげん》としての智慧《ちえ》が生《しょう》じてくるというのです。そして、人間《にんげん》らしい生《い》きかたができるようになるわけです。

利己《りこ》には化他《けた》の心《こころ》

つぎに、〈未《いま》だ彼《かれ》を度《ど》すること能《あた》わざる者《もの》には彼《かれ》を度《ど》する心《こころ》を起《おこ》さしめ〉とあります。彼《かれ》というのは、ほかの人《ひと》という意味《いみ》です。度《ど》するというのは、救《すく》うとか教化《きょうけ》するという意味《いみ》です。済度《さいど》の度《ど》です。

ところで、まだほかの人《ひと》を救《すく》ってあげたいと思《おも》う心《こころ》の起《お》こったことのない人《ひと》は、つまり自分本位《じぶんほんい》の生《い》きかたでコチコチになっている人《ひと》です。自分《じぶん》さえよければ……という気持《きもち》だけの人《ひと》です。こういう人《ひと》でも、無量義《むりょうぎ》の教《おし》えを聞《き》けば、ひとりでに自他一体感《じたいったいかん》が生《しょう》じてきます。自分《じぶん》とほかの人《ひと》たちとしっかり結《むす》びあっておればこそ、自分《じぶん》もひとも生《い》きていられるのだ、世《よ》の中《なか》も成《な》り立《た》っているのだということが解《わか》ってきます。そうすると、自分《じぶん》だけが救《すく》われてみたところで、ほんとうの幸福《こうふく》は感《かん》じられません。みんながいっしょに救《すく》われ、この世《よ》の全体《ぜんたい》が平和《へいわ》にならないと、ほんとうの幸福《こうふく》はやってこないのだということを、心《こころ》の底《そこ》から感《かん》じるようになります。そこで、一人《ひとり》でも多《おお》くのひとを導《みちび》いて、救《すく》ってあげなければ……という、やむにやまれぬ気持《きもち》が生《しょう》じてくるのです。これが〈彼《かれ》を度《ど》する心《こころ》を起《おこ》さしめ〉です。

六波羅蜜《ろくはらみつ》　さて、ここにあげられている功徳《くどく》のうち、〈布施《ふせ》〉〈持戒《じかい》〉〈忍辱《にんにく》〉〈精進《しょうじん》〉〈禅定《ぜんじょう》〉〈智慧《ちえ》〉の六つは、菩薩《ぼさつ》の成就《じょうじゅ》すべき標準的《ひょうじゅんてき》な徳目《とくもく》として、特《とく》に修行《しゅぎょう》することをすすめられたものであって、これを〈六波羅蜜《ろくはらみつ》〉といいます。

波羅蜜《はらみつ》というのは、梵語《ぼんご》のパーラミターのことで、もとの意味《いみ》は〈究竟《くきょう》〉

〈彼岸《ひがん》に到《いた》る〉〈度《わた》る〉ということです。究竟《くきょう》というのは、理《り》を究《きわ》めつくし、事《じ》を完成《かんせい》した境地《きょうち》のことをいいます。そこで、菩薩《ぼさつ》が仏《ほとけ》の教《おし》えの理《り》を究《きわ》めつくし、事《じ》を完成《かんせい》し、悟《さと》りの彼岸《ひがん》に達《たっ》する道《みち》を波羅蜜《はらみつ》といい、その道《みち》を修行《しゅぎょう》するための六つの標準的《ひょうじゅんてき》な徳目《とくもく》を六波羅蜜《ろくはらみつ》というのです。

すなわち、まとめていえば、精神的《せいしんてき》・物質的《ぶっしつてき》・肉体的《にくたいてき》のあらゆる面《めん》からひとのためにつくす〈布施《ふせ》〉、つねに謙虚《けんきょ》に仏《ほとけ》の戒《いまし》めを守《まも》ることを心《こころ》がけて、迷《まよ》いを去《さ》り、正《ただ》しい生活《せいかつ》をし、自分自身《じぶんじしん》の完成《かんせい》に努力《どりょく》することによって、ひとを救《すく》う力《ちから》を得《え》るという〈持戒《じかい》〉、他《た》に対《たい》してつねに寛容《かんよう》であり、他《た》から与《あた》えられるどんな困難《こんなん》をも耐《た》え忍《しの》ぶと同時《どうじ》に、どんな得意《とくい》な状態《じょうたい》にあってもおごりたかぶらない平静《へいせい》な心《こころ》を持《も》つという〈忍辱《にんにく》〉、余計《よけい》なつまらぬことに心身《しんしん》を奪《うば》われることなく、自分《じぶん》の本来《ほんらい》の使命《しめい》にむかって一心不乱《いっしんふらん》に努力《どりょく》するという〈精進《しょうじん》〉、どんなことが起《お》こっても迷《まよ》ったり動揺《どうよう》したりすることのない、静《しず》かな落《お》ち着《つ》いた心《こころ》すなわち〈禅定《ぜんじょう》〉、諸法《しょほう》の実相《じっそう》を知《し》り、どのような場合《ばあい》にも人間《にんげん》らしく生《い》きる正《ただ》しい道《みち》を選《えら》ぶことのできる〈智慧《ちえ》〉……この六つを完成《かんせい》させるよう努力《どりょく》せよというのが、六波羅蜜《ろくはらみつ》の教《おし》えであります。

十悪《じゅうあく》には十善《じゅうぜん》の心《こころ》

つぎに、〈十悪《あく》を行《ぎょう》ずる者《もの》には十善《ぜん》の心《こころ》を起《おこ》さしめ〉とあります。

十悪《じゅうあく》というのは、殺生《せっしょう》・偸盗《ちゅうとう》・邪淫《じゃいん》・妄語《もうご》・綺語《きご》・両舌《りょうぜつ》・悪口《あっく》・貪欲《とんよく》・瞋恚《しんに》・愚痴《ぐち》をいいます。

〈殺生《せっしょう》〉……理由《りゆう》のいかんにかかわらず、人《ひと》を殺《ころ》したり、傷《きず》つけたりすること。また、理由《りゆう》なく、あるいは自分《じぶん》の楽《たの》しみのために生《い》き物《もの》の生命《せいめい》を奪《うば》うこと。また、無生物《むせいぶつ》にしても、その持《も》っている使命《しめい》を発揮《はっき》させないままムダにしてしまうこと。これが殺生《せっしょう》です。中《なか》でも前《まえ》の二つは、仏教徒《ぶっきょうと》として厳重《げんじゅう》に戒《いまし》められていることです。

〈偸盗《ちゅうとう》〉……盗《ぬす》みをすること。

〈邪淫《じゃいん》〉……道《みち》ならぬ男女《だんじょ》の関係《かんけい》を結《むす》ぶこと。

〈妄語《もうご》〉……うそをつくこと。ありもしないことを、まことしやかにいうこと。

〈綺語《きご》〉……口先《くちさき》でごまかすこと。上手《じょうず》なことをいって、人《ひと》の心《こころ》をたぶらかすこと。

〈両舌《りょうぜつ》〉……二枚舌《にまいじた》。こちらではこちらに合《あ》わせたことをいい、あちらに行《い》けばあちらに気《き》に入《い》るようなことをいう。こういう態度《たいど》は卑劣《ひれつ》であり、人《ひと》と人《ひと》との仲《なか》をさくものです。

〈悪口《あっく》〉……字《じ》のとおり、悪口《わるくち》のこと。

〈貪欲《とんよく》〉……むやみにものごとを欲《ほ》しがる心《こころ》。満足《まんぞく》を知《し》らない心《こころ》。

〈瞋恚《しんに》〉……むやみに怒《おこ》るくせ。

〈愚痴《ぐち》〉……本能《ほんのう》の命《めい》ずるままに行動《こうどう》し、人間《にんげん》らしい智慧《ちえ》に欠《か》けていること。

これらを十悪《じゅうあく》といい、その十悪《じゅうあく》を除《のぞ》きつくした境地《きょうち》を十善《じゅうぜん》というのです。

有為《うい》には無為《むい》の心《こころ》　つぎに〈有為《うい》を楽う《ねが》者《もの》には無為《むい》の心《こころ》を志《こころざ》さしめ〉とあります。有為《うい》とは、因《いん》と縁《えん》とが合《あ》って生《しょう》じた現象《げんしょう》ということです。したがって、有為《うい》を楽《ねが》う者《もの》というのは、いつも現象面《げんしょうめん》の幸福《こうふく》ばかりを追《お》っかけている人《ひと》です。こういう人《ひと》は、つねにつまらない心配《しんぱい》や失望《しつぼう》をくりかえしています。ところが、無量義《むりょうぎ》の教《おし》えを聞《き》けば、自分《じぶん》とか他人《たにん》とか、あるいは良《よ》い人《ひと》とか悪《わる》い人《ひと》とか、差別《さべつ》があるように見《み》えるけれど、実相《じっそう》を見通《みとお》せばすべての人《ひと》は仏性《ぶっしょう》をもち平等《びょうどう》なのだとわかりますから、現象《げんしょう》の移《うつ》り変《か》わりに心《こころ》を動《うご》かされなくなるというのです。

退心《たいしん》には不退《ふたい》の心《こころ》　つぎに、〈退心《たいしん》ある者《もの》には不退《ふたい》の心《こころ》を作《な》さしめ〉とあります。退心《たいしん》というのは、あともどりする心《こころ》です。信仰《しんこう》の心《こころ》があとへもどることです。ほんとうの教《おし》え（法《ほう》）を知《し》らず、ただこれを拝《おが》めば幸福《こうふく》が来《く》るとか、これを信《しん》ずれば病気《びょうき》が治《なお》るとか、そのような信仰《しんこう》のしかたでは、思《おも》うように幸福《こうふく》が来《こ》なかったり、病気《びょうき》の回復《かいふく》がはかばかしくなかったりすると、信仰《しんこう》の気持《きもち》は薄《うす》らいでしまいます。それは人情《にんじょう》として当然《とうぜん》のことです。

ところが、無量義《むりょうぎ》の教《おし》えを聞《き》いて、すべてのものごとの実相《じっそう》を知《し》り、その真《しん》実《じつ》の法《ほう》のうえに立《た》った信仰《しんこう》であれば、よしんば、思《おも》わしい結果《けっか》が現象《げんしょう》として現《あら》われなくても、あるいは、逆《ぎゃく》に望《のぞ》ましくない変化《へんか》が起《お》こって来《こ》ようとも、それに心《こころ》を動《うご》かされることがありません。

善因善果《ぜんいんぜんか》 悪因悪果《あくいんあっか》

よいことをすれば、いつかはかならずそれがよい実《み》を結《むす》ぶのです。ただし、この娑婆世界《しゃばせかい》には、いろいろな心《こころ》を持《も》ったたくさんの人《ひと》が住《す》んでおり、そのさまざまな意志《いし》が入《い》り乱《みだ》れている複雑《ふくざつ》な世界《せかい》ですから、よいことをしたらそのまますぐよい結果《けっか》が与《あた》えられるという具合《ぐあい》に簡単《かんたん》にはゆきません。また、個人《こじん》としても、長《なが》い長《なが》い過去《かこ》に積《つ》んできた〈業《ごう》〉というものがありますから、いまよいことをしたことが、やっと過去《かこ》の悪《わる》い業《ごう》を帳消《ちょうけ》しにできただけ……ということもあります。帳消《ちょうけ》しにできないで、まだ悪《わる》い業《ごう》が残《のこ》っているこどもあるのです。ですから、よいことをしたからといって、すぐ目《め》の前《まえ》によい報《むく》いが現《あら》われるとはかぎりません。

しかし、プラスのエネルギー（力《ちから》）は、かならずプラスのはたらきをするのです。プラス一のことをすればそのエネルギーは、数十億《すうおく》の人間《にんげん》のさまざまな意志《いし》のエネルギーによって揺《ゆ》り動《うご》かされたり、押《お》しもどされたりすることはありますが、しかし〈エネルギー不滅《ふめつ》の原理《げんり》〉によって、どこかで必《かなら》ずプラス一のはたらきをしているのです。

逆《ぎやく》に、同《おな》じ原理《げんり》によって、悪《わる》い行《おこ》ないをすれば、それはマイナスのエネルギー（悪業《あくごう》）となって自分《じぶん》の心身《しんしん》に残《のこ》り、外《そと》へ向《む》かっても、社会《しやかい》の他《た》の善《よ》いエネルギーのはたらきを殺《そ》ぐ悪作用《あくさよう》をするのです。

意志《いし》のエネルギーは、手《て》っ取《と》り早《ばや》くいえば〈心《こころ》の力《ちから》〉です。〈念力《ねんりき》〉といってもよいでしょう。

とにかく、人間《にんげん》の心《こころ》というものは、測《はか》りしれぬ力《ちから》をもっているのです。

これは非常《ひじょう》に大事《だいじ》なことですから、その原理《げんり》を図《ず》によって説明《せつめい》してみましょう。

はじめに、図《ず》の約束《やくそく》について述《の》べておきます。まず、これはわれわれの意志《いし》のはたらき（実際《じっさい》に行《おこ》なわれた行為《こうい》をも含《ふく》む）が、他人《たにん》の意志《いし》のはたらきとぶつかりあってどう変化《へんか》するかを表《あら》わしたもので、その変化《へんか》はわれわれの五官《かん》で感《かん》じとることのできる場合《ばあい》もありますが、大部分《だいぶぶん》は全然知《ぜんぜんし》らないところで行《おこ》なわれる変化《へんか》ですから、そのつもりで見《み》ていってください。○は自分《じぶん》から放射《ほうしゃ》する善《よ》い意志《いし》です。すなわち、善《よ》いことを考《かんが》えたとき自分《じぶん》の心《こころ》から発《はっ》するプラスのエネルギーです。また、善《よ》いことばを口《くち》に出《だ》し、善《よ》い行《おこ》ないをした場合《ばあい》も、こういうエネルギーが外《そと》へ向《む》かって放射《ほうしゃ》されます。■は、他人《たにん》の反対的《はんたいてき》な意志《いし》のエネルギーです。どこのだれの意志《いし》だかわからないことが多《おお》いのです。また、反対的《はんたいてき》だからといって単純《たんじゅん》に〈悪《わる》い〉と断定《だんてい》できぬものも多《おお》く、たとえば、〈人間《にんげん》の幸福《こうふく》は心《こころ》が第一《だいいち》〉という思想《しそう》に対《たい》する〈まず生活《せいかつ》の安定《あんてい》こそ第一《だいいち》〉という反対論《はんたいろん》は、かならずしも悪《わる》い考《かんが》えとはいえません。■の中《なか》のA・B・C……は、それぞれちがった他人《たにん》を表《あら》わします。

善意《ぜんい》・善行《ぜんこう》の横《よこ》への影響《えいきょう》

第《だい》1図《ず》は、かりに、ただ一個《こ》の善《よ》い意志《いし》のエネルギーが放射《ほうしゃ》され、それが他《た》の悪《わる》い意志《いし》ばかりにたびたび突《つ》き動《うご》かされるという最悪《さいあく》の場合《ばあい》を想定《そうてい》した図《ず》です。

自分《じぶん》の心《こころ》から放射《ほうしゃ》された善《よ》い意志《いし》のエネルギーは、邪魔《じゃま》ものがなければ、まっすぐ上《うえ》へ向《む》かってすぐに善《よ》い結果《けっか》を現《あら》わすはずです。ところが、下《した》へ向《む》かってくるAという悪《わる》い意志《いし》のエネルギーにぶつかりました。そのために斜《なな》め上横《うえよこ》

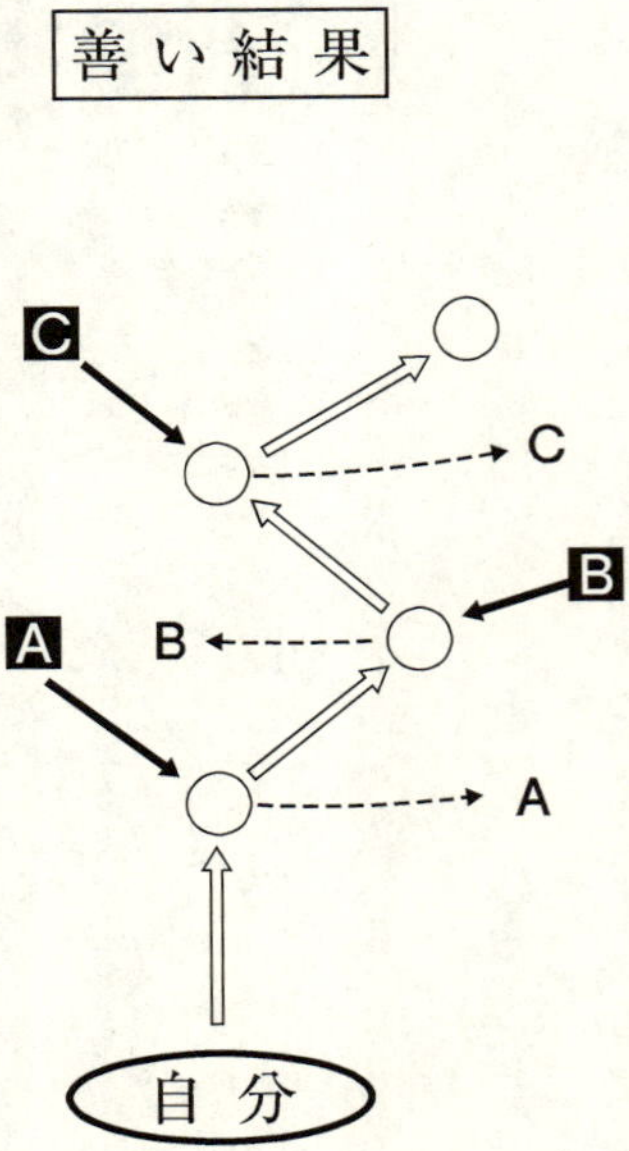

○自分の善い意志
■他人の反対的な意志

第 1 図

のほうへ流《なが》されます。しかし、そのかわりに、下《した》（悪《あく》）のほうへ向《む》かっていたAをやや上《うえ》（善《ぜん》）のほうへ方向転換《ほうこうてんかん》させてAの所《ところ》へ導《みちび》いています。

そのあとでも、善《よ》いエネルギーはB・Cの悪《わる》いエネルギーにぶつかって、あっちへ流《なが》されこっちへ流《なが》されするために、なかなか善《よ》い結果《けつか》にまで到達《とうたつ》できません。しかし、そのかわりにBをもCをも、すこしずつ上《うえ》（善《ぜん》）のほうへ方向《ほうこう》転換《てんかん》をさせているのですから、この善《よ》い意志《いし》はけっしてムダにはなっていないわけです。すなわち、自分自身《じぶんじしん》には善《よ》い結果《けっか》が現《あら》われなくても、目《め》に見《み》えぬところで、ほんのすこしでも社会《しゃかい》を善《よ》くし、明《あか》るくすることに役立《やくだ》っているわけです。

ところが、第《だい》2図《ず》をごらんください。善《よ》い意志《いし》のエネルギーを絶《た》えず放射《ほうしゃ》していると、たとえ①も②も③も他《た》の悪《わる》い意志《いし》に突《つ》き動《うご》かされてしまっても、④がまっすぐ上《うえ》へのぼって、これが善《よ》い結果《けっか》を現《あら》わすということになります。善《よ》

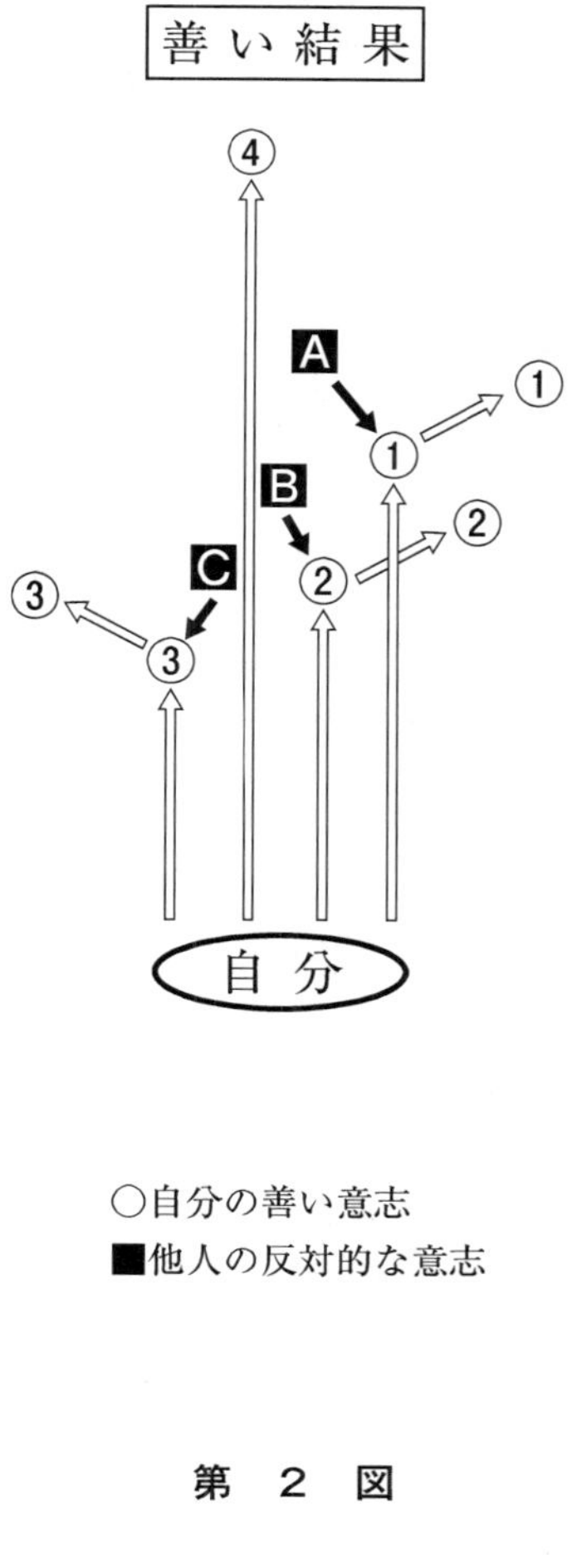

第2図

い意志《いし》のエネルギーというものは、いくら放射《ほうしや》しても尽《つ》きることはありません。心《こころ》は無限《むげん》の泉《いずみ》ですから、善《よ》いエネルギーを出《だ》せば出《だ》すほど、善《よ》いエネルギーがあとからあとから湧《わ》いてきます。この図《ず》のように、善《よ》い心《こころ》・善《よ》いことば・善《よ》い行《おこ》ないをつねに外《そと》へ向《む》かって放射《ほうしや》しつづけておれば、善《よ》い結果《けつか》が生《しょう》ずるのは確実《かくじつ》なことなのです。

第《だい》1図《ず》と第《だい》2図《ず》では、自分《じぶん》の善《よ》いエネルギーと他《た》の悪《わる》いエネルギーばかりの関係《かんけい》を考《かんが》えたのですが、他《た》の意志《いし》にも善《よ》い意志《いし》がたくさんあります。現在《げんざい》のこの世《よ》の中《なか》には、善《よ》い意志《いし》と悪《わる》い意志《いし》が無数《むすう》に入《い》り乱《みだ》れて飛《と》び交《か》っているわけです。ですから、自分《じぶん》の善《よ》い意志《いし》は他《た》の悪《わる》い意志《いし》に突《つ》きもどされることもあるかわりに、他《た》の善《よ》い意志《いし》に助《たす》けられて上《うえ》へあがる力《ちから》を強《つよ》めたり、いっしょに力《ちから》を合《あ》わせてのぼっていったりすることもあるわけです。

第《だい》3図《ず》は、その関係《かんけい》を表《あら》わしたものです。□は他《た》の善《よ》い意志《いし》のエネルギーで

す。これには、他《た》の人間《にんげん》の意志《いし》のエネルギーもあります。

たとえ、A・B・Cというような悪《わる》いエネルギーがぶつかって突《つ》きもどそうとしても、い・ろ・はのような善《よ》いエネルギーもぶつかって、上《うえ》へ上《うえ》へと押《お》し上《あ》げてくれるわけです。

この第《だい》3図《ず》までは、自分《じぶん》ただひとりの場合《ばあい》でした。ただ、ひとりが個人的《こじんてき》に出《だ》すエネルギーは、なんといっても力《ちから》が弱《よわ》いのです。ところが、同《おな》じ心《こころ》の人《ひと》

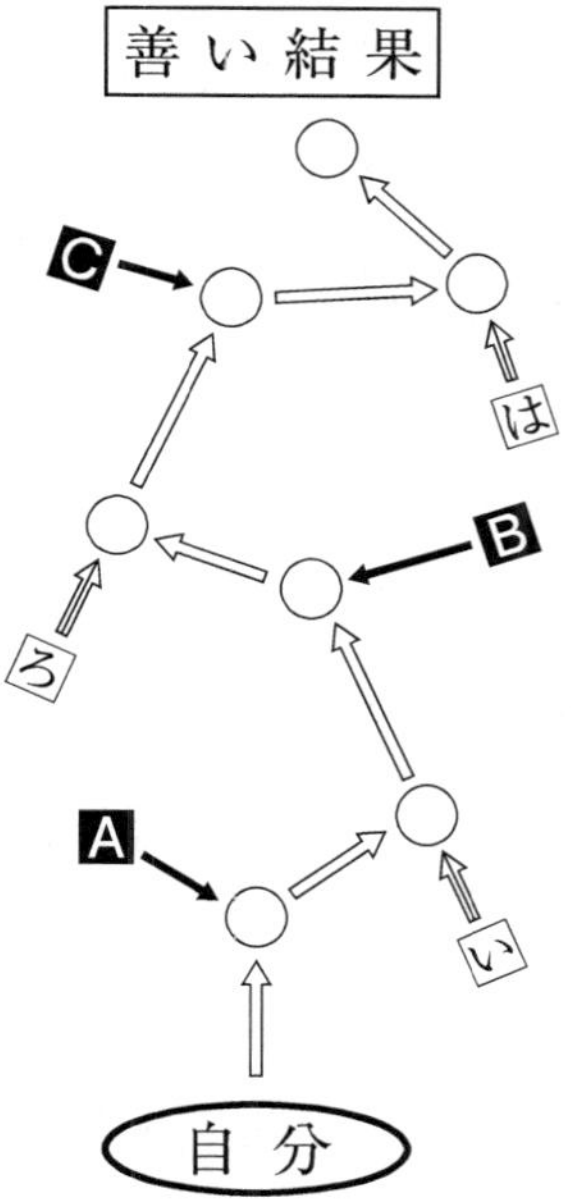

○自分の善い意志
□他人の善い意志
■他人の反対的な意志

第　3　図

がたくさん集《あつ》まっていっしょに善《よ》い意志《いし》のエネルギーを放射《ほうしや》すると、非常《ひじよう》に強力《きようりよく》なものになるのです。一本《ぽん》の矢《や》は子《こ》どもでもたやすく折《お》れるけれども、十本《ぽん》もまとめると大力《だいりき》の人《ひと》でも折《お》れないのと同様《どうよう》です。信仰者《しんこうしや》がただひとりで信仰《しんこう》しているより、いわゆる正定聚《しようじようじゆ》（正《ただ》しいことに決定《けつじよう》したものの集《あつ》まり＝正《ただ》しい宗教団体《しゆうきようだんたい》など）として結合《けつごう》したほうがずっと信仰《しんこう》の力《ちから》が強《つよ》まるというのは、この点《てん》においても真実《しんじつ》なのです。

そこで、第《だい》4図《ず》は、その正定聚《しようじようじゆ》から放射《ほうしや》される善《よ》いエネルギーのはたらきを示《しめ》したものです。正定聚《しようじようじゆ》に対《たい》しては、個人《こじん》からだけでなく、他《た》の団体《だんたい》からもマイナスのエネルギーが加《くわ》わる場合《ばあい》がよくあるわけですが、それでも正定聚《しようじようじゆ》のエネルギーは非常《ひじよう》に強大《きようだい》なものがあり、他《た》の個々《ここ》の悪念《あくねん》をどしどし善《よ》い方向《ほうこう》へ急角度《きゆうかくど》に転換《てんかん》させると共《とも》に、他《た》の個々《ここ》の善念《ぜんねん》にも大《おお》きな力《ちから》を貸《か》してあげるはたらきがあります。第《だい》4図《ず》をよくよく味《あじ》わっていただきたいと思《おも》います。

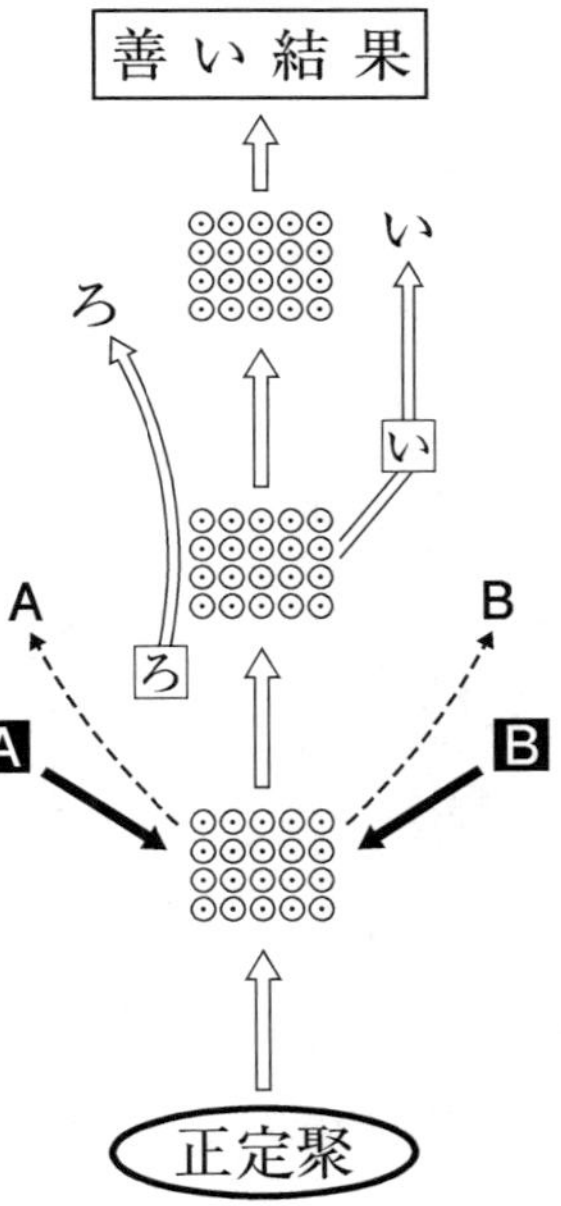

⊙⊙正定聚の善い意志
□他の善い意志
■他の反対的な意志

第　4　図

こういうわけですから、けんめいに善《よ》い行《おこ》ないをしてみても、またすべてのひとに対《たい》して善《よ》い感情《かんじょう》をもつように努《つと》めてみても、あるいは信仰《しんこう》に励《はげ》んでも、いっこうに現実《げんじつ》の結果《けつか》が現《あら》われないからといって、がっかりすることはありません。プラスの力《ちから》は、どこかでかならずプラスのはたらきをしているのですから、そのことを信《しん》じて、けっして後《あと》もどりしてはならないのです。

なお、以上《いじょう》の説明《せつめい》では、〈反対的《はんたいてき》な意志《いし》〉をすべて〈悪《わる》い意志《いし》〉と割《わ》り切《き》っていますが、そのほうがハッキリして解《わか》りやすいという理由《りゆう》からです。事実《じじつ》はもっと複雑微妙《ふくざつびみよう》なものです。

善意《ぜんい》・善行《ぜんこう》の縦《たて》への影響《えいきよう》

ところで、これまでは、善《よ》い心《こころ》や善《よ》い行《おこ》ないと社会《しやかい》との関係《かんけい》、すなわち横《よこ》の関係《かんけい》だけを考《かんが》えてきましたが、こんどは縦《たて》の関《かん》係《けい》、すなわち自分自身《じぶんじしん》の過去《かこ》・現在《げんざい》・未来《みらい》に通《つう》ずる〈業《ごう》〉という点《てん》からも、善《よ》い心《こころ》・善《よ》い行《おこ》ないの生《う》む結果《けつか》を考《かんが》えてみることにしましょう。

われわれはいままでに多《おお》くの業《ごう》（行為《こうい》）を積《つ》んできています。悪《わる》い行《おこ》ないをすればそれがマイナスの力《ちから》となってわれわれの心身《しんしん》に残《のこ》り、善《よ》い行《おこ》ないをすればプラスの力《ちから》となって残《のこ》ります。そこで、はるかむかしの過去世《かこせ》から現世《げんぜ》まで、またこの世《よ》に生《う》まれてから現在《げんざい》の瞬間《しゆんかん》までの間《あいだ》に、プラスの力《ちから》とマイナスの力《ちから》と、どちらがたくさん積《つ》まれているかが問題《もんだい》なのです。

もしマイナスのほうが多《おお》いとしたら、第《だい》5図《ず》のように、現在《げんざい》の業《ごう》は━ばかりです。しかし、善《よ》い行《おこ》ない⊕をすれば、それが⊖と差《さ》し引《ひ》きになって、悪《わる》い業《ごう》が一つ消《き》えます。ですから、善《よ》い行《おこ》ないをしてもいっこうに善《よ》い報《むく》いが来《こ》ないといって悲観《ひかん》することはないのです。見《み》えないところで、過去《かこ》の悪業《あくごう》を一つ帳《ちょう》消《け》しにしているのです。こうして善《よ》い行《おこ》ないをつづけてゆくうちに、悪《わる》い業《ごう》はつぎつぎに消《け》されてしまい、いつかは清《きよ》らかな身《み》となることができます。そうなれば、こんどは、プラス一の行《おこ》ないをすれば、それがプラス一の結果《けっか》となっ

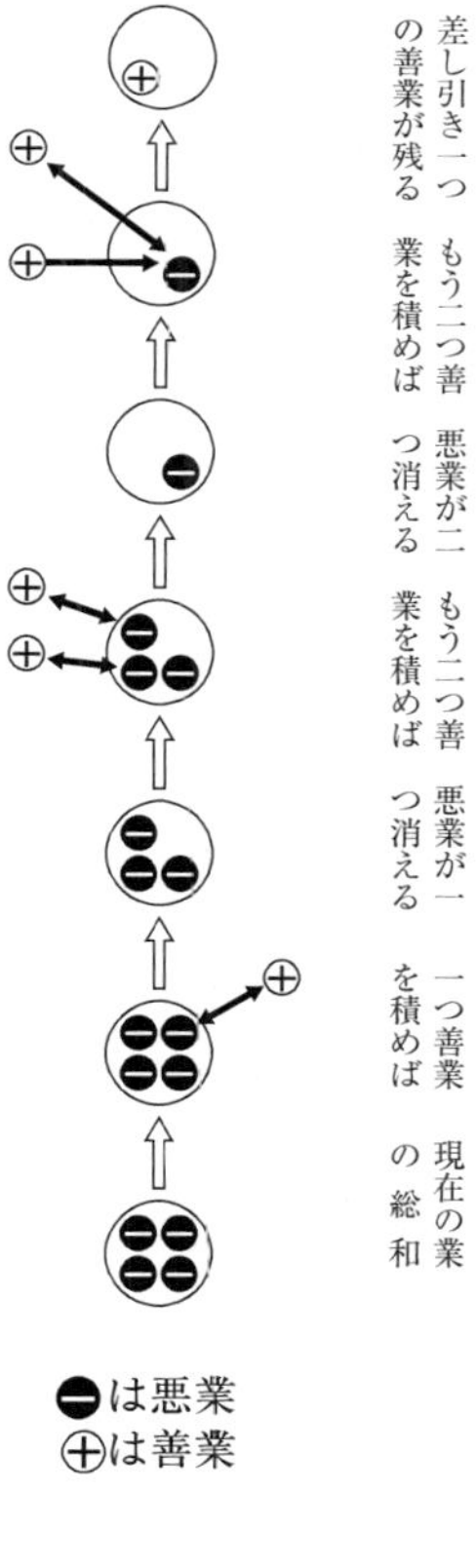
現在の業の総和
一つ善業を積めば
悪業が一つ消える
もう二つ善業を積めば
悪業が二つ消える
もう二つ善業を積めば
差し引き一つの善業が残る
⊖は悪業
⊕は善業

第　5　図

て現《あら》われるようになるのです。

なお、図《ず》は、解《わか》りやすくするために、〈業《ごう》〉の数《かず》も少《すく》なく、そしてただ一種《しゅ》類《るい》にしてありますが、実際《じっさい》は数《かず》も種類《しゅるい》も非常《ひじょう》に多《おお》く、したがって業《ごう》のはたらきも複雑微妙《ふくざつびみょう》なのです。

以上《いじょう》は善《よ》い行《おこ》ないの場合《ばあい》だけについて述《の》べましたが、悪《わる》い行《おこ》ないをすれば、逆《ぎゃく》に過去《かこ》の善業《ぜんごう》を帳消《ちょうけ》しにし、あるいは未来《みらい》に対《たい》して悪業《あくごう》を残《のこ》すことは同《おな》じ原《げん》理《り》によって確実《かくじつ》ですから、そのこともよくよく心《こころ》しなければなりません。

もちろん悪業《あくごう》は、現実《げんじつ》の不幸《ふこう》となって現《あら》われることが多《おお》いのです。そして、かりに一つの不幸《ふこう》が現《あら》われたら、自分《じぶん》が負《お》っていた業《ごう》の中《なか》の一つだけが消《き》えてしまったことになります。これを〈業《ごう》の自壊作用《じかいさよう》（業《ごう》が自分《じぶん》から自然《しぜん》と壊《こわ》れるはたらき）〉といいます。

ですから、思《おも》わぬ不幸《ふこう》が来《き》ても、それだけ自分《じぶん》の悪業《あくごう》が壊《こわ》れて消《き》えたことになるのですから、けっして人《ひと》を恨《うら》んだり世《よ》を恨《うら》んだりしないで、じっとその不《ふ》幸《こう》に堪《た》え、あくまでも明《あか》るい心《こころ》で、明日《あす》に生《い》きる努力《どりょく》をすることが大切《たいせつ》です。

その原理《げんり》を示《しめ》したのが、第《だい》6図《ず》です。

1で、自分《じぶん》の負《お》っていた悪業《あくごう》が円《えん》の外《そと》に出《で》る——すなわち実生活《じっせいかつ》に不幸《ふこう》となって現《あら》われました。そのとき人《ひと》や世《よ》を恨《うら》むような心《こころ》を起《お》こさず、素直《すなお》にその現《げん》実《じつ》を迎《むか》えることができれば、2のように悪業《あくごう》が一つ減《へ》った状態《じょうたい》となります。

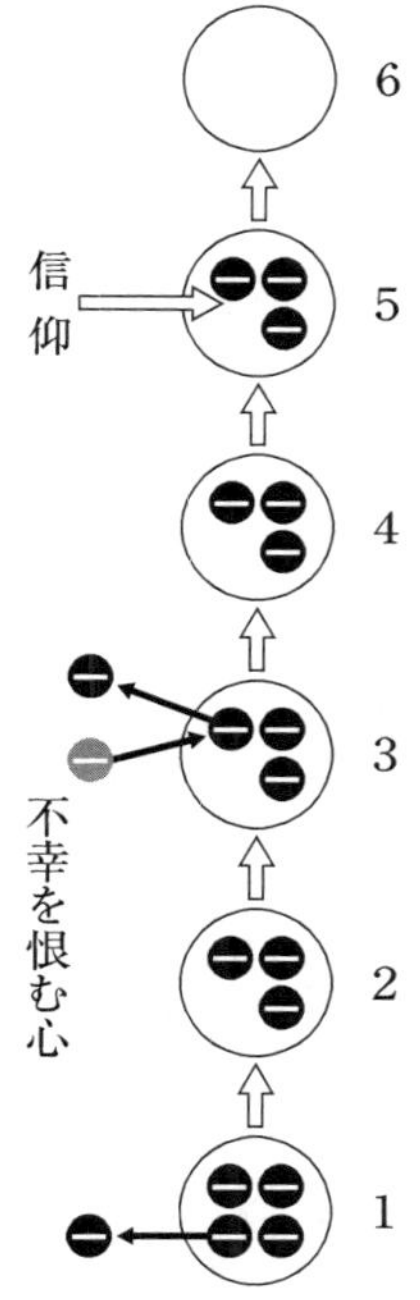

円内の⊖は悪業
円外の⊖は現実の不幸となって現われた悪業

第　6　図

ところが、たまたまもう一つの不幸《ふこう》が起《お》こったとして、3のようにそれを恨《うら》む心《こころ》を起《お》こせば、また新《あたら》しい悪業《あくごう》を一つつくったことになり、せっかく一つの悪業《あくごう》が自壊《じかい》したのに、4のように元《もと》と同《おな》じ状態《じょうたい》に返《かえ》ってしまいます。多《おお》くの人《ひと》が、これをくりかえしているのです。

もしそのとき、正《ただ》しい宗教《しゅうきょう》に入《はい》って心《こころ》の底《そこ》から信仰《しんこう》をすれば、すべての悪業《あくごう》は信仰《しんこう》の力《ちから》によって消《き》え去《さ》ってしまい、6のような状態《じょうたい》になるのです。

なぜ、そうなるのか——

因果《いんが》とか業《ごう》というのは、われわれが現実《げんじつ》に住《す》んでいる世界《せかい》、つまり、是非《ぜひ》・善悪《ぜんあく》・自他《じた》といったような存在《そんざい》に厳然《げんぜん》として働《はたら》いているものです。ところが、信仰《しんこう》の極致《きょくち》に至《いた》れば、自分《じぶん》をむなしくし、自分《じぶん》をすてて社会全体《しゃかいぜんたい》の幸福《こうふく》と平和《へいわ》を願《ねが》う〈無我《むが》の実践《じっせん》〉をすることができるのです。そのことはすなわち、仏《ほとけ》のはたらきと同《おな》じであり、すでに因果《いんが》の理《り》を超《こ》えているわけです。

こういうことをしっかりと理解《りかい》し、信《しん》じておれば、現象《げんしょう》のうえの結果《けっか》がどうあろうとも、仏《ほとけ》の教《おし》えから離《はな》れたり、あともどりするようなことはないわけです。これが〈不退《ふたい》の心《こころ》を起《おこ》さしめ〉であります。

有漏《うろ》には無漏《むろ》の心《こころ》

つぎに、〈有漏《うろ》を為《な》す者《もの》には無漏《むろ》の心《こころ》を起《おこ》さしめ〉とあります。漏《ろ》とは煩悩《ぼんのう》のこと、有漏《うろ》とは、〈煩悩《ぼんのう》のある状態《じょうたい》や存在《そんざい》〉をいいます。ものごとは悟《さと》らなければ、すべて有漏《うろ》ですから、有漏《うろ》を為《な》すというのはつまり、〈目《め》の前《まえ》の現象《げんしょう》にとらわれてものごとをなす〉ということです。無漏《むろ》とは、煩悩《ぼんのう》を離《はな》れたすべてのものごとです。そこで、〈目《め》の前《まえ》の現象《げんしょう》にとらわれた心《こころ》でものごとをなす人《ひと》を、そういった仮《かり》の姿《すがた》に迷《まよ》わされないで真実《しんじつ》の理《り》にしたがってものごとをするように導《みちび》く〉というのが、〈有漏《うろ》を為《な》す者《もの》には無漏《むろ》の心《こころ》を起《おこ》さしめ〉の意味《いみ》です。

煩悩《ぼんのう》には除滅《じょめつ》の心《こころ》

つぎに、〈煩悩《ぼんのう》多《おお》き者《もの》には除滅《じょめつ》の心《こころ》を起《おこ》さしむ〉とあります。前《まえ》の〈有漏《うろ》を為《な》す〉というのは、煩悩《ぼんのう》にもとづく〈行動《こうどう》〉のことをいったのですが、こんどは主《しゅ》として心《こころ》の中《なか》にある煩悩《ぼんのう》といいますか、心《こころ》を苦《くる》しめる煩悩《ぼんのう》のことを指《さ》しているのです。そういう煩悩《ぼんのう》の多《おお》い人《ひと》も、無量義《むりょうぎ》の教《おし》えを聞《き》けば、真理《しんり》（法《ほう》）を知《し》ることが迷《まよ》い（煩悩《ぼんのう》）を除《のぞ》くただ一つの道《みち》であることがわかり、ただ真理《しんり》を見《み》つめることによって迷《まよ》いをなくそうという心《こころ》が起《おこ》ってくるのです。

これはじつに大事《だいじ》なことです。煩悩《ぼんのう》を除《のぞ》こう、迷《まよ》いをなくそうと、いくら一《いっ》心《しん》に考《かんが》えても、願《ねが》っても、真理《しんり》を知《し》らないかぎり、迷《まよ》いが消《き》えるはずはありません。また、真理《しんり》を知《し》っても、ただ――そんなものかなあ――と漠然《ばくぜん》と考《かんが》えているぐらいでは、真理《しんり》も迷《まよ》いを消《け》すだけの力《ちから》とはなりません。真理《しんり》を知《し》ったら、その真理《しんり》を深《ふか》く見《み》つめて、心《こころ》の中《なか》にそれを固定《こてい》させなければなりません。

そうすれば、迷《まよ》いのほうから自然《しぜん》に消《き》えてなくなってしまうことは、朝日《あさひ》が射《さ》すと霜《しも》がひとりでに消《き》えてしまうのと同様《どうよう》です。

ですから、〈除滅《じょめつ》の心《こころ》を起《おこ》さしむ〉というのは、つまり真理《しんり》を深《ふか》く見《み》つめる心《こころ》を起《お》こさせることにほかならないのです。

以上《いじょう》が、無量義《むりょうぎ》の教《おし》えをほんとうにしんそこから理解《りかい》した人《ひと》の得《え》る、第《だい》一の功徳《くどく》だというのです。しかし、この教《おし》えをそれほど徹底的《てっていてき》に究《きわ》めつくした人《ひと》でなくても、大《おお》きな功徳《くどく》が得《え》られることが、以下《いか》にいろいろと述《の》べられるわけです。

善男子《ぜんなんし》、第《だい》二に是《こ》の経《きょう》の不可思議《ふかしぎ》の功徳力《くどくりき》とは、若《も》し衆生《しゅじょう》あって是《こ》の経《きょう》を聞《き》くことを得《え》ん者《もの》、若《も》しは一転《てん》、若《も》しは一偈《げ》乃至《ないし》一句《く》もせば、則《すなわ》ち能《よ》く百千億《のく》の義《ぎ》に通達《つうだつ》して、無量数劫《むりょうしゅこう》にも受持《じゅじ》する所《ところ》の法《ほう》を演説《えんぜつ》すること能《あた》わじ。所以《ゆえ》は何《いか》ん、其《そ》れ是《こ》の法《ほう》は義《ぎ》無量《むりょう》なるを以《もッ》ての故《ゆえ》に。

「善男子《ぜんなんし》よ。第《だい》二に、この経《きょう》の不可思議《ふかしぎ》な功徳《くどく》の力《ちから》というのは、もしある人《ひと》がこの教《おし》えをひととおり聞《き》き、あるいはその中《なか》の一偈《いちげ》でも、またはただの一《いっ》句《く》でも聞《き》いて、それを理解《りかい》したならば、それだけで、数《かぞ》えきれないほど多《おお》くの意味《いみ》を明《あき》らかにすることができて、無限《むげん》の年月《ねんげつ》をかけても、自分《じぶん》の心中《しんちゅう》にある教《おし》えの全部《ぜんぶ》を説《と》き尽《つ》くすのは不可能《ふかのう》なほどになるでしょう。なぜならば、この教《おし》えは、その意義《いぎ》が非常《ひじょう》に深《ふか》くて、幅広《はばひろ》いものであるからです」

〈一転《てん》〉というのは、ひとまわりということで、全体《ぜんたい》をひととおり学《まな》んだという意味《いみ》です。

〈一偈《げ》〉というのは、一つの偈《げ》という意味《いみ》ですが、ここでは短《みじか》い偈《げ》のことを指《さ》しているのです。いちばん短《みじか》い偈《げ》は四つの句《く》で出来《でき》ています。たとえば〈諸悪《しょあく》莫作《まくさ》　衆善奉行《しゅぜんぶぎょう》　自浄其意《じじょうごい》　是諸仏教《ぜしょぶっきょう》（もろもろの悪事《あくじ》をなさず、もろもろの善《よ》いことをなし、自《みずか》らその心《こころ》を清《きよ》らかにせよ。これが諸仏《しょぶつ》の教《おし》えである）〉という偈《げ》は、たった四句《く》で仏《ほとけ》の教《おし》えの実践方法《じっせんほうほう》を言《い》い尽《つ》くしてあることで、有名《ゆうめい》なものです。

〈一句《く》〉というのは、もっと短《みじか》いもので、右《みぎ》の偈《げ》でいえば、〈諸悪莫作《しょあくまくさ》〉とか〈衆善奉行《しゅぜんぶぎょう》〉などが、それぞれ一句《く》なのです。

そこで、〈若《も》しは一転《てん》、若《も》しは一偈乃至一句《げないしく》〉というのは、教《おし》えを一回聞《かいき》いただけでも、あるいはその中《なか》のほんの一部分《いちぶぶん》を聞《き》いただけでも……という意味《いみ》です。したがって、ほんの一部分《いちぶぶん》であっても、その中《なか》には、非常《ひじょう》に奥深《おくぶか》く、幅《はば》広《ひろ》い意味《いみ》が含《ふく》まれているから、ただ一部分《いちぶぶん》を理解《りかい》しただけで、はかり知《し》れないほど多《おお》くの義《ぎ》（意味《いみ》）に通《つう》ずるようになる……というのです。

つぎの〈無量数劫《むりょうしゅこう》にも受持《じゅじ》する所《ところ》の法《ほう》を演説《えんぜつ》すること能《あた》わじ〉という句《く》は、順序《じゅんじょ》をひっくりかえし、〈尽《つ》くす〉ということばを補《おぎ》なって、〈受持《じゅじ》する所《ところ》の法《ほう》を演説《えんぜつ》し尽《つ》くすこと、無量数劫《むりょうしゅこう》にも能《あた》わじ〉とすれば、よくわかると思《おも》います。〈演説《えんぜつ》すること能《あた》わじ〉というのは、演説《えんぜつ》し尽《つ》くすことが不可能《ふかのう》だ、それほど多《おお》くの意味《いみ》に通達《つうだつ》するのだというのです。

なぜ、そんなに多《おお》くの意味《いみ》に通達《つうだつ》するのかといえば、この教《おし》えはその意味《いみ》がはかり知《し》れないほど深《ふか》く広《ひろ》いものだからである……とありますが、まことにそのとおりで、〈無量義《むりょうぎ》とは一法《ぽう》より生《しょう》ず、其《そ》の一法《ぽう》とは即《すなわ》ち無相《むそう》なり。是《かく》の如《ごと》き無相《むそう》は、相《そう》なく、相《そう》ならず。相《そう》ならずして相《そう》なきを名《なづ》けて実相《じっそう》とす〉という一段《いちだん》だけでも、それを徹底的《てっていてき》に解説《かいせつ》しようとするならば、十冊《さつ》の本《ほん》でも足《た》りないほどです。

これほど意味《いみ》が深《ふか》く広《ひろ》い教《おし》えですから、けっして表面《ひょうめん》の理解《りかい》に終《お》わらせないで、〈四諦《したい》〉なら〈四諦《したい》〉という一つのことでも、じっくりと深《ふか》く考《かんが》えてみることが大切《たいせつ》なのです。そうでないと、この教《おし》えを学《まな》んだほんとうの意義《いぎ》はないのです。

善男子《ぜんなんし》、是《こ》の経《きょう》は、譬《たと》えば一の種子《しゅし》より百千万《まん》を生《しょう》じ、百千万《まん》の中《なか》より一一《いちいち》に復《また》百千万数《まんじゅ》を生《しょう》じ、是《かく》の如《ごと》く展転《てんでん》して乃至《ないし》無量《むりょう》なるが如《ごと》く、是《こ》の経典《きょうでん》も亦《また》復是《またかく》の如《ごと》し。一法《ぽう》より百千の義《ぎ》を生《しょう》じ、百千の義《ぎ》の中《なか》より一一《いちいち》に復《また》百千万数《まんじゅ》を生《しょう》じ、是《かく》の如《ごと》く展転《てんでん》して乃至《ないし》無量無辺《むりょうむへん》の義《ぎ》あり。是《こ》の故《ゆえ》に此《こ》の経《きょう》を無量義《むりょうぎ》と名《なづ》く。善男子《ぜんなんし》、是《こ》れを是《こ》の経《きょう》の第《だい》二の功徳《くどく》不思議《ふしぎ》の力《ちから》と名《なづ》く。

「善男子《ぜんなんし》よ。この教《おし》えは、たとえていえば、一個《こ》の種《たね》を植《う》えれば、それからまたたくさんの種《たね》がとれ、そのたくさんの種《たね》からそれぞれまたたくさんの種《たね》

がとれ、こうしてつぎつぎに展開《てんかい》してゆけば、数《かぞ》えきれないほどの収穫《しゅうかく》になるように、この教《おし》えもおなじようなはたらきをするのです。一つの教《おし》えの中《なか》から、たくさんの内容《ないよう》が生《う》まれ、その一つ一つからまたたくさんの内容《ないよう》が生《う》まれ、このようにつぎつぎに展開《てんかい》していって、数限《かずかぎ》りない内容《ないよう》が生《う》まれるのです。そういうわけで、この教《おし》えを無量義《むりょうぎ》と名《な》づけたのです。善男子《ぜんなんし》よ、このように、ただ教《おし》えの一部分《いちぶぶん》を理解《りかい》しただけでも、それが無限《むげん》に展開《てんかい》して多《おお》くの悟《さと》りを得《え》ることができる……これが、この教《おし》えの第《だい》二の功徳《くどく》の不思議《ふしぎ》な力《ちから》なのです」

この節《せつ》は、前《まえ》の節《せつ》の意味《いみ》を、種子《しゅし》の譬《たと》えによってわかりやすく説明《せつめい》したもので、内容的《ないようてき》には、この二つの節《せつ》は一つにまとめて見《み》なければなりません。

たとえば、一個《こ》の籾《もみ》を苗代《なわしろ》にまくと、それから一本《ぽん》の苗《なえ》ができ、この苗《なえ》を田《た》に植《う》えると、それが何本《なんぼん》にも株分《かぶわ》かれし、それぞれの先《さき》に穂《ほ》が出《で》て、百粒《つぶ》から二百粒《つぶ》の米《こめ》ができますから、一個《こ》の籾《もみ》から数百個《すうこ》の籾《もみ》がとれるわけです。またそれを播《ま》けば、ほぼ同《おな》じ割合《わりあい》で殖《ふ》え、それをつぎつぎにくりかえせば、そのふえかたは無限《むげん》だということになります。

この教《おし》えもそれと同《おな》じように、根本《こんぽん》の法《ほう》がつぎからつぎへと展開《てんかい》して、多《おお》くの法《ほう》を生《う》むというのです。展転《てんでん》の展《てん》というのは展《ひら》けるということで、一つの法《ほう》の持《も》つ内容《ないよう》がひろがってゆくことをいいます。転《てん》というのは転《ころ》がるということで、同《おな》じはたらきがつぎからつぎへとつづいてゆくことを意味《いみ》します。

善男子《ぜんなんし》、第三《だい》に是《こ》の経《きょう》の不可思議《ふかしぎ》の功徳力《くどくりき》とは、若《も》し衆生《しゅじょう》あって是《こ》の経《きょう》を聞《き》くことを得《え》て、若《も》しは一転《てん》、若《も》しは一偈乃至《げないし》一句《く》もせば、百千万億《まんのく》の義《ぎ》に通《つう》達《だつ》し已《おわ》って、煩悩《ぼんのう》ありと雖《いえど》も煩悩《ぼんのう》なきが如《ごと》く、生死《しょうじ》に出入《しゅつにゅう》すれども怖畏《ふい》の想《おもい》なけん。諸《もろもろ》の衆生《しゅじょう》に於《おい》て憐愍《れんみん》の心《こころ》を生《しょう》じ、一切《さい》の法《ほう》に於《おい》て勇健《ゆうごん》の想《おもい》を得《え》ん。

「善男子《ぜんなんし》よ。この教《おし》えの不可思議《ふかしぎ》な功徳力《くどくりき》の第《だい》三は、もしある人《ひと》が、この教《おし》えをただいっぺん聞《き》き、またはその中《なか》の一偈《いちげ》一句《いっく》でも聞《き》いてそれを理解《りかい》したならば、それだけでも、数《かぞ》えきれないほどの多《おお》くの意味《いみ》を明《あき》らかにすることができるようになって、まだ心《こころ》の底《そこ》に煩悩《ぼんのう》が残《のこ》っていても、まったく煩悩《ぼんのう》がないのと同《おな》じ状態《じょうたい》に達《たっ》し、人生途上《じんせいとじょう》においてどんな重大《じゅうだい》な変化《へんか》にあおうとも、恐《おそ》れたりびくびくするようなことはありますまい。煩悩《ぼんのう》の中《なか》をさまよっている多《おお》くの人《ひと》びとを見《み》ては、心《こころ》からかわいそうに思《おも》って、救《すく》いの手《て》をさしのべずにはおられない心《こころ》が起《お》こり、また、すべてのものごとをやってゆくのに、どんな困難《こんなん》をも乗《の》り切《き》ってゆく勇気《ゆうき》を得《え》ることでありましょう」

〈煩悩《ぼんのう》ありと雖《いえど》も煩悩《ぼんのう》なきが如《ごと》く〉というのは、いいことばです。無量義《むりょうぎ》の教《おし》えを徹底的《てっていてき》に理解《りかい》し、それをしんそこから自分《じぶん》のものにした人《ひと》ならば、煩悩《ぼんのう》をすっかり除《のぞ》き去《さ》ることができるわけですが、ただひととおり聞《き》いたり、あるいはその中《なか》の一偈《いちげ》一句《いっく》を聞《き》いて理解《りかい》し、その法《ほう》が多《おお》くのことがらに通《つう》ずることを会得《えとく》した……という程度《ていど》の人《ひと》ならば、まだすこしは煩悩《ぼんのう》が残《のこ》っているのが当然《とうぜん》です。

煩悩《ぼんのう》をも客観視《きゃっかんし》せよ

煩悩《ぼんのう》というものは、実際問題《じっさいもんだい》として、容易《ようい》なことでは完全《かんぜん》に消滅《しょうめつ》しきれないものです。出家《しゅっけ》した人《ひと》でも、よほどの人《ひと》でないかぎり、僧《そう》としての地位《ちい》や、住《じゅう》している寺院《じいん》や、弟子《でし》や檀家《だんか》などに対《たい》する煩悩《ぼんのう》があります。ましてや、われわれが在家《ざいけ》の生活《せいかつ》をしているかぎり、煩悩《ぼんのう》を断《た》ちきってしまうということは、不可能《ふかのう》といってもいいでしょう。

ところが、この世《よ》の万物《ばんぶつ》のありのままの相《すがた》は、無相《むそう》・一相《いっそう》・実相《じっそう》であるわけですから、煩悩《ぼんのう》にしても、その真実《しんじつ》をつきとめてみると、やはりこの世《よ》のすべてのものと同《おな》じ無相《むそう》・一相《いっそう》・実相《じっそう》なのです。ただ、その真実《しんじつ》をゆがんだものとして、われわれの心《こころ》が受《う》け止《と》めているに過《す》ぎません。

煩悩《ぼんのう》というものをそのように観《かん》じ、それが人間《にんげん》が人間《にんげん》であるゆえの自然《しぜん》な現《げん》象《しょう》であるとして、冷静《れいせい》な気持《きもち》で眺《なが》める（すなわち煩悩《ぼんのう》を客観視《きやつかんし》する）とき、かえってわれわれの心《こころ》は煩悩《ぼんのう》から解《と》き放《はな》たれて、自由自在《じゆうじざい》になるものです。さらにもう一歩《いっぽ》つっ込《こ》んでいいますと、その煩悩《ぼんのう》のおかげで悟《さと》りをえようという気持《きもち》がでてくるのです。仏《ほとけ》さまはこのことを、〈煩悩即菩提《ぼんのうそくぼだい》〉という素晴《すば》らしいことばで教《おし》えられているのです。

いいかえれば、煩悩《ぼんのう》から離《はな》れよう離《はな》れようと念《ねん》じているうちは、心《こころ》が煩悩《ぼんのう》という観念《かんねん》にひっかかっているために、どうしても離《はな》れきれない。ところが、煩《ぼん》悩《のう》があるのがあたりまえだよ……と達観《たっかん》してしまえば、その瞬間《しゅんかん》に、煩悩《ぼんのう》の鉄《てつ》鎖《さ》からスルリと脱《ぬ》け出《だ》しているのです。煩悩《ぼんのう》はあっても、その煩悩《ぼんのう》の毒気《どっき》にあてられない。煩悩《ぼんのう》がいっこう障《さわ》りとならない。こういう境地《きょうち》に達《たっ》せられるのです。

〈煩悩《ぼんのう》ありと雖《いえど》も煩悩《ぼんのう》なきが如《ごと》く〉というのは、そういう境地《きょうち》をいってあるのです。

なぜ怖《おそ》れぬようになるのか

〈生死《しょうじ》に出入《しゅつにゅう》すれども怖畏《ふい》の想《おもい》なけん〉……生死《しょうじ》というのは、生《う》まれ変《か》わり死《し》に変《か》わり輪廻《りんね》をくりかえすことですが、われわれの一生《いっしょう》のうちにも生老病死《しょうろうびょうし》の苦《く》がついてまわり、これを〈生死《しょうじ》〉のことばで集約《しゅうやく》しています。つまり、変化《へんか》ということです。人生途上《じんせいとじょう》には、さまざまな不《ふ》利《り》な変化《へんか》が待《ま》ち受《う》けています。病気《びょうき》とか失業《しつぎょう》といったような一身上《いっしんじょう》の変化《へんか》、妻《つま》の流産《りゅうざん》、子《こ》どもの受験失敗《じゅけんしっぱい》など、家族《かぞく》のだれかにふりかかってくる変化《へんか》、経済《けいざい》不況《ふきょう》とか災害《さいがい》といったような社会的《しゃかいてき》な変化《へんか》……そうした不利《ふり》な変化《へんか》が起《お》こるたびごとに、びくびくしたり、不安《ふあん》におののいたりするのは、あまりにも目《め》の前《まえ》の現象《げんしょう》にとらわれているからです。目《め》の前《まえ》の自分《じぶん》の生活《せいかつ》の調和《ちょうわ》が破《やぶ》られるのに、おどろきあわてるからです。

ところが、われわれが目《め》の前《まえ》に見《み》ている現象《げんしょう》では調和《ちょうわ》していないようでも、悟《さと》りの目《め》でその本質《ほんしつ》をみれば、すべては大調和《だいちょうわ》した平等《びょうどう》なものであるということを学《まな》んでおれば、自然《しぜん》と、その変化《へんか》に怖《おそ》れおののくことはなくなるのです。なぜならば、目《め》の前《まえ》に現《あら》われることだけを見《み》ますと、自分《じぶん》に不利《ふり》な変化《へんか》が襲《おそ》ってきたとしか見《み》えませんが、広《ひろ》い目《め》で世《よ》の中全体《なかぜんたい》を見《み》ますと、その変化《へんか》は身《み》のまわりの小《ちい》さな渦巻《うずま》きに過《す》ぎず、大《おお》きなところでは、やはりある調和《ちょうわ》が保《たも》たれていることがわかるからです。

そういう大《おお》きなものの見《み》かたをしますと、ちっぽけな自分一身《じぶんいっしん》の利害《りがい》にこりい、固《かた》まっていた心《こころ》が自然《しぜん》と解《と》き放《はな》たれ、全体《ぜんたい》の一部《いちぶ》として自分《じぶん》を客観的《きゃっかんてき》に眺《なが》めるようになるからです。これが〈生死《しょうじ》に出入《しゅつにゅう》すれども怖畏《ふい》の想《おもい》なけん〉の真義《しんぎ》です。

なぜ憐愍《れんみん》を起《お》こすのか

つぎに〈諸《もろもろ》の衆生《しゅじょう》に於《お》て憐愍《れんみん》の心《こころ》を生《しょう》じ〉とあります。かりにある人《ひと》が、煩悩《ぼんのう》などを問題《もんだい》にせず、どんな境遇《きょうぐう》にもビクともしない強《つよ》い精神《せいしん》を、真実《しんじつ》の教《おし》えによらないで得《え》ることができたとしましょう。いわゆる英雄豪傑《えいゆうごうけつ》のたぐいには、そういう人《ひと》がよくありました。現在《げんざい》でも、きびしい人生《じんせい》の荒波《あらなみ》をくぐり、さんざん苦労《くろう》して成功《せいこう》した人《ひと》には、そういう人《ひと》がよくあります。そういう人《ひと》は、ともすれば、多《おお》くの大衆《たいしゅう》を低《ひく》い存在《そんざい》と見《み》がちです。頭《あたま》のわるい、能力《のうりょく》の低《ひく》い、愚《おろ》かな人間《にんげん》だと見下《みさ》げるのです。なぜかといえば、自分《じぶん》と大衆《たいしゅう》との間《あいだ》に画然《かくぜん》とした差別感《さべつかん》をもっているからです。こういう人《ひと》は、いくら成功《せいこう》したからといって、人間《にんげん》として尊敬《そんけい》に値《あたい》する人《ひと》とはいえないでしょう。

ところが、無量義《むりょうぎ》の教《おし》えによって、〈すべての人間《にんげん》はその本質《ほんしつ》において平等《びょうどう》であり、一体《いったい》である〉という真実《しんじつ》を知《し》った人《ひと》は、自分《じぶん》がどんなに偉《えら》くなっても、あるいは高《たか》い悟《さと》りを得《え》ても、けっしてひとを見下《みくだ》す気持《きもち》になりません。もともと自分《じぶん》と平等《びょうどう》な人間《にんげん》なのに、あの人《ひと》たちは煩悩《ぼんのう》の中《なか》にさまよっている、かわいそうに……という気持《きもち》がひとりでに起《お》こってきて、なんとかして救《すく》ってあげたいと思《おも》わずにはいられなくなるのです。

ここが、真実《しんじつ》の教《おし》えを知《し》らない人《ひと》と知《し》った人《ひと》とのちがいです。世《よ》の中《なか》で成功《せいこう》している人《ひと》でも、ほんとうの教養《きょうよう》を身《み》につけた人《ひと》や信仰心《しんこうしん》の厚《あつ》い人《ひと》と、そうでない人《ひと》とは、人格的《じんかくてき》に大《おお》きな開《ひら》きがあるのは、そのせいなのです。威張《いば》れば威張《いば》るほど、人《ひと》を見下《みくだ》せば見下《みくだ》すほど、不思議《ふしぎ》と人間《にんげん》が小《ちい》さく見《み》えるものです。どんなに地位《ちい》や教育程度《きょういくていど》の低《ひく》い人《ひと》に対《たい》しても、けっして威張《いば》ることなく、親切《しんせつ》ていねいな態度《たいど》で対《たい》する人《ひと》は、ますますその人物《じんぶつ》に大《おお》きさを加《くわ》えるものです。

このことは、ほんとうによく心得《こころえ》ておきたいものです。

〈一切の法《ほう》に於《お》て勇健《ゆうごん》の想《おもい》を得《え》ん〉……この法《ほう》は〈ものごと〉という意味《いみ》ですから、つまり、どんなものごとに対《たい》するときも、けっしてしりごみしたり正《ただ》しい信念《しんねん》を曲《ま》げたりしないで、勇気《ゆうき》をもって困《こん》難《なん》と戦《たたか》ってゆく精神力《せいしんりょく》を得《え》るだろう……というのです。

なぜ勇健《ゆうごん》の想《おもい》を得《え》るのか

なぜそういう精神力《せいしんりょく》が得《え》られるかといいますと、正《ただ》しいことや善《よ》いことをすれば、かならずどこかでそれがプラスのはたらきをして、人《ひと》のため世《よ》のためになるという、無量義《むりょうぎ》の教《おし》えを知《し》ったおかげなのです。

真実《しんじつ》の教《おし》えを知《し》り、真実《しんじつ》の教《おし》えにもとづいて行動《こうどう》するほど、心強《こころづよ》いことはありません。それに徹《てっ》するならば、世《よ》の中《なか》に恐《おそろ》しいものは一つもなくなるからです。

壮《さか》んなる力士《りきし》の諸有《しょう》の重《おも》き者《もの》を能《よ》く擔《にな》い能《よ》く持《たも》つが如《ごと》く、是《こ》の持経《じきょう》の人《ひと》も亦《また》復是《またかく》の如《ごと》し。能《よ》く無上菩提《むじょうぼだい》の重《おも》き宝《たから》を荷《にな》い、衆生《しゅじょう》を擔負《たんぶ》して生死《しょうじ》の道《どう》を出《いだ》す。

「力《ちから》の強《つよ》い人《ひと》は、いろいろな重《おも》い荷物《にもつ》をかついで、遠《とお》い道《みち》を行《ゆ》くことができますが、この教《おし》えをしっかりと心《こころ》に刻《きざ》みこんでいる人《ひと》は、ちょうどそういった力《ちから》の強《つよ》い人《ひと》に似《に》ています。すなわち、無上菩提《むじょうぼだい》という非常《ひじょう》に重《おも》い宝物《たからもの》をかつぎ、多《おお》くの人《ひと》びとを背《せ》に負《お》って、人生《じんせい》の変化《へんか》に苦悩《くのう》する境界《きょうがい》から運《はこ》び出《だ》してあげるのです」

〈壮《さか》んなる力士《りきし》〉というのは、相撲《すもう》とりではなく、力《ちから》の強《つよ》い人《ひと》という意味《いみ》です。〈諸有《しょう》〉というのは、いろいろなものという意味《いみ》。〈能《よ》く擔《にな》い〉はよくかつぐこと。〈能《よ》く持《たも》つ〉は、しんぼう強《づよ》くどこまでもその状態《じょうたい》を保《たも》つということです。

無量義《むりょうぎ》の教《おし》えの一部分《いちぶぶん》でも理解《りかい》した人《ひと》は、そういう人並《ひとなみ》すぐれた体力《たいりょく》を持《も》った人《ひと》に似《に》たはたらきができるというのです。

すなわち、第一《だい》には、仏《ほとけ》の悟《さと》り（無上菩提《むじょうぼだい》）に達《たっ》したいという大理想《だいりそう》を、一《いっ》生涯持《しょうがいも》ちつづけることができるのです。

この理想《りそう》は、人間《にんげん》として持《も》ちうる最大最高《さいだいさいこう》のもので、これ以上《いじょう》の望《のぞ》みというものはありえません。しかし、あまりにも大《おお》きな理想《りそう》であるために、よほどしっかりした人《ひと》でないと、途中《とちゅう》であきらめて投《な》げ出《だ》してしまいやすいものです。ところが、この教《おし》えを理解《りかい》できた人《ひと》は、――プラスの力《ちから》はまちがいなくプラスの働《はたら》きをするのだから、それをどこまでもつづけてゆくかぎり、どんな大《おお》きな理想《りそう》だっていつかは達成《たっせい》することができるのだ――ということを知《し》っていますので、けっして途中《とちゅう》でくじけることがないのです。

第《だい》二には、ただたんに自分《じぶん》が理想《りそう》を追《お》って進《すす》むだけではなく、多《おお》くの人《ひと》びとをも教化《きょうけ》して、苦悩《くのう》から救《すく》い出《だ》してあげることができるというのです。これがまた非常《ひじょう》に大切《たいせつ》なところです。

〈衆生《しゅじょう》を擔負《たんぶ》して〉の〈擔《たん》〉というのは担《にな》う・担《かつ》ぐことであり、〈負《ぶ》〉というのは負《お》う・背負《せお》うことです。〈生死《しょうじ》の道《みち》〉というのは、人生《じんせい》のいろいろさまざまな変化《へんか》に苦《くる》しみ悩《なや》む凡夫《ぼんぷ》のたどる道《みち》です。

この教《おし》えを知《し》った人《ひと》は、そのような人《ひと》を見《み》れば、思《おも》わず自分《じぶん》の背中《せなか》におんぶして、苦悩《くのう》の世界《せかい》から運《はこ》び出《だ》してあげざるをえなくなるのです。むろん、これは、目《め》の前《まえ》の苦悩《くのう》から救《すく》い出《だ》すというのではなくて、仏《ほとけ》の教《おし》えによって心《こころ》の持《も》ちかたを変《か》えてあげて、苦悩《くのう》のない世界《せかい》へと導《みちび》いてあげることを、意味《いみ》しています。すなわち、〈生死《しょうじ》の道《みち》〉から〈涅槃《ねはん》の道《みち》〉へ導《みちび》いてあげるわけです。

無量義《むりょうぎ》の教《おし》えを、ほんのひととおり聞《き》いただけか、もしくはその中《なか》の一偈《いちげ》一句《いっく》を聞《き》いただけで、まだ徹底《てってい》した深《ふか》い悟《さと》りを得《え》てはいない人《ひと》でも、そういうはたらきができるのは、なぜか……ということは、つぎに説明《せつめい》してあります。

未《いま》だ自《みずか》ら度《ど》すること能《あた》わざれども、已《すで》に能《よ》く彼《かれ》を度《ど》せん。猶《な》お船師《せんし》の身重病《みじゅうびょう》に嬰《かか》り、四体《たい》御《お》まらずして此《こ》の岸《きし》に安止《あんし》すれども、好《よ》き堅牢《けんろう》の舟船《しゅせん》常《つね》に諸《もろもろ》の彼《かれ》を度《ど》する者《もの》の具《ぐ》を弁《べん》ぜることあるを、給《たま》い与《あた》えて去《さ》らしむるが如《ごと》く、是《こ》の持経者《じきょうしゃ》も亦復《またまた》是《かく》の如《ごと》し。五道《どう》諸有《しょう》の身《み》百八の重病《じゅうびょう》に嬰《かか》り、恒常《つね》に相纏《あいまと》わされて無明《むみょう》・老《ろう》・死《し》の此《こ》の岸《きし》に安止《あんし》せりと雖《いえど》も、而《しか》も堅牢《けんろう》なる此《こ》の大乗経無量義《だいじょうきょうむりょうぎ》の能《よ》く衆生《しゅじょう》を度《ど》することを弁《べん》ずることあるを、説《せつ》の如《ごと》く行《ぎょう》ずる者《もの》は、生死《しょうじ》を度《ど》することを得《う》るなり。善男子《ぜんなんし》、是《こ》れを是《こ》の経《きょう》の第《だい》三の功徳《くどく》不思議《ふしぎ》の力《ちから》と名《なづ》く。

「この教《おし》えを聞《き》いた人《ひと》は、まだ自分《じぶん》をすっかり迷《まよ》いから脱《ぬ》け出《だ》させることができていなくても、ほかの人《ひと》を救《すく》うことができるようになるでしょう。たとえば、渡《わた》し守《も》りの船頭《せんどう》が重《おも》い病気《びょうき》にかかり、身体《からだ》の自由《じゆう》がきかないために、こちらの岸《きし》にとどまっていなければならなくても、船《ふね》がしっかりしたいい船《ふね》で、ひとを渡《わた》すための道具《どうぐ》が揃《そろ》っていさえすれば、その使《つか》いかたを教《おし》え、船《ふね》を与《あた》えてあげて、人《ひと》びとを向《む》こう岸《ぎし》へ渡《わた》らせてあげることができましょう。この教《おし》えを信《しん》ずる人《ひと》も、その船頭《せんどう》とおなじはたらきができるのです。すなわち、自分《じぶん》はまだ迷《まよ》いの五つの世界《せかい》から脱《ぬ》け出《だ》せず、百八《ひゃくはち》の煩悩《ぼんのう》の重病《じゅうびょう》にかかっている身《み》であり、つねにその病《やま》いにつきまとわれて、迷《まよ》いが多《おお》く、人生《じんせい》の変化《へんか》に一喜《いっき》一憂《いちゆう》する生活《せいかつ》をしていながらも、この大乗無量義《だいじょうむりょうぎ》の教《おし》えが多《おお》くの人《ひと》びとを救《すく》うものであることを弁《わきま》えて、もしその教《おし》えのとおり行《おこ》なうならば、人《ひと》びとを人生《じんせい》のさまざまな変化《へんか》による苦《くる》しみから救《すく》い出《だ》すことができる

のです。善男子《ぜんなんし》よ。これを、この教《おし》えの第《だい》三の功徳《くどく》不思議《ふしぎ》の力《ちから》と名《な》づけるのです」

〈未《いま》だ自《みずか》ら度《ど》すること能《あた》わざれども、已《すで》に能《よ》く彼《かれ》を度《ど》せん〉……よく記憶《きおく》しておいていただきたい一句《いっく》です。まだ、自分自身《じぶんじしん》すら救《すく》いきれないでいる未熟《みじゅく》な身《み》でも、他《た》の人《ひと》を救《すく》うことができるというのです。なぜそれができるかといえば、つぎに説明《せつめい》してあるように、自分《じぶん》は未熟《みじゅく》でも、教《おし》えがりっぱだからです。

たとえば、病気《びょうき》の渡《わた》し守《も》りがいるとします。手足《てあし》が思《おも》うように動《うご》かないので、船《ふね》をあやつってひとを渡《わた》すことができません。しかし、その船《ふね》がりっぱな船《ふね》で、さおやろなどの道具《どうぐ》もいいのが揃《そろ》っている（彼《かれ》を度《ど》する者《もの》の具《ぐ》を弁《べん》ぜる）ので、向《む》こう岸《ぎし》へ渡《わた》ろうとする人《ひと》にその使《つか》いかたをよく教《おし》えてあげれば、なんとか目的《もくてき》を果《は》たすことができます。この教《おし》えを受持《じゅじ》している人《ひと》は、ちょうどそれとおなじだというのです。

〈五道《どう》〉というのは、前《まえ》に述《の》べた六道《ろくどう》（六趣《ろくしゅ》）のうち、天界《てんかい》を除《のぞ》いた地獄《じごく》・餓《が》鬼《き》・畜生《ちくしょう》・修羅《しゅら》・人間《にんげん》という五つの境界《きょうがい》です。すなわち、怒《いか》り・欲《よく》ばり・本能《ほんのう》のままの行動《こうどう》・争《あらそ》い・および以上《いじょう》の四つをなんとかある程度《ていど》に押《お》さえている状《じょう》態《たい》、この五つの傾向《けいこう》をすべて持《も》っているというのが、〈五道諸有《どうしょう》の身《み》〉です。

〈百八の重病《じゅうびょう》〉とは心《こころ》の病《やま》い、つまり煩悩《ぼんのう》のことです。人間《にんげん》には百八種《しゅ》の煩悩《ぼんのう》があるとされています。除夜《じょや》の鐘《かね》を百八つ打《う》つのは、その煩悩《ぼんのう》をすべて除《のぞ》くためというわけです。

〈恒常《つね》に相纏《あいまと》わされて無明《むみょう》・老《ろう》・死《し》の此《こ》の岸《きし》に安止《あんし》せりと雖《いえど》も〉……凡夫《ぼんぷ》は、いつもその百八の煩悩《ぼんのう》につきまとわれて、無明《むみょう》（無智《むち》・迷《まよ》い）の中《なか》にいるのです。〈老《ろう》・死《し》〉というのは、人生《じんせい》の重大《じゅうだい》な変化《へんか》をこの二つに代表《だいひょう》させてあるわけで、さまざまな境遇《きょうぐう》の変化《へんか》に動揺《どうよう》しつづけている凡夫《ぼんぷ》の境地《きょうち》をいうのです。

そういう迷《まよ》いや境遇《きょうぐう》の変化《へんか》に動揺《どうよう》する状態《じょうたい》にいることを、凡夫《ぼんぷ》の境地《きょうち》のこちら岸《ぎし》（此岸《しがん》）にいるといいます。向《む》こう岸《ぎし》（彼岸《ひがん》）が、悟《さと》りをひらいた世界《せかい》、煩《ぼん》悩《のう》を除《のぞ》き去《さ》った涅槃《ねはん》の境地《きょうち》です。

ところで、自分《じぶん》はまだ悟《さと》りをひらいていなくても、無量義《むりょうぎ》の教《おし》えそのものが不滅《ふめつ》の真理《しんり》でありますから、それを受《う》け売《う》りしただけでも、ひとを悟《さと》らせることができるのです。〈説《せつ》の如《ごと》く行《ぎょう》ずる〉というのは、この場合《ばあい》、《無量義経《むりょうぎきょう》》に説《と》かれてあるとおりそのままひとに説《と》くことで、自分《じぶん》はまだ一部分《いちぶぶん》しか理解《りかい》していないのですから、まあ受《う》け売《う》りみたいなものです。それでさえ、〈生死《しょうじ》を度《ど》する〉すなわち〈境遇《きょうぐう》の変化《へんか》を超越《ちょうえつ》させる〉ことができるというのです。

完全《かんぜん》に悟《さと》った人《ひと》がこの世《よ》にいるか

ここが非常《ひじょう》に大切《たいせつ》な修行《しゅぎょう》のポイントです。自分《じぶん》はまだほんとうに悟《さと》っていないから、ひとに説《と》く資格《しかく》はない……そう考《かんが》えるのは、一応《いちおう》は謙虚《けんきょ》な気持《きもち》で、正《ただ》しいように見《み》えますが、じつは大《おお》きなまちがいをおかしているのです。完全《かんぜん》な悟《さと》りを得《え》た人《ひと》というのは、すでに仏《ほとけ》です。そんな人《ひと》が、いまのこの世《よ》にいるでしょうか。お互《たが》いに、仏《ほとけ》の境地《きょうち》をめざして一心《いっしん》に励《はげ》んではいますけれども、まだまだそこまでは及《およ》びもつきません。もしかりに、完全《かんぜん》な悟《さと》りを得《え》なければひとに説《と》く資格《しかく》がないとしたならば、いったいだれにその資格《しかく》があるのでしょうか。そう考《かんが》えてくると、お互《たが》い未熟《みじゅく》の身《み》でありながら、われわれ自身《じしん》がそれをしなければならないのだということが、ひしひしとわかってくるはずです。自分《じぶん》がやらなければ、だれがやるのだ！　という勇猛心《ゆうもうしん》が湧《わ》きあがってくるはずです。

自分《じぶん》は悟《さと》りきっていなくても、完全《かんぜん》に理解《りかい》してはいなくても、教《おし》えそのものが完全《かんぜん》なのですから、けっして心配《しんぱい》はいりません。一偈《いちげ》を知《し》ったら、その一偈《いちげ》をひとに伝《つた》える。一句《いっく》を知《し》ったらその一句《いっく》をひとに教《おし》える。これが、ほんとうの仏《ほとけ》の弟子《でし》であります。仏《ほとけ》の道《みち》の行者《ぎょうじゃ》であります。つねに〈ひとの幸《しあわ》せ〉を考《かんが》えるのが、仏《ほとけ》の教《おし》えの神髄《しんずい》だからです。

といえば、未熟《みじゆく》なものがひとに説《と》いてあげて、はたして効果《こうか》があるものだろうか……と、心配《しんぱい》になるかもしれません。しかし、それは無用《むよう》な心配《しんぱい》です。何事《なにごと》にしても、あまり完全《かんぜん》に知《し》っている人《ひと》、あまり程度《ていど》の高過《たかす》ぎる人《ひと》は、かえって初心者《しよしんしや》を指導《しどう》するのには向《む》かないことが多《おお》いものです。中《ちゆう》くらいの人《ひと》のほうが、かえって上手《じようず》です。なぜかといえば、初《はじ》めての人《ひと》の理解《りかい》しにくいところや、悟《さと》るのに困難《こんなん》を感《かん》ずるポイントを、まだ生々《なまなま》しい自分《じぶん》の体験《たいけん》に照《て》らし合《あ》わせて、よく知《し》っているからです。

わたしの知人《ちじん》で、かつて進学指導《しんがくしどう》の塾《じゆく》を開《ひら》いていた人《ひと》がありますが、この人《ひと》は学生時代《がくせいじだい》には語学《ごがく》が得意《とくい》で、数学《すうがく》が苦手《にがて》だったそうです。ところが、不思議《ふしぎ》なことに、この人《ひと》が教《おし》えると、どの生徒《せいと》も数学《すうがく》がメキメキ進歩《しんぽ》し、語学《ごがく》はそれほどでもなかったというのです。学生時代《がくせいじだい》に数学《すうがく》でさんざん苦《くる》しんだために、だれにも共通《きょうつう》した解《わか》りにくいところ、苦《くる》しむポイントが、身《み》に沁《し》みていたのです。そのツボを親切《しんせつ》ていねいに教《おし》えたために、みんなよくできるようになったのだそうです。たいへん貴重《きちょう》な経験談《けいけんだん》だと思《おも》います。

教《おし》えるは教《おし》えらるるなり

ところで、ひとの幸《しあわ》せのために、一偈《いちげ》でも一句《いっく》でも説《と》いてあげるということは、たんにひとのためになるばかりではありません。自分《じぶん》のためにも、大《おお》きなはたらきをするのです。

むかしのことばに〈教《おし》えるは教《おし》えらるるなり〉というのがありますが、まことに真実《しんじつ》のことばです。

第《だい》一に、ひとに教《おし》えようとするときは、自然《しぜん》に、もう一度自分《どじぶん》が学《まな》んだことをふりかえり、確《たし》かめてみる気持《きもち》が起《お》こります。いわゆる〈復習《ふくしゅう》〉をすることになります。

第《だい》二に、復習《ふくしゅう》してみると、新《あたら》しい疑問《ぎもん》にぶつかることがあります。そこで、改《あらた》めて研究《けんきゅう》しなおしたり、先生《せんせい》や先輩《せんぱい》の所《ところ》へ行《い》って教《おし》えを乞《こ》うたりします。普《ふ》通《つう》ならば素通《すどお》りしてしまうような大切《たいせつ》なことがらを、教《おし》える気《き》になったばかりに、しっかりと自分《じぶん》のものにすることができます。

第《だい》三に、自分《じぶん》ではよく呑《の》みこんでいると思《おも》われることでも、ひとにそのまま呑《の》みこませることのできないもどかしさを、よく体験《たいけん》します。それは、自分《じぶん》の持《も》っているものが、ただ主観的《しゅかんてき》なものだったり、あるいはなんとなく解《わか》っているといった程度《ていど》の漠然《ばくぜん》たるものだったりで、しっかりした筋道《すじみち》が立《た》っていない証拠《しょうこ》です。教《おし》える立場《たちば》になって、はじめてそのことに気《き》がつくことが多《おお》いもので、そのために改《あらた》めて勉強《べんきょう》したり、もっともっと努力《どりょく》をせざるをえなくなります。

第《だい》四に、教《おし》える立場《たちば》に立《た》つと、強《つよ》い情熱《じょうねつ》が湧《わ》いてきます。〈学《まな》ぶ〉ということは、受《う》け身《み》のはたらきです。消極的《しょうきょくてき》なはたらきです。ですから、いい加減《かげん》な気持《きもち》でもできないことはありません。ところが〈教《おし》える〉ということは、能動《のうどう》的《てき》な、積極的《せっきょくてき》なはたらきです。わからせてあげよう……導《みちび》いてあげよう……という強《つよ》い気持《きもち》がはたらきますから、どうしても情熱《じょうねつ》が湧《わ》いてきます。この情熱《じょうねつ》というものが、信仰《しんこう》のうえに欠《か》くことのできないものであって、ただ〈知《ち》〉のはたらきだけでは宗教《しゅうきょう》とか信仰《しんこう》は成立《せいりつ》しません。〈情《じょう》〉のはたらきが〈知《ち》〉に加《くわ》わってこそ、ほんとうにひとを動《うご》かし世《よ》を動《うご》かすエネルギー〈力《ちから》〉となるのです。教《おし》える立場《たちば》に立《た》つと、この〈情《じょう》〉がひとりでに湧《わ》き上《あ》がってくる……それも大《おお》きな功徳《くどく》です。

要《よう》するに、自覚《じかく》（自《みずか》ら覚《さと》る）と覚他《かくた》（他《た》を覚《さと》らせる）という二つのはたらきは、ニワトリと卵《たまご》のように、親《おや》となり子《こ》となって循環《じゅんかん》するもので、われわれの修行《しゅぎょう》にとって、どれ一つも欠《か》いてはならない大切《たいせつ》な要素《ようそ》であります。そのことを、この段《だん》では強《つよ》く教《おし》えられているのです。

善男子《ぜんなんし》、第《だい》四に是《こ》の経《きょう》の不可思議《ふかしぎ》の功徳力《くどくりき》とは、若《も》し衆生《しゅじょう》あって是《こ》の経《きょう》を聞《き》くことを得《え》て、若《も》しは一転《てん》、若《も》しは一偈乃至《げないし》一句《く》もせば、勇健《ゆうごん》の想《おもい》を得《え》て、未《いま》だ自《みずか》ら度《ど》せずと雖《いえど》も而《しか》も能《よ》く他《た》を度《ど》せん。諸《もろもろ》の菩薩《ぼさつ》と以《もッ》て眷属《けんぞく》と為《な》り、諸《しょ》仏如来《ぶつにょらい》、常《つね》に是《こ》の人《ひと》に向《むか》って而《しか》も法《ほう》を演説《えんぜつ》したまわん。是《こ》の人聞《ひとき》き已《おわ》って悉《ことごと》く能《よ》く受持《じゅじ》し、随順《ずいじゅん》して逆《さから》わじ。転《うた》た復人《またひと》の為《ため》に宜《よろ》しきに随《したが》って広《ひろ》く説《と》かん。

「善男子《ぜんなんし》よ。第《だい》四に、この教《おし》えの不可思議《ふかしぎ》の功徳力《くどくりき》とは、もしある人《ひと》が、この教《おし》えをひととおりでも、あるいは一偈《いちげ》一句《いっく》でも聞《き》いて、それを理解《りかい》したならば、ほんとうの悟《さと》りを得《え》るためにはどんな困難《こんなん》をもおかして進《すす》もうという強《つよ》い心《こころ》が湧《わ》き、そのために、まだ自分《じぶん》は悟《さと》りきっていない身《み》でありながら、ひとを悟《さと》らせてあげることもできましょう。そうして、多《おお》くの菩薩《ぼさつ》たちの仲《なか》間入《まい》りをすることができましょう。もろもろの仏《ほとけ》は、いつもその人《ひと》のほうを向《む》いていてくださり、しかも、その人《ひと》に向《む》かって教《おし》えを説《と》いてくださるようになるでしょう。教《おし》えを聞《き》いたら、すっかり自分《じぶん》の身《み》につけ、そのとおりに行《おこ》なって、まちがうことはありますまい。それどころか、ますますつぎつぎに、多《おお》くの人《ひと》のために、しかも人《ひと》に応《おう》じ場合《ばあい》に応《おう》じた適切《てきせつ》な教《おし》えを、説《と》くことができるようになるでしょう」

〈諸《もろもろ》の菩薩《ぼさつ》と以《もッ》て眷属《けんぞく》と為《な》り〉……ひとを導《みちび》き、ひとを救《すく》うのが菩薩《ぼさつ》の第一《だい》の資格《しかく》なのですから、自分《じぶん》はまだ悟《さと》りきっていなくても、とにかくひとを悟《さと》らせるはたらきをすれば、とりあえず菩薩《ぼさつ》の仲間入《なかまい》りができるわけです。そのことをここに証明《しょうめい》してくださっているのであって、非常《ひじょう》に心強《こころづよ》い一句《いっく》といわなければなりません。

眷属《けんぞく》というのは、厳密《げんみつ》にいえば〈従《したが》い属《ぞく》する者《もの》（たとえば、薬師如来《やくしにょらい》に従《したが》う十二神将《じゅうにしんしょう》、不動明王《ふどうみょうおう》に従《したが》う八大童子《はちだいどうじ》など）〉をいうのですが、ここでは〈仲間《なかま》〉ぐらいの意味《いみ》にとったほうがいいと思《おも》います。

仏《ほとけ》のほうへ向《む》く　〈諸仏如来《しょぶつにょらい》、常《つね》に是《こ》の人《ひと》に向《むか》って、而《しか》も法《ほう》を演説《えんぜつ》したまわん〉……じつに尊《とうと》い功徳《くどく》です。まず、もろもろの仏《ほとけ》が、いつもその人《ひと》のほうを向《む》いてくださるようになるというのですが、これは文章《ぶんしょう》の表現《ひょうげん》の一つのあやであって、じつは、仏《ほとけ》はいつもわれわれのほうを向《む》いておられるのです。それなのに、われわれのほうで、仏《ほとけ》の存在《そんざい》を知《し》らず、あるいはその存在《そんざい》を完全《かんぜん》に悟《さと》っていないために、自分《じぶん》からおしりを向《む》けたり、そっぽを向《む》いたりしているのです。

ところが、無量義《むりょうぎ》の教《おし》えを聞《き》いて仏《ほとけ》の慈悲《じひ》を知《し》り、とにもかくにもひとを導《みちび》くようになると、自分《じぶん》の心《こころ》が正《ただ》しく仏《ほとけ》のほうへ向《む》くようになるのです。そうすると、仏《ほとけ》の光《ひかり》をまともに受《う》けるようになります。仏《ほとけ》の教《おし》えも、じかに心《こころ》に沁《し》み入《い》るようになります。すなわち〈而《しか》も（この人《ひと》に向《むか》って）法《ほう》を演説《えんぜつ》したまわん〉で、仏《ほとけ》が自分《じぶん》と一対一《いったいいち》の差《さ》し向《む》かいで法《ほう》を説《と》いてくださる、そういう実感《じっかん》をまざまざと覚《おぼ》えるようになるのです。じつに有難《ありがた》い境地《きょうち》です。

そういう法悦《ほうえつ》の境地《きょうち》にはいれば、もちろん学《まな》んだ教《おし》えはすべてそっくり心《こころ》に刻《きざ》みこまれ（悉《ことごと》く能《よ》く受持《じゅじ》し）、そのとおりに従《したが》って、背《そむ》くようなことはありえません（随順《ずいじゅん》して逆《さから》わじ）。

そればかりではなく、〈転《うた》た復人《またひと》の為《ため》に宜《よろ》しきに随《したが》って広《ひろ》く説《と》かん〉ということになるのです。〈転《うた》た〉というのは、ある状態《じょうたい》が移《うつ》り進《すす》んでいっそうはなはだしくなる意味《いみ》で、いよいよとか、ますますと訳《やく》したらいいでしょう。法輪《ほうりん》を転《てん》ずるとか、展転《てんでん》とかいう、その〈転《てん》〉の字《じ》には、そういう末《すえ》ひろがりの、発展的《はってんてき》な意味《いみ》があるのです。そこで、〈転《うた》た復人《またひと》の為《ため》に〉……ますますつぎつぎに多《おお》くの人《ひと》のために、〈宜《よろ》しきに随《したが》って広《ひろ》く説《と》かん〉……その人《ひと》その場合《ばあい》に随《したが》って適宜《てきぎ》な教《おし》えかたで、広《ひろ》く説《と》くことでありましょう……ということになります。

善男子《ぜんなんし》、是《こ》の人《ひと》は譬《たと》えば国王《こくおう》と夫人《ぶにん》と、新《あら》たに王子《おうじ》を生《しょう》ぜん。若《も》しは一日《にちも》若しは二日《にちも》若しは七日《にち》に至《いた》り、若《も》しは一月《がつも》若しは二月《がつも》若しは七月《がつ》に至《いた》り、若《も》しは一歳《さいも》若しは二歳《さいも》若しは七歳《さい》に至《いた》り、復国事《またこくじ》を領理《りょうり》すること能《あた》わずと雖《いえど》も已《すで》に臣民《しんみん》に宗敬《しゅうきょう》せられ、諸《もろもろ》の大王《だいおう》の子《こ》を以《もツ》て伴侶《ばんりょ》とせん、王及《おうおよ》び夫人《ぶにん》、愛心偏《あいしんひとえ》に重《おも》くして常《つね》に与《く》みし共《とも》に語《かた》らん。所以《ゆえ》は何《いか》ん、稚小《ちしょう》なるを以《もツ》ての故《ゆえ》にといわんが如《ごと》く、善男子《ぜんなんし》、是《こ》の持経者《じきょうしゃ》も亦復是《またまたかく》の如《ごと》し。諸仏《しょぶつ》の国王《こくおう》と是《こ》の経《きょう》の夫人《ぶにん》と和合《わごう》して、共《とも》に是《こ》の菩薩《ぼさつ》の子《みこ》を生《しょう》ず。若《も》し菩薩《ぼさっこ》是の経《きょう》を聞《き》くことを得《え》て、若《も》しは一句《く》、若《も》しは一偈《げ》、若《も》しは一転《てん》、若《も》しは二転《てん》、若《も》しは十、若《も》しは百、若《も》しは千、若《も》しは万《まん》、若《も》しは億万恒河沙《おくまんごうがしゃ》無量無数転《むりょうむしゅてん》せば、復真理《またしんり》の極《ごく》を体《さと》ること能《あた》わずと雖《いえど》も、復三千大千《またさんだいせん》の国土《こくど》を震動《しんどう》し、雷奮梵音《らいふんぼんのん》をもって大法輪《だいほうりん》を転《てん》ずること能《あた》わずと雖《いえど》も、已《すで》に一切《さい》の四衆《しゅ》・八部《ぶ》に宗《たっと》み仰《あお》がれ、諸《もろもろ》の大菩薩《だいぼさつ》を以《もッ》て眷属《けんぞく》とせん。深《ふか》く諸仏秘密《しょぶつひみつ》の法《ほう》に入《い》って、演説《えんぜつ》する所違《ところたご》うことなく失《とが》なく、常《つね》に諸仏《しょぶつ》に護念《ごねん》し慈愛偏《じあいひとえ》に覆《おお》われん、新学《しんがく》なるを以《もッ》ての故《ゆえ》に。善男《ぜんなん》子《し》、是《こ》れを是《こ》の経《きょう》の第《だい》四の功徳不思議《くどくふしぎ》の力《ちから》と名《なづ》く。

「善男子《ぜんなんし》よ。この人《ひと》は、たとえば国王《こくおう》とその夫人《ふじん》との間《あいだ》に生《う》まれた王子《おうじ》のようなものです。新《あたら》しく生《う》まれたその王子《おうじ》は、一日二日《いちにちふつか》と、また一月二月《ひとつきふたつき》と、そして一歳《さい》二歳《さい》とだんだん育《そだ》っていって、少年期《しょうねんき》にはいります。まだ少年《しょうねん》ですから、国《くに》の政治《せいじ》を扱《あつか》うことはできませんが、早《はや》くも王子《おうじ》として臣民《しんみん》には尊《とうと》び敬《うやま》われ、多《おお》くの大王《だいおう》の王子《おうじ》たちと友《とも》だちになって、対等《たいとう》につきあうようになるでしょう。王《おう》と王妃《おうひ》は、この王子《おうじ》をたいへんかわいがり、いつも傍《そば》にいて、いっしょに話《はなし》をしてくださるでしょう。なぜならば、どんなにりっぱな王子《おうじ》でも、まだまだ小《ちい》さくて幼《おさな》いからです。善男子《ぜんなんし》よ。この教《おし》えを受持《じゅじ》する人《ひと》も、ちょうどこの王子《おうじ》のようなものです。諸仏《しょぶつ》が国王《こくおう》に当《あ》たり、この教《おし》えが王妃《おうひ》に当《あ》たりますが、その間《あいだ》に生《う》まれる王子《おうじ》が菩薩《ぼさつ》なのです。菩薩《ぼさつ》がこの教《おし》えの一句《いっく》でも、一偈《いちげ》でも、一とおりでも聞《き》くことができ、あるいはもっともっと多《おお》くを学《まな》び、しかもそれをくりかえしくりかえし学《まな》ぶならば、よしんばまだ究極《きゅうきょく》の真理《しんり》を悟《さと》ることができないにしても、あるいは、まだこの広《ひろ》い世《よ》の中《なか》の人《ひと》びとをあまねく教化《きょうけ》するまでには至《いた》らないとしても、一切《いっさい》の出家《しゅっけ》・在家《ざいけ》の修行者《しゅぎょうしゃ》はもとより、人間以外《にんげんいがい》の仏教護持《ぶつきょうごじ》の鬼神《きじん》たちにまで尊《とうと》び仰《あお》がれ、多《おお》くの大菩薩《だいぼさつ》たちを仲間《なかま》とすることができるでしょう。もろもろの仏《ほとけ》の悟《さと》られた奥深《おくぶか》い教《おし》えを知《し》り、それをひとに説《と》いても、真実《しんじつ》を誤《あやま》ることがなく、要点《ようてん》を漏《も》らすこともなく、そうして、いつも諸仏《しょぶつ》の慈愛《じあい》によって手厚《てあつ》く護《まも》られることでしょう。新《あたら》しく菩薩《ぼさつ》の道《みち》にはいったばかりですから、諸仏《しょぶつ》は特《とく》にこうして慈悲《じひ》をかけてくださるのです。善男子《ぜんなんし》よ。これが、この教《おし》えの第《だい》四の功徳不思議《くどくふしぎ》の力《ちから》なのです」

王子《おうじ》は、まだ、小《ちい》さな子《こ》どもなのに、なぜ臣民《しんみん》たちに尊《とうと》び敬《うやま》われるかといいますと、すぐれた王《おう》と王妃《おうひ》の子《こ》どもだからです。このことでは何《なに》が譬《たと》えられているのかといいますと、それは〈仏性《ぶっしょう》〉にほかなりません。われわれは、だれでも、この仏性《ぶっしょう》という尊《とうと》いものを先天的《せんてんてき》に具《そな》えているのであって、仏《ほとけ》の前《まえ》ではわれわれすべてが王子《おうじ》（仏子《ぶっし》）なのです。これがこの段《だん》の第《だい》一の要点《ようてん》です。

ところが、生《う》まれたばかりの王子《おうじ》、すなわち菩薩《ぼさつ》の道《みち》にはいったばかりの信《しん》仰者《こうしゃ》は、まだまだ修行《しゅぎょう》もできていないし、悟《さと》りの程度《ていど》も低《ひく》いのです。そこで、諸仏《しょぶつ》はいつもそばについていてくださり、ひたすら愛護《あいご》することによって、その仏性《ぶっしょう》の顕現《けんげん》を助《たす》けてくださるわけです。これがこの段《だん》の第《だい》二の要点《ようてん》です。

以上《いじょう》の二つの要点《ようてん》さえわかれば、この段《だん》に説《と》かれていることは、すべて自然《しぜん》と理解《りかい》されることと思《おも》います。

〈常《つね》に与《く》みし共《とも》に語《かた》らん〉……いつもいっしょにいて、いっしょに話《はなし》をしてくださるだろうという意味《いみ》で、王子《おうじ》がまだ小《ちい》さいので、国王《こくおう》と王妃《おうひ》が片時《かたとき》も目《め》を離《はな》さないで愛育《あいいく》される様子《ようす》をいってあるのですが、それはとりもなおさず、新《しん》発意《ぼっち》の信仰者《しんこうしゃ》に対《たい》しては、諸仏《しょぶつ》が特《とく》に目《め》をかけて、いつもそばについていてくださるということにほかなりません。そのことを静《しず》かに心《こころ》の奥深《おくぶか》くかみしめるとき、なんともいえない有難《ありがた》さを覚《おぼ》えずにはいられません。

〈若《も》しは一転《てん》、若《も》しは二転《てん》……若《も》しは億万恒河沙無量無数転《おくまんごうがしゃむりょうむしゅてん》せば〉……教《おし》えは、ただひととおり聞《き》いただけでなく、くりかえしくりかえし学《まな》ばなければなりません。それも、二回目《かいめ》は一回目《かいめ》よりも深《ふか》く、三回目《かいめ》は二回目《かいめ》よりさらに深《ふか》くはいるという気持《きもち》をもって、学《まな》ぶことが必要《ひつよう》です。こういうふうにくりかえしくりかえし学《まな》んでゆけば、自然《しぜん》とその教《おし》えが身《み》にも心《こころ》にも沁《し》みついてゆくのです。ですから、よしんば究極《きゆうきよく》の真理《しんり》を悟《さと》るまでにはいたっていなくても、菩《ぼ》薩《さつ》の徳《とく》が身《み》に具《そな》わってくるわけです。

〈三千大千《だい》の国土《こくど》を震動《しんどう》し〉……広《ひろ》いこの世界《せかい》のすみずみまで震《ふる》い動《うご》かすほどの強《つよ》い力《ちから》で教化《きようけ》するという意味《いみ》。

〈雷奮梵音《らいふんぼんのん》をもって大法輪《だいほうりん》を転《てん》ずる〉……雷《かみなり》の音《おと》が八方《はつぽう》にうち震《ふる》うように、清《きよ》らかな声《こえ》（梵音《ぼんのん》）をもって尊《とうと》い教《おし》えを説《と》きひろめるという意味《いみ》。

〈四衆《しゆ》・八部《ぶ》〉……四《し》衆《しゆ》とは、比丘《びく》・比丘尼《びくに》・優婆塞《うばそく》・優婆夷《うばい》、すなわち出家《しゆつけ》・在家《ざいけ》の仏道修行者《ぶつどうしゆぎようしや》。八部《はちぶ》とは、天《てん》・竜《りゆう》・夜叉《やしや》・乾闥婆《けんだつば》・阿修羅《あしゆら》・迦楼羅《かるら》・緊《きん》那羅《なら》・摩睺羅伽《まごらが》、すなわち人間以外《にんげんいがい》のもので、仏教《ぶつきよう》を護持《ごじ》するものです。無量《むりよう》義《ぎ》の教《おし》えをくりかえしくりかえし学《まな》ぶものは、このようなありとあらゆる仏道《ぶつどう》修行者《しゅぎょうしゃ》や仏教護持者《ぶっきょうごじしゃ》に尊敬《そんけい》されるようになり、また多《おお》くの大菩薩《だいぼさつ》を眷属《けんぞく》とすることができるというのです。

〈諸仏秘密《しょぶつひみつ》の法《ほう》に入《い》って〉……秘密《ひみつ》というのは、奥深《おくぶか》くて容易《ようい》に知《し》ることのできないという意味《いみ》ですから、つまり、自分《じぶん》ではまだ究極《きゅうきょく》の真理《しんり》は悟《さと》っていないと思《おも》っていても、じつは、もろもろの仏《ほとけ》の教《おし》えの奥義《おくぎ》にまで深《ふか》く立《た》ち入《い》っているのだというのです。

そうして、〈演説《えんぜつ》する所違《ところたご》うことなく失《とが》なく〉、すなわち、その教《おし》えをひとに説《と》いても、教《おし》えの本筋《ほんすじ》を違《ちが》えることもなければ、要点《ようてん》を漏《も》らすこともありません。

しかも、いつも諸仏《しょぶつ》に護念《ごねん》されるというのです。〈護念《ごねん》〉の護《ご》は守護《しゅご》の護《ご》、念《ねん》は憶念《おくねん》の念《ねん》、そこで護念《ごねん》というのは、仏《ほとけ》さまがいつも守《まも》ってくださり、心《こころ》に思《おも》っていてくださるということです。そして、〈慈愛偏《じあいひとえ》に覆《おお》われん〉、仏《ほとけ》さまの慈愛《じあい》の衣《ころも》にいつも覆《おお》われているだろうというのです。

なぜ、仏《ほとけ》さまが特《とく》にそのように可愛《かわい》がり、守《まも》ってくださるのかといえば、仏《ぶつ》道修行者《どうしゅぎょうしゃ》としてはまだ学《まな》び初《はじ》め（新学《しんがく》）で、いわば子《こ》どもみたいなものだから、そのようにいたわってくださるのだ……というのです。

善男子《ぜんなんし》、第《だい》五に是《こ》の経《きょう》の不可思議《ふかしぎ》の功徳力《くどくりき》とは、若《も》し善男子《ぜんなんし》・善女人《ぜんにょにん》、若《も》しは仏《ほとけ》の在世《ざいせ》若《も》しは滅度《めつど》の後《のち》に、其《そ》れ是《かく》の如《ごと》き甚深無上大乗無量義経《じんじんむじょうだいじょうむりょうぎきょう》を受持《じゅじ》し読誦《どくじゅ》し書写《しょしゃ》することあらん。是《こ》の人復具縛《ひとまたぐばく》煩悩《ぼんのう》にして、未《いま》だ諸《もろもろ》の凡夫《ぼんぶ》の事《じ》を遠離《おんり》すること能《あた》わずと雖《いえど》も、而《しか》も能《よ》く大菩薩《だいぼさつ》の道《どう》を示現《じげん》し、一日《にち》を演《の》べて以《もッ》て百劫《こう》と為《な》し、百劫《こう》を亦能《またよ》く促《ちぢ》めて一日《にち》と為《な》して、彼《か》の衆生《しゅじょう》をして歓喜《かんぎ》し信《しん》伏《ぶく》せしめん。善男子《ぜんなんし》、是《こ》の善男子《ぜんなんし》・善女人《ぜんにょにん》、譬《たと》えば竜子始《りゅうしはじ》めて生《うま》れて七日《にち》に、即《すなわ》ち能《よ》く雲《くも》を興《おこ》し亦能《またよ》く雨《あめ》を降《ふ》らすが如《ごと》し。善男子《ぜんなんし》、是《こ》れを是《こ》の経《きょう》の第《だい》五の功徳不思議《くどくふしぎ》の力《ちから》と名《なづ》く。

「善男子《ぜんなんし》よ。第《だい》五にこの教《おし》えの不可思議《ふかしぎ》の功徳力《くどくりき》とは、心根《こころね》のよい男女《だんじょ》の信《しん》仰者《こうしゃ》が、仏《ほとけ》の在世中《ざいせちゅう》でもいい、滅度《めつど》の後《のち》でもいい、この奥深《おくぶか》い無量義《むりょうぎ》の教《おし》えを受持《じゅじ》し、読誦《どくじゅ》し、書写《しょしゃ》するならば、その人《ひと》がまだ煩悩《ぼんのう》に縛《しば》られている身《み》で、いろいろな凡夫《ぼんぷ》の行為《こうい》から離《はな》れきれない境界《きょうがい》にいようとも、しかもよく大菩薩《だいぼさつ》と同《おな》じような行《おこ》ないを実現《じつげん》することができ、一日《にち》を数万年《すうまんねん》に延《の》ばし、あるいは数万年《すうまんねん》を一日《にち》に縮《ちぢ》めるような力《ちから》を発揮《はつき》して、多《おお》くの人《ひと》びとの心《こころ》に、仏《ほとけ》の教《おし》えを受《う》ける喜《よろこ》びをよび起《お》こし、その教《おし》えに心《こころ》から従《したが》うように導《みちび》くことができましょう。善男子《ぜんなんし》よ、このことは、たとえば竜《りゅう》の子《こ》が生《う》まれてまだ七《なぬ》日《か》しかたたないのに、よく雲《くも》を起《お》こし雨《あめ》を降《ふ》らせることができるのと同《おな》じであります。これが、この教《おし》えの第《だい》五の功徳不思議《くどくふしぎ》の力《ちから》であります」

〈受持《じゅじ》し読誦《どくじゅ》し書写《しょしゃ》することあらん〉……これは、仏《ほとけ》の教《おし》えを学《まな》ぶ大切《たいせつ》な要目《ようもく》です。

〈受持《じゅじ》〉というのは、教《おし》えを深《ふか》く信《しん》じ（受《じゅ》）、その信仰《しんこう》を固《かた》く持《も》ちつづけること（持《じ》）です。いうまでもなく、第《だい》一の根本的《こんぽんてき》な要目《ようもく》で、これがなくては信仰《しんこう》は成《な》り立《た》ちません。

その信仰《しんこう》を成長《せいちょう》させるいろいろな行《ぎょう》がありますが、まず〈読《どく》〉ということが挙《あ》げられます。

読《どく》　経典《きょうでん》を読《よ》むことです。声《こえ》を出《だ》して読《よ》むのも、黙《だま》って読《よ》むのも、ひとの読《よ》むのを一心《いっしん》に聞《き》くのも、このうちにはいります。

つぎに〈誦《じゅ》〉という行《ぎょう》があります。誦《じゅ》とは〈そらんじる〉ということです。

誦《じゅ》　覚《おぼ》えた文句《もんく》を口《くち》に出《だ》してくりかえしてみるのもそうですし、習《なら》った教《おし》えの意味《いみ》を心《こころ》の中《なか》でくりかえしてみるのもそうです。とにかく、何《なに》も見《み》ないで、そらでくりかえすことであって、それによって、教《おし》えが心《こころ》にしっかりと植《う》えつけられるのです。

書《しょ》　写《しゃ》

〈書写《しょしゃ》〉というのは、書《か》き写《うつ》すことですが、これには二通《ふたとお》りの意義《いぎ》があります。一つは教《おし》えをひろめるため、一つは自分《じぶん》の理解《りかい》と信仰《しんこう》を深《ふか》めるためです。この経典《きょうでん》が出来《でき》たころはまだ印刷術《いんさつじゅつ》というものがありませんでしたから、お経《きょう》を書《か》き写《うつ》さなければ、世《よ》にひろめることはできませんでした。だから、書写《しょしゃ》ということが非常《ひじょう》に大切《たいせつ》な行《ぎょう》だったわけです。

しかし、書写《しょしゃ》の大切《たいせつ》なことはそのためばかりでなく、心静《こころしず》かに一字《いちじ》一字《いちじ》お経《きょう》をていねいに書《か》き写《うつ》すことによって、その精神《せいしん》を自分《じぶん》の全身全霊《ぜんしんぜんれい》に沁《し》みとおらせ、しっかり植《う》えつけることができますから、その意味《いみ》の写経《しゃきょう》も、今日《こんにち》のような時代《じだい》にあってもやはり重要《じゅうよう》なのです。いや、かえって現代《げんだい》のような、すべてが便利《べんり》に、他力《たりき》でできるような時勢《じせい》にこそ、その必要性《ひつようせい》が大《おお》きくなったといえるかもしれません。

この〈受持《じゅじ》〉〈読《どく》〉〈誦《じゅ》〉〈書写《しょしゃ》〉に〈解説《げせつ》（ひとにむかって説《と》く）〉の五つを〈五種法師《ごしゅほっし》〉といって、仏《ほとけ》の教《おし》えをひろめるものの大切《たいせつ》な行《ぎょう》とされているのですが、前《まえ》の四つの行《ぎょう》を一心《いっしん》に実践《じっせん》する人《ひと》は、自然《しぜん》に、ひとにむかっても解説《げせつ》し、教化《きょうけ》することができるようになるもので、ここの後段《こうだん》にもそのことが述《の》べられています。

すなわち、〈具縛煩悩《ぐばくぼんのう》〉……煩悩《ぼんのう》に縛《しば》られている身《み》で、〈未《いま》だ諸《もろもろ》の凡夫《ぼんぶ》の事《じ》を遠離《おんり》すること能《あた》わずと雖《いえど》も〉……凡夫《ぼんぷ》としてのさまざまなつまらない行《おこ》ないからすっかりは離《はな》れきれないでいる身《み》でありながら、しかもよく〈大菩薩《だいぼさつ》の道《どう》を示現《じげん》し〉……すなわち、仏《ほとけ》の教《おし》えを説《と》き、ひとを教化《きょうけ》して救《すく》いの道《みち》へ導《みちび》くという大菩薩《だいぼさつ》と同様《どうよう》の行《おこ》ないを実現《じつげん》することができるというのです。

この〈示現《じげん》し〉というのは、なかなか微妙《びみょう》なことばです。まだ、この人《ひと》は悟《さと》りきってもいなければ、大菩薩《だいぼさつ》でもありません。それなのに、説《と》く教《おし》えがりっぱなので、大菩薩《だいぼさつ》と同《おな》じようなはたらきを現《あら》わすことができるというのです。自分《じぶん》にはまだ自信《じしん》があるわけではないけれども、結果《けっか》のほうでちゃんと自動的《じどうてき》に現《あら》われてくれる……という意味《いみ》が、このことばにこめられているわけです。そういう微妙《びみょう》なところを、読《よ》みとらなければなりません。

〈一日《にち》を演《の》べて以《もッ》て百劫《こう》と為《な》し、百劫《こう》を亦能《またよ》く促《ちぢ》めて一日《にち》と為《な》して〉というのは、まるで魔術《まじゅつ》のようなことに見《み》えますが、けっしてそうではありません。時間《じかん》というものは相対的《そうたいてき》なものであって、なにものにも影響《えいきょう》されずにつねに同《おな》じ早《はや》さで経過《けいか》するものではありません。物理学的《ぶつりがくてき》にもそうなのですが、精神的《せいしんてき》に見《み》ればなおさらそうで、たしかに数万年《すうまんねん》を一日《にち》に縮《ちぢ》めることもでき、一日《にち》を数《すう》万年《まんねん》に延《の》ばすこともできます。われわれが、心《こころ》の中《なか》に永遠《えいえん》を思《おも》えば、一瞬《いっしゅん》が永《えい》遠《えん》の長《なが》さになります。永遠《えいえん》が一瞬《いっしゅん》の中《なか》におさまります。

ひとに仏《ほとけ》の教《おし》えを説《と》いてあげるときも、それと同《おな》じようなはたらきが現出《げんしゅつ》するのです。教《おし》えを聞《き》いて、なるほどと深《ふか》く感動《かんどう》した人《ひと》にとっては、その一日《にち》が何万年分《なんまんねんぶん》の修行《しゅぎょう》にあたいするでしょうし、また何万年分《なんまんねんぶん》もの修行《しゅぎょう》の成果《せいか》も、一日《にち》にして悟《さと》ることもできるわけです。これが、仏《ほとけ》の教《おし》えの尊《とうと》さです。

そういう尊《とうと》い教《おし》えに触《ふ》れることのできた人《ひと》は、心《こころ》の底《そこ》にいいしれぬ喜《よろこ》びを覚《おぼ》え、心《こころ》からその教《おし》えに服《ふく》するようになるのです。それが〈彼《か》の衆生《しゅじょう》をして歓喜《かんぎ》し信伏《しんぶく》せしめん〉です。

善男子《ぜんなんし》、第《だい》六に是《こ》の経《きょう》の不可思議《ふかしぎ》の功徳力《くどくりき》とは、若《も》し善男子《ぜんなんし》・善女人《ぜんにょにん》、若《も》しは仏《ほとけ》の在世《ざいせ》若《も》しは滅度《めつど》の後《のち》に、是《こ》の経典《きょうでん》を受持《じゅじ》し読誦《どくじゅ》せん者《もの》は、煩悩《ぼんのう》を具《ぐ》せりと雖《いえど》も、而《しか》も衆生《しゅじょう》の為《ため》に法《ほう》を説《と》いて、煩悩生死《ぼんのうしょうじ》を遠離《おんり》し一切《さい》の苦《く》を断《だん》ずることを得《え》せしめん。衆生《しゅじょう》聞《き》き已《おわ》って修行《しゅぎょう》して得法《とくほう》・得果《とっか》・得道《とくどう》すること、仏《ほとけ》如来《にょらい》と等《ひと》しくして差別《しゃべつ》なけん。

「善男子《ぜんなんし》よ。第《だい》六に、この教《おし》えの不可思議《ふかしぎ》の功徳力《くどくりき》とは、心根《こころね》のよい人《ひと》びとが、わたしの在世中《ざいせちゅう》でもいい、滅度《めつど》の後《のち》でもいい、この教《おし》えを受持《じゅじ》し、読誦《どくじゅ》するならば、たとえその人自身《ひとじしん》が煩悩《ぼんのう》を持《も》つ身《み》であろうとも、多《おお》くの人《ひと》びとのために教《おし》えを説《と》いて、その人《ひと》たちを、煩悩《ぼんのう》や境遇《きょうぐう》の変化《へんか》に動揺《どうよう》する凡夫《ぼんぷ》の境地《きょうち》からすっかり離《はな》れさせ、また、すべての人生苦《じんせいく》を断《た》ちきってあげることができましょう。その人《ひと》びとも、この教《おし》えを学《まな》んで、一心《いっしん》に修行《しゅぎょう》したならば、その悟《さと》りうる真理《しんり》や、信仰《しんこう》の結果《けつか》や、達《たっ》しうる仏道《ぶつどう》の境地《きょうち》は、仏《ほとけ》とちがいのないところまで至《いた》ることでありましょう」

この節《せつ》にも、たとえ修行《しゅぎょう》の完成《かんせい》した人《ひと》でなくても、真実《しんじつ》の法《ほう》を説《と》きさえすれば、多《おお》くの人《ひと》びとをその法《ほう》に目覚《めざ》めさせることができる……ということを強調《きょうちょう》してあります。それは、たとえば、つぎに述《の》べる王子《おうじ》のはたらきのようなものだというのです。

譬《たと》えば王子《おうじ》復稚小《またちしょう》なりと雖《いえど》も、若《も》し王《おう》の巡遊《じゅんゆう》し及《およ》び疾病《しつびょう》するに、是《こ》の王子《おうじ》に委《まか》せて国事《こくじ》を領理《りょうり》せしむ。王子《おうじ》是《こ》の時《とき》大王《だいおう》の命《めい》に依《よ》って、法《ほう》の如《ごと》く群僚《ぐんりょう》百官《かん》を教令《きょうりょう》し正化《しょうけ》を宣流《せんる》するに、国土《こくど》の人民《にんみん》各《おのおの》其《その》の要《よう》に随《したが》って、大王《だいおう》の治《じ》するが如《ごと》く等《ひと》しくして異《こと》なることあることなきが如《ごと》く、持経《じきょう》の善男子《ぜんなんし》・善女人《ぜんにょにん》も亦《また》復是《またかく》の如《ごと》し。若《も》しは仏《ほとけ》の在世《ざいせ》若《も》しは滅度《めつど》の後《のち》、是《こ》の善男子《ぜんなんし》未《いま》だ初不動地《しょふどうち》に住《じゅう》することを得《え》ずと雖《いえど》も、仏《ほとけ》の是《かく》の如《ごと》く教法《きょうぼう》を用説《ゆうせつ》したもうに依《よ》って而《しか》も之《これ》を敷演《ふえん》せんに、衆生《しゅじょう》聞《き》き已《おわ》って一心《しん》に修行《しゅぎょう》せば、煩悩《ぼんのう》を断除《だんじょ》し得法《とくほう》・得果《とッか》・乃《ない》至得道《しとくどう》せん。善男子《ぜんなんし》、是《こ》れを是《こ》の経《きょう》の第《だい》六の功徳不思議《くどくふしぎ》の力《ちから》と名《なづ》く。

「たとえば、王子《おうじ》がまだ幼《おさな》い身《み》であっても、もし大王《だいおう》が国中《くにじゅう》を巡遊《じゅんゆう》して不在《ふざい》だったり、あるいは病気《びょうき》で閉《と》じこもっていなければならないとき、王子《おうじ》に国《くに》の政治《せいじ》の事務《じむ》を委《まか》せて処理《しょり》させることがあるでしょう。そのとき王子《おうじ》は、大《だい》王《おう》のいいつけによって、国法《こくほう》に定《さだ》められたとおり、おおぜいの大臣《だいじん》や役人《やくにん》たちを動《うご》かして、正《ただ》しく人民《じんみん》を導《みちび》き育《そだ》てる方策《ほうさく》を流《なが》させれば、国中《くにじゅう》の人民《じんみん》たちはそれぞれその旨《むね》に従《したが》いますから、大王《だいおう》が政治《せいじ》を行《おこ》なうのとすこしも変《か》わりがありません。この教《おし》えを受持《じゅじ》する信仰者《しんこうしゃ》も、それとおんなじで、仏《ほとけ》の在世《ざいせ》中《ちゅう》でもいい、滅度《めつど》の後《のち》でもいい、たとえその人《ひと》がまだ菩薩《ぼさつ》の第《だい》八の段階《だんかい》である不動地《ふどうち》に達《たつ》していなくても、仏《ほとけ》が教《おし》えを説《と》いたその精神《せいしん》をおしひろめて説《と》き、それを聞《き》いた人《ひと》びとが一心《いっしん》に修行《しゅぎょう》したならば、よく煩悩《ぼんのう》を除《のぞ》き去《さ》り、ほんとうの信仰《しんこう》を得《え》、信仰《しんこう》のさまざまな結果《けつか》を身《み》につけ、あるいは菩提《ぼだい》の道《みち》を悟《さと》るでありましょう。善男子《ぜんなんし》よ、これがこの教《おし》えの第《だい》六の功徳《くどく》不思議《ふしぎ》の力《ちから》であります」

これも、じつにたくみな譬《たと》えであります。たとえ王子《おうじ》（信仰者《しんこうしゃ》）がまだ小《ち》さくても、正《ただ》しい国法《こくほう》（教《おし》え）によって、そのとおりに多《おお》くの家来《けらい》たちを動《うご》かせば、りっぱに大王《だいおう》（仏《ほとけ》）の代理《だいり》ができるわけです。

〈法《ほう》の如《ごと》く群僚《ぐんりよう》百官《かん》を教令《きようりよう》し〉……定《さだ》められた法令《ほうれい》のとおり、多《おお》くの閣僚《かくりよう》や官《かん》吏《り》たちに命令《めいれい》して……という意味《いみ》。

〈正化《しようけ》を宣流《せんる》するに〉……化《け》というのは〈人民《じんみん》を化育《かいく》する〉ことで、たんに生《せい》活《かつ》を幸《しあわ》せにするだけでなく、正《ただ》しい道《みち》を教《おし》え、りっぱな人間《にんげん》に育《そだ》ててあげるのが、ほんとうの政治《せいじ》です。宣流《せんる》というのは、命令《めいれい》や教《おし》えを宣告《せんこく》し、流布《るふ》することです。

〈其《そ》の要《よう》に随《した》がって〉……要《よう》というのは要旨《ようし》ということ。人民《じんみん》は、その宣告《せんこく》や教《おし》えの要旨《ようし》に従《したが》って行動《こうどう》しますから、正《ただ》しく導《みちび》かれ、育《そだ》てられてゆくわけです。〈初不動地《しょふどうち》〉というのは、まえ（二八五ページ）にも説明《せつめい》しましたが、〈無相《むそう》ということを完全《かんぜん》に理解《りかい》し、そのため自由自在《じゆうじざい》に人《ひと》を導《みちび》けるようになって、仏《ほとけ》の境界《きょうがい》に達《たっ》する資格《しかく》が不動《ふどう》になった境地《きょうち》〉で、菩薩《ぼさつ》の第八地《だいじ》とされていますから、そろそろ仏《ほとけ》に近《ちか》くなった境地《きょうち》です。

こういうところまで達《たっ》するのは、なかなか容易《ようい》なことではありませんが、しかしそこまで達《たっ》していなくても、教《おし》えの取《と》り次《つ》ぎ役《やく》はできるのです。そこが正法《しょうぼう》の有難《ありがた》さです。しかも、現代《げんだい》においては、文書《ぶんしょ》というものがあって、誤《あやま》りなく法《ほう》を伝《つた》えてくれますから、取《と》り次《つ》ぎ役《やく》はずっとやさしくなってきました。ですから、この段《だん》で説《と》かれていることは、現代《げんだい》にいたってますます生《い》きてきたわけです。自分《じぶん》はまだひとに説《と》くほど信解《しんげ》が深《ふか》まっていなくても、真実《しんじつ》の法《ほう》を述《の》べた本《ほん》をひとに紹介《しょうかい》し、すすめるだけでも、大《おお》きな功徳《くどく》を積《つ》むことができるのです。

〈仏《ほとけ》の是《かく》の如《ごと》く教法《きょうぼう》を用説《ゆうせつ》したもうに依《よ》って而《しか》も之《これ》を敷演《ふえん》せんに〉……仏《ほとけ》が衆生《しゅじょう》を教化《きょうけ》されるのには、いろいろな方法《ほうほう》を用《もち》いられるのですが、この無量義《むりょうぎ》という教《おし》えを用《もち》いて説《と》かれるのも、衆生《しゅじょう》を救《すく》う深《ふか》いみ心《こころ》から出《で》たのですから、この教《おし》えを多《おお》くの人《ひと》びとにわかりやすいように、ことばや内容《ないよう》をさらにおしひろめて（敷演《ふえん》して）説《と》くのは、仏《ほとけ》のみ心《こころ》にそのまま従《したが》うことになります。ですから、それを聞《き》く人《ひと》びとも、大《おお》きな結果《けっか》を得《え》ることができるのです。

善男子《ぜんなんし》、第七《だいし》に是《こ》の経《きょう》の不可思議《ふかしぎ》の功徳力《くどくりき》とは、若《も》し善男子《ぜんなんし》・善女人《ぜんにょにん》、仏《ほとけ》の在世《ざいせ》若《も》しは滅度《めつど》の後《のち》に於《おい》て、是《こ》の経《きょう》を聞《き》くことを得《え》て、歓喜《かんぎ》し信楽《しんぎょう》し希有《けう》の心《こころ》を生《しょう》じ、受持《じゅじ》し読誦《どくじゅ》し書写《しょしゃ》し解説《げせつ》し説《せつ》の如《ごと》く修行《しゅぎょう》し、菩提心《ぼだいしん》を発《おこ》し、諸《もろもろ》の善根《ぜんごん》を起《おこ》し、大悲《だいひ》の意《こころ》を興《おこ》して、一切《さい》の苦悩《くのう》の衆生《しゅじょう》を度《ど》せんと欲《ほッ》せば、未《いま》だ六波羅蜜《はらみつ》を修行《しゅぎょう》することを得《え》ずと雖《いえど》も、六波羅蜜《はらみつじ》自然《ねん》に在前《ざいぜん》し、即《すなわ》ち是《こ》の身《み》に於《おい》て無生法忍《むしょうぼうにん》を得《え》、生死《しょうじ》・煩悩《ぼんのう》一時《じ》に断壊《だんね》して、菩薩《ぼさつ》の第《だい》七の地《ぢ》に昇《のぼ》らん。

「善男子《ぜんなんし》よ。第《だい》七にこの教《おし》えの不可思議《ふかしぎ》の功徳力《くどくりき》とは、もし心根《こころね》のよい人《ひと》びとが仏《ほとけ》の在世中《ざいせちゅう》でも滅度《めつど》の後《のち》でもよい、この教《おし》えを聞《き》いて、心《こころ》に喜《よろこ》びを覚《おぼ》え、さらに強《つよ》く教《おし》えを信《しん》じ求《もと》める心《こころ》を起《お》こし、有難《ありがた》いと思《おも》う心《こころ》を深《ふか》くし、そしてしっかりとこの教《おし》えを受持《じゅじ》し、読誦《どくじゅ》し、書写《しょしゃ》し、ひとに説《と》き、また教《おし》えのとおり修行《しゅぎょう》し、その結果《けつか》最高無上《さいこうむじょう》の悟《さと》りを得《え》たいという決意《けつい》を持《も》つようになり、いろいろな善行《ぜんこう》の根本《こんぽん》となる徳《とく》をだんだんと具《そな》えるようになり、それが深《ふか》まって、ひとの不幸《ふこう》を除《のぞ》こうという心《こころ》を起《お》こし、苦《くる》しみ悩《なや》んでいる一切《いっさい》の人《ひと》びとを教化《きょうけ》しようと、心《こころ》から願《ねが》うようになれば、まだ六波羅蜜《ろくはらみつ》のすべてを完全《かんぜん》に修行《しゅぎょう》していなくても、自然《しぜん》とそれが完成《かんせい》した状態《じょうたい》になり、この娑婆《しゃば》世界《せかい》に生活《せいかつ》している身《み》でありながら、人生《じんせい》のあらゆる変化《へんか》から超越《ちょうえつ》した心境《しんきょう》を得《え》、境遇《きょうぐう》の移《うつ》り変《か》わりにひきずられる心《こころ》も、目《め》の前《まえ》の現象《げんしょう》に苦《くる》しみ悩《なや》む迷《まよ》いの心《こころ》も、一時《いちじ》に断《た》ち切《き》られてしまい、菩薩《ぼさつ》としての第《だい》七の段階《だんかい》、すなわち自他《じた》の間《あいだ》に差別《さべつ》を感《かん》じなくなる境地《きょうち》にまで、達《たつ》することができましょう」

この節《せつ》で大切《たいせつ》なことは、信仰《しんこう》にはいってから、それをだんだんに深《ふか》くしてゆく過程《かてい》が、まざまざと描《えが》き出《だ》されていることです。教《おし》えにはいって悟《さと》りを開《ひら》いてゆく順序《じゅんじょ》というものは、人《ひと》によっていろいろと違《ちが》いがあるものですけれども、ここに述《の》べられている過程《かてい》が、信仰《しんこう》をいちばんしっかりと築《きず》きあげてゆく筋道《すじみち》でありましょう。いわば、標準的《ひょうじゅんてき》な筋道《すじみち》です。ここのところは、そういう心《こころ》づもりで学《まな》んでゆくべきだと思《おも》います。

歓《かん》　喜《ぎ》

まず第一《だい》に、教《おし》えを聞《き》いて〈歓喜《かんぎ》〉するとあります。心《こころ》に喜《よろこ》びを覚《おぼ》えるのです。喜《よろこ》びにもピンからキリまでありまして、一時的《いちじてき》な喜《よろこ》びと、長《なが》く残《のこ》る喜《よろこ》びがあります。たとえば、ひとからお菓子《かし》をもらって喜《よろこ》んだとしましょう。その喜《よろこ》びが、お菓子《かし》そのものに対《たい》するものだったら、食《た》べてしまえばそれでおしまいです。はかない喜《よろこ》びです。ところが、相手《あいて》の好意《こうい》に対《たい》する喜《よろこ》びだったら、食《た》べてしまったあとまで残《のこ》ります。

これは身近《みぢか》な例《れい》を挙《あ》げたまでですが、ほんとうの喜《よろこ》びというものは、〈心対《こころたい》心《こころ》〉でひき起《お》こされた喜《よろこ》びだということができます。その中《なか》でもいちばん大《おお》きなものは、素晴《すば》らしい教《おし》えを聞《き》いたときの喜《よろこ》びでありましょう。その魂《たましい》の震《ふる》えるような歓喜《かんぎ》、それを〈法悦《ほうえつ》〉というのですが、この法悦《ほうえつ》こそ、人間《にんげん》が感《かん》じうる最大最高《さいだいさいこう》の喜《よろこ》びといわなければなりません。

こうして、法《ほう》を聞《き》いて心《こころ》から歓喜《かんぎ》すれば、その教《おし》えに対《たい》する信頼感《しんらいかん》が起《お》こり、もっともっと多《おお》く聞《き》きたい、もっともっと深《ふか》く学《まな》びたいと願《ねが》う心《こころ》が湧《わ》いてくるのが自然《しぜん》の成《な》り行《ゆ》きです。こういう心《こころ》を〈信楽《しんぎょう》〉といいます。信《しん》は信頼《しんらい》する、すなわち、信《しん》じて頼《たの》みとすることです。自分《じぶん》の心《こころ》の支《ささ》えとなる感《かん》じを覚《おぼ》えることです。楽《ぎょう》は、訓《くん》では楽《ねが》うと読《よ》み、〈好《この》んで願《ねが》う〉という意味《いみ》です。心《こころ》の底《そこ》から願《ねが》い求《もと》める気持《きもち》をいうのです。こういう気持《きもち》が湧《わ》いてきてこそ、ほんとうに信仰《しんこう》にはいったといいうるのです。

希有《けう》の心《こころ》

つぎに、〈希有《けう》の心《こころ》を生《しょう》じ〉とあります。〈希有《けう》〉というのは、〈めったにない〉、すなわち〈有《あ》ることが難《かた》い＝有難《ありがた》い〉ということです。こういう教《おし》えに会《あ》うというのは、めったに有《あ》り得《え》ないことだ。そのめったに有《あ》り得《え》ないことにめぐり会《あ》ったとは、なんという幸《しあわ》せであろう……と感《かん》ずる心《こころ》が、〈有難《ありがた》い〉ということばの起《お》こりであり、その真意《しんい》です。ですから、希《け》有《う》の心《こころ》を生《しょう》ずるというのは、めったに有《あ》り得《え》ないその教《おし》えの価値《かち》の高《たか》さを、ほんとうに認識《にんしき》できたことをいうわけです。

受《じゅ》持《じ》　そうすると、同時《どうじ》に、深《ふか》い帰依《きえ》の心《こころ》が生《しょう》じてくるのは、自然《しぜん》の順序《じゅんじょ》といわなければなりません。これが〈受持《じゅじ》〉です。受持《じゅじ》すれば、ただ心《こころ》の中《なか》に教《おし》えを信《しん》じている状態《じょうたい》にとどまらず、自然《しぜん》それを行動《こうどう》に表《あら》わさずにはいられません。すなわち、もっと深《ふか》く学《まな》び、もっと強《つよ》く心《こころ》に植《う》えつけるために、経典《きょうでん》を読《よ》み、そらんじ（誦《じゅ》）、書写《しょしゃ》し、ひとにむかって説《と》いてあげ、また教《おし》えのとおり修行《しゅぎょう》するようになるわけです。

発菩提心《ほつぼだいしん》　そのようにしてだんだん信仰《しんこう》が進《すす》むと、いよいよ〈菩提心《ぼだいしん》〉が起《お》こります。初《はじ》めのうちは、迷《まよ》いを克服《こくふく》して救《すく》われればいい……ぐらいだったのが、悟《さと》りの程度《ていど》が高《たか》まってくるにつれて、〈修行《しゅぎょう》のほんとうの目的《もくてき》というものは、すべての人《ひと》が仏《ほとけ》と同《おな》じ境界《きょうがい》に達《たっ》することだ〉という理想《りそう》が、胸《むね》の底《そこ》にしっかりと座《ざ》を占《し》めるようになります。その理想《りそう》を実現《じつげん》するためには、まず自分《じぶん》から仏《ほとけ》の悟《さと》りに達《たっ》するために努力《どりょく》しなければならないと発奮《はっぷん》します。それが〈発菩提心《ほつぼだいしん》〉です。

善根《ぜんごん》を起《お》こす

仏《ほとけ》の悟《さと》りに達《たっ》しようという決意《けつい》が起《お》これば、どうしても仏《ほとけ》のみ跡《あと》を慕《した》う気持《きもち》、仏《ほとけ》のなさったとおりを真似《まね》てゆきたいという気持《きもち》が起《お》こります。その真似《まね》の出発点《しゅっぱつてん》は、善《よ》い行《おこ》ないをして人《ひと》のためにつくすということです。そういう根本《こんぽん》の心《こころ》を〈善根《ぜんごん》〉といいます。〈徳本《とくほん》〉も同《おな》じ意味《いみ》です。善《よ》い行《おこ》ないの根本《こんぽん》になる心《こころ》、それが善根《ぜんごん》であり、徳本《とくほん》です。

大悲《だいひ》の心《こころ》を興《おこ》す

そういう善根《ぜんごん》が起《お》こると、必然的《ひつぜんてき》に、ひとの苦《くる》しみを見《み》れば、その苦《くる》しみから救《すく》い出《だ》してあげたいという心《こころ》が起《お》こらざるをえません。それが〈大悲《だいひ》の意《こころ》を興《おこ》して〉です。その気持《きもち》がだんだん深《ふか》まり、広大《こうだい》なものになって、苦《くる》しみ悩《なや》んでいる一切《いっさい》の衆生《しゅじょう》を救《すく》おうという願望《がんぼう》を持《も》つようになるのです。

こういう願望《がんぼう》を持《も》つようになった人《ひと》は、もはやりっぱな菩薩《ぼさつ》です。ですから、自分《じぶん》ではまだ六波羅蜜《ろくはらみつ》（布施《ふせ》・持戒《じかい》・忍辱《にんにく》・精進《しょうじん》・禅定《ぜんじょう》・智慧《ちえ》の六つの修行《しゅぎょう》）を完全《かんぜん》に行《おこ》なっていないと思《おも》っていてもそのままで六波羅蜜《ろくはらみつ》を完成《かんせい》した状態《じょうたい》が身《み》に現《あら》われる（六波羅蜜自然《ろくはらみつじねん》に在前《ざいぜん》し）のです。すなわち、心《こころ》の土台《どだい》がしっかりできておれば、それが自然《しぜん》に行《おこ》ないとなって現《あら》われるということをいってあるのです。そうして〈無生法忍《むしょうぼうにん》〉を得《え》ることができます。これは《説法品第二《せっぽうほんだいに》》の終《お》わりのところ（三三三ページ）でくわしく説明《せつめい》しましたが、つまり、現象《げんしょう》上《じょう》の変化《へんか》から超越《ちょうえつ》した境地《きょうち》です。そういう境地《きょうち》に達《たっ》すれば、人生途上《じんせいとじょう》のいろいろな変化《へんか》に動揺《どうよう》する心《こころ》（生死《しょうじ》）も、娑婆世界《しゃばせかい》のさまざまなものごとに心《こころ》をひかされて思《おも》い悩《なや》む迷《まよ》い（煩悩《ぼんのう》）も、一時《いちじ》に断《た》ち切《き》られ、うち壊《こわ》されてしまうのです。

そうして、菩薩《ぼさつ》の第七地《だいじ》に上《のぼ》ることができるというのです。第七地《だいじ》というのは、前《まえ》（二八四ページ）に説明《せつめい》しましたように、遠行地《おんぎょうじ》といって、自他《じた》の差別《さべつ》を離《はな》れて、すべての人《ひと》びとに対《たい》して一体感《いったいかん》を持《も》つようになった境地《きょうち》です。ここまで達《たっ》しえたら、じつに素晴《すば》らしいことで、もはや仏《ほとけ》の心《こころ》にほど近《ちか》くなったといえるわけです。

譬《たと》えば健《すこや》かなる人《ひと》の王《おう》の為《ため》に怨《あだ》を除《のぞ》くに、怨既《あだすで》に滅《めツ》し已《おわ》りなば王大《おうおおい》に歓喜《かんぎ》して、賞賜《しょうし》するに半国《はんごく》の封悉《ほうことごと》く以《もツ》て之《これ》を与《あた》えんが如《ごと》く、持経《じきょう》の善男子《ぜんなんし》・善女《ぜんにょ》人《にん》も亦復是《またまたかく》の如《ごと》し。諸《もろもろ》の行人《ぎょうにん》に於《おい》て最《もツと》も為《こ》れ勇健《ゆうごん》なり。六度《ど》の法宝求《ほうぼうもと》めざるに自《おのずか》ら至《いた》ることを得《え》たり。生死《しょうじ》の怨敵《おんでき》自然《じねん》に散壊《さんね》し、無生忍《むしょうにん》の半仏国《はんぶツこく》の宝《たから》を証《しょう》し、封《ほう》の賞《しょう》あって安楽《あんらく》ならん。善男子《ぜんなんし》、是《こ》れを是《こ》の経《きょう》の第《だい》七の功徳不思議《くどくふしぎ》の力《ちから》と名《なづ》く。

「たとえば、勇士《ゆうし》が王《おう》のために戦《たたか》って敵《てき》を残《のこ》らずうち払《はら》ってしまったならば、王《おう》は大《おお》いに喜《よろこ》んで、そのほうびに国《くに》の半分《はんぶん》を領地《りょうち》として与《あた》えるでしょうが、この教《おし》えを受持《じゅじ》する信仰者《しんこうしゃ》についてもそれと同《おな》じようなことがいえます。世《よ》の中《なか》にはいろいろな教《おし》えを行《ぎょう》ずる人《ひと》がありますが、その中《なか》でこの教《おし》えを行《おこ》なう人《ひと》が最《もっと》も意志《いし》が勇猛《ゆうもう》で強固《きょうこ》です。それゆえ、六波羅蜜《ろくはらみつ》という法《ほう》の宝《たから》も、求《もと》めないのにひとりでに身《み》についてくるのです。現象《げんしょう》の変化《へんか》という人《ひと》を迷《まよ》わす敵《てき》も、自然《しぜん》に心《こころ》の中《なか》から消《き》え去《さ》り、仏道《ぶつどう》の功徳《くどく》のおよそ半分《はんぶん》にも当《あ》たろうかという尊《とうと》い無生法忍《むしょうぼうにん》の境地《きょうち》を自得《じとく》し、ほうびとして仏《ほとけ》からその領地《りょうち》（涅槃《ねはん》）を与《あた》えられ、以後《いご》安楽《あんらく》に暮《くら》すことができましょう。善男子《ぜんなんし》よ。これがこの教《おし》えの第《だい》七の功徳不思議《くどくふしぎ》の力《ちから》であります」

〈健《すこや》かなる人《ひと》〉というのは、強《つよ》い人《ひと》すなわち勇士《ゆうし》というほどの意味《いみ》です。

〈封《ほう》〉というのは、領地《りようち》のこと。

〈勇健《ゆうごん》なり〉の〈勇《ゆう》〉というのは、苦《くる》しい修行《しゆぎよう》や難《むずか》しい菩薩行《ぼさつぎよう》などに自《みずか》ら進《すす》んでどしどし取《と》り組《く》んでゆくことで、〈健《ごん》〉というのは、結果《けつか》がどうなろうとも、どんな困難《こんなん》がおそってこようとも、ひるんだりくじけたりすることのない強固《きようこ》な意志《いし》をいいます。すなわち〈勇《ゆう》〉は積極面《せつきよくめん》の強《つよ》さ、〈健《ごん》〉は消極面《しようきよくめん》の強《つよ》さです。この両面《りようめん》の強《つよ》さが揃《そろ》って、はじめて強《つよ》い信仰《しんこう》といいうるのです。

〈六度《ど》の法宝《ほうぼう》〉……六度《ろくど》とは六波羅蜜《ろくはらみつ》のこと。六波羅蜜《ろくはらみつ》は仏法《ぶつぽう》の宝《たから》ですから、法宝《ほうぼう》といってあるのです。

〈無生忍《むしようにん》〉は、無生法忍《むしようぼうにん》の略《りやく》で、同《おな》じ意味《いみ》。

〈半仏国《はんぶツこく》の宝《たから》を証《しよう》し〉というのは、なかなかむずかしい表現《ひようげん》ですが、直訳《ちよくやく》すれば、〈仏《ほとけ》の国土《こくど》の半分《はんぶん》にも当《あ》たるぐらいの宝《たから》すなわち無生法忍《むしようぼうにん》を得《え》たことを自《みずか》ら証明《しょうめい》しうるようになって〉となります。人生《じんせい》の変化《へんか》に心《こころ》を煩《わずら》わされず、境遇《きょうぐう》に負《ま》けなくなるということは、仏道修行《ぶつどうしゅぎょう》の功徳《くどく》のうちで非常《ひじょう》に大《おお》きな部分《ぶぶん》を占《し》めるわけです。

ですから、その境地《きょうち》を自得《じとく》したものには、仏《ほとけ》さまから〈封《ほう》の賞《しょう》〉すなわち領《りょう》地《ち》のほうびをいただいて、一生涯安楽《いっしょうがいあんらく》に暮《く》らすことができる……すなわち、涅《ね》槃《はん》という大《おお》きな功徳《くどく》をいただき……つまり仏《ほとけ》さまと同格《どうかく》になったという大功徳《だいくどく》をいただいて、安《やす》らかな心《こころ》で一生《いっしょう》を送《おく》ることができるというのです。

善男子《ぜんなんし》、第《だい》八に是《こ》の経《きょう》の不可思議《ふかしぎ》の功徳力《くどくりき》とは、若《も》し善男子《ぜんなんし》・善女人《ぜんにょにん》、若《も》しは仏《ほとけ》の在世《ざいせ》若《も》しは滅度《めつど》の後《のち》に、人《ひと》あって能《よ》く是《こ》の経典《きょうでん》を得《え》たらん者《もの》は、敬信《きょうしん》すること仏身《ぶッしん》を視《み》たてまつるが如《ごと》く等《ひと》しくして異《こと》なることなからしめ、是《こ》の経《きょう》を愛楽《あいぎょう》し、受持《じゅじ》し読誦《どくじゅ》し書写《しょしゃ》し頂戴《ちょうだい》し、法《ほう》の如《ごと》く奉行《ぶぎょう》し、戒《かい》・忍《にん》を堅固《けんご》にし、兼《か》ねて檀度《だんど》を行《ぎよう》じ、深《ふか》く慈悲《じひ》を発《おこ》して、此《こ》の無上大乗無量義経《むじようだいじようむりようぎきよう》を以《もツ》て、広《ひろ》く人《ひと》の為《ため》に説《と》かん。

「善男子《ぜんなんし》よ。第《だい》八にこの教《おし》えの不可思議《ふかしぎ》の功徳力《くどくりき》とは、心根《こころね》のよい人《ひと》びとが、仏《ほとけ》の在世中《ざいせちゆう》でも滅度《めつど》の後《のち》でも、この教《おし》えを得《え》ることができたならば、この経典《きようでん》を仏《ほとけ》の身《み》と同《おな》じものと見《み》て敬《うやま》い信《しん》じることでありましょう。そうして、この教《おし》えに対《たい》して離《はな》れがたい心《こころ》をいだき、受持《じゆじ》し、読誦《どくじゆ》し、書写《しよしや》し、深《ふか》く尊《とうと》び、教《おし》えのとおり実践《じつせん》し、持戒《じかい》・忍辱《にんにく》の行《ぎよう》を怠《おこた》らず、それに兼《か》ねて布施《ふせ》の行《おこ》ないをし、深《ふか》い慈悲《じひ》の心《こころ》を起《お》こして、この最高《さいこう》の法《ほう》である無量義《むりようぎ》の教《おし》えを、人《ひと》びとのために説《と》いてあげるでしょう」

仏身《ぶつしん》と教《おし》えと経典《きょうでん》は一体《いったい》

〈敬信《きょうしん》すること仏身《ぶツしん》を視《み》たてまつるが如《ごと》く等《ひと》しくして異《こと》なることなからしめ〉……大事《だいじ》な一句《いっく》です。直訳《ちょくやく》すれば、〈この経典《きょうでん》を敬《うやま》い信《しん》ずることが、ちょうど仏《ほとけ》さまのおからだに対《たい》するのと同《おな》じく、すこしもちがうことがないような心持《こころも》ちにさせる〉となります。

《法華経《ほけきょう》》の《法師品第十《ほっしほんだいじゅう》》の中《なか》にも〈此《こ》の（法華経《ほけきょう》の）中《なか》には已《すで》に如来《にょらい》の全身《ぜんしん》います〉とありますが、教《おし》えというもの、真理《しんり》というものは、それがすなわち仏《ほとけ》であって、真理《しんり》と仏《ほとけ》とはもともと同一《どういつ》であり、別《べつ》のものではないのです。ですから、教《おし》えを尊《とうと》び敬《うやま》うことは、仏身《ぶっしん》を尊《とうと》び敬《うやま》うのとすこしも変《か》わりがないのです。変《か》わりがあってはならないのです。かりに、仏身《ぶっしん》を尊《とうと》び敬《うやま》うことばかりして、教《おし》えはほったらかしにしている人《ひと》があったとしたら、仏《ほとけ》さまはすこしもお喜《よろこ》びにならないでしょう。

したがって、教《おし》えを文字《もんじ》に表《あら》わした経典《きょうでん》、その経典《きょうでん》を解説《かいせつ》した書物《しょもつ》などは、仏身《ぶつしん》と同《おな》じように大切《たいせつ》にしなければなりません。

教《おし》えの内容《ないよう》も尊《とうと》い、その教《おし》えを説《と》いてくださったお方《かた》も尊《とうと》い、その教《おし》えを文《もん》字《じ》に表《あら》わした経典《きょうでん》も尊《とうと》い、その尊《とうと》さに変《か》わりがあろうはずはありません。われわれが〈南無妙法蓮華経《なむみょうほうれんげきょう》〉と唱《とな》える一念《いちねん》の中《なか》には、妙法蓮華経《みょうほうれんげきょう》に説《と》かれている真理《しんり》の尊《とうと》さ、それを説《と》かれた釈迦牟尼世尊《しゃかむにせそん》の尊《とうと》さ、そして当《とう》の妙法蓮華経《みょうほうれんげきょう》の尊《とうと》さに、帰依《きえ》し、帰命《きみょう》する心《こころ》が、すべてこもっているのです。この三つの帰依《きえ》の心《こころ》が揃《そろ》っていないお題目《だいもく》は、完全《かんぜん》なお題目《だいもく》とはいえません。経典《きょうでん》を〈敬信《きょうしん》すること仏身《ぶつしん》を視《み》たてまつるが如《ごと》く等《ひと》しくして異《こと》なることなし〉でなければならないのです。

〈頂戴《ちょうだい》し〉……頂《ちょう》も頂《いただ》く、戴《だい》も戴《いただ》くで、おしいただいて深《ふか》く尊《とうと》ぶことです。

〈戒《かい》・忍《にん》を堅固《けんご》にし〉……持戒《じかい》・忍辱《にんにく》の心《こころ》をますます固《かた》くして、その行《ぎょう》を怠《おこた》らぬことです。

〈檀度《だんど》〉……檀波羅蜜《だんぱらみつ》ともいい、布施行《ふせぎょう》のことです。

深《ふか》い慈悲《じひ》　〈深《ふか》く慈悲《じひ》を発《おこ》して〉……この〈深《ふか》く〉ということが大事《だいじ》です。浅《あさ》い慈悲《じひ》も、ないよりはましですが、それではほんとうにひとを救《すく》うことにならない場合《ばあい》が多《おお》いのです。

たとえば、貧乏《びんぼう》で苦《くる》しんでいる人《ひと》に、お金《かね》をあげるのもいいことですが、そのお金《かね》を使《つか》い果《は》たしてしまえば、元《もと》の木阿弥《もくあみ》です。根本的《こんぽんてき》な生活《せいかつ》の立《た》て直《なお》しを指導《しどう》してあげるのが、より深《ふか》い慈悲《じひ》といえましょう。しかし、もしその人《ひと》の貧《びん》乏《ぼう》が、怠《なま》けぐせとか、浪費癖《ろうひへき》とか、その他《た》の心《こころ》の持《も》ちかたが原因《げんいん》となっているものだったならば、いくら生活《せいかつ》の立《た》て直《なお》しを教《おし》えてあげても、いつかは元《もと》へもどってしまう恐《おそ》れがあります。結局《けっきょく》、いい教《おし》えを説《と》いて、心《こころ》の持《も》ちかたを直《なお》してあげるのが、いちばん根本的《こんぽんてき》な、深《ふか》い慈悲《じひ》ということになります。

その慈悲《じひ》が、ただ一人《ひとり》や一家族《かぞく》のためという小《ちい》さな対象《たいしょう》から、だんだん範囲《はんい》がひろがっていって、世《よ》の中《なか》の多《おお》くの人《ひと》びとを救《すく》わずにはいられないという心《こころ》持《も》ちになったとき、その慈悲《じひ》はいよいよ深《ふか》いものとなり、仏《ほとけ》の慈悲《じひ》に近《ちか》づいてきたといえましょう。〈深《ふか》く慈悲《じひ》を発《おこ》して、此《こ》の無上大乗無量義経《むじょうだいじょうむりょうぎきょう》を以《もッ》て、広《ひろ》く人《ひと》の為《ため》に説《と》かん〉というのは、そういう境地《きょうち》をいってあるのです。

若《も》し人先《ひとさき》より来《このかた》、都《す》べて罪福《ざいふく》あることを信《しん》ぜざる者《もの》には、是《こ》の経《きょう》を以《もッ》て之《これ》を示《しめ》して、種種《しゅじゅ》の方便《ほうべん》を設《もう》け強《しい》て化《け》して信《しん》ぜしめん。経《きょう》の威力《いりき》を以《もッ》ての故《ゆえ》に、其《そ》の人《ひと》の信心《しんじん》を発《おこ》し欻然《こつねん》として回《え》することを得《え》ん。信心既《しんじんすで》に発《ほッ》して勇猛《ゆうみょう》精進《しょうじん》するが故《ゆえ》に、能《よ》く是《こ》の経《きょう》の威徳勢力《いとくせいりき》を得《え》て、得道《とくどう》・得果《とッか》せん。

「もし、生《う》まれてからこのかた、さまざまな行《おこ》ないによって自分《じぶん》が罪《つみ》をつくっているとか、福《ふく》のもとをつくっているとかいうようなことを、知《し》りもせ

ず、信《しん》じもしない人《ひと》には、この教《おし》えによって、善悪《ぜんあく》の行《おこ》ないに罪《つみ》や福《ふく》のもとがあることを示《しめ》し、それでもまだ信《しん》じきれない人《ひと》には、いろいろな方便《ほうべん》を使《つか》って、積極的《せっきょくてき》に教化《きょうけ》し、ほんとうに信《しん》ずるようになるまで、導《みちび》いてゆくことでしょう。そして、教《おし》えそのものに大《おお》きな力《ちから》があるために、その人《ひと》の信仰心《しんこうしん》をひき起《お》こし、たちまちその人《ひと》の心《こころ》を、仏道《ぶつどう》へふり向《む》けさせることができましょう。すでに信仰心《しんこうしん》が起《お》こったならば、積極的《せっきょくてき》に修行《しゅぎょう》に精進《しょうじん》しますから、この教《おし》えの素晴《すば》らしい功徳《くどく》の力《ちから》をいただいて、仏《ほとけ》の道《みち》を悟《さと》り、さまざまな信《しん》仰《こう》の結果《けつか》を得《え》ることができるでしょう」

〈先《さき》より来《このかた》〉……ずっと前《まえ》から今《いま》までというのですから、つまり〈生《う》まれてこのかた〉ということです。

〈都《す》べて罪福《ざいふく》あることを信《しん》ぜざる者《もの》〉……おしなべて、われわれの行為《こうい》には、罪《つみ》をつくる行為《こうい》、福《ふく》をつくる行為《こうい》というものがあることを信《しん》じない人《ひと》です。そういう人《ひと》たちの中《なか》には、生《う》まれてこのかた知《し》らないままの人《ひと》もあり、教《おし》えられても信《しん》じない人《ひと》もあるわけです。そういう人《ひと》たちは、ただ目《め》の前《まえ》の損得《そんとく》や、一時《いちじ》の快《かい》・不快《ふかい》だけを考《かんが》えて行動《こうどう》し、それがこれからの人生《じんせい》や、さらに来世《らいせ》に、どのような結果《けっか》となって現《あら》われるか、また、広《ひろ》く社会全体《しゃかいぜんたい》のうえに、見《み》えないところでどんな影響《えいきょう》を与《あた》えているかを、考《かんが》えもしないのです。

そのような人《ひと》を目覚《めざ》めさせるには、善因善果《ぜんいんぜんか》・悪因悪果《あくいんあっか》という教《おし》えを示《しめ》してあげるのが、いちばんです。すなわち三九四ページから四〇九ページにかけて説明《せつめい》したことです。プラスの行《おこ》ないはかならずプラスのはたらきをし、マイナスの行《おこ》ないはかならずマイナスのはたらきをするのだということを示《しめ》してあげれば、たいていの人《ひと》が、自分《じぶん》の行《おこ》ないそのものに〈罪福《ざいふく》〉があることを信《しん》ずるようになりましょう。

もしそれでもなかなか信《しん》じきれない人《ひと》は、そのことを三九八ページから四〇七ページにあるような図《ず》に表《あら》わしたり、あるいは生《い》きた実例《じつれい》を示《しめ》したり、いろいろな正《ただ》しい方法《ほうほう》（方便《ほうべん》）で、ほんとうに信《しん》ずるようになるまで根気《こんき》よく引《ひ》っ張《ぱ》っていかなければなりません。それが〈種種《しゅじゅ》の方便《ほうべん》を設《もう》け強《しい》て化《け》して信《しん》ぜしめん〉です。強《し》いて……といっても、むりやりに信《しん》じさせるというのではありません。いや、信仰《しんこう》というものは、もともとむりやりに押《お》しつけられるものではありません。どこまでもあきらめず、手《て》を替《か》え品《しな》を替《か》えて教化《きょうけ》に手《て》を尽《つ》くす、根気《こんき》のよい積極的《せっきょくてき》な態度《たいど》が〈強《し》いて〉の意味《いみ》にほかならないのです。〈経《きょう》の威力《いりき》を以《もッ》ての故《ゆえ》に〉およびそのあとにある〈是《こ》の経《きょう》の威徳勢力《いとくせいりき》を得《え》て〉も、大事《だいじ》なことばです。教《おし》えそのものが尊《とうと》く、強《つよ》い力《ちから》をもっているのですから、自分《じぶん》はまだ至《いた》らぬ身《み》だと思《おも》っていても、努力《どりょく》さえすればかならず人《ひと》を導《みちび》くことができるのです。心配《しんぱい》はいりません。しりごみしたり、引《ひ》っ込《こ》み思案《じあん》になることなく、どしどし導《みちび》きの聖業《せいぎょう》に精出《せいだ》すことです。

また、導《みちび》きや教化《きょうけ》が効果《こうか》を現《あら》わしたからといって、自分《じぶん》の力《ちから》だとうぬぼれてはなりません。教《おし》えの力《ちから》が偉大《いだい》であるからこそ、そのような結果《けっか》が出《で》たわけですから、謙虚《けんきょ》な気持《きもち》で、ますますその教《おし》えを有難《ありがた》く思《おも》う心《こころ》を深《ふか》める……これがほんとうの信仰者《しんこうしゃ》の態度《たいど》といわなければなりません。

〈欻然《こつねん》として回《え》することを得《え》ん〉……これもいいことばです。欻然《こつねん》……というのは、〈にわかに〉とか〈たちまち〉という意味《いみ》です。回《え》する……というのは、〈ふり向《む》ける〉という意味《いみ》で、迷《まよ》いの方向《ほうこう》に向《む》いていた心《こころ》を仏道《ぶつどう》へふり向《む》けさせることとです。あるいは、地獄《じごく》（怒《おこ》り）や餓鬼《がき》（貪欲《とんよく》）や畜生《ちくしょう》（愚痴《ぐち》）や修羅《しゅら》（争《あらそ》い）のほうへ向《む》いていた心《こころ》を、仏《ほとけ》さまのほうへ向《む》き直《なお》らせることとです。

ですから、この教《おし》えをなんとかして聞《き》かせてあげることができれば、その人《ひと》はたちまち百八十度《ど》転回《てんかい》して仏《ほとけ》さまの慈悲《じひ》をまともに受《う》けるようになり、心機《しんき》一転《いってん》してすこしでも仏《ほとけ》さまの近《ちか》くへ進《すす》みたいという気持《きもち》を起《お》こします。これが、〈欻然《こつねん》として回《え》することを得《え》ん〉であります。

是《こ》の故《ゆえ》に善男子《ぜんなんし》・善女人《ぜんにょにん》、化《け》を蒙《こうむ》る功徳《くどく》を以《もッ》ての故《ゆえ》に、男子《なんし》・女人《にょにん》即《すなわ》ち是《こ》の身《み》に於《おい》て無生法忍《むしょうぼうにん》を得《え》、上地《じょうぢ》に至《いた》ることを得《え》て、諸《もろもろ》の菩薩《ぼさつ》と以《もッ》て眷属《けんぞく》と為《な》りて、速《すみや》かに能《よ》く衆生《しゅじょう》を成就《じょうじゅ》し仏国土《ぶッこくど》を浄《きよ》め、久《ひさ》しからずして無上菩提《むじょうぼだい》を成《じょう》ずることを得《え》ん。善男子《ぜんなんし》、是《こ》れを是《こ》の経《きょう》の第《だい》八の功徳不思議《くどくふしぎ》の力《ちから》と名《なづ》く。

「こうして、心根《こころね》のよい人《ひと》たちは、この教《おし》えによる教化《きょうけ》を受《う》けた功徳《くどく》によって、娑婆世界《しゃばせかい》に生《い》きる身《み》でありながら、境遇《きょうぐう》の変化《へんか》に動揺《どうよう》しない心境《しんきょう》を得《え》、凡夫《ぼんぷ》の境界《きょうがい》から離《はな》れた一段上《いちだんうえ》の境地《きょうち》に達《たつ》することができ、菩薩《ぼさつ》たちの仲間入《なかまい》りをして、多《おお》くの人《ひと》びとの人格《じんかく》を完成《かんせい》することによってこの世《よ》の中《なか》を清《きよ》らかにし、さほど長《なが》い年月《ねんげつ》を経《へ》ることなく仏《ほとけ》の悟《さと》りを成就《じょうじゅ》することができましょう。これが、この教《おし》えの第《だい》八の功徳不思議《くどくふしぎ》の力《ちから》であります」

〈化《け》を蒙《こうむ》る功徳《くどく》〉……〈化《け》〉というのは〈変《か》わる〉または〈変《か》える〉という意《い》味《み》です。正《ただ》しい教《おし》えによって人間《にんげん》を変《か》えてゆくのが〈教化《きょうけ》〉であり、教《おし》えによって人間《にんげん》がだんだんに変《か》わってゆくというお蔭《かげ》を受《う》けることが、化《け》を蒙《こうむ》る功徳《くどく》です。

〈上地《じょうぢ》〉……凡夫《ぼんぷ》の境界《きょうがい》から離《はな》れて、上《うえ》にあがった菩薩《ぼさつ》の境界《きょうがい》のこと。

〈衆生《しゅじょう》を成就《じょうじゅ》し〉……衆生《しゅじょう》の何《なに》を成就《じょうじゅ》するのかといえば、仏心《ぶっしん》を成就《じょうじゅ》するのです。すなわち、真《しん》の意味《いみ》の人格《じんかく》を完成《かんせい》することです。

〈仏国土《ぶツこくど》を浄《きよ》め〉……仏《ほとけ》の国土《こくど》はもともと清《きよ》らかなはずではないかという疑問《ぎもん》が起《お》こるかもしれません。しかし、この娑婆世界《しゃばせかい》も、仏《ほとけ》の国土《こくど》にほかならないのであって、この場合《ばあい》は〈もともと仏《ほとけ》の国土《こくど》である娑婆世界《しゃばせかい》を、仏《ほとけ》の国土《こくど》らしく清《きよ》める〉という意味《いみ》だと解《かい》さねばなりません。

善男子《ぜんなんし》、第《だい》九に是《こ》の経《きょう》の不可思議《ふかしぎ》の功徳力《くどくりき》とは、若《も》し善男子《ぜんなんし》・善女人《ぜんにょにん》、若《も》しは仏《ほとけ》の在世《ざいせ》若《も》しは滅度《めつど》の後《のち》に、是《こ》の経《きょう》を得《う》ることあって歓喜踊躍《かんぎゆやく》し、未曽有《みぞう》なることを得《え》て、受持《じゅじ》し読誦《どくじゅ》し書写《しょしゃ》し供養《くよう》し、広《ひろ》く衆人《しゅにん》の為《ため》に是《こ》の経《きょう》の義《ぎ》を分別《ふんべつ》し解説《げせつ》せん者《もの》は、即《すなわ》ち宿業《しゅくごう》の余罪重障《よざいじゅうしょう》、一時《じ》に滅尽《めつじん》することを得《え》、便《すなわ》ち清浄《しょうじょう》なることを得《え》て、大弁《だいべん》を逮得《たいとく》し、次第《しだい》に諸《もろもろ》の波羅蜜《はらみつ》を荘厳《しょうごん》し、諸《もろもろ》の三昧《まい》・首楞厳《しゅりょうごん》三昧《まい》を獲《え》、大総持門《だいそうじもん》に入《い》り、勤精進力《ごんしょうじんりき》を得《え》て速《すみや》かに上地《じょうぢ》に越《こ》ゆることを得《え》、善《よ》く分身散体《ふんじんさんたい》して十方《ぽう》の国土《こくど》に遍《へん》じ、一切《さい》二十五有《う》の極苦《ごっく》の衆生《しゅじょう》を抜済《ばッさい》して悉《ことごと》く解脱《げだつ》せしめん。是《こ》の故《ゆえ》に是《こ》の経《きょう》に此《かく》の如《ごと》きの力《ちから》います。善男《ぜんなん》子《し》、是《こ》れを是《こ》の経《きょう》の第《だい》九の功徳不思議《くどくふしぎ》の力《ちから》と名《なづ》く。

「善男子《ぜんなんし》よ。第九《だい》に、この教《おし》えの不可思議《ふかしぎ》の功徳力《くどくりき》とは、つぎのとおりです。もし、心根《こころね》のよい人《ひと》が、仏《ほとけ》の在世中《ざいせちゅう》でも滅度《めつど》の後《のち》でも、この教《おし》えに接《せつ》して、心《こころ》が躍動《やくどう》するような喜《よろこ》びを覚《おぼ》え、いままでかってなかったほどの帰依《きえ》の心《こころ》を起《お》こし、受持《じゅじ》し、読誦《どくじゅ》し、書写《しょしゃ》し、感謝《かんしゃ》のまことをささげ、そうして広《ひろ》く多《おお》くの人《ひと》びとのために、この教《おし》えの内容《ないよう》を、それぞれの人《ひと》に理解《りかい》できるようにかみくだいて解説《かいせつ》してあげたならば、長《なが》い過去世《かこせ》から積《つ》み重《かさ》ねてきた業《ごう》の中《なか》に、現世《げんせ》の善《よ》い行《おこ》ないでも償《つぐな》いきれずに残《のこ》っている罪《つみ》や、重《おも》い障《さわ》りがあっても、それを一時《いちじ》に滅《めつ》しつくすことができ、そのままやすやすと清《きよ》らかな身《み》となることができます。しかも、どんな人《ひと》をも仏《ほとけ》の道《みち》に導《みちび》くことのできる素晴《すば》らしい説得力《せっとくりょく》を得《え》、次第《しだい》にいろいろな菩薩行《ぼさつぎょう》をりっぱに成就《じょうじゅ》し、また種《しゅ》々《じゅ》の精神集中《せいしんしゅうちゅう》の境地《きょうち》——とりわけ仏《ぶつ》・菩薩《ぼさつ》だけが得《え》られる高度《こうど》の三昧《さんまい》の境地《きょうち》——を獲得《かくとく》し、もろもろの悪《あく》をとどめ善《ぜん》を持《たも》つ力《ちから》を得《え》、またつねに精進《しょうじん》してたゆむことない力《ちから》を得《え》て、すみやかに菩薩《ぼさつ》の境界《きょうがい》に上《のぼ》ることができ、いながらにして広《ひろ》い国土《こくど》のありとあらゆる所《ところ》にいる人《ひと》びとを感化《かんか》できるようになり、苦《くる》しみにあえぐすべての人《ひと》を救《すく》い出《だ》し、洩《も》れなく迷《まよ》いから抜《ぬ》け出《だ》させることができましょう。この教《おし》えには、このような大《おお》きな力《ちから》が秘《ひ》められているのです。善男子《ぜんなんし》よ。これが、この教《おし》えの第《だい》九の功徳不思議《くどくふしぎ》の力《ちから》であります」

〈歓喜踊躍《かんぎゆやく》し〉……大《おお》きな喜《よろこ》びをえて、躍《おど》りあがるというのですが、もちろん心《こころ》が躍《おど》るのです。それほど強《つよ》い喜《よろこ》び・感動《かんどう》を覚《おぼ》えるのです。

〈未曽有《みぞう》なることを得《え》て〉……未《いま》だ曽《かつ》てない深《ふか》い帰依《きえ》の心《こころ》・有難《ありがた》いと思《おも》う心《こころ》を起《お》こして……という意味《いみ》。

〈是《こ》の経《きょう》の義《ぎ》を分別《ふんべつ》し解説《げせつ》せん者《もの》〉……〈義《ぎ》〉というのは意義《いぎ》と同《おな》じで、わけとか内容《ないよう》の意味《いみ》。それを〈分別《ふんべつ》し〉て解説《かいせつ》するというのですから、この人《ひと》にはこういう説《と》きかたが理解《りかい》しやすい、この人《ひと》にはこう説《と》いたほうがよく頭《あたま》にはいる、という具合《ぐあい》に、人《ひと》によって説《と》き分《わ》けることです。

分別《ふんべつ》と方《ほう》便《べん》が重要《じゅうよう》

法《ほう》を説《と》くのに、この分別《ふんべつ》ということが大切《たいせつ》なことはいうまでもありません。釈尊《しゃくそん》が、智慧《ちえ》の深《ふか》いバラモンをも、教育《きょういく》のない村人《むらびと》をも、老若男女《ろうにゃくなんにょ》すべての人《ひと》をひとしく説得《せっとく》されたのは、この分別《ふんべつ》ということにこの上《うえ》もなく巧《たく》みであられたからです。いまの人《ひと》は、理論《りろん》とか教条《きょうじょう》ばかりにとらわれて、分別《ふんべつ》を軽蔑《けいべつ》したり、おろそかにしがちのようです。伝統仏教《でんとうぶっきょう》が、ほんとうに人間《にんげん》を救《すく》う生《い》きた力《ちから》を失《うしな》ったのも、仏《ほとけ》さまが身《み》をもって教《おし》えられたこの分別《ふんべつ》という大事《だいじ》を忘《わす》れたことに、一因《いちいん》があるのです。

新興《しんこう》の教団《きょうだん》などが方便力《ほうべんりき》をもって現実《げんじつ》に多《おお》くの人《ひと》を救《すく》うのを見《み》て、仏教《ぶっきょう》の純《じゅん》粋《すい》な理論《りろん》や教化《きょうけ》の理想的《りそうてき》な形《かたち》を担《かつ》ぎ出《だ》し、それと比《くら》べ合《あ》わせて非難《ひなん》する学者《がくしゃ》や評論家《ひょうろんか》などがあります。これらも、分別《ふんべつ》ということを忘《わす》れた空論《くうろん》に過《す》ぎないものが多《おお》いのです。

実際《じっさい》に教化《きょうけ》に当《あ》たっている人《ひと》にも、それがあります。どんな相手《あいて》に対《たい》してもおかまいなく、むずかしい術語《じゅつご》を使《つか》ったり、教団内《きょうだんない》だけで通用《つうよう》することばを使《つか》ったり、理論《りろん》を生《なま》のまま説《と》いたり、むかしのインドで書《か》かれた経典《きょうでん》を、現代《げんだい》の世《よ》にあてはめてかみくだくことを忘《わす》れて、そのまま話《はな》したりするために、初心《しょしん》の人《ひと》などはただめんくらうばかり……というような例《れい》が多々《たた》あります。それでは、いくら熱心《ねっしん》に活動《かつどう》しても、努力《どりょく》の空回《からまわ》りに終《お》わります。むろん、根本《こんぽん》の真理《しんり》を見失《みうしな》ってはいけませんけれども、その説《と》きかたには、大《おお》きな幅《はば》と柔軟性《じゅうなんせい》がなければなりません。

〈供養《くよう》し〉というのは、感謝《かんしゃ》のまことをささげることです。

〈宿業《しゅくごう》の余罪重障《よざいじゅうしょう》、一時《じ》に滅尽《めつじん》することを得《え》〉……凡夫《ぼんぷ》は輪廻《りんね》をくり返《かえ》しております。このことは前《まえ》（二四〇ページ以降《いこう》）にも説明《せつめい》しましたが、その輪廻《りんね》のくり返《かえ》しの中《なか》でなしてきたさまざまな行為《こうい》（これを宿業《しゅくごう》といいます）が積《つ》み重《かさ》なって残《のこ》っております。

つまり、前世《ぜんせ》までの行《おこ》ない（宿業《しゅくごう》）によって積《つ》まれた徳《とく》や罪《つみ》が、この世《よ》まで持《も》ち越《こ》されているわけです。生《う》まれながらにして幸福《こうふく》な境遇《きょうぐう》や素晴《すば》らしい才能《さいのう》を身《み》につけている人《ひと》などは、過去世《かこせ》に徳《とく》を積《つ》んだおかげであり、反対《はんたい》に、善人《ぜんにん》がめぐまれない境遇《きょうぐう》に生《う》まれたり、正直者《しょうじきもの》が不運《ふうん》な目《め》を見《み》るのは、前世《ぜんせ》までに積《つ》んだ罪《つみ》が償《つぐな》いきれないでいるからであるともいえましょう。しかし、出生以《しゅっせいい》後《ご》の今世《こんぜ》では、われわれの努力次第《どりょくしだい》でどうにでもなることです。ですから、現《げん》在《ざい》の境遇《きょうぐう》の悪《わる》さや不運《ふうん》を嘆《なげ》いたり、あきらめてしまうことや、その境遇《きょうぐう》によって、その人格《じんかく》をも判断《はんだん》してしまうことは、大《おお》きな間違《まちが》いであります。

この原理《げんり》については四〇四ページにも説明《せつめい》しましたが、そういう、まだ償《つぐな》いきれない罪《つみ》でも、重《おも》い障《さわ》りでも、多《おお》くの人《ひと》のために仏《ほとけ》の教《おし》えを正《ただ》しく説《と》くという行《おこ》ないをしたら、かならず消《き》え去《さ》ってしまいます。〈一人出家《いちにんしゅっけ》すれば九族天《きゅうぞくてん》に生《しょう》ず〉といわれていますが、出家《しゅっけ》というのは、かならずしも形《かたち》のうえで僧侶《そうりょ》になることだけではありません。在家《ざいけ》のまま、俗人《ぞくじん》としての生活《せいかつ》をしながらでも、仏法《ぶっぽう》を正《ただ》しくひとに説《と》いて、多《おお》くの人《ひと》を導《みちび》けば、いわゆる〈在家《ざいけ》の出家《しゅっけ》〉であり、それまでに犯《おか》した罪《つみ》はたしかに消《き》えてしまうのです。

ですから〈便《すなわ》ち清浄《しょうじょう》なることを得《え》〉ることができるのです。〈便《すなわ》ち〉というのは、〈そのままで〉とか〈たやすく〉という意味《いみ》です。ついでですが、経典《きょうでん》にはいろいろな〈すなわち〉が出《で》てきますので、その違《ちが》いを簡単《かんたん》に説明《せつめい》しておきましょう。

〈乃《すなわ》ち〉というのは、あることを述《の》べ終《お》わって、つぎのことを述《の》べるときにはさむことばで、〈そこで〉ぐらいの意味《いみ》。〈即《すなわ》ち〉というのは〈そのままで〉とか〈すぐに〉という意味《いみ》の場合《ばあい》が多《おお》く、〈即身成仏《そくしんじょうぶつ》〉などはその例《れい》ですが、〈それがとりもなおさず××である〉という意味《いみ》のこともあります。〈無相即実相《むそうそくじつそう》〉などがその例《れい》です。とにかくこの〈即《すなわ》ち〉は強《つよ》い、そして速度《そくど》の早《はや》い意味《いみ》をもったものです。〈則《すなわ》ち〉というのは、〈即《すなわ》ち〉より軽《かる》い、そして速度《そくど》の遅《おそ》い意味《いみ》で、〈それがこれに当《あ》たるのだ〉とか〈こうすれば、こうなる〉というようなときにはさむことばです。〈……一偈《げ》乃至《ないし》一句《く》もせば、則《すなわ》ち能《よ》く百千億《のく》の義《ぎ》に通達《つうだつ》して〉などがその例《れい》です。記憶《きおく》する必要《ひつよう》はありますまいが、参考《さんこう》のために書《か》いてみた次第《しだい》です。

〈大弁《だいべん》を逮得《たいとく》し〉……大《おお》きな弁舌力《べんぜつりよく》を得《え》るというのですから、どんな人《ひと》をも心《こころ》から教《おし》えにはいるように導《みちび》くことのできる説得力《せっとくりよく》のことです。現代《げんだい》においては、弁舌《べんぜつ》だけでなく、文章《ぶんしょう》の力《ちから》もそれにはいります。

〈諸《もろもろ》の波羅蜜《はらみつ》を荘厳《しょうごん》し〉……〈荘厳《しょうごん》し〉とは、〈美《うつく》しくりっぱに飾《かざ》る〉という意味《いみ》ですが、もちろんうわべを美《うつく》しく飾《かざ》るのでなく、内容《ないよう》の尊《とうと》さが表《おもて》へにじみ出《で》ているような美《うつく》しさ・りっぱさを荘厳《しょうごん》というのです。ですから、つまり、もろもろの菩薩行《ぼさつぎょう》をりっぱに成就《じょうじゅ》し……という意味《いみ》になります。

〈三昧《まい》〉については、一一三ページに解説《かいせつ》しましたが、〈首楞厳三昧《しゅりょうごんまい》〉というのは、他《た》のすべての三昧《さんまい》をそのうちに含《ふく》み、きわめて勇健《ゆうごん》に煩悩《ぼんのう》の魔《ま》などを征《せい》服《ふく》することに精神《せいしん》が集中《しゅうちゅう》して乱《みだ》れず、安定《あんてい》している状態《じょうたい》をいい、最《もっと》も修行《しゅぎょう》の進《すす》んだ菩薩《ぼさつ》と仏《ほとけ》だけが得《え》られる三昧《さんまい》とされています。

〈大総持門《だいそうじもん》に入《い》り〉……総持《そうじ》というのは陀羅尼《だらに》の中国語訳《ちゅうごくごやく》で、すべての悪《あく》をとどめ、善《ぜん》を持《たも》たせる力《ちから》をいい、そういう法門《ほうもん》に入《い》るとは、すなわちそのような力《ちから》を得《え》るようになるというのです。

〈勤精進力《ごんしょうじんりき》〉……〈勤《ごん》〉とは、心《こころ》を尽《つ》くし、力《ちから》を尽《つ》くして怠《おこた》らずにものごとをやることです。ですから、どこまでも精進《しょうじん》をつづけてたゆむことのない力《ちから》……という意味《いみ》です。

だれでも分身《ふんじん》散体《さんたい》できる

〈善《よ》く分身散体《ふんじんさんたい》して十方《ぽう》の国土《こくど》に遍《へん》じ〉……大切《たいせつ》なことばです。〈分身《ふんじん》〉は身《み》を分《わ》ける、〈散体《さんたい》〉は体《からだ》を散《ち》らばらせるというのですから、自分《じぶん》と同《おな》じ身体《からだ》を無数《むすう》につくり、それを十方《じっぽう》の国土《こくど》に遍《あまね》くゆきわたらせるわけです。ということはつまり、自分《じぶん》の精神《せいしん》を多《おお》くの人《ひと》に植《う》えつけ、その人《ひと》たちを自分《じぶん》の身代《みが》わりとして、広《ひろ》く世《よ》の人《ひと》を教化《きょうけ》・救済《きゅうさい》させることをいうのです。

仏《ほとけ》や大菩薩《だいぼさつ》はこういう自由自在《じゆうじざい》な神通力《じんづうりき》をもっておられるのですが、娑婆世界《しゃばせかい》のわれわれも、やはりそれを具《そな》えることができます。すなわち、われわれがよい行《おこ》ないをし、あるいはよい教《おし》えを説《と》いて多《おお》くの人《ひと》を感化《かんか》することができれば、その人《ひと》びとは、またさらに多《おお》くの人《ひと》に感化《かんか》を及《およ》ぼし、そうしてだんだんにひろがっていって、ついに世《よ》の中全体《なかぜんたい》を感化《かんか》することができます。それが、とりもなおさず、〈分身散体《ふんじんさんたい》〉にほかなりません。また、文書《ぶんしょ》や、レコードや、テープや、映画《えいが》などによる教化活動《きょうけかつどう》も、それぞれ〈分身散体《ふんじんさんたい》〉の一つの形式《けいしき》です。

つまり、〈分身散体《ふんじんさんたい》〉には、三つの形《かたち》があるといっていいでしょう。第《だい》一は、不可思議《ふかしぎ》な形《かたち》で行《おこ》なわれるもの、すなわち、ある人《ひと》が仏《ぶつ》・菩薩《ぼさつ》の身代《みが》わりとしか思《おも》えないようなはたらきをすることです。信仰者《しんこうしゃ》であれば、生涯《しょうがい》に一度《ど》や二度《ど》は実感《じっかん》することができることで、非常《ひじょう》に尊《とうと》く有《あ》り難《がた》いことです。第《だい》二は、もっと現実的《げんじつてき》に、生《い》きた人間《にんげん》の感化《かんか》が、多《おお》くの生《い》きた人間《にんげん》に及《およ》ぼされ、それが次《し》第《だい》にひろげられてゆくという形《かたち》。第《だい》三は、もっと目《め》に見《み》える形《かたち》、すなわち書物《しょもつ》その他《た》が身代《みが》わりをつとめる場合《ばあい》。以上《いじょう》の三つとも、たいへん大切《たいせつ》なことです。お互《たが》い、自分《じぶん》のよい分身《ぶんしん》を、できるだけたくさんつくって、ひろく世《よ》の中《なか》に進出《しんしゅつ》させることに努力《どりょく》したいものです。

二十五有《にじゆうごう》

つぎに〈二十五有《う》〉ということばがありますが、これは仏教《ぶつきよう》の世界《せかい》観《かん》の一つであって、生死流転《しようじるてん》（輪廻《りんね》）する迷《まよ》える衆生《しゆじよう》の世界《せかい》を分《わ》けて考《かんが》えたもので、〈三界《さんがい》〉ともいいます。すなわち欲界《よくかい》・色界《しきかい》・無色界《むしきかい》の三つです。

〈欲界《よくかい》〉というのは、肉体《にくたい》をもち、いろいろな欲望《よくぼう》をもっているものの世界《せかい》で、そのうちの地獄《じごく》・餓鬼《がき》・畜生《ちくしよう》・修羅《しゆら》の四界《しかい》を四悪趣《しあくしゆ》といい、人間《にんげん》の住《す》む世《せ》界《かい》を、場所的《ばしよてき》に四《よ》つに分《わ》けて四洲《ししゆう》といい、まだ欲《よく》を離《はな》れきらない天上界《てんじようかい》を、六つに分《わ》けて、六欲天《ろくよくてん》としています。

〈色界《しきかい》〉というのは、六欲天《ろくよくてん》の上《うえ》にあり、食欲《しよくよく》と性欲《せいよく》を離《はな》れたものの住《す》む天上《てんじよう》界《かい》で、そこは絶妙《ぜつみよう》な物質《ぶつしつ》（色《しき》）によってできているので色界《しきかい》といいます。ここに住《す》むものを七段階《だんかい》に分《わ》けて、七有《しちう》と呼《よ》んでいるのです。

〈無色界《むしきかい》〉というのは、最上《さいじよう》の天上界《てんじようかい》で、物質《ぶつしつ》を超《こ》えた世界《せかい》です。すなわち純《じゆん》粋《すい》に精神《せいしん》だけが存在《そんざい》する世界《せかい》で、一、空無辺処《くうむへんしょ》　二、識無辺処《しきむへんしょ》　三、無所有処《むしょうしょ》四、非想非非想処《ひそうひひそうしょ》（有頂天《うちょうてん》）の四つの境地《きょうち》から成《な》っているので、四有《しう》としています。以上《いじょう》をあわせて二十五有《にじゅうごう》というわけです。

凡夫《ぼんぷ》であるわれわれから見《み》ますと、無色界《むしきかい》などではもはや、苦《く》は存在《そんざい》しない最高《さいこう》の処《ところ》であるように思《おも》えますが、仏《ほとけ》さまの目《め》から見《み》ますと、まだまだ本当《ほんとう》の解脱《げだつ》の境界《きょうがい》ではないのです。三界《さんがい》の最高《さいこう》の境界《きょうがい》である有頂天《うちょうてん》ですら、いつかは

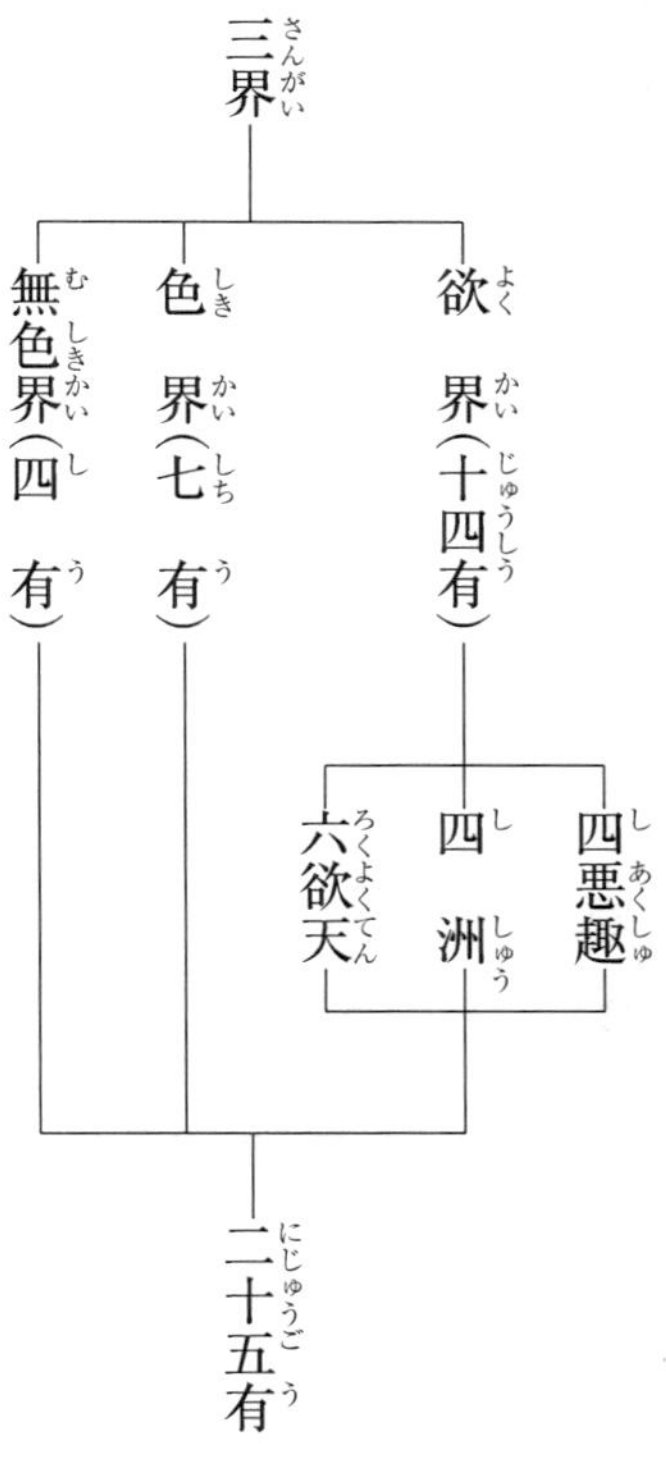

そこから落《お》ちて輪廻《りんね》しなければならない処《ところ》なのです。そこから落《お》ちるときの苦《くる》しみは地獄《じごく》の苦《くる》しみ以上《いじょう》であるといわれています。このような三界《さんがい》を輪廻《りんね》し、苦《くる》しんでいる一切《いっさい》の衆生《しゅじょう》を抜本的《ばっぽんてき》に救《すく》うということが、〈極苦《ごっく》の衆生《しゅじょう》を抜済《ばッさい》して悉《ことごと》く解脱《げだつ》せしめん〉ということなのです。

善男子《ぜんなんし》、第十《だい》に是《こ》の経《きょう》の不可思議《ふかしぎ》の功徳力《くどくりき》とは、若《も》し善男子《ぜんなんし》・善女人《ぜんにょにん》、若《も》しは仏《ほとけ》の在世《ざいせ》若《も》しは滅度《めつど》の後《のち》に、若《も》し是《こ》の経《きょう》を得《え》て大歓喜《だいかんぎ》を発《おこ》し、希有《けう》の心《こころ》を生《しょう》じ、既《すで》に自《みずか》ら受持《じゅじ》し読誦《どくじゅ》し書写《しょしゃ》し供養《くよう》し説《せつ》の如《ごと》く修行《しゅぎょう》し、復能《またよ》く広《ひろ》く在家《ざいけ》出家《しゅつけ》の人《ひと》を勧《すす》めて、受持《じゅじ》し読誦《どくじゅ》し書写《しょしゃ》し供養《くよう》し解説《げせつ》し、法《ほう》の如《ごと》く修行《しゅぎょう》せしめん。既《すで》に余人《よにん》をして是《こ》の経《きょう》を修行《しゅぎょう》せしむる力《ちから》の故《ゆえ》に、得道《とくどう》・得果《とッか》せんこと、皆是《みなこ》の善男子《ぜんなんし》・善女人《ぜんにょにん》の慈心《じしん》をもって勤《ねんご》ろに化《け》する力《ちから》に由《よ》るが故《ゆえ》に、是《こ》の善《ぜん》男子《なんし》・善女人《ぜんにょにん》は即《すなわ》ち是《こ》の身《み》に於《おい》て便《すなわ》ち無量《むりょう》の諸《もろもろ》の陀羅尼門《だらにもん》を逮得《たいとく》せん。

「善男子《ぜんなんし》よ。第十《だい》に是《こ》の経《きよう》の不可思議《ふかしぎ》の功徳力《くどくりき》とは、つぎのとおりです。もし心根《こころね》のよい人《ひと》びとが、仏《ほとけ》の在世中《ざいせちゆう》でも滅度《めつど》の後《のち》でも、この教《おし》えを聞《き》いて心《こころ》に大《おお》きな喜《よろこ》びを覚《おぼ》え、いまだかつてなかったような帰依《きえ》の心《こころ》を起《お》こし、自分《じぶん》も受持《じゆじ》し、読誦《どくじゆ》し、書写《しよしや》し、心《こころ》から感謝《かんしや》し、また、ほかの在家《ざいけ》や出家《しゆつけ》の信仰《しんこう》者《しや》にすすめて、受持《じゆじ》し、読誦《どくじゆ》し、書写《しよしや》し、供養《くよう》し、解説《げせつ》し、教《おし》えのとおりに修行《しゆぎよう》させたとしましょう。こうして、他《た》の人《ひと》にこの教《おし》えを修行《しゆぎよう》するように仕《し》向《む》けたその力《ちから》によって、自《みずか》らが仏《ほとけ》の道《みち》を悟《さと》り、さまざまな信仰《しんこう》の結果《けつか》を得《え》るでしょう。すなわち、ひとを幸《しあわ》せにしてあげたいという真心《まごころ》から、努力《どりよく》して怠《おこた》らず教化《きようけ》に骨《ほね》を折《お》るその力《ちから》が、自分《じぶん》の身《み》に返《かえ》ってきて、そのままの身《み》に、善《ぜん》をすすめ悪《あく》を止《と》める測《はか》りしれないほどの大《おお》きな力《ちから》を得《え》ることでしょう」

ひとを教化《きようけ》することが、自分《じぶん》の功徳《くどく》にもなることは、前《まえ》にもくわしく説明《せつめい》しました。ひとを教化《きょうけ》するためには、自分《じぶん》もより深《ふか》く学《まな》び、一心《いっしん》に修行《しゅぎょう》しなければなりませんので、それだけの力《ちから》がついてくるわけです。ここに〈力《ちから》〉ということが二度《ど》もくりかえしてあるのは、そのことを強調《きょうちょう》してあるものと受《う》け取《と》らねばなりません。

凡夫地《ぼんぶち》に於《おい》て、自然《じねん》に初《はじ》めの時《とき》に能《よ》く無数阿僧祇《むしゅあそうぎ》の弘誓大願《ぐぜいだいがん》を発《おこ》し、深《ふか》く能《よ》く一切衆生《さいしゅじょう》を救《すく》わんことを発《おこ》し、大悲《だいひ》を成就《じょうじゅ》し、広《ひろ》く能《よ》く衆《もろもろ》の苦《く》を抜《ぬ》き、厚《あつ》く善根《ぜんごん》を集《あつ》めて一切《さい》を饒益《にょうやく》せん。

「まだ凡夫《ぼんぶ》の境地《きょうち》を離《はな》れていないのに、そしてまだ初心《しょしん》の身《み》でありながら、自然《しぜん》と仏《ほとけ》の道《みち》の学修《がくしゅう》と実践《じっせん》について多《おお》くの願《がん》を起《お》こし、多《おお》くの苦《くる》しんでいる人《ひと》びとをあわれむ大《おお》きな心《こころ》を持《も》つようになり、現実《げんじつ》にその人《ひと》たちの苦《くる》しみを

除《のぞ》いてあげることができましょう。こうして、もろもろの高《たか》い徳《とく》を身《み》に積《つ》み、一切《いっさい》の人《ひと》びとに利益《りやく》を与《あた》えるようになるでしょう」

四弘誓願《しぐせいがん》

〈弘誓大願《ぐぜいだいがん》〉……仏道《ぶつどう》を学《まな》び、実践《じっせん》し、成就《じょうじゅ》するための、誓《ちか》いや願《ねが》いのことです。それも、小《ちい》さな誓《ちか》いや願《ねが》いではなく、弘《ひろ》い誓《ちか》いであり、大《おお》きな願《ねが》いです。いわゆる〈菩薩《ぼさつ》の願《がん》〉です。

その根本的《こんぽんてき》なものはつぎの四つで、これを〈四弘誓願《しぐせいがん》〉といいます。

一、衆生無辺誓願度《しゅじょうむへんせいがんど》——衆生《しゅじょう》の数《かず》は無辺《むへん》（無限《むげん》）であろうとも、かならず一切《いっさい》を度《すく》おうと誓願《せいがん》する。

二、煩悩無数誓願断《ぼんのうむしゅせいがんだん》——煩悩《ぼんのう》の数《かず》は無数《むすう》であろうとも、かならずすべてを断《た》ち切《き》ろうと誓願《せいがん》する。

三、法門無尽誓願学《ほうもんむじんせいがんがく》——仏《ほとけ》の教《おし》えは無尽《むじん》（尽《つ》きることが無《な》い）であろうとも、かならず学《まな》びつくそうと誓願《せいがん》する。

四、仏道無上誓願成《ぶつどうむじようせいがんじよう》——仏《ほとけ》の道《みち》（悟《さと》り）は無上《むじよう》（この上《うえ》も無《な》い）であろうとも、かならず成就《じようじゆ》しようと誓願《せいがん》する。

誓願《せいがん》は、修行《しゆぎよう》の志《こころざし》を確固《かつこ》たるものにするために大事《だいじ》なことで、ほんとうの信《しん》仰者《こうしや》なら、ひとりでになんらかの願《ねがい》が胸《むね》の底《そこ》に湧《わ》いてくるはずです。ですから、〈自然《じねん》に初《はじ》めの時《とき》に……弘誓大願《ぐぜいだいがん》を発《おこ》し〉とあるわけです。

〈厚《あつ》く善根《ぜんごん》を集《あつ》めて〉というのは、善《ぜん》の本《もと》すなわちいろいろな徳《とく》を自分《じぶん》の身《み》に集《あつ》める、身《み》につけるということで、その徳《とく》は自然《しぜん》とまわりの人《ひと》を感化《かんか》し、よいほうへ導《みちび》くはたらきをせずにはおきませんから、人《ひと》びとに大《おお》きな利益《りやく》を与《あた》える（饒益《にようやく》する）わけです。

而《しこう》して法《ほう》の沢《うるおい》を演《の》べて洪《おおい》に枯涸《こかく》に潤《うるお》し、能《よ》く法《ほう》の薬《くすり》を以《もツ》て諸《もろもろ》の衆生《しゆじよう》に施《ほどこ》し、一切《さい》を安楽《あんらく》し、漸見超登《ぜんけんちょうとう》して法雲地《ほううんぢ》に住《じゅう》せん。恩沢普《おんたくあまね》く潤《うるお》し慈被《じひ》すること外《ほか》なく、苦《く》の衆生《しゅじょう》を摂《せッ》して道跡《どうしゃく》に入《い》らしめん。是《こ》の故《ゆえ》に此《こ》の人《ひと》は、久《ひさ》しからずして阿耨多羅《あのくたら》三藐《みゃく》三菩提《ぼだい》を成《じょう》ずることを得《え》ん。善男子《ぜんなんし》、是《こ》れを是《こ》の経《きょう》の第《だい》十の功徳《くどく》不思議《ふしぎ》の力《ちから》と名《なづ》く。

「そうして、教《おし》えの水《みず》をひろくゆきわたらせて、干《ひ》からびきった人《ひと》びとの心《こころ》を潤《うるお》し、教《おし》えの薬《くすり》を多《おお》くの人《ひと》たちに施《ほどこ》して、心《こころ》の病《やま》いを治《なお》し、すべてを安《やす》らかにしてあげるでしょう。そうしているうちに、自分《じぶん》の悟《さと》りも次第《しだい》次第《だい》に高《たか》められ、ついには菩薩《ぼさつ》の第十地《だいじゅうじ》である法雲地《ほううんじ》、すなわち一切《いっさい》の人《ひと》びとを救《すく》うことのできる境地《きょうち》に達《たつ》しましょう。その恩《おん》はひろく世《よ》を潤《うるお》し、その慈悲《じひ》の心《こころ》はひとりとしてもれることなく一切《いっさい》の人《ひと》びとを包《つつ》み、苦《くる》しみ悩《なや》んでいる人《ひと》びとを抱《だ》き取《と》って、仏《ほとけ》の足跡《そくせき》にみちびくことができましょう。そういう大《おお》きな菩薩行《ぼさつぎよう》をなしたおかげで、この人《ひと》は、さほど長《なが》い年月《としつき》を経《へ》ることなく、仏《ほとけ》の悟《さと》りを成就《じようじゆ》することができましょう。善男子《ぜんなんし》よ。これが、この教《おし》えの第《だい》十の功徳不思議《くどくふしぎ》の力《ちから》であります」

〈法《ほう》の沢《うるおい》を演《の》べて洪《おおい》に枯涸《こかく》に潤《うるお》し〉……目《め》の前《まえ》の欲望《よくぼう》ばかりにあくせくしている人《ひと》の心《こころ》は、たいていカラカラに干《ひ》からびています。そこには慈悲《じひ》というものは育《そだ》ちません。また、ほんとうの智慧《ちえ》のない人《ひと》の頭《あたま》も、干《ひ》からびた土《つち》のようなものです。そこからは正《ただ》しい行《おこ》ないは育《そだ》ちません。そういう干《ひ》からびた土《つち》に、水《みず》をたっぷり流《なが》してあげ、心《こころ》に人間《にんげん》らしい潤《うるお》いを持《も》たせ、頭《あたま》もほんとうの智慧《ちえ》で柔《やわら》かにしてあげる……これが仏《ほとけ》の教《おし》えです。

また、仏《ほとけ》の教《おし》えは、貴重《きちよう》な薬《くすり》でもあります。いかに医学《いがく》や薬学《やくがく》が発達《はったつ》しても、心《こころ》の苦《くる》しみを根本的《こんぽんてき》に治《なお》す薬《くすり》というものはありません。宗教《しゆうきよう》だけがその役《やく》目《め》を果《は》たすものです。世《よ》の中《なか》の人《ひと》は、こういう妙薬《みようやく》があるのに、それを忘《わす》れているのです。あるいは軽視《けいし》しているのです。それは、宗教《しゆうきよう》の姿《すがた》が古《ふる》びてしまったからです。丸薬《がんやく》の外側《そとがわ》にカビが生《は》えると、いかにも効《き》かないように見《み》えるのと同《おな》じです。

われわれは、どんな努力《どりよく》をしても、このカビを落《お》とし、もとの潑剌《はつらつ》とした姿《すがた》に返《かえ》し、世《よ》の人《ひと》の認識《にんしき》を改《あらた》めさせねばなりません。そして、〈一切《さい》を安楽《あんらく》し〉てあげなければなりません。これが現代《げんだい》の仏教徒《ぶつきようと》の最大《さいだい》の使命《しめい》だと信《しん》じます。

〈漸見超登《ぜんけんちようとう》して〉……むずかしいことばです。漸《ぜん》は、次第《しだい》に進《すす》むという意味《いみ》。見《けん》とは、かくれていたものが現《あら》われてくる様子《ようす》をいいます。超《ちよう》は越《こ》える、登《とう》は登《のぼ》るです。つまり、悟《さと》りが次第《しだい》に進《すす》み、かくれていた悟《さと》りがはっきりと現《あら》われてき、その境地《きようち》がだんだん上《うえ》へ上《うえ》へと登《のぼ》ってゆくさまをいってあるのです。

〈法雲地《ほううんち》〉……二八六ページを参照《さんしよう》のこと。

〈慈被《じひ》すること外《ほか》なく〉……慈悲《じひ》をもって被《おお》う、すなわち慈悲《じひ》の心《こころ》で温《あたた》かく包《つつ》んであげる……そのはたらきに外《ほか》がないというのは、洩《も》れるものがないというのです。

〈苦《く》の衆生《しゆじよう》を摂《せツ》して道跡《どうしやく》に入《い》らしめん〉……大切《たいせつ》なことばです。〈摂《せつ》〉という文字《もじ》にはいろいろな意味《いみ》がありますが、経典《きようでん》に出《で》てくる〈摂《せつ》〉の字《じ》には、〈取《と》る〉〈引《ひ》き上《あ》げる〉〈助《たす》ける〉〈養《やしな》う〉という四つの心持《こころも》ちが渾然《こんぜん》として一体《いったい》となっていると考《かんが》えていいでしょう。

摂受《しようじゆ》と折伏《しやくぶく》

たとえば、ひとを導《みちび》く方法《ほうほう》に〈摂受《しようじゆ》〉と〈折伏《しやくぶく》〉がありますが、〈摂受《しようじゆ》〉というのは、相手《あいて》を自分《じぶん》の胸《むね》に柔《やわら》かに抱《いだ》き取《と》り（受《う》け入《い》れ）、養《やしな》い育《そだ》てるような気持《きもち》でおだやかに説得《せつとく》するゆきかたです。これが仏《ほとけ》の本心《ほんしん》にかなった教化《きようけ》のしかたであるといえましょう。

〈折伏《しやくぶく》〉という強《つよ》い方法《ほうほう》は、相手《あいて》が悪知恵《わるぢえ》で固《かた》まっている人《ひと》とか、五逆罪《ごぎやくざい》のような重罪《じゅうざい》を犯《おか》した人《ひと》とか、正法《しょうぼう》をそしるような謗法《ほうぼう》の人《ひと》である場合《ばあい》のように、特殊《とくしゅ》なときに用《もち》いるべきものとされています。ですからひとを導《みちび》くのに、やたらと折伏《しゃくぶく》ということばを使《つか》ったり、初《はじ》めからそういう気構《きがま》えで対《たい》するのは邪道《じゃどう》です。

摂受《しょうじゅ》と折伏《しゃくぶく》とは表裏一体《ひょうりいったい》のものであり、どちらも衆生《しゅじょう》を仏道《ぶつどう》に導《みちび》く手段《しゅだん》ではありますが、お釈迦《しゃか》さまのご事跡《じせき》を拝《はい》しますと、折伏《しゃくぶく》よりも摂受《しょうじゅ》のほうをはるかに多《おお》く用《もち》いていらっしゃいますから、仏教《ぶつきょう》の性格《せいかく》としては、やはり〈摂受《しょうじゅ》〉が表《おもて》（本筋《ほんすじ》）であることを忘《わす》れてはなりません。

そこで、ここにある〈苦《く》の衆生《しゅじょう》を摂《せッ》して〉も、そういう〈摂受《しょうじゅ》〉の意味《いみ》をくみ入《い》れて、〈苦《くる》しみ悩《なや》む衆生《しゅじょう》をやさしく抱《いだ》き取《と》って……〉という心持《こころも》ちに受《う》け取《と》らねばなりません。

釈尊《しゃくそん》のみ跡《あと》を

〈道跡《どうしゃく》に入《い》らしめん〉というのも、いいことばです。岩《いわ》ばかりの山《やま》でも、荒《あ》れ果《は》てた原野《げんや》でも、ひとが歩《あゆ》んだあとには、おのずから〈跡《あと》〉ができるものです。その〈跡《あと》〉が発達《はったつ》して〈道《みち》〉となるのです。そして、その〈跡《あと》〉なり〈道《みち》〉なりに従《したが》って歩《ある》いて行《ゆ》けば、まちがいなく目的地《もくてきち》に達《たつ》することができます。

それと同《おな》じように、われわれはお釈迦《しゃか》さまの歩《あゆ》まれた足跡《そくせき》をふんで行《ゆ》けば、人生《じんせい》の旅《たび》に迷《まよ》うことは絶対《ぜったい》にありません。ここが、現身《げんしん》の釈迦牟尼世尊《しゃかむにせそん》を教主《きょうしゅ》にいただく仏教《ぶっきょう》の有難《ありがた》いところです。そこで、ひとを導《みちび》くにも、お釈迦《しゃか》さまの歩《あゆ》まれた足跡《そくせき》のところへ連《つ》れていってあげればいいわけです。しかも、それはいまや大《おお》きな道《みち》（仏道《ぶつどう》）になっているのですから、発見《はっけん》するのにも苦労《くろう》はいりません。ただ、そこまで人《ひと》を連《つ》れてゆくのが容易《ようい》ではないというだけのことです。

けれども、ほんとうにその人《ひと》を救《すく》いたいという慈悲《じひ》の心《こころ》のある人《ひと》は、手《て》を替《か》え品《しな》を替《か》え、あらゆる方便《ほうべん》を用《もち》いて、そこまで導《みちび》いてあげるでしょう。そして、その正《ただ》しい軌道《きどう》の上《うえ》に乗《の》せてあげることでしょう。これが〈苦《く》の衆生《しゅじょう》を摂《せッ》して道跡《どうしゃく》に入《い》らしめ〉であります。

以上《いじょう》、無量義《むりょうぎ》の教《おし》えの功徳《くどく》を十項《こう》に分《わ》けて説《と》かれましたが、つぎにそれを大《おお》きくまとめて、しめくくりのことばとされます。

善男子《ぜんなんし》、是《かく》の如《ごと》き無上大乗無量義経《むじょうだいじょうむりょうぎきょう》は、極《きわ》めて大威神《だいいじん》の力《ちから》ましまして、尊《そん》にして過上《かじょう》なし。能《よ》く諸《もろもろ》の凡夫《ぼんぶ》をして皆聖果《みなしょうか》を成《じょう》じ、永《なが》く生死《しょうじ》を離《はな》れて皆自在《みなじざい》なることを得《え》せしめたもう。是《こ》の故《ゆえ》に是《こ》の経《きょう》を無量義《むりょうぎ》と名《なづ》く。能《よ》く一切衆生《さいしゅじょう》をして、凡夫地《ぼんぶち》に於《おい》て諸《もろもろ》の菩薩《ぼさつ》の無量《むりょう》の道牙《どうげ》を生起《しょうき》せしめ、功徳《くどく》の樹《じゅ》をして鬱茂扶蔬《うつむふそ》増長《ぞうちょう》せしめたもう。是《こ》の故《ゆえ》に此《こ》の経《きょう》を不可思議《ふかしぎ》の功徳力《くどくりき》と名《なづ》く。

「善男子《ぜんなんし》よ。このようにりっぱな無量義《むりようぎ》の教《おし》えは、非常《ひじよう》に大《おお》きな教化力《きようけりよく》をもっていて、この上《うえ》もなく尊《とうと》いものであります。この教《おし》えは、どのような種類《しゆるい》の凡夫《ぼんぷ》であっても、それぞれ聖者《しようじや》の境界《きようがい》に上《のぼ》らしめ、人生《じんせい》のいろいろな変化《へんか》から超越《ちようえつ》して、いつも心《こころ》が自由自在《じゆうじざい》であるように導《みちび》くものです。そのゆえに、無量義《むりようぎ》という名《な》をつけたのです。また、まだ凡夫《ぼんぷ》の境界《きようがい》にいる多《おお》くの人《ひと》びとの心《こころ》に菩薩《ぼさつ》の心《こころ》の芽《め》を生《しよう》じさせ、その芽《め》を菩薩行《ぼさつぎよう》によって育《そだ》てることによって、功徳《くどく》の樹《き》を茂《しげ》らせ、伸《の》びさせるものであります。そのゆえに、この教《おし》えを不可思議《ふかしぎ》な功徳力《くどくりき》と呼《よ》ぶのです」

〈大威神《だいいじん》の力《ちから》ましまして〉……威《い》という字《じ》は、威張《いば》るとか威力《いりよく》とか脅威《きようい》というふうに使《つか》われて、なにかおどすといった感《かん》じを受《う》けますが、それはこの字《じ》のいちばん末《すえ》のほうの意味《いみ》で、もとの意味《いみ》は、強《つよ》い力《ちから》をもった尊厳《そんげん》な様子《ようす》をいうのです。そこで、〈威神《いじん》〉は、威厳《いげん》があって尊《とうと》いという意味《いみ》になります。したがって、〈大威神《だいいじん》の力《ちから》ましまして〉というのは、ひとりでにひとを心服《しんぷく》させるような威厳《いげん》と尊《とうと》さと感化力《かんかりょく》をもっていて……ということになります。

〈諸《もろもろ》の凡夫《ぼんぶ》をして皆聖果《みなしょうか》を成《じょう》じ〉……凡夫《ぼんぷ》の境界《きょうがい》から聖者《しょうじゃ》の境界《きょうがい》に上《のぼ》ることを、聖果《しょうか》を成《じょう》ずるといいます。

〈聖《しょう》〉と〈凡《ぼん》〉とはどうちがうかといいますと、〈凡《ぼん》〉というのは、煩悩《ぼんのう》のために、人生《じんせい》のいろいろな変化《へんか》に心《こころ》を動揺《どうよう》させる境界《きょうがい》、〈聖《しょう》〉とは、煩悩《ぼんのう》を離《はな》れたために、現象上《げんしょうじょう》の変化《へんか》に心《こころ》を動《うご》かされなくなった境界《きょうがい》です。

てっとり早《ばや》くいえば、〈凡《ぼん》〉とは、境遇《きょうぐう》に心《こころ》を引《ひ》きずりまわされる境界《きょうがい》、〈聖《しょう》〉とは、境遇《きょうぐう》に心《こころ》を引《ひ》きずられなくなった境界《きょうがい》ということになります。

ですから〈聖果《しょうか》＝聖者《しょうじゃ》となった結果《けっか》の現《あら》われ〉を成就《じょうじゅ》したものは、〈永《なが》く生《しょう》死《じ》（変化《へんか》）を離《はな》れて皆《みな》（心《こころ》が）自在《じざい》なることを得《え》〉るのです。

菩薩《ぼさつ》の芽《め》を出《だ》させるには　〈凡夫地《ぼんぶち》に於《お》て諸《もろもろ》の菩薩《ぼさつ》の無量《むりよう》の道牙《どうげ》を生起《しようき》せしめ〉……〈牙《げ》〉というのはクサカンムリのある〈芽《め》〉と同《おな》じ意味《いみ》です。まだ凡夫《ぼんぷ》の境地《きようち》にいながら、その心《こころ》にはいろいろな菩薩道《ぼさつどう》の芽《め》を生《しよう》じ起《お》こさせる……これは大切《たいせつ》なことです。

種子《たね》の内部《ないぶ》の芽《め》が起《お》きて活動《かつどう》しはじめなければ、植物《しよくぶつ》は育《そだ》ちません。ですから、なにかの縁《えん》をもって、とにかく眠《ねむ》っている芽《め》を起《お》こしてあげることが、ひとを導《みちび》く第《だい》一の出発点《しゆつぱつてん》です。では、植物《しよくぶつ》の芽《め》を生起《しようき》させるのに大切《たいせつ》なのは何《なに》か……いうまでもなく適度《てきど》の湿《しめ》り気《け》と、適度《てきど》の熱《ねつ》です。

仏心《ぶつしん》・菩薩心《ぼさつしん》の芽《め》を生起《しようき》させるのもやはり同様《どうよう》で、教《おし》えによって心《こころ》に潤《うるお》いと暖《あたた》かみを与《あた》えてやることが何《なに》より第一《だいいち》なのです。しかも、その芽《め》を素直《すなお》にすくすくと伸《の》びさせるには、畑《はたけ》の土《つち》を柔《やわら》かにしておいてやらねばなりません。それが、ひとを導《みちび》くものの慈悲《じひ》でありま す。こういうはたらきが、さきに述《の》べた

〈摂受《しょうじゅ》〉にほかなりません。

鬱茂《うつむ》・扶《ふ》蔬《そ》・増長《ぞうちょう》　こうして育《そだ》った菩薩道《ぼさつどう》の芽《め》は、だんだん成長《せいちょう》して、功徳《くどく》の枝《えだ》を茂《しげ》らせるようになります。〈鬱茂《うつむ》〉というのは、葉《は》がうっそうと茂《しげ》ること。〈扶蔬《ふそ》〉というのは、枝分《えだわ》かれして茂《しげ》ることです。菩薩道《ぼさつどう》を行《ぎょう》ずるのも、はじめはただ一本調子《いっぽんちょうし》でありますが、境地《きょうち》が進《すす》むにつれて、だんだん多《おお》くの善《ぜん》行《こう》を積《つ》むようになり、修行《しゅぎょう》も複雑《ふくざつ》になります。それだけに、功徳《くどく》にも厚《あつ》みが増《ま》してくるわけです。しかし、ただこんもり茂《しげ》っただけでは十分《じゅうぶん》とはいえません。大《おお》きく伸《の》びなければ、広《ひろ》く世《よ》の人《ひと》に仰《あお》がれるような存在《そんざい》にはなりません。その大《おお》きく伸《の》びることが〈増長《ぞうちょう》〉です。

天《てん》にもとどくような巨樹《きょじゅ》となり、たくさんの枝《えだ》を四方八方《しほうはっぽう》に伸《の》ばし、こんもりと葉《は》を茂《しげ》らせてこそ、人《ひと》びとは喜《よろこ》んでその下《した》に集《あつ》まってきて、煩悩《ぼんのう》の苦熱《くねつ》をしのぐことができるのです。ですから、〈鬱茂《うつむ》〉〈扶蔬《ふそ》〉〈増長《ぞうちょう》〉の三つは、菩《ぼ》薩道《さつどう》を行《ぎょう》ずるものが胸《むね》に描《えが》いておくべき、功徳《くどく》の完成《かんせい》した姿《すがた》というべきでありましょう。

時《とき》に大荘厳菩薩摩訶薩《だいしょうごんぼさつまかさつ》及《およ》び八万《まん》の菩薩摩訶薩《ぼさつまかさつ》、声《こえ》を同《おなじ》うして仏《ほとけ》に白《もう》して言《もう》さく、世尊《せそん》、仏《ほとけ》の所説《しょせつ》の如《ごと》き甚深微妙無上大乗無量義経《じんじんみみょうむじょうだいじょうむりょうぎきょう》は、文理真正《もんりしんしょう》に、尊《そん》にして過上《かじょう》なし。三世《ぜ》の諸仏《しょぶつ》の共《とも》に守護《しゅご》したもう所《ところ》、衆魔群道《しゅまぐんどう》、得入《とくにゅう》することあることなく、一切《さい》の邪見生死《じゃけんしょうじ》に壊敗《えはい》せられず。

そのとき、大荘厳菩薩《だいしょうごんぼさつ》および多《おお》くの菩薩《ぼさつ》たちは、声《こえ》を揃《そろ》えて、仏《ほとけ》さまに申《もう》しあげました。

「世尊《せそん》、世尊《せそん》のお説《と》きくださいました、非常《ひじょう》に奥深《おくぶか》くて、仏《ほとけ》の悟《さと》りに達《たつ》する大道《だいどう》である無量義《むりょうぎ》の教《おし》えは、その中《なか》に含《ふく》まれている道理《どうり》が真実《しんじつ》であって正《ただ》しく、この上《うえ》もなく尊《とうと》いものでございます。また、過去《かこ》・現在《げんざい》・未来《みらい》にわたってあらゆる仏《ほとけ》さまが、この教《おし》えが世《よ》にひろまり、この教《おし》えによって人《ひと》びとが救《すく》われてゆくように守護《しゅご》してくださるものでございます。この教《おし》えのとおり修行《しゅぎょう》しているかぎり、どのような邪魔《じゃま》ものも妨害《ぼうがい》することはできず、さまざまな他《た》の教《おし》えも動揺《どうよう》させることは不可能《ふかのう》であり、どのようなまちがった考《かんが》えにもうち崩《くず》されることがなく、どのような人生《じんせい》の変化《へんか》に会《あ》っても、うち挫《くじ》けてしまうことはございません」

《説法品《せっぽうほん》》で世尊《せそん》がお説《と》きになったとおりのくりかえしですが、これは、「お説《と》きになったことがよくわかりました」ということの表明《ひょうめい》にほかなりません。

是《こ》の故《ゆえ》に此《こ》の経《きょう》は乃《すなわ》ち是《かく》の如《ごと》き十の功徳不思議《くどくふしぎ》の力《ちから》います。大《おお》いに無量《むりょう》の一切《さい》衆生《しゆじよう》を饒益《にようやく》し、一切《さい》の諸《もろもろ》の菩薩摩訶薩《ぼさつまかさつ》をして各《おのおの》無量義《むりようぎ》三昧《まい》を得《え》、或《あるい》は百千陀羅尼門《だらにもん》を得《え》せしめ、或《あるい》は菩薩《ぼさつ》の諸地《しよぢ》・諸忍《しよにん》を得《え》、或《あるい》は縁覚《えんがく》・羅漢《らかん》の四道果《どうか》の証《しよう》を得《え》せしめたもう。世尊《せそん》慈愍《じみん》して快《こころよ》く我等《われら》が為《ため》に是《かく》の如《ごと》き法《ほう》を説《と》いて、我《われ》をして大《おおい》に法利《ほうり》を獲《え》せしめたもう。甚《はなは》だ為《こ》れ奇特《きどく》に未曽有《みぞう》なり。世尊《せそん》の慈恩《じ》実《おんじつ》に報《ほう》ずべきこと難《かた》し。

「そういうわけで、この教《おし》えには十の功徳《くどく》の不可思議《ふかしぎ》の力《ちから》があるとお説《と》きになりましたのも、よくわからせていただきました。この教《おし》えは、無数《むすう》の人《ひと》びとに余《あま》すところなく利益《りやく》を与《あた》え、すべての菩薩《ぼさつ》たちに深《ふか》く無量義《むりようぎ》三昧《ざんまい》に入《はい》らせて乱《みだ》れることのない精神《せいしん》を与《あた》え、あるいはもろもろの善《ぜん》を保《たも》ち悪《あく》を止《とど》める力《ちから》を獲得《かくとく》させ、あるいは菩薩《ぼさつ》のそれぞれの尊《とうと》い境地《きようち》や、いろいろな境遇《きようぐう》に動《うご》かされない安定《あんてい》した心境《しんきよう》を得《え》せしめ、あるいは縁覚《えんがく》の悟《さと》りもしくは声聞《しようもん》の四《し》果《か》を成就《じようじゆ》した実証《じつしよう》を自《みずか》ら感得《かんとく》せしめるものでございます。世尊《せそん》は、わたくしどもをかわいがってくださるお心《こころ》から、快《こころよ》くわたくしどものためにこの教《おし》えをお説《と》きになり、法《ほう》の大《おお》きな利益《りやく》を与《あた》えてくださいました。ほんとうに、めったに得難《えがた》いことで、いままでにこんな素晴《すば》らしい経験《けいけん》をしたことはございません。世尊《せそん》のお慈悲《じひ》・ご恩《おん》に対《たい》しては、どうしてお報《むく》いしてよろしいやら……とうていお報《むく》いはできないほど、広大無辺《こうだいむへん》な慈恩《じおん》でございます」

〈無量義三昧《むりようぎまい》〉……一つの法《ほう》、すなわち大《おお》もとである仏《ほとけ》の心《こころ》（大慈悲心《だいじひしん》）から無量《むりよう》の救《すく》いのはたらきが生《しよう》ずるという教《おし》えに、じっと思《おも》いをこらして乱《みだ》れることのない心境《しんきよう》、それが無量義三昧《むりようぎざんまい》です。

〈菩薩《ぼさつ》の諸地《しよぢ》〉……二七六ページに説明《せつめい》した、菩薩《ぼさつ》の十地《じゆうじ》のことで、それぞれに尊《とうと》い境地《きようち》です。

忍《にん》

〈諸忍《しょにん》〉……〈忍《にん》〉というのは、外《そと》からやってくる不利《ふり》なものごとに対《たい》してはよく耐《た》え忍《しの》び、内《うち》には道理《どうり》にすっかり安住《あんじゅう》して（真実《しんじつ》の法《ほう》を信《しん》じきって）心《こころ》を動《うご》かさないありさま、またはそういう心《こころ》の力《ちから》をいいます。その〈忍《にん》〉には、いろいろな種類《しゅるい》（前《まえ》に出《で》てきた〈無生法忍《むしょうぼうにん》〉もその一つ）がありますので、諸忍《しょにん》といってあるのです。

〈縁覚《えんがく》・羅漢《らかん》の四道果《どうか》の証《しょう》を得《え》せしめたもう〉……〈縁覚《えんがく》〉は自《みずか》らの体験《たいけん》によって煩悩《ぼんのう》をうち払《はら》おうとする修行者《しゅぎょうしゃ》、もしくはそれを成就《じょうじゅ》した人《ひと》で、ここでは後者《こうしゃ》を指《さ》します。〈羅漢《らかん》の四道果《しどうか》〉は、〈声聞《しょうもん》の四果《しか》〉と同《おな》じで、二〇八ページ参照《さんしょう》。

〈証《しょう》を得《え》〉というのは、たしかに縁覚《えんがく》の境地《きょうち》に達《たっ》した、あるいは阿羅漢果《あらかんが》に達《たっ》したというはっきりした証《あかし》（しるし）を、自分自身《じぶんじしん》の心《こころ》に感得《かんとく》することです。

いつの間《ま》にか心《こころ》が変《か》わり、境地《きょうち》が上《あ》がっているのだが、自分《じぶん》ではそれに気《き》がつかない……それでも十分《じゅうぶん》いいのですが、しかしその結果《けっか》をはっきりと自分《じぶん》で見《み》ることができるのも、またなんともいえない仏道修行《ぶつどうしゅぎょう》の喜《よろこ》びです。こういう喜《よろこ》びは、信仰者《しんこうしゃ》でなくては味《あじ》わえない、純粋《じゅんすい》の喜《よろこ》びといえましょう。そのように、信仰《しんこう》の結果自分《けっかじぶん》が向上《こうじょう》したことをはっきり感《かん》じとることを〈証《しょう》を得《え》る〉というのです。また、それが〈法利《ほうり》（教《おし》えの利益《りやく》）〉の最大《さいだい》のものというべきでしょう。

〈奇特《きどく》に未曽有《みぞう》なり〉……〈奇特《きどく》〉というのは、めったにない有難《ありがた》いことという意味《いみ》。未曽有《みぞう》というのは、いままでに一度《ど》もなかったことという意味《いみ》。「いままで多《おお》くの教《おし》えをうかがってまいりましたが、これほど有難《ありがた》い利益《りやく》をいただいたことは初《はじ》めてです」というわけです。

〈世尊《せそん》の慈恩実《じおんじつ》に報《ほう》ずべきこと難《かた》し〉……大切《たいせつ》なことばです。世尊《せそん》のご慈悲《じひ》やご恩《おん》に対《たい》しては、どんなことをしてでもお報《むく》いしたい

仏恩《ぶつおん》に報《むく》いるには

……これは仏弟子《ぶつでし》のすべての胸《むね》に浮《う》かぶ念願《ねんがん》です。われわれだっておなじです。ところが、よく考《かんが》えてみると、あまりにもその慈恩《じおん》が広大《こうだい》であるために、とうてい十分《じゅうぶん》にお報《むく》いすることなどできそうもありません。だから、自然《しぜん》とこういう嘆声《たんせい》を発《はっ》せざるをえないのです。

それに対《たい》して、世尊《せそん》はどうお教《おし》えになったかといいますと、その嘆声《たんせい》に対《たい》する直接《ちょくせつ》のお答《こた》えではありませんけれども、〈汝等当《なんだちまさ》に此《こ》の経《きょう》に於《お》いて深《ふか》く敬心《きょうしん》を起《おこ》し法《ほう》の如《ごと》く修行《しゅぎょう》し、広《ひろ》く一切《さい》を化《け》して勤心《ごんしん》に流布《るふ》すべし。常《つね》に当《まさ》に慇懃《おんごん》に昼夜《ちゅうや》守護《しゅご》して、諸《もろもろ》の衆生《しゅじょう》をして各法利《おのおのほうり》を獲《え》せしむべし〉とおっしゃっておられます。すなわち、この教《おし》えを心《こころ》から信《しん》じ、守《まも》り、それによってすこしでも多《おお》くの人《ひと》を救《すく》うことこそ、教《おし》えのありがたさに報《むく》いる道《みち》であることを、はっきりお示《しめ》しになっておられるのです。

これは、千古《せんこ》不易《ふえき》の道理《どうり》であります。仏《ほとけ》の教《おし》えを受《う》けて法《ほう》の利益《りやく》を得《え》たものが、そのご恩《おん》に報《むく》いる道《みち》は、第《だい》一にその教《おし》えをどこまでも守《まも》ってゆくこと、第《だい》二にその教《おし》えによってひとを導《みちび》き救《すく》うこと、この二つに尽《つ》きるのです。中《なか》でも第《だい》二のはたらきが特《とく》に大切《たいせつ》であることはいうまでもありません。これを忘《わす》れては、心《こころ》の中《なか》でいくら感謝《かんしゃ》しても、ほんとうの感謝《かんしゃ》にはならないのです。

是語《このことば》を作《な》し已《おわ》りし、爾《そ》の時《とき》に三千大《だい》千世《せ》界《かい》六種《しゅ》に震動《しんどう》し、上空《じょうくう》の中《なか》より復《また》種《しゅ》種《じゅ》の天華《てんげ》・天優鉢羅華《てんうばつらけ》・鉢曇摩華《はつどんまけ》・拘物頭華《くもつずけ》・分陀利華《ふんだりけ》を雨《ふ》らし、又無数種《またむしゅしゅ》種《じゅ》の天香《てんこう》・天衣《てんね》・天瓔珞《てんようらく》・天無価《てんむげ》の宝《たから》を雨《ふ》らして、上空《じょうくう》の中《なか》より旋転《せんでん》して来《らい》下《げ》し、仏及《ほとけおよ》び諸《もろもろ》の菩薩《ぼさつ》・声聞《しょうもん》・大衆《だいしゅ》に供養《くよう》す。天厨《てんちゅう》・天鉢器《てんばツき》に天《てん》百味充満盈《みじゅうまんよう》溢《いっ》せる、色《しき》を見香《みこう》を聞《か》ぐに自然《じねん》に飽足《ほうそく》す。天幢《てんどう》・天旛《てんばん》・天軒蓋《てんこんがい》・天妙楽具処《てんみょうらくぐしょ》処《しょ》に安置《あんち》し、天《てん》の伎楽《ぎがく》を作《な》して仏《ほとけ》を歌歎《かたん》す。又復《またまた》六種《しゅ》に東方恒河沙等《とうぼうごうがしゃとう》の諸仏《しょぶつ》の世界《せかい》を震動《しんどう》す。亦天華《またてんげ》・天香《てんこう》・天衣《てんね》・天瓔珞《てんようらく》・天無価《てんむげ》の宝《たから》を雨《ふ》らし、天厨《てんちゅう》

・天鉢器《てんばツき》・天百味《てんみ》、色《しき》を見香《みこう》を聞《か》ぐに自然《じねん》に飽足《ほうそく》す。天幢《てんどう》・天旛《てんばん》・天軒蓋《てんこんがい》・天妙楽具処処《てんみようらくぐしよしよ》に安置《あんち》し、天《てん》の伎楽《ぎがく》を作《な》して彼《か》の仏及《ほとけおよ》び 諸《もろもろ》の菩薩《ぼさつ》・声聞《しようもん》・大衆《だいしゆ》を歌歎《かたん》す。南西北方《なんざいほツぽう》・四維《ゆい》・上下《じようげ》も亦復是《またまたかく》の如《ごと》し。

このような大荘厳菩薩《だいしようごんぼさつ》たちのことばが終《お》わると、世界《せかい》じゅうが感動《かんどう》のあまりにうち震《ふる》い、空中《くうちゆう》からはいろいろな美《うつく》しい花《はな》や、青蓮華《しようれんげ》・赤蓮華《しやくれんげ》・黄蓮華《おうれんげ》・白蓮華《びやくれんげ》などが雨《あめ》のように降《ふ》ってきました。また数限《かずかぎ》りないさまざまのいい匂《にお》いの香《こう》・美《うつく》しい衣《ころも》・りっぱな首飾《くびかざ》り、価《あたい》もつけられぬほど貴重《きちよう》な宝《たから》などが、空《そら》の上《うえ》からひらひらと舞《ま》い降《お》り、仏《ほとけ》および多《おお》くの菩薩《ぼさつ》や、声聞《しようもん》や、その他《た》の大衆《たいしゆう》を供養《くよう》しました。また、りっぱな器物《きぶつ》に、その色《いろ》を見《み》、匂《にお》いをかいだだけで自然《しぜん》に満足《まんぞく》を覚《おぼ》えるようなさまざまのごちそうが盛《も》られ、美《うつく》しい旗《はた》や天《てん》蓋《がい》や家具《かぐ》の類《るい》をあちこちに置《お》き、妙《たえ》なる音楽《おんがく》を奏《そう》し、仏《ほとけ》の徳《とく》を歌《うた》に歌《うた》ってほめたたえるのでありました。すると東方《とうほう》にある無数《むすう》の仏《ほとけ》の世界《せかい》でも、大地《だいち》が感動《かんどう》のためにうち震《ふる》い、美《うつく》しい花《はな》や、香《こう》や、衣《ころも》や、首飾《くびかざ》りや、貴重《きちよう》な宝《たから》ものが空《そら》から舞《ま》い降《お》り、りっぱな器物《きぶつ》に、色《いろ》を見《み》、匂《にお》いをかいだだけで自然《しぜん》に満《まん》足《ぞく》を覚《おぼ》えるような、さまざまなごちそうを盛《も》ったものが、ささげられ、美《うつく》しい旗《はた》や、天蓋《てんがい》や、家具《かぐ》などがあちこちに置《お》かれ、なんともいえない音楽《おんがく》を奏《そう》して、その世界《せかい》の仏《ほとけ》や、菩薩《ぼさつ》や、声聞《しようもん》や、大衆《たいしゆう》を歌《うた》によってほめたたえるのでありました。東方《とうほう》の諸仏《しよぶつ》の世界《せかい》ばかりでなく、南方《なんぽう》・西方《せいほう》・北方《ほつぽう》・東南方《とうなんぽう》・西南方《せいなんぽう》・西北方《せいほくほう》・東北方《とうほくほう》および上方《じようほう》・下方《かほう》の、ありとあらゆる諸仏《しよぶつ》の世界《せかい》でもやはり同《おな》じようにして、仏《ほとけ》と菩薩《ぼさつ》と声聞《しようもん》と大衆《たいしゆう》とが供養《くよう》されるのでありました。

仏《ほとけ》の説《と》かれた尊《とうと》い教《おし》えに、全宇宙《ぜんうちゆう》のありとあらゆる生《せい》あるものが感動《かんどう》し、感《かん》謝申《しやもう》しあげたわけです。

爾《そ》の時《とき》に仏《ほとけ》、大荘厳菩薩摩訶薩《だいしようごんぼさつまかさつ》及《およ》び八万《まん》の菩薩摩訶薩《ぼさつまかさつ》に告《つ》げて言《のたま》わく、汝等《なんだち》当《まさ》に此《こ》の経《きよう》に於《おい》て深《ふか》く敬心《きようしん》を起《おこ》し法《ほう》の如《ごと》く修行《しゆぎよう》し、広《ひろ》く一切《さい》を化《け》して勤心《ごんしん》に流布《るふ》すべし。常《つね》に当《まさ》に慇懃《おんごん》に昼夜守護《ちゆうやしゆご》して、諸《もろもろ》の衆生《しゆじよう》をして各法利《おのおのほうり》を獲《え》せしむべし。汝等《なんだち》、真《しん》に是《こ》れ大慈大悲《だいじだいひ》なり。以《もツ》て神通《じんづう》の願力《がんりき》を立《た》てて、是《こ》の経《きよう》を守護《しゆご》して疑滞《ぎたい》せしむることなかれ。汝《なんじ》、当時《そのとき》に於《おい》て必《かなら》ず広《ひろ》く閻浮提《えんぶだい》に行《ぎよう》ぜしめ、一切衆生《さいしゆじよう》をして見聞《けんもん》し読誦《どくじゆ》し書写《しよしや》し供養《くよう》することを得《え》せしめよ。是《こ》れを以《もツ》ての故《ゆえ》に、亦疾《またと》く汝等《なんだち》をして速《すみや》かに阿耨多羅《あのくたら》三藐《みやく》三菩提《ぼだい》を得《え》せしめん。

そのときに仏《ほとけ》は、大荘厳菩薩《だいしようごんぼさつ》及《およ》び多《おお》くの菩薩《ぼさつ》たちにお告《つ》げになりました。

「あなたがたは、当然《とうぜん》この教《おし》えに対《たい》して深《ふか》く敬《うやま》う心《こころ》を起《お》こし、教《おし》えのとおり修行《しゅぎょう》し、広《ひろ》く一切《いっさい》の人《ひと》びとを教化《きょうけ》しつつ、心《こころ》を尽《つ》くし力《ちから》を尽《つ》くしてこの教《おし》えをひろめなければなりません。いつも心《こころ》をこめて、この教《おし》えがまちがいなく伸《の》びひろがってゆくように守《まも》り育《そだ》て、多《おお》くの人《ひと》びとに、それぞれ法《ほう》の利益《りやく》を与《あた》えなければなりません。みなさん、その行《おこ》ないこそ、ほんとうの大慈大悲《だいじだいひ》というものであって、その大慈大悲《だいじだいひ》の心《こころ》から、衆生《しゅじょう》を救《すく》う自由自在《じゆうじざい》の力《ちから》が得《え》られるようにという願《がん》を立《た》てて、この教《おし》えを守《まも》り育《そだ》て、この教《おし》えが世《よ》の中《なか》にひろまり行《おこ》なわれるのに、疑《うたが》いや滞《とどこお》りのないようにしなければならないのです。そしてみなさんは、それぞれ自分《じぶん》が世《よ》にいるそのときにこの教《おし》えがひろく行《おこ》なわれるようにつとめ、一切《いっさい》の人《ひと》びとがこの教《おし》えに触《ふ》れ、読誦《どくじゅ》し、書写《しょしゃ》し、供養《くよう》することができるようにしなければなりません。そうすれば、そのおかげで、あなたがたも、まっすぐに、そして早《はや》く、仏《ほとけ》の悟《さと》りに達《たっ》することができましょう」

〈勤心《ごんしん》に流布《るふ》すべし〉……〈勤《ごん》〉というのは、勤《つと》めると読《よ》むのですが、心《こころ》を尽《つ》くし、力《ちから》を尽《つ》くして、怠《おこた》らず働《はたら》くことをいいます。いまの世《よ》の中《なか》では、〈勤《つと》め人《にん》〉とか〈役所《やくしょ》に勤《つと》めている〉などと、なんの気《き》なしにいっていますが、はたしてほんとうに〈勤《つと》めて〉いるかどうか、大《おお》いに反省《はんせい》の要《よう》があります。信仰《しんこう》の活動《かつどう》もそのとおりで、いい加減《かげん》にしていたのでは、いい結果《けっか》は出《で》ません。心《こころ》を尽《つ》くし、力《ちから》を尽《つ》くしてやらなければなりません。それが〈勤心《ごんしん》に……〉の意味《いみ》です。

〈慇懃《おんごん》に〉……現在《げんざい》はインギンと読《よ》んで〈ていねいに〉という意味《いみ》に用《もち》いています。経典《きょうでん》に出《で》てくる場合《ばあい》は、その意味《いみ》にちがいはありませんが、もっと精神《せいしん》的《てき》に深《ふか》いものがこもっています。〈まごころをこめて、ていねいに……〉といった心持《こころも》ちです。

なお、ここに〈当《まさ》に〉ということばが二度《ど》も出《で》ていますが、これは〈……するのが当然《とうぜん》だ〉〈当然《とうぜん》……するはずだ〉という心持《こころも》ちのことばです。〈真《しん》に是《こ》れ大慈大悲《だいじだいひ》なり〉……正法《しょうぼう》によって教化《きょうけ》し、教《おし》えの利益《りやく》（法利《ほうり》）を得《え》させることこそ、ほんとうにひとを幸《しあわ》せにし、苦《くる》しみを除《のぞ》いてあげるなさけ心《ごころ》である……というのです。大乗仏教《だいじょうぶっきょう》の精神《せいしん》はこれに尽《つ》きるといってもいいでしょう。

〈神通《じんづう》の願力《がんりき》を立《た》てて〉……神通《じんづう》というのは、自由自在《じゆうじざい》の力《ちから》のことですが、ここでは自由自在《じゆうじざい》にひとを導《みちび》くことのできる力《ちから》を指《さ》します。そういう力《ちから》を得《え》ようという固《かた》い志《こころざし》を立《た》てるのは、菩薩《ぼさつ》として当然《とうぜん》なすべきことです。

〈疑滞《ぎたい》せしむることなかれ〉……教《おし》えに疑《うたが》いをもつ人《ひと》があると、教《おし》えの流《なが》れが滞《とどこお》ります。だから、正法《しょうぼう》をひろめるには、何《なに》よりもまず疑《うたが》いを起《お》こすことのないように、教《おし》えをやさしく解説《かいせつ》することが大切《たいせつ》なのです。むりやりに信仰《しんこう》に引《ひ》き込《こ》んでも、教《おし》えの意味《いみ》のわからない人《ひと》は、いつかは退転《たいてん》するでしょう。したがって、ほんとうに教《おし》えを〈守護《しゅご》〉することは、それを正《ただ》しく説《と》いて疑《うたが》いや滞《とどこお》りを起《お》こさせないところにあるのです。
〈閻浮提《えんぶだい》〉……むかしのインド人《じん》が考《かんが》えていた四大洲《しだいしゅう》の一つで、もともとはインドのことを指《さ》していたようですが、それから転《てん》じて娑婆《しゃば》世界全体《せかいぜんたい》をいうようになりました。

是《こ》の時《とき》に大荘厳菩薩摩訶薩《だいしょうごんぼさつまかさつ》、八万《まん》の菩薩摩訶薩《ぼさつまかさつ》と即《すなわ》ち座《ざ》より起《た》って仏所《ぶつしょ》に来《らい》詣《けい》して、頭面《ずめん》に足《みあし》を礼《らい》し遶《めぐ》ること百千帀《そう》して、即《すなわ》ち前《すす》んで胡跪《こき》し倶共《とも》に声《こえ》を同《おなじ》うして仏《ほとけ》に白《もう》して言《もう》さく、世尊《せそん》、我等快《われらこころよ》く世尊《せそん》の慈愍《じみん》を蒙《こうむ》りぬ。我等《われら》が為《ため》に是《こ》の甚深微妙無上大乗無量義経《じんじんみみょうむじょうだいじょうむりょうぎきょう》を説《と》きたもう。敬《つつし》んで仏勅《ぶつちょく》を受《う》けて、如来《にょらい》の滅後《めつご》に於《おい》て当《まさ》に広《ひろ》く是《こ》の経典《きょうでん》を流布《るふ》せしめ、普《あまね》く一切《さい》をして受持《じゅじ》し読誦《どくじゅ》し書写《しょしゃ》し供養《くよう》せしむべし。唯願《ただねが》わくは憂慮《うりょ》を垂《た》れたもうことなかれ。我等《われら》当《まさ》に願力《がんりき》を以《もッ》て、普《あまね》く一切衆生《さいしゅじょう》をして此《こ》の経《きょう》を見聞《けんもん》し読誦《どくじゅ》し書写《しょしゃ》し供養《くよう》することを得《え》、是《こ》の経《きょう》の威神《いじん》の福《ふく》を得《え》せしむべし。

このとき大荘厳菩薩《だいしょうごんぼさつ》は、多《おお》くの菩薩《ぼさつ》たちといっしょに起《た》ちあがって、仏《ほとけ》のおん前《まえ》にまいり、み足《あし》に額《ひたい》をつけて礼拝《らいはい》し、仏《ほとけ》の周囲《しゅうい》をめぐって帰依《きえ》の心《こころ》を表《あら》わし、それから異口同音《いくどうおん》に申《もう》しあげました。

「世尊《せそん》、わたくしどもをかわいそうにお考《かんが》えくださり、慈悲《じひ》をかけてくださいましたことを、有難《ありがた》く存《ぞん》じております。世尊《せそん》は、わたくしどものために、非常《ひじょう》に奥深《おくぶか》くてこの上《うえ》もなく尊《とうと》い、無量義《むりょうぎ》の教《おし》えをお説《と》きくださいました。わたくしどもは、つつしんで仏《ほとけ》さまのおいいつけを受《う》けまして、仏《ほとけ》さまがおなくなりになりました後《のち》にも、この教《おし》えをひろめ、あまねく多《おお》くの人《ひと》びとがこの教《おし》えを信《しん》じ、読誦《どくじゅ》し、書写《しょしゃ》し、供養《くよう》するように導《みちび》きましょう。どうぞご心配《しんぱい》くださいますな。わたくしどもは、願《がん》の力《ちから》をもちまして、多《おお》くの人《ひと》がこの教《おし》えを聞《き》き、読誦《どくじゅ》し、書写《しょしゃ》し、供養《くよう》することができるように努力《どりょく》し、この教《おし》えの強《つよ》い感化力《かんかりょく》による利益《りやく》を与《あた》えてあげましょう」

〈唯願《ただねが》わくは憂慮《うりょ》を垂《た》れたもうことなかれ〉……どうぞご心配《しんぱい》くださいますな。わたくしどもは仏《ほとけ》さまのみ心《こころ》のとおりを実現《じつげん》いたしますから、お任《まか》せくださいませ……と申《もう》しあげているわけです。これだけのことをいいきれるのは、さすがに大菩薩《だいぼさつ》です。われわれも、自信《じしん》をもって仏《ほとけ》さまにこう申《もう》しあげることができるようになりたいものです。

〈是《こ》の経《きょう》の威神《いじん》の福《ふく》を得《え》せしむべし〉……〈威神《いじん》〉というのは、まえにも述《の》べましたように、ひとりでに人《ひと》びとを心服《しんぷく》させるような威厳《いげん》と尊《とうと》さと感化力《かんかりょく》をもっていることです。そういう感化力《かんかりょく》のおかげ（福《ふく》）を受《う》けさせてあげようというのです。

前《まえ》には、自分《じぶん》たちの願力《がんりき》をもって、かならずみ心《こころ》のとおりを実現《じつげん》させます……と、自信《じしん》のほどを示《しめ》しましたが、それができるのも、ひとえに教《おし》えそのものに威神《いじん》の力《ちから》があるからだということを、ちゃんと心得《こころえ》ているところも、やはり大菩薩《だいぼさつ》です。

真理《しんり》を負《お》うもの最《もっと》も強《つよ》し

たいていの人間《にんげん》なら、自信《じしん》を持《も》てば、すべて自分《じぶん》の力《ちから》だと思《おも》いたがるものです。だから、うまくゆけばついうぬぼれを起《お》こし、あまりうまくいかなければ、心《こころ》が挫《くじ》けてしまうのです。ところが、ひとを導《みちび》くのは自分《じぶん》の力《ちから》ではない、この教《おし》えが真理《しんり》であるからだ……ということを知《し》っておれば、途中《とちゅう》で勇気《ゆうき》を失《うしな》うことはありません。真理《しんり》は、いつかは現《あら》われるものだからです。自分《じぶん》は真理《しんり》を背負《せお》っているのだ！　だから恐《おそ》れるものはない！　これがほんとうの自信《じしん》というものです。

爾《そ》の時《とき》に仏《ほとけ》讃《ほ》めて言《のたま》わく、善哉善哉《ぜんざいぜんざい》、諸《もろもろ》の善男子《ぜんなんし》、汝等《なんだち》今者《いま》真《しん》に是《こ》れ仏子《ぶッし》なり。弘《ひろ》き大慈大悲《だいじだいひ》をもって深《ふか》く能《よ》く苦《く》を抜《ぬ》き厄《やく》を救《すく》う者《もの》なり。一切衆生《さいしゅじょう》の良《ろう》福田《ふくでん》なり。広《ひろ》く一切《さい》の為《ため》に大良導師《だいろうどうし》と作《な》れり。一切衆生《さいしゅじょう》の大依《だいえ》止《し》処《しょ》なり。一切衆生《さいしゅじょう》の大施主《だいせしゅ》なり。常《つね》に法利《ほうり》を以《もッ》て広《ひろ》く一切《さい》に施《ほどこ》せと。爾《そ》の時《とき》に大会《だいえ》皆《みな》大《おおい》に歓喜《かんぎ》して、仏《ほとけ》の為《ため》に礼《らい》を作《な》し、受持《じゅじ》して去《さ》りにき。

それをお聞《き》きになった仏《ほとけ》は、たいへんおほめになって、つぎのようにおおせられました。

「よろしい。非常《ひじょう》に結構《けっこう》です。あなたがたは、いまこそほんとうに仏《ほとけ》の子《こ》です。広大《こうだい》な慈悲《じひ》の心《こころ》をもって、人《ひと》びとの苦《くる》しみを除《のぞ》き、厄《やく》から救《すく》ってあげることができます。あなたがたは、一切《いっさい》の人《ひと》びとを導《みちび》く良《よ》い導師《どうし》になったのです。一切《いっさい》の人間《にんげん》の心《こころ》の支《ささ》えとなる人《ひと》です。一切《いっさい》の人間《にんげん》に大《おお》きな恵《めぐ》みを施《ほどこ》す人《ひと》です。どうか、いつもこの教《おし》えの利益《りやく》を、ひろく一切《いっさい》の人《ひと》びとに与《あた》えてあげてください」

こうおおせられましたので、集《あつ》まっていたおおぜいの人《ひと》たちは、心《こころ》に大《おお》きな喜《よろこ》びを覚《おぼ》え、仏《ほとけ》さまを礼拝《らいはい》し、教《おし》えをしっかりと胸《むね》に刻《きざ》みつつ、立《た》ち去《さ》ってゆきました。

真《しん》の仏子《ぶっし》　〈真《しん》に是《こ》れ仏子《ぶッし》なり〉……一切衆生《いっさいしゅじょう》すべてが仏《ほとけ》の子《こ》にちがいないのですが、仏《ほとけ》の子《こ》としての価値《かち》をほんとうに現《あら》わすのは、慈悲《じひ》の心《こころ》を起《お》こし、慈悲《じひ》の行《おこ》ないを実践《じっせん》するときなのです。ですから、いまこそ真《しん》に仏子《ぶっし》であると、おっしゃったわけです。

〈一切衆生《さいしゅじょう》の良福田《ろうふくでん》〉……一切衆生《いっさいしゅじょう》の幸福《こうふく》を生《う》み出《だ》す力《ちから》をもっているということです。経典《きょうでん》の中《なか》では、よい行《おこ》ないや、よい行《おこ》ないをする人《ひと》は、よく〈福《ふく》を生《せい》産《さん》する良《よ》い田《た》〉にたとえられます。

〈大良導師《だいろうどうし》〉……字《じ》のとおり、人《ひと》を導《みちび》く非常《ひじょう》にりっぱなよい教師《きょうし》というわけです。

〈大依止処《だいえししょ》〉……もとの意味《いみ》は、大《おお》いなる依《よ》り処《どころ》ということ。つまり、ほんとうに頼《たの》みになるもの、心《こころ》の支《ささ》えになるものです。

これで《無量義経《むりょうぎきょう》》は終《お》わりになります。このお経《きょう》に説《と》かれた教《おし》えを、ひっくるめていいますと、〈現実《げんじつ》のうえでは差《さ》別《べつ》があるように見《み》えても、その本質《ほんしつ》においてはみな平等《びょうどう》なのだ〉と、すべてのものごとの実相《じっそう》を正《ただ》しくとらえなさいということです。この世《よ》の現実《げんじつ》のいろいろさまざまな現象《げんしょう》にとらわれているからこそ、苦《くる》しみや悩《なや》みが限《かぎ》りなく起《お》こってくるのであって、このように、〈諸法《しょほう》の実相《じっそう》〉を正《ただ》しくとらえたならば、すべては仏《ほとけ》の広大無辺《こうだいむへん》な大慈悲心《だいじひしん》に発《はっ》したものであることがわかり、その仏《ほとけ》の大慈悲心《だいじひしん》に感応《かんのう》したときに、ほんとうの心《こころ》の安《やす》らぎを得《え》、ほんとうの幸福《こうふく》を得《え》ることができるというのです。

しかし、この〈諸法《しょほう》の実相《じっそう》〉ということは、そのままではたいへん難解《なんかい》な教《おし》えでありますから、つぎの説法《せっぽう》の《妙法蓮華経《みょうほうれんげきょう》》においていろいろな方法《ほうほう》で、あるいは正面《しょうめん》から、あるいは側面《そくめん》からこのことを説《と》き明《あ》かしてくださっているのです。そして、最後《さいご》に《仏説観普賢菩薩行法経《ぶっせつかんふげんぼさつぎょうぼうきょう》（観普賢経《かんふげんきょう》）》で、その実践面《じっせんめん》を教《おし》えて、しめくくりとなさったわけです。すなわち、《観普賢経《かんふげんきょう》》の中《なか》に〈一切《さい》の業障海《ごうしょうかい》は　皆妄想《みなもうぞう》より生《しょう》ず　若《も》し懺悔《さんげ》せんと欲《ほッ》せば　端坐《たんざ》して実相《じッそう》を思《おも》え　衆罪《しゅざい》は霜露《そうろ》の如《ごと》し　慧日《えにちょ》能く消除《しょうじょ》す〉とあります。《無量義経《むりょうぎきょう》》と、《法《ほ》華経《けきょう》》と、《観普賢経《かんふげんきょう》》とは、こうして一つにつながっているのです。

無量義経《むりょうぎきょう》　完《かん》

本書は、小社刊『新釈法華三部経　全十巻』の文庫版をもとに、「例言」の一部を本書のために加筆・修正し、判型や文字の大きさなど装いを新たにしたものです。文字づかい、振仮名などは基本的に『新釈法華三部経　全十巻』に準じ、著者の意向を尊重しました。

【文庫ワイド版】
新釈 法華三部経 ❶

平成8年6月22日　文庫版初版第1刷発行
令和元年12月8日　文庫ワイド版初版第1刷発行
令和7年2月20日　文庫ワイド版初版第3刷発行

著　者　庭野日敬
発行者　中沢純一
発行所　株式会社佼成出版社
〒166-8535
東京都杉並区和田2−7−1
電話　03-5385-2317（編集）
03-5385-2323（販売）
URL　https://kosei-shuppan.co.jp/

印刷所　大日本印刷株式会社
製本所　大日本印刷株式会社

◎落丁本・乱丁本はお取り替えいたします。

ISBN978-4-333-00693-9 C0315